U0903437

陕西师范大学“211工程”三期重点学科建设资助项目

中国特色社会主义经济问题研究

何炼成　李忠民 主编

人民出版社

责任编辑:陈　登

图书在版编目(CIP)数据

中国特色社会主义经济问题研究/何炼成　李忠民 主编.
-北京:人民出版社,2010.6
ISBN 978-7-01-008971-3

Ⅰ.①中…　Ⅱ.①何…②李…　Ⅲ.①社会主义经济-研究-中国
Ⅳ.①F120.2

中国版本图书馆 CIP 数据核字(2010)第 094558 号

中国特色社会主义经济问题研究

ZHONGGUO TESE SHEHUI ZHUYI JINGJI WENTI YANJIU

何炼成　李忠民 主编

人民出版社 出版发行
(100706　北京朝阳门内大街 166 号)

北京龙之冉印务有限公司印刷　新华书店经销

2010 年 6 月第 1 版　2010 年 6 月北京第 1 次印刷
开本:710 毫米×1000 毫米 1/16　印张:22.5
字数:346 千字　印数:0,001-3,000 册

ISBN 978-7-01-008971-3　定价:49.00 元

邮购地址 100706　北京朝阳门内大街 166 号
人民东方图书销售中心　电话 (010)65250042　65289539

目　录

第一章　中国特色社会主义经济学分析 …………………………（ 1 ）

一、中国特色社会主义经济“特”在何处？ ……………（ 3 ）

二、中国特色社会主义生产论 ……………………………（ 4 ）

三、中国特色社会主义流通论 ……………………………（ 7 ）

四、中国特色社会主义分配论 ……………………………（ 8 ）

五、中国特色社会主义消费论 ……………………………（ 9 ）

第二章　中国特色社会主义初级阶段的“三农”问题 …………（ 11 ）

第一节　农业在国民经济发展中的地位和作用 ……………（ 11 ）

一、农业在国民经济发展中的地位和作用 …………………（ 12 ）

二、中国农业的现状及存在的问题 …………………………（ 13 ）

三、粮食是基础的基础 ………………………………………（ 14 ）

四、坚持农业的基础地位不动摇 ……………………………（ 14 ）

第二节　中国特色农业现代化道路 …………………………（ 16 ）

一、走中国特色农业现代化道路的必要性 …………………（ 16 ）

二、走中国特色农业现代化道路的基本原则 ………………（ 17 ）

三、走中国特色农业现代化道路的措施 ……………………（ 19 ）

第三节　中国现阶段农村和农业的基本经济制度 …………（ 21 ）

一、中国农村和农业基本经济制度的变迁 …………………（ 22 ）

二、中国现阶段农村和农业的基本经济制度 ………………（ 22 ）

三、中国现阶段农村和农业的基本经济制度的矛盾和问题 ………………………………………………………（ 24 ）

四、深化中国农村和农业的基本经济制度的改革 …………（25）
第四节 建设社会主义新农村 ……………………（26）
一、建设社会主义新农村的必要性 ……………（26）
二、中国解决“三农”问题的战略选择——建设社会主义新农村 ……………………（28）

第三章 中国特色社会主义新型工业化道路 ……（35）
第一节 新型工业化道路的中国特色 ……………（35）
一、新型工业化道路是中国经济发展方式的转型 ……（36）
二、新型工业化道路是中国工业经济增长方式的转型 ……（37）
三、新型工业化道路是经济全球化背景下中国经济发展战略的转型 ……………………（38）
四、新型工业化道路体现了中国经济发展进程的深化 ……（38）
五、新型工业化是从中国国情出发加快工业化发展的必然选择 ……………………（39）
第二节 新型工业化道路的内涵与特征 …………（41）
一、新型工业化道路的内涵 ……………………（41）
二、中国特色新型工业化道路的特征 …………（42）
三、中国特色新型工业化道路的定位 …………（46）
第三节 中国特色新型工业化道路的战略创新 ……（48）
一、实施信息化带动工业化的战略创新 …………（48）
二、实施可持续发展的战略创新 ………………（49）
三、以自主创新为主的科技战略创新 …………（50）
四、实施人力资源开发的战略创新 ……………（52）
第四节 中国特色新型工业化道路的实现路径 ……（53）
一、加快工业技术进步，促进工业经济结构的升级 ……（53）
二、进行制度创新，创造中国特色新型工业化道路的制度条件 ……………………（55）
三、推进城市化进程，协调城市化与工业化的关系 ……（57）

第四章 中国特色社会主义第三产业的发展 ……………………（60）
第一节 世界第三产业的发展概况 ……………………（60）
一、发达国家第三产业发展概况 ……………………（61）
二、新兴工业国家和地区第三产业发展的概况 ……………………（64）
第二节 中国第三产业的发展历程 ……………………（66）
一、中国第三产业发展的历史回顾 ……………………（66）
二、中国第三产业发展的现状 ……………………（68）
第三节 中国发展现代服务业的路径与模式 ……………………（74）
一、知识经济与第三产业发展 ……………………（74）
二、以发展信息产业促进我国第三产业现代化的发展 ……（77）
三、优先发展信息产业，以信息化促进第三产业发展的战略设想 ……………………（79）

第五章 中国特色社会主义可持续发展问题 ……………………（86）
第一节 以人为本的科学发展观 ……………………（86）
一、传统的经济发展观 ……………………（86）
二、可持续发展观 ……………………（87）
三、以人为本的科学发展观 ……………………（88）
第二节 人口与可持续发展 ……………………（92）
一、人口增长和经济发展 ……………………（92）
二、人力资本与经济发展 ……………………（94）
三、中国的人口问题和可持续发展 ……………………（95）
第三节 资源与可持续发展 ……………………（98）
一、自然资源与经济发展 ……………………（98）
二、自然资源可持续供给的实现 ……………………（100）
三、中国资源利用中存在的问题 ……………………（104）
四、自然资源供给和中国经济可持续发展 ……………………（105）
第四节 环境与可持续发展 ……………………（107）
一、环境与经济发展 ……………………（107）
二、中国的环境问题及其控制 ……………………（110）

第五节　灾害与经济的可持续发展 …………………………（114）
一、灾害及其社会经济特性 …………………………（114）
二、中国灾害的基本特征 …………………………（117）
三、“灾害风险最小化”的经济发展 …………………………（120）

第六章　中国特色社会主义商品市场体系 …………………………（126）
第一节　中国现阶段商品流通体制的基本构架 …………………………（127）
一、商品流通体制的演变 …………………………（127）
二、商品流通体制的改革成就 …………………………（130）
三、现阶段商品流通体制的基本框架 …………………………（134）
第二节　完善中国商品流通体制的对策与措施 …………………………（136）
一、商品流通体制所存在的问题 …………………………（136）
二、商品流通体制的改革目标 …………………………（137）
三、商品流通体制的改革措施 …………………………（138）
第三节　对外贸易与世界市场 …………………………（142）
一、对外贸易与世界市场的重要性 …………………………（142）
二、中国对外贸易发展与经济增长 …………………………（144）
三、中国外贸发展的战略选择及政策措施 …………………………（149）

第七章　中国特色社会主义要素市场体系 …………………………（155）
第一节　培育与发展各类金融市场 …………………………（155）
一、中国金融市场发展的历史回顾 …………………………（155）
二、中国金融市场发展中存在的主要问题 …………………………（159）
三、中国金融市场发展的方向与思路 …………………………（161）
第二节　人力资源市场 …………………………（167）
一、劳动力市场的划分 …………………………（167）
二、人才市场 …………………………（170）
三、劳动力市场 …………………………（174）
四、职业经理人市场 …………………………（177）
第三节　技术市场 …………………………（182）

一、技术市场概述 …………………………………………………… (182)
二、技术市场的类型和构成 ………………………………………… (182)
三、中国技术市场已经初具规模 …………………………………… (184)
四、按照市场经济规律进一步发展我国的技术市场 ……… (188)
第四节 产权市场 …………………………………………………… (190)
一、产权及产权市场 ………………………………………………… (190)
二、中国产权交易市场的发展状况 ……………………………… (193)
三、建设规范的社会主义产权交易市场 ………………………… (195)

第八章 中国特色社会主义分配制度问题 …………………………… (200)
第一节 中国特色社会主义分配制度的探索与建立 ……… (200)
一、邓小平的分配思想 ……………………………………………… (200)
二、改革开放以来中国分配政策的变迁 ………………………… (204)
第二节 按劳分配为主体、多种分配方式并存的分配制度 … (210)
一、社会主义市场经济体制下的按劳分配 ……………………… (210)
二、社会主义市场经济体制下的按生产要素分配 ……… (213)
三、坚持按劳分配为主体，按劳分配与按生产要素分配相结合 ……………………………………………………………… (219)
第三节 社会主义分配中的各种关系 …………………………… (220)
一、效率与公平的关系 ……………………………………………… (220)
二、先富与共富的关系 ……………………………………………… (224)
三、积累基金与消费基金的关系 ………………………………… (228)
四、剥削与反贫困的关系 …………………………………………… (230)
第四节 社会主义的初次分配与再分配 ………………………… (232)
一、初次分配与再分配的关系 …………………………………… (232)
二、社会主义初次分配 ……………………………………………… (233)
三、社会主义再分配 ………………………………………………… (239)
第五节 社会保障制度的发展与第三次分配的探索 ……… (243)
一、社会保障制度概述 ……………………………………………… (243)
二、健全社会主义社会保障体系 ………………………………… (247)

三、中国农村社会保障制度的发展 …………………………（250）
四、第三次分配的探索 ………………………………………（252）

第九章　中国特色社会主义分配格局与调整问题 …………（254）
第一节　当前中国的收入分配概况 ……………………………（254）
一、不平等的衡量与当前中国居民收入差距总体状况 ……（254）
二、行业间职工收入差距 ……………………………………（257）
三、城乡居民收入差距 ………………………………………（258）
四、地区间居民收入差距 ……………………………………（263）
第二节　收入差距拉大的原因与性质 …………………………（265）
一、分配格局及分配模式的转变 ……………………………（265）
二、居民收入差距扩大的原因 ………………………………（267）
三、行业收入差距扩大的原因 ………………………………（270）
四、中国城乡收入差距扩大的原因 …………………………（273）
五、中国地区间居民收入差距扩大的原因 …………………（274）
六、居民收入差距扩大对我国经济增长的负面影响 ………（276）
第三节　解决收入差距过大的对策与途径 ……………………（277）
一、坚持正确的收入分配原则 ………………………………（278）
二、扩大中等收入者比重 ……………………………………（278）
三、整顿收入秩序与调整过高收入 …………………………（281）
四、提高低收入者收入水平，消除绝对贫困 ………………（284）
五、促进区域协调发展，共享改革发展成果 ………………（287）

第十章　中国特色社会主义消费问题 …………………………（290）
第一节　消费是发展生产和流通的根本目的 …………………（290）
一、消费的概念与性质 ………………………………………（290）
二、消费在社会再生产中的作用：消费是生产关系的一个方面 ……………………………………………………………（292）
三、消费在社会再生产中的地位和作用：消费与生产、分配、流通的一般关系 ……………………………………………（293）

四、消费在社会再生产中的地位和作用：消费在劳动力生产与再生产中的作用 …………………………（298）
第二节　坚持扩大国内需求特别是消费需求的方针 …………（301）
一、消费是促进社会经济增长的重要动力 ………………（301）
二、消费是经济发展和社会进步的表现和检验 …………（303）
三、我国改革开放以来的消费需求状况分析 ……………（303）
四、坚持扩大国内需求特别是消费需求的方针应予贯彻的原则 ……………………………………………………（305）
第三节　消费水平和消费结构 ………………………………（310）
一、中国消费水平的现实问题 ……………………………（310）
二、消费结构的变动趋势 …………………………………（314）
第四节　中国现阶段生态消费模式 …………………………（320）
一、生态消费模式的必要性 ………………………………（321）
二、生态消费模式的内涵和特征 …………………………（323）
三、当前中国生态消费发展过程中存在的问题 …………（327）
四、构建生态型消费模式的途径 …………………………（328）
第五节　中国现阶段公共产品的消费问题 …………………（331）
一、公共产品和公共消费的内涵 …………………………（331）
二、城市公共产品的消费问题 ……………………………（334）
三、农村公共产品的消费问题 ……………………………（336）
第六节　关于信息、文化和精神产品的消费问题 …………（340）
一、信息产品的消费问题 …………………………………（341）
二、精神文化产品的消费问题 ……………………………（345）

第一章　中国特色社会主义经济学分析

改革开放以来，我国经济学界基于中国社会经济发展的实际，重构了一系列经济学的基本理论，引发了对“中国经济学向何处去”问题的大讨论。尤其是近年来，经济学界试图建立起一个比较全面系统地研究中国社会经济发展现实的学科体系。

林毅夫认为中国经济学的发展应与国际接轨，在如何推动中国经济学“现代化”方面，林毅夫提出一是要强调经济学研究范式的规范化和一致化，二是要强调用实证方法研究中国经济改革和市场化进程中的重大现实问题，致力于中国经济学的本土化、规范化、国际化。刘国光在一篇名为《论马克思政治经济学与现代西方经济学》的文章中指出：所谓经济学的国际化与本土化的问题，实际上是一般理论与特殊问题的关系，国际化就是指一般理论，本土化就是指特殊问题：国际化就是向一般理论接轨，本土化就是要考虑中国的特殊情况。

结合我国30多年来改革开放的实践，在认真学习了中国特色的社会主义市场经济理论以及关于社会主义科学发展观和和谐社会建设的论述之后，我们创建了“中国发展经济学”理论体系，贯穿其中的是对“中国特色社会主义经济一般规律”的认识和分析。

我们认为，构建中国特色社会主义经济学的基本思路应当是：一是坚持马克思主义经济学的指导地位，根据马克思《资本论》的研究对象及其内容结构，确定中国发展经济学研究的对象是中国现阶段经济发展的基本规律及其基本矛盾的发展问题，具体化为中国特色的社会主义制度下的生产力与生产关系及其相互关系的发展规律问题；二是根据十七大确定的基本路线，高举中国特色社会主义的伟大旗帜，依据邓小平理论以及科学发展观和和谐社会建设的论述，论证中国社会主义初级阶段生产力和生产关系及其相互关系发展的特色问题。

根据上述基本思路我们具体从以下几个方面着手，构建中国特色社会主义经济学：

第一，突出邓小平有中国特色的社会主义经济理论观点，主要回答“什么是社会主义”以及“怎样搞社会主义”、“为谁发展”、“如何发展”的问题。在回答上述问题时始终坚持“以人为本，科学发展”的原则。

第二，对“什么是社会主义”的问题，首先论证了邓小平的社会主义本质论，即“解放生产力，发展生产力，消灭剥削，消除两极分化，最终达到共同富裕”；其次论证了我国社会主义初级阶段论，即“我国已进入社会主义社会，但还处于社会主义初级阶段”，这也就决定了我国现阶段的基本经济特征及其发展的规律性。

第三，我国现阶段的基本经济特征：一是以社会主义公有制为主体，多种所有制经济共同发展，主要采取股份制的实现形式，建立现代企业制度；二是以按劳分配为主体，按劳分配与按要素分配相结合，多种分配方式共存的分配制度；三是实行社会主义市场经济体制，把社会主义制度与市场经济体制结合起来，从而打破了过去认为市场经济与社会主义制度根本不相容的成见，大大地发展了马克思列宁主义关于什么是社会主义的理论。

第四，对“怎样搞社会主义”的问题，根据邓小平有中国特色的社会主义经济理论以及党的十六大以来有关科学发展观和和谐社会建设的论述，进一步结合张培刚教授创建的《新发展经济学》的论述，我们提出要正确认识和处理“十大关系”问题：(1) 关于“三农”问题，这是中国现阶段经济发展的首要问题，这个问题不解决，中国经济社会的持续、高速、稳定发展是根本不可能的，在当前来说主要是建设社会主义新农村问题；(2) 关于改变“二元经济”结构、实现农业工业化、由落后的农业经济转变为先进的工业经济问题，当前来说就是要实行新型工业化的道路与方针；(3) 关于经济发展中的城市化问题，必须确立符合我国现阶段多区域经济社会发展现实的城市化战略，妥善安排大、中、小城市的布局和结构；(4) 关于信息化与现代化的关系，在优先发展信息产业的条件下，正确认识和处理“以信息化带动工业化，以工业化促进信息化”；（5）关于三次产业结构与第三产业的发展问题，关键是增大第三产业的规模，提高第三产业的质量，建立现代化的服务产业；（6）关于国际贸易与金融问题，必须大力开展对外贸易，建立现代金融产业，既“走出去”，又“引进来”；（7）关于区域经济发展问题，在我国现阶段主要是如何正确处理三大区域的经济社会发展问题，对西部来说是如何贯彻“西部大开发”的战略与方针问题；（8）中国经济的可持续发展，主要涉及中国的人口、资源和环境的关系问题，这是我国当前的一个突出问题；（9）关于转变政府职能与中国市场经济发展问题，建立服务型和法治型政府；（10）发展社会主义文化，构建社会主义和谐社会。

第五，对以上问题的论证中，我们主要引用了中国特色社会主义有关理论以及党的有关会议文献，并大量引用了现代经济学的理论思想。

第六，经过10多年的研究和参加全国经济学界的讨论，我们认为可以比较科学地回答“中国经济学向何处去?”的问题，这就是：坚持马克思主义经济学的指导地位，突出邓小平有中国特色的社会主义经济理论，体现科学发展观和和谐社会建设的政策，并借鉴当代西方经济学有关经济发展的科学观点和数量分析，构建具有中国特色的社会主义经济学。过去那种对前苏联《政治经济学教科书》改头换面，或者把“政治经济学”改为“政策经济学”的做法固然不可取；但是那种把“中国经济学”局限在“过渡经济学”、“转轨经济学”、“初级阶段经济学”的做法也不妥当，至于那些以“与国际接轨”为借口，照搬当代西方经济学，把当代中国的案例硬塞进去，冒充“中国经济学”，则是更不可取了。

“中国特色的社会主义经济学”体系，除了理论方面的充分论证外，也为我国30多年来改革开放的实践经验和成就所充分证明。实践是检验真理的唯一标准。

一、中国特色社会主义经济“特”在何处?

什么是社会主义？过去人们一般认为：社会主义制度 = 社会主义公

有制 + 按劳分配 + 国民经济计划化。邓小平简明扼要地概括了社会主义的本质，即社会主义的本质 = 生产资料公有制 + 发展生产力和解放生产力 + 逐步消灭剥削 + 按劳分配 + 共同富裕。根据我国社会主义初级阶段的具体条件，必须注意以下几个特点：

第一，为了发展生产力，必须首先解放生产力，消除一切阻碍生产力发展的障碍，特别是制度和体制上的障碍，进行经济体制以至政治体制的改革。首先是废除农村的人民公社制度，实行以农户为基础的联产承包责任制和包产到户的制度，从而大大解放了农业上的生产力，促进了我国农业的大发展。其次是大力改革工业和服务业的管理体制，特别是对国有国营的企业体制进行改革；虽然这方面的体制改革困难重重，但也取得了显著的成绩，促进了工业和服务业的较快发展，并总结出今后进一步改革的方向和途径。

第二，在社会主义基本经济制度方面，坚决废除了过去实行的“一大二公三纯四平”的极“左”方针，确立了生产资料所有制的“以公有制为主体、多种所有制经济共同发展”以及产品的分配制度“以按劳分配为主体，多种分配形式并存，按劳分配与按要素分配相结合”的新型分配制度。这是两个最基本的经济特征。

第三，在社会主义经济体制方面，我国创造性提出并实行了社会主义市场经济体制，将社会主义公有制同市场经济体制很好地结合起来，从而否定了社会主义制度与市场经济不相容的传统观点。因此，我国实行社会主义市场经济体制的成功，是对社会主义经济理论的巨大创新，是对国际经济理论的重大贡献。

第四，创造性地提出了科学发展观。科学发展观的第一要义是发展，核心是以人为本，基本要求是全面协调可持续，根本方法是统筹兼顾。据此我国提出了走新型工业化道路，把工业化与信息化、生态化结合起来，这也是对全球人类社会的可持续发展的极大贡献，它将惠及全人类和我们的子孙后代。

二、中国特色社会主义生产论

人类社会离不开生产，没有生产，人类社会就不可能存在，更谈不上发展。在人类社会的产生和发展过程中，长期处于农、林、牧、渔业生产阶段，到十六七世纪以后，逐渐出现了以制造业为特点的工业生产阶段，20 世纪以来，服务业又逐渐居于主要地位，人类社会进入知识经济和信息经济时代。但是，就我国来说，仍处于社会主义工业化的中级阶段，具有以下特点：

（一）农业生产还比较落后，农业工业化的水平很低，农民的收入较少，社会保障体系不完善

农业是国民经济的基础，粮食是基础的基础。这是一个万古不变的真理。我国农业生产基本上仍未摆脱主要依靠人力、畜力为主的局面；机械化水平很低，水利问题越来越严重，农药、化肥使用不当，严重破坏了农业生态的平衡，对人类的生存和发展带来了严重的威胁和伤害。农民的收入虽然有较大的提高，但仍然处于低水平的状态。大大低于工业职工、城市居民和其他企事业人员的收入水平，而且这种差距越来越大，这是不利于社会稳定与和谐的。并且，农村社会保障体系尚未建立起来，农民的生老病死养尚无可靠的保障，这是当前最大的“民生”问题。

（二）传统的工业化道路带来了严重的污染，对人类社会以至整个生态环境造成严重的危害，因此必须走新型工业化的道路

我们对近两个世纪以来各国走传统工业化道路造成的污染应当有充分的认识，要彻底改变传统的工业化道路与方式。

我国提出的新型工业化道路与方针：坚持以信息化带动工业化、以工业化促进信息化的方针，走出一条科技含量高、经济效益好、资源消耗低、环境污染少、人力资源优势得到充分发挥的新型工业化路子。

为此，就必须大力发展循环经济，彻底改革传统的工业生产模式，即“资源—生产—消耗—废弃物排放”的单向流动的线型经济活动的模式，实现经济又好又快地可持续发展，实现经济发展的“生态化”。

走新型工业化道路，当前应当正确认识和处理以下几个问题：一是必须优先发展信息产业，特别是软件产业，实施信息化带动工业化的战略创新，使我国的工业制造业真正走上现代化的道路；二是实施可持续发展的战略创新，建立适合中国国情的资源节约、环保型的工业化经济体系，建立以经济效益、社会效益、生态效益为目标的新型工业化体系，走可持续发展的工业化道路；三是实施科教兴国和以自主创新为主的科技发展战略创新，以科技进步为动力推动新型工业化的实现；四是把科技的产业化放在新型工业化和科技发展的突出地位，把国家创新体系建设与新型工业化发展结合起来；五是以可持续发展为目标，坚持保护环境和节约资源的基本国策，把控制人口增长、提高人口质量和促进经济增长放在同等重要的位置，做到人、资源、环境的协调发展。

（三）大力发展中国特色社会主义的服务业

1. 三次产业的划分。根据社会产业发展的历史过程，把人类社会最先出现的农、林、牧、渔等业称为第一产业，接着以制造业为主的工业称为第二产业，除此以后形成的服务业称为第三产业。这种划分已成为国际经济学界的共识。但对服务业的生产性和非生产性尚存在争议，一般认为：为生产服务的服务业是生产性的，为人们消费服务的服务业是非生产性的。我们认为整个第三产业都是生产性的，是社会价值和财富的创造者，其在社会总产值中已占重要地位，这已成为衡量一个国家和地区发展水平的重要标志。

2. 我国第三产业发展的现状。总体来说，我国第三产业发展严重滞后，这主要表现在：一是第三产业在国民生产总值中所占的比重偏小，仅占我国 GDP 总值的 35% 左右，不但大大低于发达国家的水平（60%），也低于发展中国家的平均水平（38%）；二是第三产业的内部结构很不合理，传统的为生活服务的商业、餐饮业等的比重过大，而为生产服务的现代服务业比重很小，仅占 20% 左右；三是在第三产业的各行业中，劳动密集型的服务部门如社会服务部门发展最快，知识密集的科学研究和教育等行业次之，非营利性的服务部门如机关团体和地质勘探等行业发展最慢（近年来发展较快）；四是在各地区第三产业发展极不平衡，东部地区发展最快，中部次之，西部最慢，这也是西部整体发展缓慢的一个重要因素；五是近些年来一些灰色的、黑色的以至黄色的服务业沉渣泛起，甚至非常猖獗，危害极大。

3. 大力发展第三产业，优先发展信息产业（特别是软件产业）：一是密切关注国际服务发展的新趋势，加快实现我国服务业的市场化、独立化、专业化，服务手段的信息化，网络化，传输载体宽带化，服务空间的国际化，服务保障的安全化，服务理念的人性化，服务标准的规范化等；二是优先发展信息产业，特别是信息软件产业，这是实现第三产业现代化的关键，也是实现整个国民经济可持续发展的内在要求。根据我国当前的发展情况，也已具备优先发展信息产业的条件。为此，必须加大信息技术研发的投入力度，强化信息技术的自主创新；深化投融资体制改革，建立健全信息产业风险投资机制；构建良好的政策法律环境，促进信息产业健康发展。

三、中国特色社会主义流通论

在原始社会末期，随着生产力的发展和社会分工的出现，逐步产生了各原始部落之间的交换，促进了私有制的产生和商品经济的发展，到人类社会进入资本主义发展阶段后，商品经济进入发达的市场经济阶段。到19世纪中叶，马克思和恩格斯根据当时欧美国家资本主义市场经济发展的趋势，预言资本主义制度将为社会主义制度所取代，从而商品市场经济将走向消亡，为有计划的产品经济所代替。后来的实践证明，这将是一个长期的过程，不可能一步到位。特别是对处于社会主义初级阶段的当代中国来说，商品市场经济还必须大发展，但是其与传统的商品市场经济相比具有以下特点：

第一，我国现阶段的商品市场经济，是建立在以公有制为主体、多种经济成分共同发展的经济基础上的，这也就决定了它的目的不是单纯为了追求利润最大化，而是为了满足人民日益增长的物质与文化的需要，实现人民共同富裕的目标。

第二，我国现阶段的商品市场经济，是建立在以按劳分配为主体、按劳分配与按要素分配相结合的分配制度的基础上的，因此仍然受商品价值规律的制约和决定，仍存在资本市场、产权市场、劳动力市场等商品市场经济范畴。

第三，我国现阶段的商品市场经济，仍然必须遵循商品市场的价值规律，同时也必须加强对商品生产和流通的宏观调控，即要把运用“看不见的手”和“看得见的手”结合起来。

第四，我国现阶段的商品市场经济，必须根据社会主义的核心价值观和意识形态，大力发展有利国计民生的商品市场，特别是文化市场，逐步整顿和规范灰色市场，坚决取缔非法市场等。

第五，根据我国现阶段的商品市场经济状况，当前应当大力发展资本市场，特别是证券股票市场，建立公平、公正、公开的劳动力市场，坚决整顿房地产市场，遏制人民必需消费品价格过快上涨的趋势。

第六，拓展对外开放的广度和深度，提高开放型经济水平。坚持对外开放的基本国策，把“引进来”和“走出去”更好结合起来，扩大开放领域，优化开放结构，提高开放质量，完善内外联动、互利互赢、安全高效的开放型经济体系，形成经济全球化条件下参与国际经济合作的竞争新优势。为此，必须搞好国际金融和贸易工作。

四、中国特色社会主义分配论

分配问题一直以来就是经济学理论研究的核心问题之一，它不仅涉及生产力方面，如效率问题，更要体现出一定的生产关系，处理好公正公平问题。改革开放以来，尤其是在党的十七大报告中，创造性地提出了中国特色的社会主义分配理论，即坚持按劳分配为主体、多种分配方式并存的分配制度，健全劳动、资本、技术、管理等生产要素按贡献参与分配的制度，初次分配和再分配都要处理好效率和公平的关系，再分配更加注重公平。这一分配制度凸显了中国社会主义的特色，但在理论上和实践操作上如何贯彻，仍需要作进一步的研究。

首先，必须从理论上解决按劳分配与按要素分配相结合的理论依据以及如何量化问题。有人用“共创论”和“共分论”来解释，即劳动、资本、土地等共同创造了价值，因而决定了必须共同分配剩余价值，显然这是完全错误的。有人认为这是由不同的“产权”所决定的，但又说明不了各自分配的数量问题。因此，必须把理论与实践相结合来科学地解决这一问题。

其次，正确认识和处理分配中的效率与公平的关系。党的十六大提出“坚持效率优先兼顾公平”和“初次分配注重效率，再分配注重公平”的原则。有人对此提出异议，我们认为这个原则只不过在不同情况下有所侧重而已。在我国当前的情况下，初次分配和再分配都要处理好效率和公平的关系，再分配要更加注重公平。特别要注意逐步提高居民收入在国民收入分配中的比重，提高劳动报酬在初次分配中的比重，着力提高低收入者的收入，逐步提高扶贫标准和最低工资标准，建立职工工资增长机制和支付保障机制。

再次，改革现行的工资薪酬制度，使产业工人的工薪收入能够稳步合理增长、分享经济社会发展的成果；对国家公务人员与国有事企业单位的人员，按地区、单位、职位不同实行合理的等级工资制度，对国有垄断行业和企业的管理人员也应与全国公务人员实行同样的薪酬制度；坚决改变部分国有垄断企业存在的不合理的超高报酬现象。

最后，建立覆盖城乡居民的社会保障体系，健全第三次分配制度。要以社会保险、社会救助、社会福利为基础，以城镇基本养老、城镇基本医疗、新型农村合作医疗、最低生活保障制度为重点，以慈善事业、商业保险为补充，加快完善城乡社会保障体系，逐步提高保障水平。

五、中国特色社会主义消费论

消费是人类社会生产的目的，社会主义生产当然也不例外。特别是我国还处在社会主义初级阶段，社会生产还不是很发达，物质产品还不是很丰富，人们的消费水平还不是很高，人民的食、衣、住、行、用、学、医等还存在诸多问题，因此，必须在社会发展的基础上，更加注重社会建设，着力保障和改善民生，推进社会体制改革，扩大公共服务，完善社会管理，促进社会公平正义，努力使人民学有所教、劳有所得、病有所医、老有所养、住有所居，推动建设和谐社会。根据我国现阶段的具体情况，为了实现这些目标，当前应当加快推进以下以改善民生为重点的社会建设重大任务：

第一，优先发展教育，建设人力资源强国。教育是民族振兴的基石，教育公平是社会公平的重要基础。要全面贯彻党的教育方针，坚持育人为本，德育为先，实施素质教育，提高教育现代化水平，培养德智体美全面发展的社会主义建设者和接班人，办好人民满意的教育。

第二，实施扩大就业的发展战略，促进以创业带动就业。就业是民生之本，要坚持实施积极的就业政策，加强政府引导，完善市场就业机制，扩大就业规模，改善就业结构，建立统一规范的人力资源市场，形成城乡劳动者平等就业的制度；当前应当积极做好高校毕业生的就业工作，完善和落实国家对农民工的政策，依法维护劳动者权益。

第三，深化收入分配制度改革，增加城乡居民收入；加快建立覆盖城乡居民的社会保障体系；建立基本医疗卫生制度，提高全民健康水平；完善社会管理，维护社会安定团结。

（撰稿人：何炼成　李忠民　何林）

第二章　中国特色社会主义初级阶段的“三农”问题

中国人口的近2/3是农民，农民居住在农村，主要从事农业，这是中国的基本国情。农业、农村和农民问题即“三农”问题，始终是我国社会主义革命和社会主义现代化建设的根本问题。农业是国民经济的基础，没有农业的牢固基础，就不可能有我们国家的自立；没有农业的积累和支持，就不可能有我国工业的快速发展；没有农村的稳定和全面进步，就不可能有整个社会的稳定和全面进步；没有农民的小康，就不可能有全国人民的小康；没有农业的现代化，就不可能有整个国民经济的现代化。因此，国家把农业放在发展国民经济的首位，要加强农业基础地位，走中国特色农业现代化道路，建立以工促农、以城带乡的长效机制，形成城乡经济社会发展一体化的新格局，统筹城乡发展，推进社会主义新农村建设。

第一节　农业在国民经济发展中的地位和作用

农业是国民经济的基础，是国民经济中最基本的物质生产部门。建设现代农业，发展农村经济，增加农民收入，是我国全面建设小康社会的重大任务。新中国成立以后，经过几十年的努力，我国农业取得了巨大的成就，但还存在着诸多深层次的矛盾和问题，农业的基础地位仍亟待加强，农业仍然是经济发展全局中的薄弱环节，已成为影响国民经济持续快速协调发展的重要制约因素。因此，我们要始终强调和认清农业的基础地位和作用，坚持农业的基础地位不动摇。

一、农业在国民经济发展中的地位和作用

农业的基础地位是由农业的自身性质和我国的具体国情决定的。

第一，从经济角度看，农业是国民经济的基础，是经济发展的基础。因为，农业是人类的衣食之源、生存之本，农业的发展状况直接影响着国民经济全局的发展。农业是国民经济中最基本的物质生产部门，是工业等其他物质生产部门与一切非物质生产部门存在与发展的必要条件，农业是工业特别是轻工业原料的主要来源。农业还为工业的发展提供广阔的市场，农村是各种工业品的广阔市场。农业也是国家建设资金积累的重要来源。新中国成立几十年来，农业以上缴农业税的方式直接为国家积累资金，还以低价农产品为轻工业提供原料，通过剪刀差间接地为国家积累了相当多的资金。随着农业的发展，农村中的剩余劳动力日益增多，这些剩余劳动力大量被充实到了国民经济的非农部门促进了这些部门的发展。农业也是出口物资的重要来源。在出口商品构成上，农副产品及其加工品仍占重要地位，农业在商品出口创汇方面仍起着十分重要的作用。因此，可以说农业是支撑整个国民经济不断发展与进步的保障。

第二，从社会角度看，农业是社会安定的基础。农业能否稳定发展，能否提供与人们生活水准逐渐提高这一基本趋势相适应的农副产品，关系到社会的安定。“民以食为天”，粮食是人类最基本的生存资料，农业在国民经济中的基础地位，突出地表现在粮食的生产上。如果农业不能提供粮食和必需的食品，那么人民的生活就不会安定，生产就不能发展，国家和社会就难以安定。

第三，从政治角度看，农业是国家自立的基础。我国的自立能力相当程度上取决于农业的发展。如果农副产品不能保持自给，在当前世界粮食供给偏紧，价格大幅度上涨的背景下，我国如果出现农产品供给危机，尤其是粮食危机，过多依赖进口，必将受制于人。一旦国际政局变化，势必陷入被动，甚至危及国家安全。因此，农业的基础地位是否牢固，关系到人民的切身利益、社会的安定和整个国民经济的发展，也是

关系到我国在国际竞争中能否坚持独立自主地位的大问题。

二、中国农业的现状及存在的问题

新中国成立以来，我国农业经过几十年的发展取得了很大成就。国家统计局在2007年国民经济和社会发展统计公报中公布：2007年第一产业增加值达28910亿元，粮食产量50150万吨，棉花产量760万吨，肉类总产量6800万吨，大多数农产品总产量居于世界前列。但我国农业生产技术装备水平与劳动生产率水平均较低，农业基础设施薄弱，抗灾害能力差，我国农产品供给尤其是粮食供给始终处于基本平衡但偏紧的状态。我国农业生产面临着可耕地少、人口多的具体国情，农业资源人均占有量在世界上属低水平，这是我国农业发展的最大制约因素，农业仍然是制约国民经济发展的薄弱环节。当前我国农业发展面临的主要问题是：人地矛盾突出，农业基础薄弱，农民增收乏力等。

第一，人地矛盾突出，粮食生产面临巨大压力。我国各类土地资源的绝对量虽然很大，但人口与土地资源的矛盾十分突出，农业后备土地资源严重不足。据国土资源部统计，1996年全国耕地保有量为19.51亿亩，截至2006年10月31日，全国耕地面积为18.27亿亩，逼近18亿亩的耕地红线。全国人均耕地面积也从1996年的近1.6亩降到2006年底的1.39亩，人均耕地面积只有世界人均量的1/4、美国的1/7、印度的1/2；人均草地面积不到世界人均量的1/2；人均林地面积为世界人均量的1/8。近年来，各项建设的发展又使耕地面积逐年减少，粮食生产所需的基本生产资料——土地越来越紧缺，农业仍然是“弱质”、“低效”产业，农业劳动生产率一直处于较低的水平。

第二，农业人口过多，大量剩余劳动力滞留在农村，就业严重不足。2007年，在农业产值只占GDP份额的11.7%的情况下，农村人口仍有72750万人，占总人口的比重为55.1%，4.9亿农村劳动力中，剩余劳动力高达1.5亿人左右，今后每年还将新增600多万人，这使得农村剩余劳动力转移任务非常繁重。

第三，农业的基础地位依然脆弱。农业基础设施建设投入不足，抗击自然风险能力差，农业生产科技含量不高，农产品结构不合理，抗市场风险能力差。我国农村基础设施薄弱主要集中在水利、交通、燃料、饮水和环境这五个方面。农田水利设施建设滞后，农业仍未从根本上摆脱靠天吃饭的局面；落后地区及边远地区交通不便；农民生活燃料结构不合理，在农村生活燃料消费结构中，秸秆和薪柴所占比例仍很高；相当一部分农村地区没有符合卫生标准的清洁饮用水；农村环境退化，生态环境恶化，水土流失、沙漠化、农田化学污染严重，生态系统遭到破坏，农村环境问题越来越突出。同时，生产技术总体比较落后，农业劳动生产率低，农产品市场化率低、生产成本过高，农产品因质量及污染问题而缺乏国际竞争力。农业生产比较效益低，农民生产积极性不高，从而严重制约了农业、农村的进一步发展。

三、粮食是基础的基础

农业是国民经济的基础，粮食是基础的基础，农业问题主要是粮食问题。无农不稳，无粮则乱，应始终把粮食生产放在农业的首位。我国是一个人口众多的发展中国家，粮食是关系国计民生不可替代的战略物资，解决吃饭问题始终是国民经济的头等大事。我国总体上人多地少，农业后备资源不足，许多地方种粮的比较利益偏低。多年来，不少传统的粮食输出省转而成为输入省，南粮北调已经成为历史。我国经济学界的普遍认识是：由于我国农业资源的特点，在较长的一个时期里，我国的粮食供应将处于紧平衡状态，我国的粮食安全问题始终不能掉以轻心。

随着农村产业结构的调整，粮食生产的比重、农作物种植业的比重、从事农作物种植业劳动力的比重都会减少，这是事实。粮食作物所占的比重下降，并不意味着粮食生产的绝对量的减少。我国粮食产量从1979年的3.3212亿吨上升到2007年的5.015亿吨，成为世界第一产粮大国。随着农业科技在农业中的广泛应用和优质高产品种的不断出现，粮食的单位面积产量可能会大幅度提高，因而粮食生产的绝对量应是不断增加的，事实也证明了这一点。无论何时，我们绝不能轻视粮食生产。

四、坚持农业的基础地位不动摇

农业的基础地位是否牢固，关系到人民群众的切身利益、社会安定和整个国民经济的发展，也是关系到我国在国际竞争中能否保持独立自主地位的大问题；农业的兴衰成败，关系到国民经济的全局，没有农业和农村经济的发展，我国的改革开放和经济建设就没有稳固的基础和良好的环境，就不可能有整个社会的稳定和全面进步，没有农业现代化，就没有整个国民经济的现代化。

坚持农业基础地位不动摇，必须强化农业基础，走中国特色农业现代化道路。围绕保障农产品有效供给、增加农民收入和促进农业可持续发展，认真解决事关农业基础建设的突出问题，努力实现农业农村经济又好又快发展。

加强农业基础地位，必须坚持统筹城乡经济社会发展的基本方略。按照党的十七大提出的形成城乡经济社会发展一体化新格局的要求，坚持工业反哺农业、城市支持农村，加大公共财政向“三农”倾斜力度，加大城市对农村的支持力度，协调推进城镇化和新农村建设。同时，要严把开发建设中的土地“闸门”，确保18亿亩耕地面积，坚决打击一切违法占用耕地行为。

加强农业基础地位，必须坚持“多予、少取、放活”的方针，不断加大对农业的扶持力度、对农村的投入力度、对农民的补贴力度，不断激发农业的增产潜力、农村的要素潜能、农民的创业热情。

加强农业基础地位，必须坚持推进体制机制创新。当前，制约农业农村发展的深层次矛盾依然存在，必须进一步深化农村改革，特别是要加快重要领域和关键环节的改革，着力构建充满活力、富有效率的体制机制，为促进城乡经济社会协调发展提供强大动力和制度保障。

全面建设小康社会，必须统筹城乡经济社会发展，更多地关注农村、关心农民、支持农业，把解决好农业、农村和农民问题作为全党工作的重中之重，放在更加突出的位置。农业发展顺利，增长速度加快，整个国民经济发展速度也快。农业生产倒退，发展速度减慢，就会给整个国民经济发展带来损害。农业发展制约着国民经济其他部门的发展。我国必须将农业放在整个经济工作的首位，高度重视农业生产，在经济发展的任何阶段，农业基础地位都不能削弱，只能加强。当务之急是抓好农业发展、农民增收，根本之策是大力加强农业基础建设，走中国特色农业现代化道路。

第二节 中国特色农业现代化道路

党的十七大报告从我国的全局出发，针对农业农村发展的新情况、新变化、新形势、新任务，鲜明地提出了走中国特色农业现代化道路的新要求。明确指出："解决好农业、农村、农民问题，事关全面建设小康社会大局，必须始终作为全党工作的重中之重。要加强农业基础地位，走中国特色农业现代化道路，建立以工促农、以城带乡长效机制，形成城乡经济社会发展一体化新格局。"

在20世纪70年代我们就提出了农业现代化的目标，但对什么是农业现代化、其基本内涵是什么等问题的认识，却随着实践的发展而不断深化。综合国内外实现农业现代化的经验，结合我国农业发展现状和基本国情，可以对中国特色农业现代化道路的基本内涵作如下概括：以保障农产品供给、增加农民收入、促进可持续发展为目标，以提高农业劳动生产率、资源产出率和商品率为途径，以现代科技和装备为支撑，在家庭承包经营的基础上，在市场机制和政府调控的综合作用下，建成农工贸紧密衔接、产加销融为一体、多元化的产业形态和多功能的产业体系。

一、走中国特色农业现代化道路的必要性

发展现代农业是社会主义新农村建设的首要任务，是以科学发展观统领农村工作的必然要求。推进现代农业建设，顺应我国经济发展的客观趋势，符合当今世界农业发展的一般规律，是促进农民增加收入的基本途径，是提高农业综合生产能力的重要举措，是建设社会主义新农村的产业基础。要用现代物质条件装备农业，用现代科学技术改造农业，用现代产业体系提升农业，用现代经营形式推进农业，用现代发展理念引领农业，用培养新型农民发展农业，提高农业水利化、机械化和信息化水平，提高土地产出率、资源利用率和农业劳动生产率，提高农业素

质、效益和竞争力。建设现代农业的过程，就是改造传统农业、不断发展农村生产力的过程，就是转变农业增长方式、促进农业又好又快发展的过程。必须把建设现代农业作为贯穿新农村建设和现代化全过程的一项长期艰巨任务，切实抓紧抓好。

实现农业现代化是世界农业发展的基本方向，也是我国农业发展的长期奋斗目标。党的十六大提出要建设现代农业，2007 年的中央 1 号文件系统部署了建设现代农业各项工作，党的十七大强调发展现代农业、走中国特色农业现代化道路，2008 年的中央 1 号文件中再次强调发展现代农业是社会主义新农村建设的首要任务，是以科学发展观统领农村工作的必然要求，这充分显示了党中央对建设现代农业的高度重视。实践证明，加快建设现代农业，走中国特色农业现代化道路，是顺应世界农业发展普遍规律与发展趋势、立足我国国情和发展阶段的必然选择；是落实科学发展观，协调推进工业化、城镇化的必然要求；是坚持以发展农业生产力为中心，着力推进体制机制创新和农业发展方式转变，促进农业可持续发展的必由之路；是建设社会主义新农村，促进粮食稳定发展、农民持续增收的根本途径。

二、走中国特色农业现代化道路的基本原则

走中国特色农业现代化道路，必须科学把握中国国情。我国农业发展在资源禀赋、任务要求、经济社会结构等方面有着独特的国情。从资源状况看，人多地少，耕地减少、水资源短缺的矛盾越来越突出；从任务要求看，保障国家粮食安全、确保主要农产品供给的压力越来越大，农业还要促进农民就业、增收，发挥多种功能；从体制环境看，我国长期存在城乡二元体制，计划经济体制影响很深，农业发展正处于体制转轨和结构转型阶段，城乡统筹的体制机制还不健全；从经营方式看，农户生产经营规模小而分散，农户数量庞大，农业组织化程度低；从生产力水平看，农业生产力水平整体较低，各地资源禀赋、发展水平等千差万别，农业生产力水平的多层次性和不平衡性十分明显；从国际竞争看，我国农业发展既有后发优势，又面临一些挑战，相对其他世界贸易组织成员国，我国可利用的调控农业进出口的政策空间很有限，国际竞争压力巨大。

针对我国农业发展的现实条件和状况，走中国特色农业现代化道路，应该牢牢把握住以下几条基本原则：

一要坚持以保证国家粮食安全为前提，发挥农业的多种功能。要始终不渝地坚持立足国内实现粮食基本自给的方针，坚定不移地把发展粮食生产放在首位，确保国家粮食安全。同时，重视发挥农业的社会稳定功能、就业与增收功能、生态保护功能、观光休闲功能以及文化传承功能等。

二要坚持以家庭承包经营为基础，着力解决小农户与大市场的矛盾。必须始终坚持家庭承包经营不动摇，在此基础上着力推进农业经营形式创新，支持农民发展各类专业合作组织，强化社会化服务，促进农业产业化经营，不断提高农业组织化水平。

三要坚持转变农业发展方式，努力提高资源利用率和劳动生产率。要把加快科技进步放到更为突出的位置，加强农业科技自主创新，促进农业科技成果转化和推广应用，大力提高农民吸纳和应用科技的能力，大力发展资源节约型、环境友好型的循环农业，不断提高农业的效益和竞争力。

四要坚持加强对农业的支持保护，建立健全保障农业发展的体制和机制。要加快消除城乡分割的二元结构，加大农业政策支持力度，健全农业支持保护体系，实现城乡一体化发展。

五要坚持因地制宜、循序渐进，积极探索实现农业现代化的不同模式。

探索中国特色农业现代化道路，是一项长期艰巨复杂的历史任务。我们一定要站在全局和时代的高度，按照继续解放思想、坚持改革开放、推动科学发展、促进社会和谐以及全面建设小康社会的总体要求，要以保障国家粮食安全和农副产品有效供给、提高农业市场竞争力和可持续发展能力、促进农业稳定发展和农民持续增收为主要目标，坚持不懈地加强农业基础地位，把发展现代农业、繁荣农村经济作为首要任务，着力强化现代农业的政策支撑、科技支撑、设施装备支撑、人才支撑、服务支撑和体制机制支撑，拓展农业功能，深化结构调整，构建和优化现代农业产业体系，大力提高农业综合效益，努力走出一条保障能力强、科技含量高、经济效益好、资源消耗低、环境污染少的现代农业发展道路，推进我国农业农村经济又好又快发展。

三、走中国特色农业现代化道路的措施

世界范围的农业现代化进程是从20世纪初随着工业革命的演进和科学技术的进步而启动的。在推进农业现代化过程中，各国由于自然资源禀赋和经济社会基础不同，在实现农业现代化的道路选择上也不同，主要有三种类型：第一如美国、加拿大等人少地多、劳动力短缺的国家，它们以提高劳动生产率为主要目标，凭借发达的现代工业优势，大力发展农用机械，取代人力和畜力，通过扩大单位农场种植面积和经营规模，提高农产品的总产量。第二如日本、荷兰等人多地少、耕地资源短缺的国家，它们以提高土地生产率为主要目标，把科技进步放在重要位置，通过改良农作物品种、加强农田水利建设、增加化肥和农药使用量等措施，提高单位面积农产品产量。第三如法国、德国等土地、劳动力比较适中的国家，它们以提高劳动生产率和土地生产率为主要目标，既重视用现代工业装备农业，又重视科学技术推广应用。

世界农业现代化道路的发展历史表明，发达国家在实现农业现代化过程中，都非常注重立足本国国情和发展阶段，积极探索各具特色的发展道路。因此，实现农业现代化没有一成不变的固定模式，唯有从实际出发才是取得成功的正确选择。借鉴世界的先进经验和教训，针对我国的当前的实际情况，我们应该在以下方面采取相应的措施：

（一）巩固完善强化强农惠农政策，大幅度增加农业农村投入

按照适合国情、着眼长远、逐步增加、健全机制的原则，坚持并完善农业支持保护和补贴制度，特别加大对保护和提高农业综合生产能力的补贴力度。大幅度增加对农业农村的投入，紧紧围绕加强农业基础建设，集中力量办成几件大事。调整耕地占用税使用方向，新增收入主要用于“三农”；调整城市维护建设税使用范围，各地预算安排的城市维护建设支出要确定部分资金用于乡村规划、基础设施建设和维护；调整涉农项目配套政策，在国家扶贫开发工作重点县新安排的病险水库加固和生态建设等公益性强的基本建设项目，根据不同情况逐步减少或取消县及县以下配套。继续加大对农民的直接补贴力度，

加大对粮食主产区的扶持力度，加大对动物防疫体系建设的投入力度。

（二）努力保障主要农产品基本供给，积极促进农民增收

绝不放松粮食生产，必须把粮食生产摆在更加突出的位置，不折不扣地贯彻落实各项扶持政策，保护和调动农民的种粮积极性，千方百计地稳定粮食播种面积，努力提高单产，确保粮食生产稳定发展。高度重视“菜篮子”产品生产，确保“菜篮子”产品生产稳定、价格稳定和市场稳定。切实加强动物疫病防控，全面强化农产品质量安全工作，着力改善农产品市场调控。要充分挖掘农业内部增收潜力，拓展非农就业增收空间，促进农民转移就业，支持农民工返乡创业。

（三）突出抓好农业基础设施建设，加快完善农业生产条件

要狠抓农田水利建设，加快大型灌区节水改造，搞好小微型水利工程，推广农业节水设施和技术。落实病险水库除险加固资金投入，明确工作责任，抓紧组织实施，保证工程质量。狠抓耕地保护和质量建设，切实控制建设占用耕地及林地，加大土地复垦整理力度，加强中低产田改造，加快沃土工程实施步伐。狠抓农业机械化发展，要以粮食主产区、南方丘陵区和血吸虫疫区为重点，加快先进实用、生产急需农业机械的推广应用，人力发展农机合作组织，扶持发展农机大户，组织好农机跨区作业。狠抓生态保护和建设，继续实施重点生态工程，搞好水土保持工作，建立健全森林、草原和水土保持生态效益补偿制度，加大农业面源污染防治力度，加强农村节能减排工作。

（四）加快农业科技进步和自主创新，大力提高农民科技文化素质

建设现代农业要依靠科技兴农，增强农业自主创新能力，强化农业科技支撑，加强农业科技创新和成果转化，强化以公益性为主的多元化农业技术推广服务，提高土地产出率、资源利用率和劳动生产率。瞄准农业增效、农民增收和农产品竞争力增强等目标，加快农业科技体制和机制创新，不断提高农业发展的科技含量。农民是发展现代农业和新农村建设的主力军。要加强农民培训，大力培养农村实用人才。围绕增强农民自我发展能力，培育有文化、懂技术、会经营的新型农民。

（五）加快农村社会事业发展，强化农村基础设施建设

继续加大和巩固农村义务教育“两免一补”实施力度，在普遍免除学杂费的基础上，全部免费提供教科书。扩大家庭经济困难寄宿生生活费补助的覆盖面。加大新型农村合作医疗支持力度，在全国范围内普遍建立新型农村合作医疗制度，大幅度提高国家补助标准。加大农村最低生活保障补助力度，将符合条件的农村贫困家庭全部纳入低保范围，做到应保尽保。加大国家扶贫开发力度，适当提高农村扶贫标准，集中力量解决革命老区、民族地区、边疆地区和特殊类型地区贫困问题。加大农村基础设施建设力度，加快农村饮水安全工程实施进度，增加农村沼气投入，继续实施农村电网改造，大力发展农村公共交通，加强小城镇基础设施建设。

（六）稳定完善农村基本经营制度，不断深化农村改革

要切实稳定农村土地承包关系，依法落实和维护农民承包土地的各项权利。坚持依法自愿有偿的原则，健全土地承包经营权流转市场。严格土地征收征用、农村集体建设用地流转、宅基地整理等的审批管理，切实保护农民土地及农村和农业的基本经济制度权益。积极推进乡镇机构和县乡财政管理体制改革，加快农村金融体制创新，妥善处置乡村债务，健全农民工就业服务和管理制度。积极发展产业化经营，实行生产、加工、销售有机结合和相互促进的经营方式。

第三节　中国现阶段农村和农业的基本经济制度

基本经济制度是关于所有制方面的制度，是国家的根本性经济制度。以家庭承包经营为基础，统分结合的双层经营体制，是我国农村经济的一项基本制度，也是党在农村的一项基本政策。

一、中国农村和农业基本经济制度的变迁

土地是农业最基本的生产资料，土地产权制度是农村制度的核心和基础，是农村经济稳定发展和国家社会经济秩序的根本因素。新中国成立以来，我国农地产权制度经过了以下几个阶段：

第一阶段：土地改革阶段。以 1950 年 6 月颁布的《中华人民共和国土地改革法》为标志，第一次建立起农民土地所有制为主体的社会主义土地制度的雏形，实现了千百年来中国农民“耕者有其田”的梦想，使农村经济得到很快恢复和发展。

第二阶段：农业合作化阶段。1952 年土地改革完成以后，进行了合作化道路的探索，先后经历了互助组、初级社和高级社的演变过程，在农村最终彻底实现了劳动群众集体所有、统一经营的土地产权制度。

第三阶段：人民公社阶段。1958—1978 年在“左”的思想支配下，人民公社实行“政社合一”，土地等生产资料完全集中于人民公社和国家手中，农民不仅失去了包括土地在内的所有生产资料，而且也失去了自主劳动的权利。

第四阶段：家庭联产承包责任制。1978 年以后确立的家庭联产承包责任制，是我国农地产权制度的又一次重大变迁，实现了所有权和经营权分离，扩大了农民自主权，促进了农村生产力的发展。

二、中国现阶段农村和农业的基本经济制度

家庭联产承包责任制是我国农村现有制度的核心，是我国现阶段农村和农业的基本经济制度。该制度实行以家庭为单位的生产经营方式，以追求效率为取向，其在广大农村的推行，极大地调动了农民的生产积极性，同时发挥了集体优越性和个人积极性，在短期内就解决了亿万农民的温饱问题，解放和发展了农村生产力，它的历史地位和功绩是不可否认的。

（一）家庭联产承包责任制的实施

家庭联产承包责任制是指农户以家庭为单位向集体承包土地等生产资料和生产任务的农业生产责任制形式，是我国农村集体经济的主要实

现形式。其特点是主要生产资料仍归集体所有，在分配上仍实行按劳分配原则，在生产经营活动中，集体和家庭有分有合，承包户和集体经济组织签订承包合同。家庭联产承包责任制的具体形式有包干到户和包产到户。

家庭联产承包责任制是中国农民的伟大创造，是农村经济体制改革的产物。党的十一届三中全会以后，在党中央的积极支持和大力倡导下，1979 年以后，以家庭联产承包责任制为核心的农村改革，逐步在全国推开，到 1983 年初，全国农村已有 90% 的生产队实行了这种责任制。

以家庭联产承包为主的责任制和统分结合的双层经营体制是我国农村的一项基本经济制度。其基本特点：一是土地所有权仍为集体所有，使用权归承包农户，从而保证了农村经济中公有制的基础地位；二是实行大包干分配制度，兼顾了国家、集体、个人三者利益，克服了平均主义，较好地体现了按劳分配的社会主义分配原则；三是以生产资料集体所有为依托、以联产承包为纽带、以家庭分户经营为基础、以集体统一经营为辅助的家庭分散经营和集体统一经营相结合的双层经营体制，这种组织方式及经营模式适应了我国农业自身的特点，适应了生产力的发展。

（二）家庭联产承包责任制的成就

家庭联产承包责任制的实行，打破了“政社合一”、“一大二公”的人民公社体制，实行家庭联产承包为主，统分结合，双层经营，把权、责、利紧密结合起来，既发挥了集体统一经营的优越性，又克服了平均主义，较好地解决了农业生产中的监督问题以及农民努力与报酬支付的关联问题，调动了农民的生产积极性，从而带来了农民生产积极性的高涨和农业产出的超常增长，推动了农村商品经济的大步发展，是适应我国农业特点和农村生产力发展水平以及管理水平的一种较好的经济形式。

家庭承包经营适应我国现阶段以至未来相当长时期农业生产力状况。农村改革三十年来，虽然农业生产发展很快，农村经济增长迅速，农村社会变化巨大，但就总体而言，生产工具落后（有些地方甚至还很原始，以畜力、人力劳动为主），科技水平低下，生产规模偏小，社会化程度较低。这种状况，仍然适应以家庭为主经营。同时，农业生产的自身特点就是自然再生产过程与经济再生产过程交织在一起，要求生产经营者具有高度的责任感和决策灵活性，其决定了合理配置人地资源，劳动组织不宜过大过于集中，生产者的利益要与最终经营成果挂钩，家庭承包经营能够满足这样的要求，所以符合广大农民的意愿。

三、中国现阶段农村和农业的基本经济制度的矛盾和问题

从1979年家庭联产承包责任制在全国推广后，农业生产取得长足进步，农民收入获得较大提高，城乡差距曾一度缩小。但从1997年开始，我国农民收入增速开始持续下降，农产品结构矛盾、需求矛盾变得十分突出，城乡之间收入差距进一步拉大，整个农村经济已经不再像改革初期那样充满生机和活力，家庭联产承包责任制逐渐显现出其局限性，具体表现在土地所有权、经营权、流转权等方面。

（一）家庭联产承包责任制在产权制度方面存在缺陷

长期以来，农民的土地产权问题并未从根本上得到解决。完整的产权包括排他的所有权、自主的使用权、独享的受益权和自由的处置权，而在现行产权制度下，作为经营主体的农户并不享有其中的所有权，其他三权也受到了严重的限制和侵蚀。农村土地使用权在性质、内容、获得等方面还不够明确。土地承包是靠行政手段分配完成的，又是通过行政手段来调整由于集体成员人数增减而变化了的人地关系，农民使用权是非市场机制的产物，限制了农民生产的长期规划。就土地的处置权来说，无法形成有效、健全、合理的农民使用权流转机制，农地流转不能体现配置效率。农户产权不完整，一方面，农户无法成为市场经济的主体，产权制度的激励作用和资源流向的引导作用难以发挥，农业资源的充分转换无法实现；另一方面，农民的合法权益不能得到制度上的保证。由于产权不明导致农户与农户、农户与集体之间的纠纷时有发生。

（二）土地的条块分割限制了土地的规模经营，产业经济发展困难

农业现代化的根本出路在于农业规模经营和产业化。我国农地的配置基本遵循平均分配的原则，实质上是一种“均田制”，一家一户为单元的小规模生产，地块面积狭小，现代化的设备无法正常使用，限制了土地的规模经营，不利于土地资源的统筹安排和综合利用，集约经营困

难。农业扩大再生产受到限制，无法发展优质高效农业，在生产经营中，农田机耕、灌溉、生产资源供应、农产品销售、生产投资贷款、先进技术和农业机械化的推广等都成为严重的问题。生产效率低下，生产成本相对提高，收益仍然很低，这更加剧了城乡收入差距的不断扩大。

（三）家庭联产承包责任制度下，土地难以流转，一方面束缚了农村劳动力的解放，另一方面又造成了土地的浪费

中国农村现有的家庭联产承包责任制，在赋予农民土地、满足农民土地需求的同时，却又保留了进入城市门槛的户籍制度，把众多的剩余劳动力束缚在农村，造成了劳动力的巨大浪费。随着兼业农户的增多，农户收入来源多样化，承包地不再是农民赖以生存的基础，而日益成为从事非农产业的退守地，加上经营土地成本的增加，农民对土地的粗放经营，土地“抛荒”现象严重，影响了农业劳动生产率的提高和农村土地的有效利用，造成了土地的极大浪费。

四、深化中国农村和农业的基本经济制度的改革

（一）土地所有权改革

关于中国农地制度的改革，理论界主要提出了三种方案：其一是主张在保持现有的农村集体土地所有制不变前提下，进一步完善家庭承包制。其中，有人从制度变迁的角度，强调进一步完善土地承包制的方向是土地承包权物权化、长期化和市场化；有人主张将土地农民集体所有制明确界定为农民按份共有制，使其所有权主体具体化、人格化；有学者认为，我国目前农地制度创新的理想模式是集体所有制下的租地农场制或永佃制。还有部分学者主张实行土地股份合作制。其二是主张国家所有、农民永佃。有的学者主张以二次承包为准，把承包期延长到999年，农民手中的土地可以流转，即所谓国有+999年使用期改革方案。其三是主张实行农地私有，认为农地私有化是农村土地产权改革不可避免的一步。有的学者通过对中国和西方历史上土地制度演变的比较分析，认为土地私有产权制度的确立，是建立市场经济和实现现代化的必要条件。

（二）土地承包经营权改革

积极探索土地承包经营权有偿转让改革，一旦明确了农民长期有保

障的土地所有权，土地有偿转让的改革将与林权制度改革一样大大加快，农民将从国家领到“地权证”，并以地权证向金融机构抵押贷款，从而搞活农村金融。

（三）土地征用制度改革

改革现行土地征用制度，制定国家建设与工业发展征用土地新法规，参照土地市场交易价格，制定土地买卖价格的浮动范围等，切实保护农民合法权益，从根本上改变目前征地价太低、补偿不及时、部分失地农民生活水平严重下降的现象。

第四节　建设社会主义新农村

解决好农业、农村、农民问题，事关全面建设小康社会大局，始终是政府工作的重中之重，为此应统筹城乡发展，推进社会主义新农村建设。

一、建设社会主义新农村的必要性

党的十六届五中全会提出，推进社会主义新农村建设的历史任务，是一项不但惠及亿万农民而且关系国家长治久安的战略举措，是我们在当前社会主义现代化建设的关键时期必须担负和完成的一项重要使命。

农村人口众多、经济社会发展滞后，是我国当前的一个基本国情。我国的经济社会发展总体上已经进入以工促农、以城带乡的新阶段。在这个阶段，只有实行统筹城乡经济社会发展的方略，加快建设生产发展、生活宽裕、乡风文明、村容整洁、管理民主的社会主义新农村，我们才能如期实现全面建设小康社会和现代化强国的宏伟目标，实现中华民族的伟大复兴。

（一）建设社会主义新农村，是贯彻落实科学发展观的重大举措

科学发展观的一个重要内容，就是经济社会的全面协调可持续发展，城乡协调发展是其重要的组成部分。全面落实科学发展观，必须保证占人口大多数的农民参与发展进程、共享发展成果。如果我们忽视农民群众的愿望和切身利益，农村经济社会发展长期滞后，我们的发展就不可能是全面协调可持续的，科学发展观就无法落实。我们应当深刻认识建设社会主义新农村与落实科学发展观的内在联系，更加自觉、主动地投身于社会主义新农村建设，促进经济社会尽快转入科学发展的轨道。

（二）建设社会主义新农村，是确保我国现代化建设顺利推进的必然要求

国际经验表明，工农、城乡之间的协调发展，是现代化建设成功的重要前提。一些国家较好地处理了工农城乡关系，经济社会得到了迅速发展，较快地迈进了工业化国家行列；也有一些国家没有处理好工农城乡关系，导致农村长期落后，致使整个国家经济停滞甚至倒退，现代化进程严重受阻。我们要深刻汲取国外正反两方面的经验教训，把农村发展纳入整个现代化进程，使社会主义新农村建设与工业化、城镇化同步推进，让亿万农民共享现代化成果，走具有中国特色的工业与农业协调发展、城市与农村共同繁荣的现代化道路。

（三）建设社会主义新农村，是全面建设小康社会的重点任务

我们正在建设的小康社会，是惠及十几亿人口的更高水平的小康社会，其重点在农村，难点也在农村。改革开放以来，我们城市面貌发生了巨大变化。但大部分地区农村面貌变化相对较小，一些地方的农村还不通公路，群众看不起病，喝不上干净水，农民子女上不起学。这种状况如果不能有效扭转，全面建设小康社会就会成为空话。因此，我们要通过建设社会主义新农村，加快农村全面建设小康社会的进程。

（四）建设社会主义新农村，是保持国民经济平稳较快发展的持久动力

扩大国内需求，是我国发展经济的长期战略方针和基本立足点。农村集中了我国数量最多、潜力最大的消费群体，是我国经济增长最可靠、最持久的动力源泉。通过推进社会主义新农村建设，可以加快农村经济发展，增加农民收入，使亿万农民的潜在购买意愿转化为巨大的现实消费需求，拉动整个经济的持续增长。特别是通过加快农村道路、住房、能源、水利、通信等建设，既可以改善农民的生产生活条件和消费环境，又可以消费当前部分行业的过剩生产能力，促进相关产业的发展。

（五）建设社会主义新农村，是构建社会主义和谐社会的重要基础

社会和谐离不开广阔农村的社会和谐。当前，我国农村社会关系总体是健康、稳定的，但也存在一些不容忽视的矛盾和问题。通过推进社会主义新农村建设，加快农村经济社会发展，有利于更好的维护农民群众的合法权益，缓解农村的社会矛盾，减少农村不稳定因素，为构建社会主义和谐社会打下坚实基础。

二、中国解决“三农”问题的战略选择——建设社会主义新农村

党的十六届五中全会通过的《中共中央关于制定国民经济和社会发展第十一个五年规划的建议》和《中共中央国务院关于推进社会主义新农村建设的若干意见》中提出了建设社会主义新农村的重大历史任务，为做好当前和今后一个时期的“三农”工作指明了方向。

（一）统筹城乡经济社会发展

城乡统筹发展是全面建设小康社会的重要内容，围绕社会主义新农村建设做好农业和农村工作，扎实稳步推进社会主义新农村建设，要按照生产发展、生活宽裕、乡风文明、村容整洁、管理民主的要求，坚持从各地实际出发，尊重农民意愿，坚持“多予少取放活”，扎实稳步推进新农村建设。加快建立以工促农、以城带乡的长效机制。建立社会主义市场经济体制下平等和谐的城乡关系。

1. 制定城乡产业统筹发展规划，加快城乡产业融合

推进城乡统筹发展必须加快城乡产业一体化进程，制定国民经济社会发展规划要统筹考虑城乡经济社会发展需要，尤其是对于城乡关联产业，应制定相关的政策，从资金、技术和管理服务上扶持其发展。在进行公共产品诸如道路交通、通信、电力等基础设施建设时，要城乡一盘棋通盘考虑，不能人为地进行城乡产业分割。建立一个促进农业产业和现代城市产业融合的组织机制，废除现有的阻碍城乡产业融合的组织模式，以各主要农牧产品为中心组建专业一条龙公司，协调城乡产业发展的相关事务。

2. 扶持劳动密集型产业的发展，积极推进城镇化，促进农民就业

城乡统筹发展的一个主要难点就是大量的农村劳动力转移问题，其实质就是解决就业问题。因此，必须要把解决就业问题作为今后长时间工作的重中之重，采取有效的措施，扶持劳动密集型产业的发展，从政策上鼓励劳动密集型企业的发展。政府在扶持劳动密集型产业发展的同时，注意推动产业的聚集发展，可以采取财政转移支付、发行城镇化债券、鼓励社会资本和外资投资等措施推进城镇化的发展，积极鼓励农村富余劳动力向非农产业转移。

3. 进一步调整国民收入分配结构和财政支出结构，扩大公共财政覆盖农村的范围

针对我国城乡发展差距大的现实，要逐渐缩小城乡差距，应进一步调整国民收入分配结构和财政支出结构，加大对农村的转移支付力度。逐步形成工业反哺农业、城市反哺农村的机制，使城乡收入差距得以缩小。要建立对农业的支持保护体系，增加农村基础设施投入，加强农田水利、生态环境和农村公共设施建设；增加对农业社会化服务的投入，加快农业科技进步，建立健全农业社会化服务体系，改善农村金融服务等。加大对农村教育培训的投资力度。减轻农民负担，在农业税废除后，要坚决杜绝向农民乱收费，同时加大对农村贫困户的扶贫力度。

4. 创新制度，使城乡资源实现最优化整合

城乡统筹发展需要一定的制度环境。因此，必须要加快制度改革，为城乡社会、经济、文化一体化发展提供良好的制度环境。一是应改革城乡分割的户籍制度，建立城乡统一的劳动力市场，推动农村人口向城镇转移。二是应建立和完善农村社会保障制度，逐步实现城乡社会保障体系一体化。逐步在养老、医疗、最低生活保障等方面实现城乡并轨，最终实现城乡社会保障一体化，使农村居民和城镇居民享有同等的权利。

（二）推进现代农业建设

1. 提高农业科技创新和转化能力

科技创新是决定农业发展快慢和农业竞争力强弱的关键因素，是传统农业向现代农业转变的重要推动力量。要重视农业科技创新体系建设和人才建设，着力提高农业科技自主创新能力、农业科技成果转化

应用能力。在实践中，要突出农业主导产业的科技创新和科技推广，充分发挥科学技术在提升农业产业化水平的积极作用。要按照建设现代生态农业、标准化农业、可持续农业的要求，积极开发和推广无公害技术，推广节水灌溉技术，科学使用肥料、农药，促进农业可持续发展。

2. 加大财政资金投入力度，加强农业设施建设，以新型设施条件建设现代农业

尽快扭转农村基础设施建设资金投入不足的格局，扩大公共财政覆盖农村的范围，增加财政对农村基础设施建设投入，大力改善农村道路、水利、电力、农业社会化服务体系建设，加快改变农村基础设施落后面貌，以全新的基础设施条件支撑现代化农业发展。

3. 加大农民科技文化培训力度，以新型农民建设现代农业

广大农民群众是建设现代农业的主体力量，提高农民科技文化素质是推进现代农业建设的重要措施。要坚持以人为本的科学发展观，加强农民技能培训体系建设和政策扶持，创新和改进农民科技文化培训的内容和方法，着力增强培训效果，使农民的文化素质、技术能力和道德水平得到全面的提高。为建设现代农业、促进农民增收、推动新农村建设提供人力资源支撑。

4. 积极推进农业结构调整

按照高产、优质、高效、生态、安全的要求，调整优化农业结构。促进农产品加工转化增值，发展高产、优质、高效、生态、安全农业。大力发展畜牧业，保护天然草场，建设饲草基地。积极发展水产业，保护和合理利用渔业资源。

5. 发展农业产业化经营

要着力培育一批竞争力、带动力强的龙头企业和企业集群示范基地，推广龙头企业、合作组织与农户有机结合的组织形式，让农民从产业化经营中得到更多的实惠。

（三）促进农民持续增收

1. 拓宽农民增收渠道

采取综合措施，广泛开辟农民增收渠道。充分挖掘农业内部增收潜力，扩大养殖、园艺等劳动密集型产品和绿色食品的生产，努力开拓农

产品市场。大力发展县域经济，加强农村劳动力技能培训，拓展农村二三产业的就业空间，广辟外出务工经商的转移渠道，引导富余劳动力向非农产业和城镇有序转移，带动乡镇企业和小城镇发展。

2. 保障务工农民的合法权益

清理和取消各种针对务工农民流动和进城就业的歧视性规定和不合理限制。建立健全城乡就业公共服务网络，严格执行最低工资制度，建立工资保障金等制度，切实解决务工农民工资偏低和拖欠问题。完善劳动合同制度，加强务工农民的职业安全卫生保护。逐步建立务工农民社会保障制度，认真解决务工农民的子女上学问题。

3. 稳定、完善、强化对农业和农民的直接补贴政策

加强国家对农业和农民的支持保护体系。对农民实行的“三减免、三补贴”和退耕还林补贴等政策，要继续稳定、完善和强化。保持农产品价格的合理水平，增加良种补贴和农机具购置补贴。适应农业生产和市场变化的需要，逐步建立符合国情的农业支持保护制度。

4. 加强扶贫开发工作

加大扶贫开发力度，提高贫困地区人口素质，改善基本生产生活条件，开辟增收途径。因地制宜地实行整村推进的扶贫开发方式。对缺乏生存条件地区的贫困人口实行易地扶贫，对丧失劳动能力的贫困人口建立救助制度。继续增加扶贫投入，完善管理机制，提高使用效益。

（四）加强农村基础设施建设

1. 大力加强农田水利、耕地质量和生态建设

在搞好重大水利工程建设的同时，不断加强农田水利建设。加快发展节水灌溉，继续把大型灌区续建配套和节水改造作为农业固定资产投资的重点。要大力加强耕地质量建设，实施新一轮沃土工程，科学施用化肥，引导增施有机肥，全面提升地力。按照建设环境友好型社会的要求，继续推进生态建设，切实搞好退耕还林、天然林保护等重点生态工程，稳定完善政策，培育后续产业，巩固生态建设成果。继续推进退牧还草、山区综合开发。建立和完善生态补偿机制。加强荒漠化治理，建立和完善水电、采矿等企业的环境恢复治理责任机制。

2. 加快乡村基础设施建设

要着力加强农民最急需的生活基础设施建设。加快农村饮水安全工程建设，加快农村能源建设步伐，尽快完成农村电网改造的续建配套工程。东、中部地区所有具备条件的建制村通油（水泥）路，西部地区基本实现具备条件的建制村通公路。要积极推进农业信息化建设，强化面向农村的广播电视电信等信息服务。按照建管并重的原则，逐步把农村公路等公益性基础设施的管护纳入国家支持范围。

3. 加强村庄规划和人居环境治理

改善农村生活环境和村容村貌，切实加强村庄规划工作，从各地实际出发制定村庄建设和人居环境治理的指导性目录，重点解决农民在饮水、行路、用电和燃料等方面的困难，搞好农村污水、垃圾治理，改善农村环境卫生。要本着节约原则，防止大拆大建，防止加重农民负担，扎实稳步地推进村庄治理。

（五）大力发展农村公共事业

1. 加快发展农村义务教育

加快发展农村文化教育事业，重点普及和巩固农村九年义务教育，对农村学生免收杂费，对贫困家庭学生提供免费课本和寄宿生活费补助。建立健全农村义务教育经费保障机制，进一步改善农村办学条件，逐步提高农村中小学公用经费的保障水平。加强农村教师队伍建设，促进城乡义务教育均衡发展，进一步减轻农民的教育负担。

2. 大规模开展农村劳动力技能培训

提高农民整体素质，培养造就有文化、懂技术、会经营的新型农民，继续支持新型农民科技培训，提高农民务农技能，促进科学种田。各级财政要将农村劳动力培训经费纳入预算，不断增加投入。整合农村各种教育资源，发展农村职业教育和成人教育。

3. 积极发展农村卫生事业

加强农村公共卫生和基本医疗服务体系建设，基本建立新型农村合作医疗制度，加强人畜共患疾病的防治。实施农村计划生育家庭奖励扶助制度和“少生快富”扶贫工程。

4. 繁荣农村文化事业

增加对农村文化发展的投入，加强公共文化设施建设，继续实施广播电视“村村通”工程，构建农村公共文化服务体系。推动实施农民体育健身工程。积极开展多种形式的群众喜闻乐见、寓教于乐的文体活动，保护和发展有地方和民族特色的优秀传统文化，创新农村文化生活的载体和手段，引导文化工作者深入乡村，满足农民群众多层次、多方面的精神文化需求。

5. 逐步建立农村社会保障制度

按照城乡统筹发展的要求，逐步加大公共财政对农村社会保障制度建设的投入。进一步完善农村“五保户”供养、特困户生活救助、灾民补助等社会救助体系。探索建立与农村经济发展水平相适应、与其他保障措施相配套的农村社会养老保险制度。积极扩大对农村部分计划生育家庭实行奖励扶助制度试点和西部地区计划生育“少生快富”扶贫工程实施范围。积极探索建立农村最低生活保障制度。

（六）全面深化农村改革

1. 进一步深化以农村税费改革为主要内容的农村综合改革

2006年，在全国范围取消农业税。积极稳妥地推进乡镇机构改革，切实转变乡镇政府职能，创新乡镇事业站所运行机制，精简机构和人员，切实加强政府社会管理和公共服务的职能。加快农村义务教育体制改革，建立和完善农村义务教育管理体制。清理核实乡村债务，深化国有农场税费改革。

2. 加快推进农村金融改革

深化农村金融体制改革，规范发展适合农村特点的金融组织，探索和发展农业保险，改善农村金融服务，解决农户和农村中小企业贷款抵押担保难问题。

3. 统筹推进农村其他改革

稳定和完善以家庭承包经营为基础、统分结合的双层经营体制，健全在依法、自愿、有偿基础上的土地承包经营权流转机制，有条件的地方可发展多种形式的适度规模经营。加快集体林权制度改革，完善粮食流通体制，加快征地制度改革步伐，完善对被征地农民的合理补偿机制，推进小型农田水利设施产权制度改革。

同时，还应加强农村民主政治建设，完善建设社会主义新农村的乡村治理机制，不断增强农村基层党组织的战斗力、凝聚力和创造力，切实维护农民的民主权利，培育农村新型社会化服务组织。切实加强对社会主义新农村建设下作的领导，科学制定社会主义新农村建设规划，动员全党全社会关心、支持和参与社会主义新农村建设。

“三农”问题的解决具有长期性、复杂性，建设社会主义新农村必须从实际出发，尊重农民意愿，全面贯彻落实科学发展观，解放思想，开拓进取，通过各方的共同努力，多种措施并举，才能从根本上解决我国的“三农”问题，实现中国的现代化目标。

（撰稿人：魏东风）

第三章　中国特色社会主义新型工业化道路

十七大报告指出："实现未来经济发展目标，关键要在加快转变经济发展方式、完善社会主义市场经济体制方面取得重大进展。""要坚持走中国特色新型工业化道路，坚持扩大国内需求特别是消费需求的方针，促进经济增长由主要依靠投资、出口拉动向依靠消费、投资、出口协调拉动转变，由主要依靠第二产业带动向依靠第一、第二、第三产业协同拉动转变，由主要依靠增加物质资源消耗向主要依靠科技进步、劳动者素质提高、管理创新转变"①，这是总结我国现代化建设长期实践得出的重要结论。新型工业化是以信息化带动工业化，以工业化促进信息化，走出一条科技含量高、经济效益好、资源消耗低、环境污染少、人力资源优势得到充分发挥的工业化道路。我国目前正处于工业化的中期阶段，加深工业化仍然是一项十分艰巨的历史性任务，走中国特色新型工业化道路体现了中国21世纪经济发展路径的转型。

第一节　新型工业化道路的中国特色

转型发展是中国经济发展的典型特征，新型工业化不仅是中国工业化路径的转型，而且也是中国经济发展模式的转型，"必须在加快完成

---

① 《十七大文件汇编》，人民出版社2007年版，第21页。

工业化目标的同时，启动和叠加信息化时代的任务，在实现经济现代化的过程中，同时完成工业化时代的目标和信息化时代的双重目标”①。新型工业化是在总结发达国家和中国传统工业化经验的基础上，从中国工业化的现实状况出发，针对世界工业化发展的趋势而做出的战略转型。中国的新型工业化道路的实现不仅受到体制转型、结构转化的约束，而且新型工业化自身发展也面临着多方面需要解决的问题。既要由传统工业化向现代工业化转变，迎接信息化的挑战，促进工业的结构升级；同时又要加快农村的工业化以促进继续工业化，进行传统工业的改造以实现再工业化。新型工业化道路的“中国特色”体现在：

一、新型工业化道路是中国经济发展方式的转型

21 世纪中国经济进入全面的转型期，这一转型包括：社会转型，由落后到现代的转型；体制转型，由计划经济体制向市场经济体制的转型；经济增长方式的转型，由粗放向集约的转型；发展方式的转型，由传统工业化向新型工业化的转型。

中国的工业化是在传统的计划经济体制下，国家通过农业的高积累来发动的，通过国家集中财力、物力和人力兴办工业企业的方式推动了工业化进程。这种工业化虽在短时期内加速了中国工业化体系的建立，但也造成了工业技术水平低，工业发展对劳动力的吸纳能力小，使大量的人口滞留于工业经济领域以外。在传统工业化的实现中，为了在短时期内建立工业化基础，忽视了成本—收益核算，以高投入、资源的高消耗和环境的严重污染为代价，造成资源的过度消耗、生态环境的严重破坏。

目前世界工业化发展的趋势之一是以可持续发展为基础，坚持保护环境和保护资源，把控制人口增长、提高人口质量和追求经济增长放在同等重要位置，在工业化发展战略上要做到人、环境、资源的协调发展。这给中国的新型工业化带来了严重的挑战。中国是后起的工业化国家，拥有 13 亿人口，占世界人口的 22%。要在短短的几十年时间内加速实现工业化，必然要加大资源的利用规模，使资源、环境、生态和能

① 任保平：《新型工业化：中国经济发展战略的创新》，《经济学家》2003 年第 3 期。

源问题更为突出。中国经济发展的这些特征说明，传统经济发展理论中的工业化道路已经失去了可行性，必须从中国经济发展的基本特征出发，对中国经济发展的路径进行新的设计。因此，新型工业化道路体现了中国经济发展的转型。

二、新型工业化道路是中国工业经济增长方式的转型

中国的工业化在经济增长方式上是粗放型的增长，在粗放型增长方式下，沿着规模扩大的路径来实现工业化。按照西方发展经济学家钱纳里对工业化进程的划分来看，人均收入水平 560—1120 美元进入工业化中期阶段。从我国 2006 年国民经济发展的主要指标来看，我国人均国内生产总值为 16084 元，说明我国已具有各国工业化中期阶段的典型特征，总体上达到了工业化的中期阶段。但是，这种粗放型的工业经济增长方式形成了与发达国家的巨大差距：一是在企业规模方面，我国独立核算企业、国有企业、规模以上的非国有企业的平均生产规模都比较小，化学工业、石油加工业、钢铁工业的平均规模的国际差距非常突出。二是在工业生产效率方面，工业的劳动生产率、工业增加值率与世界先进水平相比也有较大的差距。同时，工业的生产设备、产品质量、研究和开发能力与国际水平相比较差距更大，这在技术密集型产业和高新技术产业中表现得特别突出。三是在研究和开发能力方面，技术开发投入不足，“我国大型工业企业技术开发经费支出占产品销售收入的比重近年来一直在 1.2% 左右徘徊，而发达国家和新型工业化国家技术研发经费的支出一般在 3% 以上，世界 500 强中工业企业的投入比重为 5%—10%，技术密集型和高新技术产业的投入比重达到 10%—20%。”由于研发投入不足，制约了我国工业技术水平的提高，影响了我国工业的国际竞争能力。

要实现新型工业化，不仅要加快工业化的进程，而且要提高工业的现代化水平，在完成工业化任务的同时，要叠加信息化的任务。在总结世界各国工业化和中国传统工业化的经验教训的基础上，转变经济增长方式。因此，走新型工业化道路是中国工业经济增长方式的转型。

三、新型工业化道路是经济全球化背景下中国经济发展战略的转型

20世纪90年代以来，经济全球化的特征日益明显。特别是中国加入WTO以后，中国经济发展开始融入国际分工体系中。在开放经济条件下，经济全球化给中国经济发展带来了一系列挑战：一是经济全球化过程中信息化发展的挑战。经济全球化的根本推动力是新技术革命，新技术革命是以信息革命为标志，在新的更高的层次上极大地提高人类改造和征服自然的能力，促使社会生产由机械化、电气化和自动化向智能化发展。但从总体上看，我国工业的技术创新能力还很有限，尤其在拥有自主知识产权的创新方面明显落后。工业技术创新能力弱，驾驭经济全球化的能力弱，在经济全球化背景下的经济竞争能力弱，经济全球化对中国工业化具有根本性的挑战。二是中国经济发展面临着生产全球化的挑战。经济全球化的核心内容是生产全球化。在经济全球化诸方面内容中，生产全球化居于核心地位，生产不仅决定流通，而且从根本上决定资源在全球范围内的流向和力度。在生产全球化发展中，境外生产在很大的程度上逐渐替代了传统的出口贸易。而我国企业基本上还停留在国内生产、国内销售和国内生产、国际销售的传统状态之中。三是经济全球化加大了中国经济在世界市场上的经济竞争难度。经济全球化的本质是市场经济和市场竞争的全球化，在全球化背景下，市场竞争将更为激烈。而中国传统的经济发展战略是高成本、低效益的数量型发展战略，在这种战略背景下，中国工业竞争的劣势是技术劣势和综合实力的劣势。

在全球化背景下，要转变经济发展的战略思路，既要加速完成工业化任务，又要迎接信息化的挑战。因此，新型工业化道路是在经济全球化背景下中国经济发展战略的转型。

四、新型工业化道路体现了中国经济发展进程的深化

我国经济发展的物质基础、体制条件和外部国际环境表明我国已经具备了走新型工业化道路的基本条件：

第一，改革开放以来的经济发展为新型工业化道路提供了物质条件。从发达国家特别是美国和日本的历史发展经验看，国民生产总值从1

万亿美元到4万亿美元的发展历程，大约都经历了二三十年左右的时间。改革开放以来，我国用了大约20年左右的时间，实现了国内生产总值比1980年翻两番的战略目标，实现了总体小康，这不仅给新世纪的经济发展积累了丰富的经验，而且也为实现新型工业化道路奠定了雄厚的物质基础。

第二，经济体制的改革为新型工业化道路创造了体制条件。我国实现工业化进程是在具有体制、机制和市场活力的市场经济条件下推进的，经济体制的转型、市场经济的发展为新型工业化道路创造了体制条件。同时，新型工业化是在全球经济一体化进程中推进的，这就为我国在21世纪经济发展新的阶段中实现新型工业化提供了增长的市场空间。

第三，经济总量和人民收入水平的提高为我国实现新型工业化提供了能力条件。据统计，我国国内生产总值2010年要达到17.6万亿元左右，年平均增长率为7%以上。2020年，我国国内生产总值要超过35万亿元，年平均增长率为7.18%。2007年我国城镇居民家庭人均可支配收入超过8000元，农村居民家庭人均纯收入超过3000元。到2020年，我国城镇居民家庭人均可支配收入将超过24000元，农村居民家庭人均纯收入将超过10000元。

第四，世界经济发展的趋势为新型工业化道路创造了有利的国际条件。一是世界经济发展的知识化和信息化为新型工业化发展道路提供了外部技术支持，为我国走上科技含量高、经济效益好、资源消耗少的新型工业化发展道路创造了有利的技术条件；二是世界范围内工业经济结构调整、产业的国际转移和升级步伐加快，为我国利用国际分工实现新型工业化提供了资源国际间分配的机会。同时国际间的资本流动使我国利用外资的规模将进一步扩大，有利于我国通过扩大利用外资来实现新型工业化；三是中国加入WTO以后跨国公司对我国经济发展的影响力迅速增强。加入WTO以后，跨国公司、民营经济和国有经济成为我国经济发展的三支主力，使我国国有经济战略性结构调整获得了更大的选择空间，为我国实现新型工业化提供了外部环境条件。

五、新型工业化是从中国国情出发加快工业化发展的必然选择

中国的基本国情具有六个显著的特征：

第一，经济二元结构特征十分特殊。中国的经济结构不仅具有发展中国家二元经济结构的典型特征，而且是特殊的“双层刚性二元经济结构”，从总体上是城市与乡村的二元经济结构，而每一元中又分为两层：从城市来看是现代工业与传统工业并存，从农村来看是传统农业与以乡镇企业为代表的现代农业并存。

第二，存在巨大的城乡发展差距。2007 年全国总人口为 132129 万人，其中农村人口为 72750 万人，占总人口的 55.1%，城镇人口为 59379 万人，占总人口的 44.9%。城市居民人均收入 13786 元，农村居民家庭人均纯收入为 4140 元，城乡居居民收入差距为 9646 元。①

第三，人均资源占有量贫乏。中国是世界人口数量最多的国家，但人均资源占有量却低于世界人均水平。人均矿产占有量约为世界人均水平的 1/2，人均耕地、人均水资源约为世界人均水平的 1/3，人均森林仅为世界人均水平的 1/6。

第四，经济发展的自然条件差，发展成本高。65% 的国土面积为山地丘陵；33% 的国土面积为干旱区、荒漠区；55% 的国土面积不适宜人类的生活和生产；17% 的国土面积构成了世界屋脊。如果世界平均的发展成本为 1，则中国的发展成本与世界平均值的比为：1.20∶1.00，工业发展成本为 1.25∶1.00，农业发展成本为 1.05∶1.00，基础设施成本为 1.28∶1.00，区域开发成本为 1.25∶1.00。②

第五，中国是后发工业化国家。目前世界工业化国家的总人口约为 7 亿多，占世界人口的 11%，这些国家实现工业化历经了 200 多年的时间。而中国有 13 亿人口，占世界人口的 22%。中国要在短短的几十年时间内加速实现工业化，必然加大资源的利用规模，使资源、环境、生态和能源问题更为突出。

第六，中国人口基数大。截至 2007 年底，我国总人口为 13.2129 亿人，农村人口 7.275 亿，如果继续走其他国家以及中国传统的工业化道路，会影响我国的资源、环境和生态的承载能力，造成人与自然关系

---

① 国家统计局：《中华人民共和国 2007 年国民经济和社会发展统计公报》，《人民日报》2008 年 2 月 29 日。

② 甄蓁：《中国发展成本为何高于世界》，《北京青年报》2002 年 3 月 4 日。

紧张，影响经济发展的可持续性。因此，从中国的国情出发，必须努力克服传统工业化道路的弱点和弊端，走出一条既不同于发达国家，又不同于其他发展中国家，也与中国传统工业化道路完全相区别的新型工业化道路。

第二节　新型工业化道路的内涵与特征

按照发展经济学的一般原理，工业化是经济发展的主题。20 世纪 40 年代发展经济学诞生以来，发展经济学的先驱们逐渐认识到工业化在发展中国家经济现代化过程中的作用，在理论上研究发展中国家的工业化，在政策主张上强调工业化。

一、新型工业化道路的内涵

西方发展经济学家钱纳里认为工业化“一般可以由国内生产总值中制造业份额的增加来度量”①，他把工业化看成是制造业份额的增加和农业份额的下降，这种解释实际上是把工业化看成是一个结构性转化的过程。发展经济学的奠基人张培刚教授最早把工业化定义为：“一系列基要生产函数连续发生变化的过程”②，他用熊彼特的创新理论揭示了工业化的特征。新型工业化道路是与西方国家工业化道路和中国传统工业化道路相比较而言的，按照钱纳里和张培刚教授对工业化的解释，新型工业化是在可持续发展观念的指导下，以信息化和技术创新为动力，在充分就业的基础上而实现的一系列基要生产函数连续变化以及由此而引起的结构转化的过程。

相对于传统工业化道路而言，新型工业化道路有狭义和广义之分。狭义的新型工业化道路主要有六层含义：一是以信息化带动工业化的跨

① 钱纳里：《工业化与经济增长的比较研究》，上海三联书店 1989 年版，第 73 页。

② 张培刚：《农业与工业化》上卷，华中科技大学出版社 2002 年版，第 70 页。

越式发展。强调了信息化背景下工业化的新特点，是工业技术革命、产业革命、信息革命和产业制度的重大变革。二是工业经济领域技术贡献的提升。新型工业化的实现过程是现代自然科学技术、现代技术科学和现代社会科学在工业领域广泛地综合运用的过程，强调提高工业领域的科技含量，以技术进步提高工业发展的质量和工业经济效益。三是以可持续发展理念为指导，在人口、资源、环境协调发展的基础上实现工业化的可持续发展。四是以充分就业为先导，在工业化的进程中既促进经济发展，又实现充分就业。五是突出强调了工业化的连续性和阶段性。工业化不是一次性的，而是连续不断的过程，新型工业化是连续不断的工业化过程中的一个新阶段。六是强调工业经济增长方式的转变。在新型工业化道路中，使工业经济由粗放型增长向集约型增长转变，由数量型向质量型转变。广义的新型工业化除应具备上述六层含义外，还包括新型工业化实现中的制度、机制、战略创新、政策及其实现条件等问题，并与经济现代化密切相关。

二、中国特色新型工业化道路的特征

新型工业化是在总结世界各国工业化和中国传统工业化的基础上提出来的，因而“新型工业化的特征是与发达国家的工业化和中国传统的工业化相比较而表现出来的”①，这些特征表现在：

（一）与发达国家工业化道路相比较中国特色新型工业化道路的特征

与发达国家的工业化道路相比较，中国新型工业化道路的特征主要表现在：

第一，新型工业化是以信息化带动的跨越式发展的工业化。西方资本主义国家早期的工业化是自由经济的工业化模式，其工业化过程表现为资本主义生产方式自然历史的发展过程。如英国、美国等发达国家都是在工业化之后推行信息化的。而中国是一个后发工业化国家，在现代化和新型工业化的建设中，可以参照和借鉴发达国家工业化和市场化进程中的经验和教训，以信息和技术为动力，在相对较短的时间内加速完成工业化进程。近年我国的信息化发展很快，为实现新型工业化创造了

① 任保平：《中国21世纪的新型工业化道路》，中国经济出版社2005年版，第45页。

条件，完全可以在工业化过程中推进信息化，以信息化带动工业化，从而发挥后发优势来实现生产力的跨越式发展。

第二，新型工业化是建立在可持续发展基础上的。发达国家的工业化道路是以数量扩张和规模扩大为主线的工业化道路，这些国家在实现工业化的过程中，大多数是以消耗能源和牺牲环境为代价，“先发展，后治理”是其典型特征，造成人与自然环境关系紧张，付出了巨大的生态环境代价。我国的新型工业化是在可持续发展的基础上来实现的，是一种质量型和低成本的工业化道路。我国在实现新型工业化的进程中特别强调生态建设、环境保护和资源的有效利用，强调处理好经济发展与人口、资源、环境之间的关系，以降低工业化的社会成本和经济代价。

第三，新型工业化是以充分就业为先导的工业化。在工业化的技术路线和主导产业选择上，发达国家由劳动密集型产业向资本密集型、技术密集型的方向迈进，在实现工业化过程中注重机械化和自动化，在工业化加深的同时出现了一些失业问题。我国的国情是人口多，劳动力供给大，而成本较低，所以在新型工业化进程中要以充分就业为先导，要处理好资本密集型与劳动密集型产业的关系，处理好高新技术产业和传统产业的关系，处理好虚拟经济和实体经济的关系，在推进工业化的同时，还要实现充分就业。

第四，中国的新型工业化要把公有制经济和非公有制经济结合起来，强调民间投资对新型工业化的推动作用。西方资本主义国家的工业化建立在私有制的基础上，是依靠私人力量发展起来的。中国的新型工业化在所有制结构选择上，要实现多种所有制经济共同发展，强调民间投资对新型工业化的推动作用，鼓励、支持、引导非公有制工业经济的发展，提高混合所有制经济和民营经济在整个国民经济和工业经济中的比重。

第五，中国的新型工业化是以政府主导型的市场经济为背景的。西方国家的工业化与其市场化发展是同步的，其投资方向受利润的引导，从工业化发展的力量上看市场机制对投资规模、方向和速度起到了调节作用。中国的工业化是在计划经济条件下利用计划机制发动起来的，而新型工业化是在经济转型的背景下提出的，是以政府主导型的市场经济为背景的，市场机制对新型工业化的微观投资活动起到调节作用，政府发挥宏观调节作用保证新型工业化发展中的重大比例关系。

（二）与中国传统的工业化道路相比较中国特色新型工业化道路的特征

与中国传统的工业化道路相比较，新型工业化道路的特征主要表现在：

第一，新型工业化在实现机制上强调市场机制的作用。我国传统的工业化道路受到了苏联模式的影响，主要通过国家集中人力、物力和财力兴办工业企业的方式推进工业化的进程，建立了以重工业为主体的比较完整的工业体系。而新型工业化道路是在总结我国传统工业化的经验教训的基础之上而提出的，在实现机制上，强调市场机制的作用。在新型工业化道路的实现过程中资源的配置更加市场化，拥有一个更加统一、开放、竞争、有序的市场体系。

第二，新型工业化道路以政府职能得到切实转变为前提。我国传统的工业化道路完全是政府推动的，是在中央政府的指令性计划约束下，高速度地建立起了以重工业为核心的工业体系。而新型工业化是在实现政企分开的基础上使政府的经济调节、市场监管、社会管理和公共服务职能不断完善的基础上，政府发挥间接调节作用，利用市场机制来实现。

第三，新型工业化以可持续发展为基础。在传统工业化的实现中，为了在短时期内建立工业化基础，忽视了成本—收益核算，以高投入、资源的高消耗和环境的严重污染为代价建立了工业化。而新型工业化以可持续发展为基础，坚持保护环境和保护资源的基本国策，把控制人口增长、提高人口质量和追求经济增长放在同等重要位置，在新型工业化发展战略上做到人、环境、资源的协调发展。

第四，新型工业化以集约型经济增长方式为主。我国传统的工业化是以粗放型的经济增长为基础的，通过扩大工业的规模、提高工业的从业人员规模来实现工业化。而新型工业化是以集约型经济增长为基础的，在经济增长方式上强调利用技术进步提高经济效益。“中国以数量扩张为主的发展阶段已经基本结束，从现在起工业发展必须转向以提高素质为主的新阶段，从粗放发展走向集约发展的新阶段。”① 在实现工

① 吕政：《论中国工业增长与结构调整》，经济科学出版社2001年版，第297页。

业化的集约增长过程中，既要实现快速增长，又要提高工业化的质量。

第五，新型工业化的目标具有二重性。我国传统工业化的目标是建立工业化的体系和物质基础，因而在工业化的实现过程中强调投入，通过高积累实现工业化。新型工业化的目标具有二重性，一是完成工业化的任务，二是实现工业的现代化。最终目的是使工业化建立在技术进步的基础上，使整个国家工业的主要经济指标达到世界工业化的先进水平。

第六，农业的工业化是中国新型工业化不可缺少的内内。由于“我国是在传统农业部门没有得到根本改造时提前发动工业化的”①，传统工业化的次序是以重工业为主，重工业的发展超过轻工业，这种工业化发展的次序单方面地考虑工业自身的发展，忽视了工业对农业的带动，把农业的发展排除在工业化之外，强化了二元经济结构，使大批劳动力滞留在农业领域，使大量农业过剩劳动力无处转移。而新型工业化道路则内涵了农业的工业化。“农业的工业化对整个中国的工业化也有特殊意义。农村工业化已经成为中国工业化的重要方面。”② 配第—克拉克定律表明，随着劳动生产率水平的提高，第一产业所释放出来的劳动力首先向第二产业转移，然后随着工业化的进程会释放出更多的劳动力向第三产业转移，发展第二产业——工业是吸纳农村剩余劳动力的有效途径。因此在走新型工业化道路时必须正确处理好城市与农村、工业与农业的关系，把农业的工业化作为新型工业化不可缺少的内容。

第七，对外开放是新型工业化的典型特征。新型工业化是在开放背景下进行的，重视利用国外资金和先进技术。我国传统的工业化是在闭关锁国的环境中发展的，主要利用内部资源来发展工业，忽视社会化大生产和社会分工。而新型工业化建立在现代社会化大生产基础上，积极利用国外资金和先进技术来实现新型工业化。在充分利用我国劳动力价格低、有广阔的国内市场等优势的基础上，加大对外开放的力度，提高工业化的对外开放水平，利用国外资金和先进技术来实现新型工业化。

① 洪银兴：《协调农村工业化和农业现代化的途径》，《转轨阶段改革与发展的秩序》，江苏人民出版社2002年版，第198页。

② 洪银兴：《发展经济学与中国经济发展》，高等教育出版社2002年版，第181页。

同时，通过参与国际分工来实现国内工业产业布局的合理化，使新型工业化中的产业布局更有利于培养国际名牌产品。

三、中国特色新型工业化道路的定位

新型工业化道路的提出意味着中国经济发展战略的转型，这一转型是与中国社会由落后向发达转型、经济体制由计划经济向市场经济转型、经济增长方式由粗放向集约转型相联系的一次转型。因此，在新型工业化的实现过程中，需要作好整体战略的定位。

（一）新型工业化道路的目标和任务定位

我国新型工业化的发展具有双重目标：一是要完成工业化的任务，二是要提高工业的现代化水平。从这一目标出发，要完成新型工业化还有许多艰巨的任务要完成。这些任务有：

第一，促进工业化进程的深化。从目前我国工业化所处的阶段来看，由于我国正处于工业化的中期阶段，加深工业化仍然是一项十分艰巨的历史性任务，因此要抓住机遇，加快中国的工业化进程。

第二，加快农业工业化的进程。农业工业化是中国新型工业化不可缺少的内容。我国传统工业化是以重工业为主，这种发展方式忽视了农业的发展，强化了二元经济结构，使大批劳动力滞留在农业领域。在走新工业化道路时必须正确处理好城市与农村、工业与农业的关系，把农业的工业化作为新型工业化的不可缺少的内容。

第三，调整工业经济结构。20 世纪 80 年代以来，中国的工业化取得了突出的成绩，进入 21 世纪，提高质量和调整结构将成为新型工业化的主要任务。因此，在新型工业化的实现过程中，要加大工业结构调整的力度：一是积极发展高新技术产业，提高高新技术产业在制造业中的比重，重点发展信息技术产业、生物技术产业、新材料技术产业；二是加强传统产业的技术改造，通过竞争机制的作用和优胜劣汰的机制，形成企业技术进步的内在驱动力和外在压力，用高新技术对传统产业进行改造和武装。

第四，转变工业经济增长方式。我国传统的工业化是以粗放型的经济增长为基础的，而新型工业化是以集约型经济增长为基础的，在经济增长方式上强调利用技术进步提高经济效益。在实现集约增长的过程中，既要实现快速增长，又要防止的经济过热现象。同时，在追求科技进步的时候，要使企业真正成为科技进步的主体。

第五，推动工业化发展的市场化。新型工业化道路是在总结我国传统工业化的经验教训的基础之上而提出的，在实现机制上，应强调市场机制的作用，建设一个统一、开放、竞争、有序的市场体系；进一步放宽国内民间资本的市场准入，逐步发育完善国内资本市场。

（二）新型工业化道路的内容定位

从新型工业化的含义出发，与发达国家和中国传统的工业化相比较，我国新兴工业化的内容主要有：

第一，以信息化带动工业化。我国是一个后发工业化国家，在新型工业化的建设中，可以参照和借鉴发达国家工业化和市场化进程中的经验和教训，以信息和技术为动力，在相对较短的时间内完成工业化进程。以信息化带动工业化，从而发挥后发优势来实现生产力的跨越式发展，在完成工业化任务的同时，提高工业的现代化水平。

第二，以可持续发展指导工业化。我国传统的工业化为了在短时期内建立工业化基础，以高投入、资源的高消耗和环境的严重污染为代价发展了工业化。而新型工业化以可持续发展为基础，我国在实现新型工业化的进程中特别强调生态建设、环境保护和资源的有效利用，强调处理好经济发展与人口、资源、环境之间的关系，以降低工业化的社会成本和经济代价。

第三，以技术进步推动工业的现代化。新型工业化的实现过程是现代自然科学技术、现代技术科学和现代社会科学在工业领域广泛地综合运用的过程，强调提高工业领域的科技含量，因此新型工业化的目标是实现工业的现代化。目的是使新型工业化建立在当代最新科学技术基础上，使整个国家工业的主要经济指标达到世界先进水平。

第四，实现充分就业。我国的国情是人口多，劳动力成本较低，在新型工业化进程中，要以充分就业为先导，努力克服传统工业化道路的弱点和弊端。在工业化的技术路线和主导产业选择上，要处理好资本密集型与劳动密集型产业的关系，处理好高新技术产业和传统产业的关系，处理好虚拟经济和实体经济的关系，在推进工业化的同时，也要扩大就业，实现劳动力资源的充分利用。

第三节 中国特色新型工业化道路的战略创新

中国的工业经济发展仍然处于赶超阶段，高新技术特别是信息技术在世界范围的飞速发展和广泛应用，要求我国在继续推进工业化的过程中必须走一条不同于西方发达国家的新型工业化道路，实现工业化发展战略的创新。因此，我们必须以发展战略创新推动新型工业化的实现。

一、实施信息化带动工业化的战略创新

"工业化是信息化的物质基础和需求之源"，"信息化是工业化的最新发展阶段和引擎"[①]。新型工业化是以信息化带动的、能够实现跨越式发展的工业化。发达国家都是在工业化之后推行信息化的，中国是一个后发的工业化国家，可以在工业化的过程中以信息化带动工业化，以工业化促进信息化，从而发挥后发优势，实现工业化的跨越式发展。而且我国的工业化处于中期阶段，要同时完成加速实现工业化和以信息化实现工业现代化的双重目标，这就使得我们必须充分利用全球信息化的最新技术成果带动工业化，促使信息化与工业化进程相互推动。因此，在新型工业化的实现过程中，实施以信息化带动工业化的战略创新：

第一，在产业政策上促进产业信息化。一方面，要优先发展信息产业。"信息化极大地拓展和丰富了传统工业化的内涵，也为加速推进我国工业化提供了可能，"[②] 因此要大力发展以信息产业为龙头的高新技术产业，加快高新技术和信息技术的产业化步伐，实现高新技术产业和信息产业的跨越式发展，使高新技术产业和信息产业成为我国国民经济的前瞻性产业。另一方面，要用信息技术改造传统产业，实现工业产业

① 徐长生：《信息时代的工业化问题——兼论发展经济学的主题》，载《经济学动态》2001 年第 2 期。

② 魏立群：《走好新型工业化道路》，载《工业经济》2003 年第 2 期。

结构的高级化和合理化，提高工业产业内部的信息化、高级化和现代化水平。

第二，在宏观上推进国民经济的信息化。国民经济的信息化是指“加快国民经济各部门之间、部门内部和企业间的信息沟通和交流”①，使国民经济适应新技术的发展和不断变化的市场需求。在国民经济各个领域广泛应用信息化技术，实现劳动工具的信息化、社会生产力系统的信息化和社会生活的信息化。形成以信息技术产业为先导、基础产业和制造业为支撑、服务业全面发展的产业格局，提高信息经济在国民经济中的比重，把工业化与信息化相结合，用信息化创造智能型生产力，形成信息化带动工业化和工业化促进信息化的工业产业新格局。

第三，在微观上推进企业的信息化。用信息化带动工业化，离不开微观经济领域的企业信息化。企业的信息化一般分为三个方面：管理过程的信息化、生产过程的信息化和营销过程的信息化。从我国工业经济领域的企业信息化情况来看，管理过程的信息化发展较快，生产过程和营销过程的信息化相对滞后，在新型工业化的微观企业信息化过程中要加快生产过程和营销过程的信息化，最终实现企业的全面信息化。

二、实施可持续发展的战略创新

新型工业化与传统的工业化相比较，在资源使用与环境保护方面的特征是走可持续发展的工业化之路。传统的工业化是以浪费资源、污染环境为代价的，是先污染、后治理的发展模式，我们必须吸取经验教训，实施可持续发展的战略创新：

第一，走资源节约和环保型的工业化发展道路。由于新型工业化与可持续发展战略是良性互动的，为此我们要充分考虑我国资源短缺、生态脆弱和环境污染严重的基本特点，不断提高工业化的科技含量、降低资源消耗和环境污染，建立起适合中国国情的资源节约、环保型的工业化经济体系。

第二，要以经济效益、社会效益和生态效益的结合作为新型工业化的目标。中国提出新型工业化道路，就是要吸取西方发达国家工业化特

① 李晓东：《信息化与经济发展》，中国发展出版社2000年版，第20页。

别是中国传统工业化经验教训，走可持续发展的工业化道路，既要实现经济发展，又要实现生态环境的保护，实现经济效益、社会效益和生态效益相结合的新型工业化发展目标。

第三，在工业发展中要处理好工业化与人口、资源、环境之间的关系，增强工业发展的持续能力。在实现新型工业化的过程中特别强调生态建设和环境保护，强调处理好经济发展与人口、资源、环境之间的关系，把新型工业化建立在可持续发展的基础之上。

第四，促进工业产业制度和产业结构的变革。以生态和环境成本最小化、资源消耗减量化、循环利用和成本内生为原则，建立绿色工业产业制度，促进我国工业产业制度和产业结构的变革。绿色工业产业制度既是新世纪全球工业经济发展呈现出的一个新态势，也是中国新型工业化发展的新方向。在实现新型工业化的过程中，必须用绿色技术改造传统工业产业体系，大力推行清洁产业，使中国真正走上新型工业化道路。

第五，建立质量型低成本运行的工业化的考核体系。制定新型工业化的产业政策与产业规划时要把各种产业、各种产品的资源消耗和环境影响作为重要的考虑因素。严格限制能源消耗高、资源浪费大、污染严重的产业发展，积极扶持“质量效益型、科技先导型、资源节约型的产业发展”①，强化产业结构调整中的环境管理力度。把经济规律与生态规律相结合，实现经济系统与生态环境系统的协调。

三、以自主创新为主的科技战略创新

科学技术是第一生产力，科学技术上的差距阻碍了后发国家的工业化进程，因此中国走新型工业化道路必须发挥科学技术作为第一生产力的重要作用，不断加大知识创新和科技创新的力度，发挥后发优势，实现生产力的跨越式发展，继续实施科教兴国和以自主创新为主的科技战略创新：

第一，以科技进步为动力推动新型工业化。加强基础研究和应用基础研究，瞄准世界科技发展前沿，抓住当代世界科技发展的新特点、新

---

① 王小鲁：《中国经济增长的可持续性与制度变革》，载《经济研究》2000 年第 7 期。

趋势，选择对新型工业化和国民经济发展有重大意义的研究领域，集中力量，加强关键技术创新，为实现工业化的跨越式发展提供技术支持。

第二，加强政策引导，鼓励科技创新。鼓励在工业的关键技术领域和工业技术发展的前沿核心技术领域进行创新，努力形成一批拥有自主知识产权的关键技术。在工业化的高技术领域，提高自主创新能力。

第三，把科技的产业化放在新型工业化和科技发展的突出地位。在新型工业化中实施重大高新技术工程项目的研发，促进科技创新成果产业化。从中国的资源禀赋出发，选择装备制造、农产品深加工、资源综合利用等重要领域，加快开发能够推动传统产业升级的共性技术、关键技术和配套技术，加快传统工业产业的技术改造和升级。

第四，把国家创新体系建设与新型工业化发展相结合。国家创新体系是以科技创新为基础、多方面行为主体构成的综合性技术创新网络系统。在新型工业化的实现中，把国家创新体系建设与新型工业化发展相结合：发挥高等院校和科研机构在知识创新中的重要作用，支持企业成为科研开发投入和技术创新的主体；发挥风险投资的作用，形成促进科技创新和创业的资本运作机制和人才汇集机制；建立起政府、企业、科研机构和高等院校在科技创新、科技资源配置和科技力量布局的良性互动机制，实现知识创新、技术创新、理论创新和知识应用创新以及技术产业化的整体推进。

第五，实施以自主创新为主的科技创新战略。在新型工业化的技术创新战略实施中，在依靠外部资金和技术的同时，要培育自身的创新能力。按照发展经济学的一般原理，虽然直接引进发达国家先进技术在一定程度上可以节约时间成本，以相对较少的时间和较小的成本获得相对较大的收益，但是要使一个国家的工业化进程得以持续、健康、稳定地发展，不能仅仅依靠引进外部技术，更重要的是培育自身工业的创新能力。

因此，在新型工业化的实现过程中，要实施自主技术创新战略。需要强调的是，在自主技术创新方面要与世界技术发展的新动向保持同步。当今世界经济发展中，科学技术水平已成为一个国家综合国力的主要标志，在这种背景下来实施新型工业化，就必须了解世界科技发展的新趋势，跟踪世界科技发展的新动向，在那些对我国新型工业化发展具有战略性、基础性、关键性作用的科技领域不断进行自主创新，尽可能地使自主技术创新与世界科技发展的新趋势保持同步。

四、实施人力资源开发的战略创新

新型工业化强调工业经济领域技术水平的提升和工业经济领域科技含量的提高。而技术提升和科技含量的提高依赖于人才作用的发挥。因此，在新型工业化的实现过程中，要实施人力资源开发的战略创新：

第一，要推进教育创新，深化教育体制改革，为新型工业化培养人才。高素质的人才是科技创新和现代化建设的前提，也是实施新型工业化道路的关键性条件。我国人力资源与发达国家还有很大差距，这是影响我国科技创新和新型工业化发展的最大瓶颈，因此需要通过教育的创新与发展，培养高素质的人才。教育是人才的“母机”，是发展科学技术和培育人才的基础，在工业现代化建设和新型工业化发展中具有先导性、全局性和战略性的作用，必须坚持把教育摆在优先发展的战略地位，大力推进教育创新，深化教育体制改革，优化教育结构，推行素质教育，扩大教育资源，加快创新人才的培养。把教育创新与技术创性相结合，为新型工业化培养人才。

第二，要提高教育质量，提高工业劳动者素质，为新型工业化提供人力资源保障。抓好科技创新人员的培育和信息化人力资本的积累，不断提高工业劳动者素质，为新型工业化提供人力资源保障。全面提高教育质量，为我国实施新型工业化造就高素质劳动者和创新人才。在人才培养中既要培养大量优秀的科技人才，又要培养大量优秀的管理人才，还要培养大批优秀的技术工人，使劳动力资源得到更加充分的利用，使人才结构更加趋于合理，使我国的人力资源优势真正得以发挥，在新型工业化的实施中把科技战略创新与人才培养战略相结合。

第三，进行分配体制和人事体制创新，加强人力资源的开发和利用，为新型工业化提供人才激励。收入分配是社会成员之间经济利益关系的主要表现形式，合理有效的分配制度有利于人力资源作用的发挥。因此，在新型工业化的实施中必须进行分配体制和人事体制创新，建立新型工业化的人才激励机制。同时，建立一个公平透明、有利于人才脱颖而出的机制和环境，通过实施人才工程加速我国的新型工业化进程。

第四，以充分就业为先导，促进劳动力资源的充分利用。新型工业化是一个不断创造和扩大就业领域的过程，走新型工业化道路既是三次产业结构调整优化的进程，也是创造更多就业岗位的进程。因此，新型工业化是充分就业的工业化，我们要在推进工业化的同时扩大就业，实现科教兴国战略与劳动力充分利用战略的结合。

第四节 中国特色新型工业化道路的实现路径

我国工业化正处于中期阶段，需求约束的强化、加入 WTO 的挑战使我国工业化进入到一个新的阶段。为了加速实现工业化，加快产业结构的升级，走可持续发展道路，寻找新的经济发展空间，我们必须设计新的经济发展战略，走新型工业化道路。以新型工业化，推动中国 21 世纪的经济发展。

一、加快工业技术进步，促进工业经济结构的升级

新型工业化是以信息化和技术进步来推动的工业化，我国工业领域中制造业的技术水平普遍落后，难以形成核心竞争力。因此，新型工业化坚持用信息技术、高新技术和先进适用技术改造传统产业，用信息化带动工业化，提高工业的现代化水平和竞争能力，促进工业经济结构的升级。

第一，以技术进步来提高工业的生产能力。通过技术进步，使工业化在生产能力和规模上上档次，不仅要在总量上保持优势，而且要使一些行业进入世界前列，使一批企业的生产能力和技术水平也步入世界前列。要优先发展以信息技术为先导的高新技术产业，使其在国民经济中的地位和作用不断增强，特别是在信息技术产业领域内，形成具有自主知识产权的核心技术以及核心设备的制造能力，提高信息产业的国际竞争能力；通过技术改造使传统的工业企业实现现代化，提高高新技术产

业的比重，在继续保持我国劳动密集型产业比较优势的基础上，用科学技术提高劳动密集型产业的现代化水平，不断提高劳动密集型产业的劳动生产率。增加研发费用，提高工业的研发能力，研发能力的提高可以促进技术创新水平和技术的产业化能力的提高。

第二，加快工业经济结构调整。新型工业化实质上是经济结构的转化，通过经济结构的转化，促进经济结构升级，使我国的经济发展和工业产业的发展建立在新的结构基础之上。因此，新型工业化必须通过结构调整来实现：一是要用工业化的生产方式改造传统农业。在新型工业化的实现过程中，要把传统农业的根本改造放在重要位置，提高工业对农业的带动能力。在农业产量稳步增长和农村市场经济进一步发展的基础上，用工业技术设备对农产品进行深加工，增加农业的附加值，推进农业的产业化经营，加快传统农业向现代农业的转变。二是促进乡镇企业的二次创业。乡镇企业是农业工业化的主要形式。20 世纪 80 年代末乡镇企业的异军突起，不仅推动了农业的发展，而且促进了城乡一体化的进程。在新型工业化的实现过程中，要支持、引导乡镇企业推进技术进步、结构调整和体制创新，提高乡镇企业的素质和水平，使乡镇企业再创优势，重塑新的机制，推动乡镇企业的二次创业和现代化发展，增强乡镇企业在农业工业化过程中的带动作用；同时，将乡镇企业融入大工业体系之中，加大结构调整的力度，提高乡镇企业的产业集中度，把乡镇企业的发展和小城镇结合起来，促使乡镇企业、农业的工业化和城镇化同步发展。三是调整工业内部的产业结构。工业化进程的一般规律是：轻工业发展阶段、重化工业阶段、高加工度阶段和技术集约阶段。改革开放之前，中国建立了以重工业为主的工业体系，这一工业体系的建立是通过规模扩大和产品数量增加来实现的，造成了产品质量低、产品成本高、技术进步缓慢，农轻重关系失调。20 世纪 80 年代以来，经过一系列的改革，农轻重关系趋于合理，但是轻工业的优先发展又使工业基础产业发展落后，基础工业的新增生产能力缓慢。因此，在新型工业化的实现过程中，要加强工业内部的产业结构的调整，一方面要选择好工业的主导产业，依据增长潜力、就业功能、带动效应、技术密集度和可持续发展性等因素选择新兴主导产业；另一方面要依据利益原则培育中国的战略产业，大力振兴制造业，使制造业成为国民经济的支柱产业。此外，还应从充分就业出发，发挥劳动力优势，大力发展劳动密集型产业。

第三，实现工业经济增长方式的转变。一是尽快转变经济增长方式，变粗放型为集约型。在国家宏观经济政策中纳入资源环境因素，避免以生态环境为代价追求经济增长，遵循市场经济规律和生态经济规律，以最小的经济发展成本来改进环境质量。二是积极推行清洁生产工艺，从根本上解决生产污染问题。要加强清洁生产技术和科研成果的推广和使用，及时转化为现实的污染治理能力，这是产业结构调整的突破口和载体。要结合企业技术改造，不断增强工业污染防治能力，使企业通过工艺改造实现增产减污；结合节省降耗，减少污染物的产生量和排放量，结合增产节支，提高经济效益和环境效益。三是积极培育和扶持环境保护产业这个新经济增长点，作为调整结构性污染的突破口。重点攻克符合国情的污染治理技术、生态破坏恢复技术和综合利用技术；要积极发展性能先进、高效经济的污染治理设备、资源综合利用设备、节能和节水设备，实施环保工程、农业生态工程等，并作为产业发展的重点，形成环保支柱主产业，发挥技术市场规模优势，增强治污技术装备和能力。注重资源节约型产业的发展，并通过企业升级中的技术改造，把国际上先进的技术吸收进来，把新的技术应用到企业中来，提高企业素质、降低消耗，提高经济与环境效益。在企业中积极推行清洁生产，将废物减量化、资源化和无害化，或消灭于生产过程之中，即要由末端控制改为过程控制，废物量最小化。

二、进行制度创新，创造中国特色新型工业化道路的制度条件

由传统工业化向新型工业化的迈进，标志着一定生产力水平的飞跃，而生产力水平的飞跃又与一定的生产关系紧密结合在一起。从新型工业化和中国21世纪经济发展的要求来看，这种制度创新主要表现在：

第一，加快工业经济所有制结构的调整。传统工业化是以国家投资为主体来推动的。改革开放以来，工业经济领域中的国有经济比重已经有所下降，2001年国有经济占国内生产总值的比重已经由1980年的78%下降为40%左右。非公有制经济的比重已经由2%上升为24%。在

新型工业化道路的实现中，要以所有制结构的调整作为工业经济制度创新的突破口，形成以国有经济为主导、混合所有制经济为主体、多种所有制经济发展为补充的新所有制格局。大力发展非国有经济，发挥民间投资在新型工业化中的积极作用。同时，在所有制改革中，改变国有工业的垄断地位。引导非国有工业向原料工业部门流动，通过提高各所有制工业在这一领域的竞争程度，改变国有工业的垄断地位，促进原料工业部门提高生产率，增加产出，使原料工业在不增加以至减少投入比重的条件下保持产出比重的相对稳定；利用经济相对紧缩从而加工工业领域竞争激烈的有利条件，加快传统产业的技术改造，促进乡镇工业特别是农村工业提高生产技术水平，降低物质消耗比重，减轻对原料工业部门的需求压力，使工业结构在继续高加工度化的过程中加工工业与原料工业的矛盾趋于缓和。在保持非国有工业在技术密集度较高的产业部门的发展势头的条件下，通过加快乡镇工业的技术进步来提高它们在这些产业的技术层次和加工深度。

第二，进行市场制度的创新。新型工业化是在市场经济条件下进行的，为了发挥市场机制的作用，在新型工业化的制度创新中首先要进行市场制度的创新。在市场机制方面，要进一步促进市场的发育，消除市场发育的障碍，变市场直接干预为间接调控，切实打破市场的条块分割。进一步完善市场体系，特别是要促进生产要素市场的发育。在微观上，要推进现代企业制度建设的步伐。加快对国有工业企业规范的公司制改革，把国有工业企业改造成为股份公司，改变国有企业产权结构单一的状况，强化产权的激励和约束，并在此基础上完善企业的法人治理结构。以建立完善的法人治理结构和新的国有资产管理体制为前提，使政企职责分开。在政府职能方面，新型工业化道路以政府职能得到切实转变为前提，是在实现政企分开的基础上使政府的经济调节、市场监管、社会管理和公共服务职能不断完善，政府发挥间接调节作用，利用市场机制来实现。在宏观经济调节与管理方面，稳定的宏观经济环境是实现新型工业化的基本条件。由于市场本身的不健全和自我调节滞后，必然使生产与需求之间存在一定的脱节，引起经济波动，矛盾激化到一定程度会导致宏观经济整体的总量失衡。因此，政府应运用财政政策和货币金融政策，通过调节总需求处理好总供给与总需求之间的关系，维护工业经济总量的大体平衡，减少经济波动，保持宏观经济稳定。

第三，促进产业制度的创新。新型工业化以可持续发展为基础，坚持保护环境和保护资源的基本国策，把控制人口增长、提高人口质量和追求经济增长放在同等重要位置，在新型工业化发展战略上要做到人、环境、资源的协调发展。因此，在新型工业化的实现中要进行产业制度的创新，处理好工业发展与环境保护的关系，建立我国的生态工业体系。生态工业体系最典型的特征是把生产过程纳入生态系统的物质循环过程之中，实现工业经济发展的生态化。依据我国工业经济发展的现状，在新型工业化的实现过程中要大力发展生态工业，建立生态工业体系，具体思路为：一是加大科技投入，促进生态工业经济的增长。发展生态工业经济首先要加大科技投入的力度，以高技术提升传统产业，其主要方向是促进产业结构优化和高级化。高技术产业能产生较高的经济效益，同时可保持最低限度的环境污染。二是加强知识创新，促进生态工业的增长。发展生态工业经济还要大力加强知识创新，在加强知识创新的同时，依据生态学原理，从生态工艺的要求出发，淘汰老工业工艺，从产品的设计、制造到销售全过程都按照生态工业的要求，进行工艺流程的设计。三是制定和完善生态环保产业政策，扶持环保和生态产业的发展。环保产业是以防治环境污染和改善生态环境质量为目标的社会公益型产业。

三、推进城市化进程，协调城市化与工业化的关系

城市化是由于生产力的发展与生产方式的变化，所引起的现代产业向城市的聚集过程，以及由此所决定的人口集中过程与城市生活、生产方式扩大过程的统一。城市化是工业化的基础，工业化是城市化的必然结果，两者是相互促进的。从我国工业化的实际来看，城市化是工业化的根本阻滞。因此，在新型工业化的实现过程中，必须协调好工业化与城市化的关系，加快城市化进程：

第一，正确认识城市化与工业化的关系。在市场经济条件下，工业化离不开城市化。因为发展工业必须重视规模经济和集聚效应，城市化可为工业在一定地域的集聚和形成合理的生产规模提供较好的投资环境

和销售、流通市场。而且一个国家或地区的整个工业化过程，就是使其产业结构由以第一产业为主逐步转向以第二产业、第三产业为主的过程。工业越是向深加工、高技术发展，对第三产业的依赖性也越大。因而在一些已高度工业化的国家和地区，其第三产业在国内生产总值中所占的比重，均已远远超过第二产业。在新型工业化进程中，必须正确认识第二、第三产业的发展与城市化的进程是密切相关的，尤其是第三产业的发展必须以城市为主要依托。我国现有工业企业分散重复建设较多，总体效益欠佳，第三产业的发展不快，在产业结构中的比重偏低。这一切与我国的城市化进程长期滞后于工业化不无关系。因此，在新兴工业化过程中要协调城市化与工业化的关系。

第二，推动城市化与城镇化的结合。城市化是指人口向城市的集中过程，农村城镇化、非农化是农村人口向县城范围内的城镇集中和农业人口就地转移为非农业人口的过程，因此中国的城镇化道路是城市化、农村城镇化与农村非农化并举，这是在中国国情下特有的现实抉择。与中国二元经济结构相一致，我国城市化也是二元的：一方面是国家投资进行的城市化，另一方面是地方投资和农民投资进行的农村城镇化。鉴于我国城镇化的二元性和我国农村剩余劳动力转移任务的艰巨性，在新型工业化的实现过程中应实行城市化和农村城镇化同样并举的二元城市化战略：一方面利用一次城镇化形成的城市基础，大力发展交通和通信业，推行以发展城市带为特点的网络型城市化；另一方面充分发挥现有农村非农企业作用，以县城为依托，推进农村城镇化。

第三，优化城市结构，提高城市的聚集能力。一方面要控制大城市人口和一般工业的增长，防止大城市过度膨胀；另一方面要改善大城市的空间结构，发展多中心的网络城市，提高城市的自然和环境承载能力。积极发展城市的基础设施，以把城市中心与周围的卫星城镇连接为一个有机的整体。加强对大城市周围卫星城镇基础设施和生活服务设施的建设，改善其生活环境，并创造较多的就业岗位，以疏散大城市中心区的人口和工商业活动，缓解其过度拥挤的状况。鼓励工业、居住、商贸和公共用地等在小区内混合使用，发展多样性、相互支持、互为补充的社区，以方便居民就近就业、购物、社交，减少对机动交通的需求，减少交通能源的消耗，从而减少机动车排出的废气对环境的污染。加强区域间、城市间、城乡间、城乡建设与区域基础设施之间、建设布局与资源环境之间的空间综合协调。在充实规划队伍、提高规划质量、理顺规划体系、健全法制建设的基础上，强化对区域开发建设的规划管理与空间调控，为合理有序地加速城市化进程提供可靠的保证。

（撰稿人：任保平）

第四章　中国特色社会主义第三产业的发展

随着经济的发展，第三产业在国民经济中的比重日益扩大，产业升级与产业结构优化的直接结果必然导致第三产业的强劲发展。具体而言，第三产业的发展与下述因素有密切的关系：一是科学技术的进步和发展，使第三产业具备了发展的前提条件；二是社会分工和生产专门化，使第三产业可以分化为一个独立部门；三是市场环境的变化，推动新型服务业的兴起和发展；四是人们消费水平的提高，使生活服务业不断得以发展，并促进了生产性服务业的发展。从 19 世纪 70 年代到 20 世纪 70 年代，世界主要资本主义国家的经济发展史证实了“克拉克定理”①。美国经济学家库兹涅茨的研究结果表明：第三产业具有很强的吸纳劳动力的能力，是产业结构优化与升级的方向。

第一节　世界第三产业的发展概况

第二次世界大战以后，随着经济发展而展开系列的产业结构调整，第三产业的发展水平已经成为衡量各国社会经济发达程度的主要指标。从经济发展的一般规律和发达国家经济发展的过程来看，在农业为主的

① 克拉克定理描述了产业结构演进的一般过程和规律，认为劳动力转移由第一产业到第二产业，再由第二产业到第三产业。

经济发展时期，三次产业的产值比重次序为“一、二、三”的格局，进入工业化阶段后，第二产业的比重上升很快而且超过了第一产业的比重，呈现“二、三、一”的格局，之后第二产业发展减缓，第三产业的比重快速上升，呈现出“三、二、一”的次序。服务业已成为各主要国家的主导产业。2003 年服务业增加值占世界各国生产总值增加值的比重平均为68%，发达国家服务业就业比重普遍达到70%左右。同时，服务业已成为推动国际贸易和投资增长的主要力量。2003 年，全球服务贸易额年增长率创1995 年以来的新高，服务贸易出口额（未经价格调整）达到17630 亿美元。[①]

一、发达国家第三产业发展概况

（一）发达国家第三产业的发展历程

在工业化进程中，从“工业社会”到“后工业社会”，发达国家第三产业的发展大致可以划分为三个阶段，表现为第三产业内部结构的阶段性演变。

第一阶段：商业、旅馆和饭店业与交通通信业领先发展阶段。这个阶段的第三产业主要是由商业和交通运输业带动的。产业资本市场的扩大有赖于商业的发展。商品的销售、装运必须以交通运输业和邮电通信业的高度运转为前提。人们社会活动增多，生活节奏加快，使餐饮业、旅馆业迅速发展。在18 世纪初期的资本主义经济中，第三产业已占国民生产总值的40%左右，其中商业和交通通信约占一半。英国在工业化初期的1788—1801 年，第一产业占国民经济的比重下降了 7 个百分点，第二产业占国民经济的比重上升了 2 个百分点，第三产业则上升了5 个百分点，显示了巨大的发展潜力。1929—1947 年，美国的商业、旅馆、饭店业、交通通信业发展较快，在第三产业中的比重呈上升趋势，而金融保险不动产和产业服务业以及社会、个人服务业发展相对缓慢，占第三产业的增加值比重有所下降。

第二阶段：金融保险不动产和产业服务业快速发展，与商业、旅馆和饭店业、交通通信业并重的阶段。19 世纪末至 20 世纪初，自由资本

① 刘婧：《服务业发展的国际经验及启示》，载《商业时代》2006 年第 17 期。

主义向垄断资本主义阶段演变，合股公司和跨国公司兴起，急需大量的扩展资金，金融业成为筹集资本和调节社会资源分配的重要手段。1917年，英国第三产业占 GDP 的比重为58%，其中金融保险不动产和产业服务业的比重为29%。第二次世界大战之后科学技术的发展使传播和收集信息的时间大为缩短，从而推动了金融保险不动产和产业服务业的快速发展，而商业、旅馆和饭店业、交通通信业等传统服务部门由于采用新的技术和服务方式而获得发展。在1948—1961年期间，美国的金融保险不动产和产业服务业快速发展，增加值比重迅速提高，传统的商业、旅馆和饭店业，交通通信业发展速度放慢，但增加值比重仍然很高。1962年，美国的金融保险不动产和产业服务业的增加值比重比1948年上升了3.5个百分点，而商业、旅馆、饭店业和交通通信业的增加值比重合计在39%—49%之间，仍高于金融保险不动产以及社团和个人服务业的增加值比重之和。

第三阶段：社团和个人服务业（不包括政府服务业）迅速发展，金融保险不动产和产业服务业稳步发展，传统服务业发展相对趋缓。随着人们生活水平的提高、闲暇时间的增加，人们的消费需求由追求生理性消费资料为主转变为追求享受性消费资料为主。对娱乐、休闲、卫生保健、教育医疗等享受型服务产品的需求日益增长，这带动了社团和个人服务业的快速发展。与此同时，伴随着信息业的日新月异，金融保险不动产和产业服务业保持稳定的增长速度。而传统服务业的发展相对缓慢，商业、旅馆和饭店业、交通运输业在第三产业中的比重下滑。

在1962—2000年期间，美国的第三产业发展以社团和个人服务业的增加值比重显著上升为标志。相反，传统的服务业和政府服务业的发展相对缓慢，占第三产业的增加值比重迅速滑落。而金融保险不动产和产业服务业保持稳定的增长态势。相比1962年的情况，2000年美国的社会和个人服务业的增加值比重上升达13.4个百分点，金融保险不动产和产业服务业的增加值比重提高了3.82个百分点。而传统的商业、旅馆和饭店业、交通通信业的增加值比重则呈现大幅度的回落。

（二）发达国家第三产业内部结构演变规律

20世纪中期以来，世界各国服务业占 GDP 比重和就业比重的迅速提高。特别是美、英、德、日等主要 OECD 国家，其服务业在整个国民经济中占 GDP 比重和就业比重呈现迅速稳定上升态势。从 20 世纪 60 年代到 1995 年，这些国家和组织的服务业增加值比重从 41%—57.9% 稳定上升到 60%—72%，平均增长 18% 左右；就业比重则上升更多，从 33.5%—56.2% 上升到 59.1%—73.1%，平均上升 22% 左右。服务业的这种在短时期内大幅度上升的现象构成第二次世界大战以来世界经济发展的重要特点。①

美国作为目前世界上第一经济强国，同时又是典型的市场经济国家，其经济结构的演进历史对中国具有一定的参考价值。早在 2000 年，其第三产业增加值比重与就业比重就分别达到了 74.5% 与 76.6%。因此，选取美国作为典型代表，可以发现发达国家第三产业发展的内在规律。

美国经济分析局网站提供的数据显示，自 20 世纪 50 年代以来，美国的 GDP 增长主要是由第三产业来推动的，第三产业比重保持了不断增长的趋势，而第三产业比重的增加主要是由社会服务业、金融保险业和房地产业推动的，而传统的批发零售和交通通信业对第三产业比重增长的推动力在减弱。1948—2000 年间，美国净增就业人员 7700 万，而第三产业新增就业人员则达到了 7300 万，占整个国民经济新增就业人员的 95%，新增就业人员几乎全部流向了第三产业。从第三产业内部就业结构看，作为解决就业的一个主要部门，交通和通信业的就业比重总体上保持下降趋势，其吸纳劳动力的能力在下降；批发和零售业在整个国民经济中的就业比重呈上升趋势，但上升趋势比较微弱，而其占第三产业的就业比重则表现出了下降趋势，表明批发和零售业吸纳新增劳动力的能力增长乏力，但仍然是解决就业的主力军；金融和保险业就业比重保持了上升趋势，成为吸纳新增劳动力的另一渠道；房地产业的就业比重的变化趋势不太明显。引人注目的是社会服务业，成为吸纳新增劳动力增长最快的行业，最终其占整个国民经济的就业量超过了第一产业和第二产业之和。如果说 1948 年以来，美国新增劳动力绝大部分在第三产业中就业，那么第三产业吸纳的新增劳动力则有将近 50% 是在社会服务业中就业。可见，社会服务业对美国第三产业，乃至对整个国

① 数据来源：OECD：historical statistics，OECD，1997，Paris；黄少军：《服务业与经济增长》，经济科学出版社 2000 年版。

民经济的发展起着至关重要的作用。而在社会服务业内部各行业中，工商服务业、公共医疗卫生服务和各种专业服务对整个社会服务业的发展起了决定作用。也可以说，社会服务业的迅速发展主要是由工商服务业、公共医疗卫生服务和各种专业服务业推动的。①

（三）发达国家第三产业发展的经验

发达国家在世界服务业市场居于主导地位，这与长期以来政府的努力有直接关系。特别是美国，其关于发展服务业的措施和政策已经成为各国效仿的对象。在美国各类服务业的发展中，技术服务业、信息服务业和教育服务业获得的支持最多，发展最迅速，竞争力最强，取得的成就最大。

1. 技术信息服务业

技术服务业方面重视专利权政策，扩大专利的权利范围，从制度上保障了美国保持技术上的竞争优势。20 世纪 80 年代末期，高技术服务业大幅上升，高技术产业结构重心从第二产业向第三产业转移。

2. 信息服务业

美国政府对增强本国信息服务业的国际竞争力予以特别关注，在 GATT 以及后来的 WTO 多边谈判中，美国一直为本国信息服务业突破各种限制进行不懈的努力。信息技术的发展也带动了美国以及各国对信息服务的巨大需求。

3. 教育服务业

美国教育政策对留学生的照顾，尤其是高等教育以其自由的学术氛围吸引着各国留学生，每年在美国高校学习的外国留学生超过 50 万人，远远多于去国外留学的美国人。政府对教育的重视使其早在 20 世纪 50 年代受过大学教育的人数在总人口中的比重就已达到目前世界平均水平，为美国成为世界服务业第一大国奠定了竞争优势基础。知识型服务业在国民经济中的比重增加，在经济社会发展中的作用将与日俱增。②

二、新兴工业国家和地区第三产业发展的概况

亚洲四小龙是新兴工业国家和地区的典型代表，其走过的工业化道

---

① 魏作磊：《美国第三产业内部结构的演变规律》，载《改革》2003 年第 4 期。

② 刘婧：《服务业发展的国际经验及启示》，载《商业时代》2006 年第 17 期。

路可视为发达国家工业史的缩影，但它们的工业化进程发生得晚，持续的时间更短。在历史时间跨度很小的工业化进程中，新兴工业国家和地区的第三产业发展形成了自身的演变规律。随着经济的发展，这些国家或地区的商业、旅馆和饭店业的增加值比重呈下降趋势，而交通通信业、金融保险不动产和产业服务业的增加值比重明显上升，公共服务的行业如社会、个人和政府服务业的增加值比重变化规律不明显。① 由此可见，新加坡、中国香港等新兴工业国家和地区正处于发达国家第三产业发展的第二阶段，即金融保险不动产和产业服务快速发展，与商业、旅馆和饭店业、交通通信业并重的阶段。

就第三产业发展的经验而言，新加坡是堪与美国媲美的新兴工业国家的代表。1959 年以来，新加坡经济结构发生了根本性的变化，从以转口贸易为基础的畸形结构转变为以制造工业为中心商业贸易、金融旅游、国际服务业等全面发展的多元化经济结构。1985—1986 年间新加坡遭受了严重经济衰退，新加坡政府提出了重点发展国际金融、国际通信和国际服务贸易的产业战略调整新方向，并采取了一系列措施，促进其服务业的发展，主要措施是：

第一，第三产业享受新兴产业的优惠待遇。规定服务业可与制造业同等享受新兴产业的各种优惠待遇，凡固定资产投资在 200 万新元以上的服务业企业，或营业额在 100 万新元以上的咨询服务、技术指导服务等企业，所得税可减半，并规定对服务贸易出口收益只征收 10% 的所得税。

第二，大力吸引外资。在吸引外资进入服务业方面，政府给予了许多优惠政策，比如，给外国跨国公司在新加坡设立区域性营运总厂提供优惠，只征收 10% 的公司所得税，且为期 10 年，并对这类公司的分配股利免征所得税，等等。为促进国际金融业务，新政府还对在新加坡进行的离岸金融业务的收入免征所得税。

通过一系列调整措施，新加坡服务业大为发展，国际性、区域性的服务中心迅速增多，外国银行在新的离岸金融业务大为扩展，旅游业也日益兴旺。②

---

① 李江帆、黄少军：《世界第三产业与产业结构演变规律的分析》，载《经济理论与经济管理》2001 年第 2 期。

② 刘婧：《服务业发展的国际经验及启示》，载《商业时代》2006 年第 17 期。

第二节　中国第三产业的发展历程

新中国成立以来，服务业发展一波三折：新中国成立到改革开放前，在传统计划经济体制下，多数服务行业发展缓慢；自 1984 年我国提出大力发展第三产业、1991 年决定加快发展第三产业以来，发展第三产业已成为国家的重要战略决策。20 世纪 90 年代中期以后，服务业发展进入了结构、质量调整与全面快速发展的新时期，经济地位稳步提高。

一、中国第三产业发展的历史回顾

根据表 4－1 所反映的不同时期我国 GDP、第三产业增加值和就业人数比重的变化情况，可以把新中国成立以来我国第三产业的发展划分为三个阶段：

表 4－1　1952—2004 年中国 GDP、第三产业增加值比重和就业人数比重变化表

年　份	GDP（亿元）	第三产业增加值比重（%）	第三产业就业人数比重（%）
1952	679.0	28.6	9.1
1978	3624.1	23.7	12.2
1979	4038.2	21.4	12.6
1980	4517.8	21.4	13.1
1981	4862.4	21.8	13.6
1982	5294.7	21.7	13.5
1983	5934.5	22.4	14.2
1984	7171.0	24.7	16.1
1985	8964.4	28.5	16.8

续表

年　份	GDP（亿元）	第三产业增加值比重（%）	第三产业就业人数比重（%）
1986	10202.2	28.9	17.2
1987	11962.5	29.3	17.8
1988	14928.3	30.2	18.3
1989	16909.2	32.0	18.3
1990	18547.9	31.3	18.5
1991	21617.8	33.4	18.9
1992	26638.1	34.3	19.8
1993	34634.4	32.7	21.2
1994	46759.4	31.9	23.0
1995	58478.1	30.7	24.8
1996	67884.6	30.1	26.0
1997	74462.6	30.9	26.4
1998	78345.2	32.1	26.7
1999	82067.5	33.0	26.9
2000	89468.1	33.4	27.5
2001	97314.8	34.1	27.7
2002	105172.3	34.3	28.6
2003	117390.2	33.4	29.3
2004	136875.9	31.9	30.6

资料来源：《中国统计年鉴》各期。

第一阶段为20世纪50年代初期至20世纪80年代中期，第三产业发展缓慢。这一阶段我国处于建立和维持传统计划经济体制的时期。改革开放前，在力图保持农业稳定的同时，集中力量进行工业化建设，对第三产业人、财、物的投入相对较少。重工轻商、重积累轻消费的传统经济增长方式，压抑了社会对第三产业的正常需求，第三产业发展严重滞后。到1984年，第三产业增加值占国内生产总值的比重仅为24.7%，第三产业从业人员占全社会就业人数的比重仅为16.1%。

第二阶段为1985年至1995年，第三产业大幅增长。这一阶段第三产业的快速增长是对多年重建设轻生活、重工农业轻服务业发展的传统经济增长模式的校正和补偿。20世纪80年代初期，我国学术界开始讨论重新调整我国的产业分类方法[①]，即除了农业和工业之外，还应该包括服务业。随着理论界争论的展开，服务业发展问题得到前所未有的重视，以商贸餐饮、居民服务等行业为代表的传统服务业得到恢复性大幅度增长，直接带动了整体服务业的增长，表现为服务业增长率几乎呈现直线上升趋势。在此期间，服务业仅在1989年、1990年两年出现下滑，这与我国当时国内的经济环境相关，服务业增加值一度下降到低于1985年的水平，但从1991年开始又呈现出大幅反弹。1994年第三产业从业人数比重首次超过第二产业。

第三阶段为1996年至今，整体上看，这一阶段的增长势头不如上一阶段，第三产业发展进入了一个相对较长的调整期，然后逐步转入“常规性增长”阶段，发展速度有所减慢。随着经济的进一步发展，我国改革中深层次的体制矛盾问题逐渐呈现出来，同时由于第三产业内部结构升级缓慢等原因使得许多新兴服务行业发展乏力，造成我国第三产业的发展速度有所减慢。1996—2004年，国内生产总值年均实际增长9.2%，第三产业年均实际增长由第二阶段的12.3%下降为8.4%。[②]

二、中国第三产业发展的现状

（一）从总体看，我国第三产业发展滞后

从1978年到2004年，我国第三产业增加值占GDP比重虽由23.7%上升到31.9%，但这一指标远低于发达国家70%的平均水平，且低于低收入国家38%的平均线。从近年来第三产业就业情况来看，2000—2004年第三产业就业人数占全部就业人数的比重分别为27.5%、27.7%、28.6%、29.3%和30.6%，不仅增长速度缓慢，且与发达国家70%以上的第三产业就业比重水平还有很大的差距。从这可以看出，我国第三产业总体发展滞后，进一步发展的空间相当大。

---

① 何小峰：《劳务价值初探》，载《经济研究》1981年第4期；陈志标：《国民收入范畴的重新思考》，载《经济研究》1981年第4期；朱明耀：《轻重工业的划分问题》，载《经济学动态》1981年第3期。

② 林波：《我国第三产业发展的历史分析和未来方向》，载《经济改革与发展》1997年第9期。

（二）从第三产业结构看，发展水平明显偏低

表4－2列示了从1991年到2003年第三产业增加值四个层次的构成情况。从表中可以看出，第一层次比重稳定地降低，第二层次比重基本保持升高趋势，第三层次比重略有上升，第四层次比重下降幅度很小，第三层次和第四层次发展并不明显，但是二者之和所占的比例比较稳定，也就是说第二层次比重的上升幅度和第一层次比重的下降幅度比较接近。由此可见，我国第三产业主要是以传统的商业和其他服务业为主，而高层次的为生产和生活服务的业务如金融、保险等行业比重过低。

表4－2　1991—2003年中国第三产业四个层次比重变动

单位：%

年　份	第一层次	第二层次	第三层次	第四层次
1991	48.4	32.2	9.3	10.1
1992	48.3	33.0	8.9	9.9
1993	46.0	33.0	9.2	9.8
1994	45.1	35.7	9.4	9.7
1995	44.5	37.4	9.0	9.0
1996	44.3	37.4	9.4	8.9
1997	43.2	38.6	9.5	8.7
1998	42.5	38.8	9.9	8.8
1999	42.1	38.3	10.5	9.1
2000	42.6	37.8	10.8	8.8
2001	41.9	38.0	11.4	8.7
2002	41.0	38.0	12.0	9.0
2003	41.0	36.0	14.0	9.0

注：2002年与2003年相应数据是取整数的近似值。

资料来源：《中国统计年鉴》各期。

根据表4－3，2003年服务业内部各部门占服务业总增加值比重由高到低依次是：批发和零售贸易及餐饮业（23.6%），交通运输和仓储及邮电通信业（17.0%），金融、保险业（16.5%），社会服务业（12.4%），教育、文化艺术及广播电影电视业（8.7%），国家机关、党政机关和社会团体服务业（8.0%），房地产业（6.1%），卫生体育

和社会福利业（3.0%），科学研究和综合技术服务业（2.2%），地质勘探水利管理业（0.9%），农、林、牧、渔服务业（0.8%）。我国服务业行业结构仍然是以传统服务业为主，新兴服务业发展不突出的特征明显。1991—2002 年，以批发和零售贸易餐饮业为代表的传统服务业就占 1/4 强，以金融保险业、科学研究和综合技术服务业等为代表的现代服务业的比重与之相比尚存在较大差距。

表 4－3　1995—2003 年中国第三产业增加值构成

单位：%

行业 \ 年份（占第三产业增加值比重）	1995	1996	1997	1998	1999	2000	2001	2002	2003
农、林、牧、渔服务业	0.6	0.6	0.8	0.8	0.8	0.8	0.8	0.8	0.8
地质勘探水利管理业	1.4	1.4	1.3	1.2	1.2	1.1	1.0	1.0	0.9
交通运输和仓储业	13.2	12.9	11.7	11.5	11.3	11.4	10.9	10.3	8.8
邮电通信业	3.8	4.2	4.8	4.9	5.2	6.7	7.1	7.5	8.2
批发和零售贸易及餐饮业	27.5	27.2	26.7	26.1	25.6	24.5	23.9	23.5	23.6
金融、保险业	19.4	19.7	19.7	18.6	17.9	17.4	16.8	16.5	16.5
房地产业	5.9	5.6	5.5	5.8	5.6	5.7	5.7	5.8	6.1
社会服务业	8.6	8.4	9.4	10.5	10.7	10.9	11.6	12.1	12.4
卫生体育和社会福利业	2.7	2.8	2.7	2.7	2.7	2.8	3.0	3.0	3.0
教育、文化艺术及广播电影电视业	6.3	6.6	6.8	7.2	7.8	8.0	8.4	8.6	8.7
科学研究和综合技术服务业	1.5	1.7	1.9	1.9	2.1	2.1	2.1	2.2	2.2
国家机关、政党机关和社会团体	8.0	7.9	7.7	7.8	8.1	7.9	7.8	7.9	8.0
其他行业	1.0	1.0	1.0	1.0	1.0	0.9	0.9	0.8	0.8

资料来源：《中国统计年鉴》各期。

在对第三产业四个层次进行研究的基础上，对 1995—2003 年以来

第三产业内部各行业占第三产业比重进行逐年分析（见表4－3），可以发现我国第三产业内部结构的发展具有以下特征：

第一，在为生产和生活服务的部门中，社会服务业等新兴行业的增长速度比较快，金融、保险和房地产等行业比重略有下降；在流通部门中，交通运输和商业的增长速度呈下降的趋势，邮电通信业所占比重有了明显的提高。

第二，在为提高居民素质和科学文化水平服务的部门中，卫生体育、文化艺术和广播电影电视等行业占第三产业比重逐渐上升，与第三产业发展大致同步。在为社会公共需要服务的部门中，国家机关和社会团体等部门所持比重略有下降。

第三，在所有第三产业涵盖的行业中，劳动密集型的服务部门如社会服务部门发展最快，知识密集型的科学研究和教育文化等行业发展次之，非营利性的服务部门如机关团体和地质勘探等行业发展最慢。

第四，若以某服务行业占第三产业比重超过10%为标准，目前构成我国第三产业支柱的四个行业是商贸餐饮业、金融保险业、社会服务业、交通运输和仓储业。

第五，改革开放30多年来，传统服务业不断改进，商业饮食服务业等多种经济成分共同发展，物资流通开始变革其物流形式，与新型业态相配套的物流中心、商品配送中心不断发展，交通运输供不应求的情况得到了改善。另外，在传统第三产业持续发展的同时，旅游、信息、咨询、科技服务、社区服务、教育、文化等新兴行业也发展较快。

（三）从地区差异看，发展不平衡的矛盾比较突出

长期以来，由于各地区生产力发展水平不同，社会劳动力分布不均，各地区经济发展的重点不一样，第三产业的区域发展存在明显差异。在全国31个省区市，只有少数地区第三产业发展状况不错，而多数地区发展水平低，需要进一步提高。总体来看，从沿海到内地呈现出明显的层次特征。同时，由于我国在政策上采取地区经济发展的梯度推移战略，从东到西分三级梯度，分别实行不同的发展战略，我国东、中、西部三大地区第三产业发展不平衡，呈现东、中、西三大地带逐次递减的趋势。东部地区基本名列前茅，中部地区大多数排序在中间，而

西部大多地区都在排序的后列（如表4－4所示）。由此可见，第三产业发展与经济发展水平有一定的正相关性，经济发展水平较高的地区的第三产业发展综合水平也比较高。

表4－4　中国各地区第三产业发展水平分类①

<table>
<tr><th colspan="2">第三产业发展高水平地区</th><th colspan="3">第三产业发展中低水平地区</th></tr>
<tr><th rowspan="2">高水平地区</th><th rowspan="2">较高水平地区</th><th colspan="2">中低水平地区</th><th rowspan="2">低水平地区</th></tr>
<tr><th>中等水平地区</th><th>较低水平地区</th></tr>
<tr><td>粤、苏、浙</td><td>辽、闽、鲁</td><td>鄂、琼、冀、湘、黑、赣</td><td>新、吉、晋、青、陕、藏、豫、内蒙古、皖、桂、川</td><td>宁、滇、甘、黔</td></tr>
</table>

从第三产业分行业发展来看，三个不同发展梯度区域在第三产业内部比例结构上存在显著差异的行业包括：社会服务业，房地产业，地质勘探业水利管理业，国家机关、政党机关及社会团体，教育、文化艺术及广播电影电视业。

从第三产业就业增长弹性看，1985—1990年，弹性最高的为西部地区，从整体上看，东中西三大经济区第三产业吸纳就业的能力方面差异细微。1991—1995年，东中西三大经济区均保持了就业增长弹性的大幅上升趋势，且西部地区仍保持最大，为0.45，但此时三大经济区之间的就业增长弹性差距（14个百分点）较前期（4个百分点）已呈现扩大的趋势。1996—2000年，西部继续保持就业增长弹性上升的势头，东中地区服务业吸纳就业的能力明显下降。此时，三大经济区之间的差距进一步扩大。经过2001年的初步调整阶段，2002年三大经济区服务业吸纳就业的能力均保持了大幅反弹，东部地区上升幅度最大，中部次之，西部最小。更有意思的是，此时东部地区的服务业就业增长弹性已经大大超过了西部地区。综合来看，区域第三产业与整体第三产业一样，均保持了较强的吸纳就业能力，但区域间差异有逐年扩大的趋

① 林武平、宋鹤峰：《我国各地区第三产业发展水平及内部结构研究的实证分析》，载《经济论坛》2004年第19期。

势，这值得重视。[①]

（四）从就业比重看，第三产业就业比重稳步上升，吸纳就业能力逐步增强

第一产业就业比重稳步下降，第二产业就业比重经历了1978年至20世纪90年代中期的上升之后开始呈现下降趋势，而第三产业则保持了稳步上升趋势。这一变化规律与“配第—克拉克定律”基本相符，表明我国三次产业就业结构的发展正逐步进入良性结构调整时期。

考察第二产业与第三产业就业比重之差的变化趋势，可以发现，第三产业就业比重与第二产业就业比重在1994年左右开始持平，之后第三产业继续保持稳步上升的趋势，超过第二产业成为吸纳劳动力就业的第二大产业。1994年至今，制造业吸纳劳动力就业的比重与第三产业之间的差距呈现稳步上升的趋势，第三产业吸纳就业的能力越来越高。在当前就业压力逐步加大的背景下，第三产业强势吸纳就业的能力对于解决我国日益严重的就业问题具有十分重要的意义。

从第三产业分行业就业情况看，2002年，占第三产业总就业比重由高到低的服务部门依次是：其他行业（34.23%），批发和零售贸易及餐饮业（27.24%），交通运输仓储及邮电通讯业（11.24%），教育、文化艺术及广播电影电视业（8.58%），社会服务业（6.00%），国家机关、党政机关和社会团体服务业（5.89%），卫生体育和社会福利业（2.7%），金融、保险业（1.86%），科学研究综合技术服务业（0.54%）。与第三产业增加值的变动趋势一致，服务业内部各行业就业也以传统服务业为主，现代服务业就业比重偏低的特征明显。

从就业增长弹性变动情况看，20世纪80年代中期以来，第三产业的就业增长弹性最大，为0.0832，接近第二产业就业增长弹性（0.0429）的2倍，超过第一产业就业增长弹性（0.0204）的4倍。2001年第三产业的就业增长弹性（0.19）较前期有所下降，但2002年又出现了大幅反弹，就业增长弹性为0.7137，不仅高于第三产业各时段的水平，而且同年度第二产业就业增长弹性为负值（-0.3150），第一产

① 曹跃群：《中国服务业发展的现状及对策研究》，2004年重庆大学硕士学位论文，第43页。

业就业增长弹性继2001年呈持续下降的水平，为0.02。第三产业强力的就业增长弹性反弹，表明了服务业吸纳劳动力具有很大的潜力。①

第三节　中国发展现代服务业的路径与模式

一、知识经济与第三产业发展

（一）知识经济时代第三产业发展的新趋势

知识经济是建立在知识和技术基础上的经济活动，它直接依据知识和信息的生产、分配和使用。从农业经济、工业经济到知识经济，人类社会的经济发展本质上是知识化程度不断提高的过程。以信息技术为主导的当代科技在经济领域的广泛渗透，促使“以知识为基础的经济”即知识经济的形成。在知识、技术和全球化力量的推动下，全球以服务业为主的第三产业出现了新的发展趋势：

第一，生产性服务的数量快速扩张，与消费性服务相比比重日益增大。在知识经济背景下，服务业从传统的劳动密集型向资本密集型和知识密集型等一些新的服务性的产业转变。而且在转变的过程中，生产性的服务发展速度大大超过了生活性的服务业的发展速度，甚至超过了制造业本身。发达的服务业为制造业强有力的竞争提供了可靠的保障，二者互相依存互相促进，标志着以信息化平台发展的生产性服务业的革命正在悄然兴起。

第二，生产性服务日益市场化、独立化、专业化。生产性服务作为现代服务业的主体发展，原来隶属于内部的设计、研发、咨询、物流、仓储、运输，这些在企业内部存在的服务，现在逐渐的分离出来，呈现外在化发展趋势。

第三，知识产权是现代服务业发展的灵魂和基石。知识产权已经成

① 曹跃群：《中国服务业发展的现状及对策研究》，重庆大学2004年硕士学位论文，第32—33页。

为现代经济当中一项极为重要的法权。没有知识产权就没有知识经济，就没有现代服务业，必须以知识产权作为基础。它是宝贵的无形资产，它是不可或缺的竞争规则，也是进行创新的重要保障。

第四，服务手段信息化、网络化，传输的载体宽带化。宽带使智能化技术、视频中心、远程教育等原来的梦想变成现实。而且，网络可以使企业的组织分化，个人成为知识资本的载体，也成为生产和服务的一个独立的最小的单位，并且可以随意组合，甚至可以跨国界，成为数字经济和信息化在服务业当中一个重要的技术支撑。

第五，服务空间国际化。未来的国际贸易当中，服务业的跨国交易发展的潜力和空间是巨大的。当然，服务业的市场准入和国别之间的竞争也是非常惨烈的。像电信、信息、银行、保险、技术、法律、评估等行业，相当多的时候是和国家利益、国家安全联系在一起。因此，跨国界的国际化服务是未来发展的一个趋势。

第六，服务保障安全化。无论是生产性的服务，还是生活性的服务，安全现在已经成为各类服务的第一要务。特别是美国“911”事件以后，恐怖阴影笼罩世界，安全性已经成为人们对服务最基本、最重要的一种需求。

第七，服务的方式和理念日益人性化。在消费服务当中，突出以人为本，以顾客为上帝，以人的需求、尊严和体验为服务重点，讲究个性化服务、人文化服务等成为服务业发展的亮点。在心理健康咨询、终身教育、人文关怀、志愿者行动等新的理念创造出的新型的服务方式、新型服务业层出不穷。

第八，服务规范的标准化。在产品、管理、服务三大类的标准体系当中，服务体系的标准是最难制定、最难统一的，也是数量最少的。在发达国家，企业标准是最先进的，国家标准次之，最后是国际标准。标准是协商一致的产物，把棱角磨平了才是国际标准，国际标准是平均的，不是先进的。应该提倡在市场经济条件下，服务业企业积极参与、制定和实施企业标准，使企业标准高于现行的行业标准，高于国家标准，甚至高于国际标准，这样才有竞争力，而且这也是服务业发展的一个趋势。

第九，服务诉求的高效化。服务诉求的高效化，就是高标准、高质量、高效应，超值的服务是现代需求的一个新目标。这对生产性服务和生活性服务的供给者提出了更高的要求。这种需求已经成为未来服务业发展的新挑战。①

（二）知识经济背景下第三产业发展的方向

知识经济一方面改造传统经济，包括传统的生产、分配、交换和消费都将从方式到结构上发生改变，不断扩展第三产业发展的空间，形成新的适应新时代的服务业②；另一方面推动新的服务业发展壮大。知识经济时代无疑是服务业大发展并成为经济主导的时代，它将推动一系列服务业获得发展：

1. 信息产业

随着信息技术成为知识经济的主要载体和基础，信息的硬件、软件的发展将以突飞猛进的态势进行。信息产业的发展将带动一系列的经济革命，如购销方式将向无纸化、电子化发展；企业决策向程序化、规范化、智能化发展等。

2. 金融服务业

金融业的市场化和国际化，拓宽了金融服务领域，促进银行、证券、基金、信托、保险、融资租赁等现代金融业务发展。

3. 咨询服务业

涉及生产、流通、技术、法律、环保、卫生等领域的咨询业将得到全面发展。

4. 调研策划业

各类市场调研、分析、营销策划、企业形象策划组织将伴随着经济时代企业对信息、知识的需求而相继得到发展，成为服务业中颇富活力的力量。

5. 旅游服务业

随着人们消费水平的提高、生活质量的改善，人们对于国内与国际旅游的需求将会与日俱增，为适应这种需求而兴起的旅游业将得以迅速发展，成为各国 GDP 中占有较大比重的行业。

---

① 刘兆彬：《知识经济背景下服务业发展的九大新趋势》，载《轻工标准与质量》2005年第4期。

② 相对于原来的第三产业，我们把知识经济时代在信息技术影响下形成的新型第三产业称为现代服务业。

6. 科技教育保健业

各个领域的科技开发将出现强劲发展态势，尤其是航空航天、生物医药、海洋工程等领域将会发生前所未有的突破性进展。与科技领域发展的需要相匹配，教育将以产业发展的态势进入快车道。医疗、卫生、全民保健服务业的发展也会开创新的天地。

7. 环保服务业

全球经济的可持续发展要求世界各国重视并加强环保服务业的投入。治“三废”、防污、处理垃圾、绿化美化市政管理、资源开发控制、空气监测、防灾减灾等领域，将成为各国社会经济发展中重要的组成部分而获得全面发展。①

二、以发展信息产业促进我国第三产业现代化的发展

在知识经济背景下发展第三产业的关键是抓好信息产业，因为信息产业是新型服务业赖以生存和发展的物质技术基础，也是从根本上改造我国传统服务业的物质技术基础。信息产业是信息技术转化为生产力的客观成果，是经济发展和社会进步的重要先导和保证，也是衡量一个国家经济发展水平的主要标志。信息产业包括信息开发经营业、信息传播报道业、信息流通分配业、信息咨询服务业、信息技术服务业与信息基础设施业六个组成部分。信息产业是当今世界众多产业中最活跃的分支产业，目前正以每年增长20%—30%的高速度增长，到20世纪90年代中期，全球信息产业的产值已经突破10000亿美元。我国信息产业的产业规模已由1986年的100亿元发展到2000年的10000亿元，2003年达到18800亿元，是同期国内生产总值增长速度的三倍。②

从知识经济对第三产业发展的影响看，第三产业中现代服务业比重上升、传统服务业比重下降是第三产业发展最突出的趋势，可以称之为第三产业现代化。现代服务业是指现代社会中以现代科学技术装备的、实施现代管理方式的服务业。在我国，它更多地表现为技术含量较高、

---

① 翁志强：《知识经济的发展与服务业发展的新趋势》，载《环渤海经济瞭望》2003年第1期。

② 刘孝文、岳爱华：《发展信息产业，拉动知识经济》，载《科技文献信息管理》2005年第3期。

管理模式先进、运行机制灵活、产品富于创新的服务行业。具体包括：从实物产品生产领域分化出来的新兴产业服务业，如产品研发、物流配送服务等；从服务产品生产领域分化出来的新兴产业服务业，如金融保险、信息服务、中介咨询、服务营销等；从人类的生活环节中独立化的新兴生活服务业，如现代文化娱乐业、旅游业等。动态数据分析表明，改革开放以来我国第三产业中现代服务业比重明显上升。其最突出的表现是社会服务业、邮电通信业、教育和文化艺术及广播电影电视业、科学研究和综合技术服务业比重的提高。[①] 可以看出，以上现代服务业均与信息产业有密切联系，信息产业在不同程度上为这些产业的发展提供了技术支撑和运行平台。

具体而言，发展信息产业对于我国第三产业现代化具有以下几个重要意义：

第一，发展信息产业可以降低经济运行的交易成本，为第三产业现代化提供高效的经济环境。信息化是二次产业革命以后经济效率大幅提高的重要因素之一，信息化的一个重要作用是降低交易成本，因为交易成本的主要内容就是处理信息的成本。不管是公司还是社会部门，包括行政部门，其交易成本主要是处理信息的成本，而信息化可以用信息技术实现交易成本的降低。

第二，发展信息产业可以促进对传统产业的改造和整合。国家统计局于2003年起不再将第三产业划分为四个层次，其中的一个重要原因就是第三产业中各服务业的整合程度不断加强，难以形成明显的界限。促进传统第三产业的整合是第三产业发展的重要内容，即如何协调生产者之间的供应链关系。发展信息产业是整合传统产业的一个有效办法，信息技术为传统产业的发展提供了一个非常好的平台。特别是电子商务的发展，降低了交易成本，并通过电子交易平台建立信誉制度，为未来企业之间长期的交易与合作提供了一种新的方式。

第三，发展信息产业有助于形成新的第三产业。新的产业要有相当大的基础设施投入，其中最明显的就是移动通信。基础设施的投入固然很大，但是与传统能够提供相同功能的设施的投入相比的话，其投入的

---

① 李江帆：《产业结构高级化与第三产业现代化》，载《中山大学学报》（社会科学版）2005年第4期。

单位成本还是比较低的。对于中国这样幅员辽阔的国家来讲，应该大力发展这样的产业。

三、优先发展信息产业，以信息化促进第三产业发展的战略设想

（一）信息、信息化与信息产业

信息是表现客观事物运动及其相互作用形式的表述和陈述，具体表现为消息、思想、知识、情报、指令和图形、数据等。信息是一种资源，并且随着社会化大生产的发展和科学技术的革命，日益成为最重要的资源，被誉为与物质、能源并列的三大资源之一。信息具有不同于其他资源产品的特性，包括共享性、可综合性、时效性与渗透性和结合性。在市场经济条件下，信息资源是商品，经过采集、加工、汇总、综合以文字、图像、语音、声音等形式凝结在物质载体中，以硬件和软件的形式表现为信息的物质产品，或者以咨询和服务的形式表现为信息的无形产品。

信息技术成为生产力，要依靠信息技术的产业化。信息产业化是信息化的核心内容。信息化是指从工业社会向信息社会逐步发展的动态演化过程。所谓信息社会是指信息产业在全部经济中处于优势地位和起决定性作用的社会，它是在以信息革命为实质的第三次科技革命的推动下产生的。信息科技的普及运用和社会信息系统的出现，不仅使科技知识的学习、存储、检索和处理不同于以往，而且其内容已将许多科学幻想变为现实。信息产业空前发展，逐步在经济中占据主导地位，社会经济结构、政治结构、生产方式、生活面貌、思想观念以及人的素质等各方面都发生或即将发生巨大变化。

信息化或国民经济信息化，已经成为当今世界的时代潮流，世界经济发展进入产品加工高度化和技术集约化的工业发展阶段，开始从工业社会进入信息社会，信息资源成为与物资并列的重要资源，并渗透于几乎所有的资源之中，因而信息成为推动世界经济和社会发展的决定性因素，信息业将成为世界的最大产业。“信息高速公路”成为各国争相实施和相互争夺的制高点，高度信息化将成为发达国家对发展中国家进行“信息控制”的关键策略，所有国家尤其是发展中国家必须把信息化置

于战略高度，以迎接挑战。

知识经济时代的国际竞争中，一个国家的信息能力，即信息资源的有效创造、开发和利用，是竞争优势新的源泉，也是产生新的比较优势的基础。一国信息能力的强弱，除了受信息设施开发水平的制约和国家对信息化的宏观调控的影响以外，主要取决于信息产业的发展状况和水平。信息化不但使产业生产增长，而且使产业结构发生巨变。劳动密集型产业的比重将下降，而技术密集型、知识密集型产业的比重将迅速升高。信息技术使服务业大幅度增长，并使制造业对服务业的依赖程度空前加强，继第三产业之后又分化出所谓“第四产业”（以脑力劳动为基础的产业）、“第五产业”（以情感性劳动为基础的产业），信息服务遍及社会的各个角落。产业“软件”化，使软件产业和信息处理产业的作用日益增大。信息技术的发展势必推动信息产业的兴起。信息技术产业化、商业化是它成为现实生产力的必然途径。信息产业除生产投资类信息产品的部门之外，还有生产消费类信息产品的部门，除信息技术产品制造业外，还有信息技术服务业。

信息产业是以信息为产业活动的对象，以提供信息产品和信息服务为产出，供用户进行信息消费的产业类别的总称。信息产业有两种含义：一是信息技术的产业化，二是信息产品和服务的产业化。信息技术产业化为后者提供新的电子信息技术装备，为传统产业的改造和第三产业的发展提供高新技术的物质基础。信息技术产业化为带动传统信息产业和产生第四产业开辟途径。信息产业不仅是新兴的战略性产业，而且是国民经济的先导性产业，已成为国民经济发展的主要动力。

（二）优先发展信息产业，以信息化促进第三产业发展

十六大提出了“以信息化带动工业化，以工业化促进信息化”的发展思路，这是中国在21世纪发展知识经济的行动指南。信息产业作为知识经济的基础性产业和主导产业，它的发展是迈向知识经济的突破口，信息产业的发展对实现国民经济的信息化，具有战略意义。我国目前的信息化水平和知识经济的发展水平与发达国家比，还有很大的差距，在全球化的知识经济背景下，必须抢抓历史机遇，采取有效措施，加快发展信息产业，从而实现知识经济。

1. 借鉴美国信息产业发展战略的成功经验

美国作为当今世界信息产业的第一大国，信息技术的全面发展支撑了新经济的高速增长。信息产业一跃超过汽车产业而成为美国的支柱产业，成为美国的第一大产业。不仅如此，在世界信息产业的绝大部分领域，美国都占据主导地位。这当然与其雄厚的国家经济和科研实力息息相关，但也归功于美国在信息产业发展过程中采取了有效的产业发展机制和发展模式，依靠较成熟的市场体制、完善的技术创新体系、强大的经济基础和庞大的应用市场，通过掌握核心信息技术和占领信息产业主要领域，确立了其在全球信息产业发展中的技术优势和产业优势，引领整个世界信息产业的发展。

总结美国发展信息产业的各种政策和措施，可以归结为六大机制，即促进技术创新与产业化的科技管理机制、培养与引进并举的人力资源管理机制、完善各种制度促进科技发展的保障机制、风险投资机制、政府与企业的合作机制与全球化的国际分工机制。美国在信息产业发展过程中采取了一条有效的产业发展模式，归纳起来是：以市场需求引导和自由调节为主，以政府调控为辅，以企业作为技术创新主体，从基础研究抓起，全面实施应用研究、技术开发和市场开发，通过环境和要素资源的长期积累，努力实现信息技术的产业化，从而推动国民经济的发展。在这一模式中，政府的宏观调控主要体现在战略引导、制定政策法规、兴建国家信息基础设施、签订科研合同和政府采购合同等方面。该模式的特点是：全方位开展信息技术研究与开发活动，重视基础研究，大力支持应用与开发研究，充分发挥企业实验室的作用，注重信息技术的商品化与产业化。

美国信息产业发展的经验给我国的启示，可以归纳为：政府大力支持信息产业发展；确保研发投入，保持技术领先；培养人才，改革分配制度，促进产业发展；重视发挥市场竞争的作用；培养风险投资基金，引导风险投资进入信息产业。①

2. 中国信息产业发展战略

纵观世界信息产业发展的历史，借鉴美国发展信息产业的机制和模

① 郭春侠、谢阳群：《美国信息产业发展机制和模式研究》，载《现代情报》2005年第7期。

式，作为发展中国家，中国在信息化促进第三产业发展方面，必须把优先发展信息产业置于产业政策的首要位置，以政府的政策引导、调控和技术投入为基础，注重信息技术的研发和利用，建立健全自主创新、风险投资、产学研结合、人才培养以及国际合作等发展机制，优化信息产业发展的技术基础、市场环境、制度法规、人才政策与宏观调控，使信息产业成为第三产业发展的先导，进而将信息产业发展为国民经济的支柱产业。

(1) 加大信息技术研发的投入力度，强化中国信息技术的自主创新

我国正在进行大规模的信息化建设，包括电子政务、电子商务、行业信息化、企业信息化、城市信息化、社区信息化等多方面，需要高度重视信息技术的研发投入。

首先，政府要发挥财政投资的先导性作用，投资于信息技术的基础研究领域。政府必须有一定的财政预算用于支持信息产业核心技术的研发，特别是对一些关系产业命脉和信息安全、经济安全的核心技术。另外，为了促进技术创新，政府要从宏观角度制定中长期国家技术创新规划，把提高产业技术创新能力作为“十一五”经济和科技规划的重点。根据我国的国情和产业的发展现状，适宜走“生产—技术—科学”的创新模式。

国家已出台《国家中长期科学和技术发展规划纲要（2006—2020)》，纲要对未来15年国家科学技术发展进行了总体部署，确定了11个国民经济和社会发展的重点领域，对68项优先主题进行重点安排。其中，信息产业及现代服务业作为重点领域之一。该领域中现代服务业信息支撑技术及大型应用软件、下一代网络关键技术与服务、高效能可信计算机、传感器网络及智能信息处理、数字媒体内容平台、高清晰度大屏幕平板显示、面向核心应用的信息安全7项被列入优先主题。农业、制造业、交通运输业城镇化和城市发展以及公共安全等重点领域，都将信息化运用列入优先主题之中。纲要共安排16个重大专项，8个技术领域的27项前沿技术，其中信息技术领域的智能感知技术、自组织网络技术、虚拟现实技术3项技术被列入前沿技术之中。同时，信息产业部和国家开发银行正式签署了《支持电子信息产业发展和信息技

术应用开发性金融合作协议》。根据协议，在5年合作期内，开发银行将安排500亿元，支持电子信息产业发展和信息技术应用。

政府在制定中期科学和技术发展规划时，应当注重全面加强我国信息产业的知识产权保护和管理工作。以增加我国信息技术知识产权总量、提高信息技术原创性知识产权质量为目标，充分发挥知识产权制度在规范科技管理、调节利益关系、激励和保障技术创新方面的重要功能和作用，创造有利于信息技术成果转化和产业化的机制和环境。当前应抓紧部署围绕信息技术发展的政策方向和重大课题进行知识产权态势和知识产权管理、保护对策研究，提出综合性、全局性的信息技术知识产权战略研究报告，为信息产业发展提供知识产权方面的宏观政策指南。要结合科技规划、重大专题、课题的立项和进展进行信息技术知识产权的评估和分析，掌握和了解国外及其他地区在信息技术领域的知识产权状况，确定我国的知识产权发展战略，突破国外的专利封锁，准确确定“有所为”的信息技术发展方向，指导信息产业及产品结构调整，形成具有原创性的自主知识产权群，提高信息产业竞争的控制能力，并通过有效的知识产权管理和保护，提升信息技术创新在经济竞争中的实际效益，提高我国信息产业的国际竞争能力。

其次，建立健全信息产业风险投资机制，完善资本市场对信息产业发展的支持作用。政府应创造一个有利于风险投资的政策法规环境，为风险投资提供保障，并且领导和协调各相关部门，加大对风险投资的支持力度。同时，积极培育市场化的运作主体，促使政府行为与市场作用的有机结合。为促进风险投资市场的发展，政府部门可以牵头构建风险投资中介服务机构，并鼓励开办专门的风险投资中介机构，包括投资管理机构、投融资咨询机构、知识产权估值机构、科技项目评估机构和专业性融资担保机构等。同时，促进一般中介机构进入风险投资领域，包括律师事务所、会计师事务所、资产评估师事务所、信用评级机构、标准认证机构、证券经纪机构、投资银行等，加强风险投资中介机构之间的联系与合作。

（2）培育良好的政策法律环境，促进信息产业健康发展

首先，确立并强化信息产业部作为统一履行信息产业管理职能的部门的职能，提高其统一管理的科学性和宏观调控的覆盖面。同时，把其

他重要部门的相关职能都集中到信息产业部，增强信息产业主管部门统筹规划、综合协调、政策引导、监督服务等综合职能，使其成为领导信息产业快速发展和责权利相统一的国务院职能部门。信息产业部在集中管理下进行宏观调控，制定鼓励产业发展的政策法规，在财政、税收、信贷上给予优惠，大力发展信息产业。

其次，在国家制定的信息产业指导性、原则性方针政策的基础上，制定系列配套的操作性较强的政策：通过制定鼓励信息产业发展的政策法规，在财政、税收、信贷上给信息产业优惠的政策，以扶持信息产业初期的发展；加大力度打击不正当竞争，规范信息产业的市场秩序，保障信息产业市场健康发展；制定一系列信息产业的法规，如信息产业法、软件保护法、数据库保护法等，以法律手段促进信息产业迅速而健康的发展。

（3）细分信息产业，有针对性地制定发展措施

第一，优先发展信息技术产业。信息技术产业即从事信息开发、制造和销售信息技术的硬件和软件产品以提供信息处理和传输过程需要的媒介或载体的产品。信息产业又可分成计算机硬件产业、软件产业、通讯及网络技术业和微电子技术业。在知识经济背景下，信息产业是知识经济的基础，而信息技术产业又是信息产业的核心，信息技术已成为经济发展的主要工具和手段。在发达国家，知识和技术对经济增长的贡献，从20世纪初的20%左右，到20世纪七八十年代的60%—70%，20世纪90年代以后则提高到90%。因此，优先发展信息技术产业，是促进信息产业全面发展的首要任务。

我国的信息技术产业发展还不成熟，需要政府大力扶持，正确引导，确保其健康发展。首先，政府要通过政策倾斜予以扶持，通过制定信息政策和信息法律法规，来规范指导信息技术产业的发展，为信息技术产业的发展提供良好的社会环境和优惠的政策；其次，加大资金投入，由于信息产业，尤其是信息技术产业本身是高科技产业，其特点是投入大，周期长，见效慢，单凭企业的资金和技术，难以实现，许多重大的项目耗费大量资金，往往需要多方面的通力合作才能实现。在发展信息技术产业的过程中，企业也应发挥积极性主动性，加快资金和技术的引进，扩大开放，同国际知名大公司大企业合作，提高自己的信息化

水平。

第二，大力发展信息传播业。知识经济环境下，知识和信息的传播与利用成为经济增长的推动力，信息传播业作为信息产业的重要组成部分，承担着知识和信息的收集、制作、传递。信息传播报道业包括新闻通讯、广播电视、报纸杂志、音像影视等行业。

发展信息传播业，首先必须依靠先进的科学技术，实现传播手段的现代化，这也是信息传播业迎接知识经济的必然选择。其次，培养和造就高素质的信息传播人才。知识是以人为载体的，信息传播业从业人员要具有创新能力，开拓精神，努力实现信息传播的现代化，使信息传播业担当起多元的角色和功能。同时，还要对信息传播业进行科学的管理，科学管理能使信息传播产生最大的效益，通过对传播媒介合理的运作，提高信息传播的效率。

第三，积极发展信息服务业。知识经济要求信息服务业具有开发和利用信息资源的先进技术手段和拥有知识广博、经验丰富的专家队伍，具有快速获取信息和高效处理和分析信息的能力，以及把知识产品及时传送到用户手里的能力。信息服务业还应具有提供深层次全方位信息服务的能力。为适应经济全球化和一体化的发展趋势，信息服务业还要提供全球性战略性的信息服务，以最快的速度为用户提供第一手全球性战略性信息产品。①

（撰稿人：褚志远）

① 刘孝文、岳爱华：《发展信息产业，拉动知识经济》，载《科技文献信息管理》2005年第3期。

第五章　中国特色社会主义可持续发展问题

可持续发展，是20世纪80年代以来，人类总结农业经济、工业经济时代的发展历程，总结经济发展的经验和教训，重新审视人类的经济社会活动与发展行为而提出的新的发展思想和发展模式。目前，我国已成为世界上煤炭、钢铁、铁矿石、氧化铝、铜、水泥等资源消耗最大的国家，是世界上能源消耗的第二大国。坚持以人为本的科学发展观，转变经济发展方式，实现可持续发展，是解决中国当前面临的人口资源环境问题和促进经济社会协调发展的唯一途径。

第一节　以人为本的科学发展观

一、传统的经济发展观

传统经济发展观的核心是物质财富的增长。工业革命后，西方传统的发展观基本上是一种“工业文明观”，它以工业的“增长”作为衡量发展的唯一尺度，把一个国家的工业化和由此产生的工业文明当做现代化实现的标志。在现实经济生活中，这一发展观表现为对GDP（国内生产总值）及高速增长目标的热烈追求，追求GDP的增长成了国家经济发展的唯一目标和动力。特别是第二次世界大战以后，由于战后重建家园的强烈愿望，世界各国追求经济的快速发展，出现了一股从未有过的“增长热”。在这个时期，烟囱产业曾被作为“朝阳”工业而受到推崇。在20世纪，全世界矿物燃料的使用量增加约30倍，而工业生产能力的4/5以上是20世纪50年代以后出现的。经济发展把一个受战争创伤的世界，在短短几十年里推向一个前所未有的工业化时代。这一时期，物质财富的无限增长似乎是社会进步的唯一标志，“增长”就是“发展”的同义语。发达资本主义国家按照这种发展方式建起了前所未有的物质文明。但是这种发展方式存在的缺陷也是显而易见的。由于工业化、城市化的过程大大加剧了耕地、淡水、森林和矿产的消耗，自然界在承受着人类各种活动所造成的日益严重的破坏时，也在不断向人类发出警告。人口剧增、能源危机、环境污染、生态破坏、贫富差距加大，不仅影响和制约了经济的健康发展，而且还危及人类生存。

20世纪70年代以来，日益恶化的环境问题引发了人们对传统发展模式的反思，将片面的物质财富增长等同于经济发展的观念受到了挑战。一种新的发展观——可持续发展思想，经过孕育、萌芽和三十余年的发展，到现在已被世界各国广泛接受。可持续发展是当今全球范围内所共同面临的重大课题，特别对于中国这样一个正处于工业化加速阶段的发展中国家来说，可持续发展显得尤为现实和严峻。

二、可持续发展观

可持续发展作为一种全新的发展观，是基于人们在长期的经济发展实践中对发展概念的理解、应用、修订并逐渐升华而产生的。在资源、环境形势日趋紧迫的情形下，人们逐渐认识到，可持续发展才是人类发展的真正道路。

所谓“可持续发展”，是指“既满足当代人需要，又不对后代人满足其需要的能力构成危害的发展”①。“可持续发展”作为一种全面、系统、新颖的发展观，它的提出有重要的意义：一是确立了经济增长与可持续发展的关系。这就是，前者是源泉和条件，后者是目标和归宿。持续的经济增长是可持续发展的实质和内核所在。从而使各国政府充分认识到减少和消除不可持续的生产和消费格局的紧迫性，以及以无害生态的方式利用资源和尽可能少地产生废物是多么重要。二是明确了发展的

① WCED, *Our Common Future*, Oxford University Press, 1987.

宗旨是提高人类当代及后代的生活质量。正如1994年开罗会议《行动纲领》所指出的："本行动纲领在全面综合框架内探讨一切此类及其他问题，目的是提高世界当代及其后代的生活质量。"三是提出了可持续发展的中心问题是社会进步和人的全面发展。对此，《国际人口与发展大会行动纲领》也有明确阐述："可持续发展问题的中心是人。人有权顺应自然，过健康和生产性的生活。人是任何国家拥有的最重要和最宝贵的资源。国家应当保障所有个人均有机会尽量发挥其潜力。"显然，这是一种人本主义的现代发展观。人是发展的目的、主体和归宿，如何使每个人都有平等的机会去充分发展并发挥潜力，并使当代人和后代人都能公平地分享到社会进步的成果，实现长治久安、文明昌盛的发展格局，这是摆在人类面前的共同挑战。

一般认为，可持续发展主要包括经济社会的可持续发展，但这只是取其狭义。从系统科学的角度看，"发展"实际上是一个有机的极其复杂的庞大系统，可以理解为人口、经济、社会、环境、资源五大子系统的组合状态和运作过程。"可持续发展"最初是针对环境资源问题提出的一种发展战略、发展目标和发展模式。1992年6月，联合国环境与发展大会在巴西的里约热内卢召开，大会围绕环境与发展及当今国际社会普遍关注的重大问题，最后达成共识：为实现人类持续发展，为保护发展的基本条件和自己的家园地球，要彻底改变传统的发展观念，努力建立起人与自然和谐的持续发展的新观念和新战略。在此基础上，会议通过了《里约热内卢环境与发展宣言》，制定了《21世纪议程》，第一次把可持续发展由概念和理论推向行动。2002年8月，联合国在南非约翰内斯堡召开了世界可持续发展首脑会议，发表《约翰内斯堡宣言》，并通过了有具体目标和时间表的《执行计划》，进一步表明了人类实施可持续发展的政治意愿。总的来看，20世纪80年代末以来，可持续发展问题日益受到国际组织、各国政府和学术界的广泛关注，各国纷纷制定计划和采取对策，以推进可持续发展战略的实施，如欧美极力推行清洁生产，中国制定了《中国21世纪议程》等。

三、以人为本的科学发展观

可持续发展已成为许多国家乃至全球的战略目标选择。中国作为世界上人口众多的发展中国家，更是把转变经济发展方式，实现可持续发展作为国家基本战略，并牢固树立以人为本的中心理念，坚持全面发展、协调、可持续发展的科学发展观。

改革开放以来，在中国特色社会主义理论指导下，中国始终坚持以经济建设为中心，一直十分重视转变经济增长与发展方式。党的十二大提出把全部经济工作转到以提高经济效益为中心的轨道上来。党的十三大提出要从粗放经营为主逐步转到集约经营为主的轨道。党的十四大提出努力提高科技进步在经济增长中的含量，促使整个经济由粗放经营向集约经营转变。1994 年中国政府制定完成并批准通过了《中国 21 世纪议程——中国 21 世纪人口、环境与发展白皮书》，确立了中国 21 世纪可持续发展的总体战略框架和各个领域的主要目标。党的十五大又把完善分配结构和分配方式、调整和优化产业结构、不断改善人民生活作为经济发展的重要内容。在我国的“九五”计划和“十五”计划中，也始终把可持续发展作为一条重要的指导方针和战略目标。党的十六大提出了全面建设小康社会的奋斗目标，强调要走新型工业化道路，大力实施科教兴国战略和可持续发展战略；全面繁荣农村经济，加快城镇化建设；促进区域经济协调发展；深化分配制度改革，健全社会保障体系。2003 年，中国共产党十六届三中全会明确提出：“坚持以人为本，树立全面、协调、可持续的发展观，促进经济社会和人的全面发展。”2006 年，中国政府在《国民经济和社会发展第十一个五年规划纲要》中指出：“发展必须是科学发展，要坚持以人为本，转变发展观念、创新发展模式、提高发展质量，落实‘五个统筹’，把经济社会发展切实转入全面协调可持续发展的轨道。”党的十七大明确提出“转变经济发展方式”，并把它作为“关系国民经济全局紧迫而重大的战略任务”，这是认真总结实践经验和深化理论认识的结果，使科学发展观形成一个完整的科学理论体系。它是可持续发展观在我国新世纪新的情况下的进一步发展，反映了时代进步的要求，体现了实践发展的需要，是我们推动经济社会发展、加快推进社会主义现代化必须长期坚持的重要指导思想。

十七大报告把科学发展观的内涵概括为四个方面：第一要义是发展，核心是以人为本，基本要求是全面协调可持续，根本方法是统筹兼顾。

第一，科学发展观的第一要义是发展。过去，人们往往把发展是第一要务简单地理解为坚持以经济建设为中心。十七大报告在继续强调这一点的同时，突出强调了发展观念、发展模式的转变，提出着力把握发展规律、创新发展理论、转变发展方式，破解发展难题，提高发展质量和效益，实现又好又快发展。这里的发展，已经不是传统意义上的发展，而是科学发展。同时提出要"实现三个发展"：一是实现以人为本、全面协调可持续的科学发展；二是实现各方面事业有机统一，社会成员团结和睦的和谐发展；三是实现既通过维护世界和平发展自己、又通过自己发展维护世界和平的和平发展。

第二，科学发展观坚持以人为本。首先，以人为本的性质和含义是以民为本、执政为民。这就要始终把实现好、维护好、发展好最广大人民的根本利益作为党和国家一切工作的出发点和落脚点。因为人民群众分为不同的阶层和利益群体，所以维护广大人民的根本利益应该包括两层含义：一个是要首先从最大多数人的利益出发，即从占人口大多数的工人、农民这两大主体阶层的利益出发；一个是要维护好各个阶层的利益，协调好各阶层之间的利益关系。其次，以人为本的基本要求是尊重人民主体地位，发挥人民首创精神，保障人民各项权益，走共同富裕道路，促进人的全面发展。最后，以人为本的目的是做到发展为了人民、发展依靠人民、发展成果由人民共享。这里回答了为谁发展，靠谁发展和由谁享有发展成果等发展的根本问题。

第三，科学发展观强调全面的协调的可持续发展。全面发展，就是按照中国特色社会主义事业总体布局全面推进经济建设、政治建设、文化建设、社会建设，在重视经济发展的同时，更加注重社会发展。协调发展，就是努力促进现代化建设各个环节、各个方面相协调，促进生产关系与生产力、上层建筑与经济基础相协调。特别是促进城乡协调发展、地区协调发展、产业协调发展以及国内发展和对外开放的协调。可持续发展，就是坚持生产发展、生活富裕、生态良好的文明发展道路，建设资源节约型、环境友好型社会，实现速度和结构质量相统一、经济发展与人口资源环境相协调，使人民在良好生态环境中生产生活，实现经济社会永续发展。报告提出的建设生态文明，是对可持续发展理论的新发展。

第四，科学发展观坚持统筹兼顾。统筹兼顾体现了唯物辩证法的要求，是指导经济社会发展的科学思想方法。统筹就是统揽全局，就是做好宏观调控，筹划总体布局。兼顾就是照顾到各个方面，平衡各种关系，解决各种矛盾。统筹兼顾就是总揽全局，科学筹划，协调发展，兼顾各方。十七大报告对统筹兼顾提出了四个方面的要求：一是统筹发展，即统筹城乡发展、区域发展、经济社会发展、人与自然和谐发展、国内发展和对外开放；二是统筹协调利益关系，包括中央和地方的利益关系，个人利益和集体利益、局部利益和整体利益、当前利益和长远利益的关系，还要统筹协调不同阶层和群体的利益关系；三是统筹国内国际两个大局，善于从国际形势发展变化中把握机遇、应对风险挑战、营造良好国际环境；四是充分调动各个方面的积极性，这是统筹兼顾的目的。

以人为本的科学发展观是在新的历史条件下，对马克思主义的继承与发展，是同马克思列宁主义、毛泽东思想、邓小平理论和“三个代表”重要思想既一脉相承又与时俱进的科学理论。马克思、恩格斯在《共产党宣言》中指出：“代替那存在着阶级和阶级对立的资产阶级旧社会的，将是这样一个联合体，在那里，每个人的自由发展是一切人的自由发展的条件”。[①] 可见，在马克思、恩格斯对未来社会的构想中，每个人自由而全面的发展，是社会（联合体）全面发展的基本内容和根本要求。一方面，人的全面发展是社会发展的归宿，经济的增长、社会的进步、生活水平的提高，最终都要落实和体现在人的全面发展上；另一方面，人的全面发展，又以经济、社会、文化的发展为基础；科学技术的发展，物质产品的丰富，为人的全面发展创造了条件。社会的发展，关键是人的发展。十七大提出的中国特色社会主义理论体系，是改革开放以来马克思主义中国化的新成果。它包括邓小平理论、“三个代表”重要思想和科学发展观等重大战略思想。科学发展观是这个理论体系中的最新成果和最新发展阶段。虽然中国特色社会主义理论体系的主题都是如何建设和发展中国特色社会主义，但是在研究领域和研究重点上又有所侧重。邓小平理论主要是回答什么是社会主义、怎样建设社会主义的问题。“三个代表”重要思想是在进一步回答了什么是社会主义

① 《马克思恩格斯选集》第一卷，人民出版社 1972 年版，第 273 页。

和怎样建设社会主义的同时，着重回答了建设什么样的党，怎样建设党的问题。科学发展观主要是回答了实现什么样的发展、怎样发展的重大理论和实际问题。这是对社会主义现代化建设理论的丰富和发展，是我们在发展理念上与时俱进的结果，符合国际社会经济发展的大趋势。

第二节　人口与可持续发展

一、人口增长和经济发展

（一）人口增长对经济发展的影响

人口增长对经济发展的进程起着双重作用，它既可以促进也可以阻碍经济的增长和发展。目前，大多数经济学家认为，人口增长过快是发展中国家经济发展的重要障碍。中国是世界上人口最多的发展中国家，庞大的人口及过快的增长速度不仅给资源环境带来巨大的压力，同时也严重制约了我国经济的快速、协调发展。

首先，人口增长过快影响人均收入水平的提高。人均收入及增长率是衡量一个国家经济发展水平的最重要指标之一。它通常受到两方面因素的影响和制约：一是经济总量及增长速度；二是人口规模及增长率。如果经济总量不变，人均收入水平增长与人口规模成反比，即人口数量规模及其变动直接制约人均收入水平的提高。改革开放以来，我国的经济发展速度很快，与此同时，我国的人口自然增长率也在逐年降低。但是庞大的人口基数仍然使人口增长速度较快，我国每年净增人口达1300万左右，如此众多的新增人口，消耗掉了每年由经济增长所创造的大量财富。

其次，人口增长过快影响投资和资金分配。人口增长与经济发展都要占用有限的资金，人口增长越快，所需资金越多，资金的积累就越少。我国目前就突出地存在着投资方面的“两难选择”：重消费投资，轻人力资本投资，国家今后的科技和经济发展就会受影响；轻消费投资，重人力资本投资，就会让现有的人口难以合理享受发展的成果；如果两个投资并重，则只能靠借取外债或多发货币，从而造成通货膨胀，影响整个社会经济的发展。

再次，人口增长过快影响就业和劳动生产率的提高。随着我国现代化进程的加快，以及技术进步和劳动生产率的逐步提高，对劳动力素质的要求越来越高。然而现实并不尽如人意，我国劳动力数量的增长已经超出经济规模的容纳能力。一是农村劳动力多，耕地少，导致了大量剩余劳动力存在。目前我国农业剩余劳动力已超过1.5亿人，大量剩余劳动力涌入城市，形成前所未有的民工潮，对城镇的就业、交通、卫生等造成很大的冲击。二是城镇就业人数和提高劳动生产率的矛盾突出，我国每年进入劳动就业年龄的人口在2000万左右，而城镇对劳动力的吸纳能力相对有限，难以完全消化这些新增就业人口，就业负担越来越重。而且，我国正在加快国有企业改革的步伐，今后还将有不少职工因改革而面临下岗的选择，这将进一步加大城镇就业压力。

（二）适度人口理论

人类社会发展中的每一个历史时期必然存在一个适中的人口数量，以便和该区域的经济发展水平、自然资源的多寡以及生态系统的负载能力保持平衡，保证人类社会的持续发展，这就是适度人口理论的基本观点。

适度人口理论产生于19世纪末，由英国经济学家埃德文·坎南（Edwin Carman，1861—1935）提出。适度人口理论的基本特点在于探讨一个国家的“适度人口”，即最适宜的人口。它起初考察的是一个国家最适宜的人口数量、人口规模，后来又研究最适宜的人口密度、人口质量和适度人口增长率等。适度人口理论认为，任何国家或地区都有一个最有利或最适宜的人口数量，符合这个数量的人口就是适度人口，超过这个数量就是“人口过剩”，低于这个数量就是“人口不足”，“人口过剩”和“人口不足”都不是人口的理想状态。

从演进过程分析，适度人口理论已经经历了两个演进时期：第一阶段，早期适度人口理论主要从经济因素（产业收益最大化、人均收入）讨论静态的适度人口规模问题，经济利益是判断适度人口规模的唯一尺度——确切地说，应该是静态经济适度人口。用函数关系可以把它概括地表示为$OP=f(e,u)$，即适度人口规模OP是经济变量e的函数，u为扰动因子。第二阶段，现代适度人口理论把社会因素（主要是技术进步）引入适度人口分析中，不但探讨适度人口数量，也研究适度人口增长速度，将适度人口的静态分析推进到动态分析，在影响适度人口的自变量因子中又加入了社会要素（s），即适度人口是经济因素和社会因素双重作用的结果，概括为：经济因素、社会因素→适度人口静态与动态规模与速度，即 $OP=f(e,s,u)$。现在，又有人提出适度人口理论应该发展到第三阶段，即可持续适度人口论。概括为：经济因素、社会因素、环境因素(ev)→适度人口动态与静态规模速度结构质量，即 $OP=f(e,s,ev,u)$。可持续适度人口论，以可持续发展理论为基础，充分认识资源环境系统对人类生存与发展的重要性和限制作用，适度人口不仅要与社会经济变化相互适应，而且还必须与资源环境系统的生产能力和供养能力相互协调。适度人口是人口数量、增长速度、质量与结构的全面的适度。因此，决定适度人口的要素涵盖的范围更广，涉及的领域更多，测量难度也更大，但是更接近于客观现实。在理论上，可持续适度人口可以简略地概括为函数形式 $OP=f(e,s,ev,u)$，即它是由经济因素、社会因素和环境因素共同确定的最优人口。

二、人力资本与经济发展

20世纪60年代，美国著名经济学家西奥多·舒尔茨创立了人力资本理论。该理论认为，人力资本是体现劳动者本身的资本，包含着数量和质量两方面的规定性。人力资本是现代经济增长的重要动力和决定性因素；对人的投资不仅能使人力资本自身形成递增的顺差，而且使劳动和资本要素的投入也能产生递增的收益，因而能使整个经济产生递增的规模收益，个人受教育程度的高低与其可获得的收入水平是正相关的；各个国家的人力资本水平与其国民经济增长率也是正相关的。历史分析和理论分析已充分表明，经济发展主要取决于人的质量而不是自然资源和资本存量的多寡。对发展中国家来说，经济落后的原因就在于本已短缺的资本通常被用于物质资本的积累，而一般不用来增加人力资本的投资，从而使劳动力素质低下，成为制约经济增长的关键因素。所以，舒尔茨特别强调增加教育投资与发展教育事业对发展中国家人力资本的形成、工业化的顺利推进以及经济持续发展的重要意义。

人力资本自身的特性决定了它是推动经济走上可持续发展道路的原动力。第一，人力资本是一种能动的活资本。人的因素是经济社会发展中的首要因素，人是人力资本的载体，是生产力要素中最革命最活跃的因素。人力资本是市场经济条件下以拥有高级劳动力的人为主体的特殊资本，是生产经营和经济增长过程中能动性最强的生产力，是推动技术进步和企业创新的最大动力和力量源泉。人力资本能动性的发挥主要体现在：管理生产经营活动的组织功能，整合一般简单劳动力的领袖功能，吸收和消化技术的自然调整功能，创造新技术、新产品和新的生产方法的创新功能。人的实践的目的性和能动性使人力资本在经济可持续发展的动态协调运行中发挥着主导作用。第二，人力资本的高品质性，即收益递增。人力主体投资的边际生产率是递增的，这已被研究所证明，它对经济可持续发展具有重要意义。只注重物质资本投入，其后果是由于自然资源的过度开采而对人类的生存环境造成巨大的破坏，对人类的健康和生存造成威胁。人力资本的高品质性使得人力资本投资增加，国民收入中来自物质资本的份额的降低和来自劳动的份额的升高，使劳动者的生活质量得到改善，这是经济发展的根本目的。第三，人力资本的积累性和无限性。人具有自我丰富、自我发展的个性，同时，社会通过生育、教育、引进外部人才等形式可形成更高质量等级的新的人力资本，替代已完全“消耗”的、过时的或质量低的原有人力资本，使社会拥有的人力资本实现再生产，尤其是质量上的扩大再生产。人力资本的积累性使人力资本具有了固定资产的特性。人自身的潜能是无限的，知识积累也具有无限性，从而人的生产能力的开发和发展也是动态无限的。

三、中国的人口问题和可持续发展

（一）中国目前的人口问题

第一，人口增长问题。大致从 1995 年开始，中国进入了“人口惯性增长”时期。虽然目前人口的出生率已较低，且有继续缓慢下降趋势，但由于人口基数大，不管我们采取多么严格或者有效的人口控制措施，今后几十年内中国人口的持续增长始终不可避免，人口规模的继续膨胀将是不争的事实，估计到 21 世纪中叶，中国人口才可能实现零增长。伴随人口总量增长而来的必然是人口的消费需求压力、就学需求压力、就业需求压力及其他服务性需求压力的增大，眼下颇令人关注的粮食问题、耕地问题、就学问题、就业问题、交通问题、住宅问题、医疗卫生问题、老年人口相对贫困问题及其他一系列需求问题，究其根源都不难找到成因结构中人口要素的地位和作用。庞大的人口数量对中国经济社会发展产生多方面影响，给经济社会的发展提供丰富的劳动力资源的同时，也给经济发展、社会进步、资源利用、环境保护等诸多方面带来沉重的压力。

第二，人口素质问题。低素质人口的膨胀是今后社会经济可持续发展出现危机的一个历史伏笔。可以料想，随着市场导向和经济社会变革的深入，“高素质人力资源”将成为中国追寻可持续发展过程中日趋紧缺的资源要素，低素质劳动力低廉的价格优势将在日趋成熟和规范化的竞争格局中日渐丧失，而其明显的技能劣势则会不断凸显。中国人口一方面健康素质不高，如每年出生缺陷发生率为4%—6%，约100万例，数以千万计的地方病患者和残疾人给家庭和社会带来沉重的负担；另一方面科学文化素质的总体水平也不高，主要表现在：一是人口粗文盲率大大高于发达国家2%以下的水平；二是大学粗入学率大大低于发达国家；三是平均受教育年限不仅低于发达国家的人均受教育水平，而且低于世界平均水平（11年）。并且，城乡人口受教育程度存在明显差异。

第三，人口结构失衡问题。人口出生性别比偏高问题是近年来人口学界讨论颇多的一个敏感问题，因为我们从中可以衍生出一系列的话题：如人口发展的“生态失衡”问题，女婴及至妇女的权益保障问题，婚配失当所引发的性犯罪及其他的系列性社会问题等。现在，大多数学者倾向于认为：出生婴儿性别比偏高是真实的，不管成因结构如何，均可能对未来的人口发展和社会的可持续发展产生不利影响，但其负面影响究竟面有多宽、程度有多深，目前尚不好预料。至于人口年龄结构老化——俗称“人口老龄化”问题更是专家学者、决策人士乃至平民百姓所共同关心的。这是一个宏大的话题，挑战无疑是巨大而且深刻的，这至少是因为两点：其一是中国人口老龄化（特别是大城市）的速度有可能是世界上最快的。在已经进入老龄化社会的发达国家中，日本通常被看做是人口老龄化速度最快的一个国家，但中国极可能追上甚至超过日本的人口老龄化速度。65岁及以上老年人口占总人口的比例从7%上升到14%，日本花了24年（1970—1994），而中国从预测看要花26年（2003—2029）。其二是我国的人口老龄化相对超前于经济社会的现代化，是在人均收入较低、社会保障体系不健全的条件下提前进入老龄化社会的。中国人口老龄化速度快和超前的特点很可能意味着我们将在不具备相应的经济实力和社会保障能力的条件下，面临错综复杂的严重的人口老龄化问题。这也是一个牵涉当代人和下一代人的可持续发展问题。

此外，当前较为突出的结构性问题还有人口的地理再分布问题，例如，农民工流动所引发的“过度城镇化”现象。针对目前农村人口过度向城镇地区、新经济增长带集聚的现象，政府部门已对农村劳动力跨区域的流动提出了“有序、适度”的标准。“过度城镇化”问题表面看来是“人口危机”的一个表现，实则不仅仅是人口压力势差的一种表象化呈现，同时也是农村发展危机（如种粮比较利益低、农民负担加重问题等）的真实写照，也是城乡社会经济不平衡发展的历史产物。

（二）实现可持续发展的人口对策分析

人口作为一种特殊形态的“资源”，与可持续发展构成了既相互促进又相互制约的关系，人口变量是实现可持续发展的基本要素条件之一。优化人口条件和人口环境是实现可持续发展的基本社会条件。在理论上，我们不难给出可持续发展的人口条件和人口环境，即适度的人口规模，优良的国民素质和合理的人口结构。但从我国的具体国情来看，可持续发展所具备的人口条件和人口环境并不优良，甚至在某些方面可以说是恶劣的。而为了改善这种历史既定的人口条件和人口环境，就必须在控制人口数量、提高人口素质和优化人口结构三方面下工夫。具体来说，要做到以下几点：

第一，坚持实行计划生育，严格控制人口增长。必须坚定不移地实行计划生育，坚决把过快的人口增长速度降下来，实现控制人口规模的既定目标。重点抓农村地区，特别是贫困地区的计划生育工作，避免早婚、早育、超生和近亲通婚等现象的发生，同时加强多种形式的文化教育和职业培训，加强妇幼教育，从根本上改变农村地区、尤其是贫困地区教育落后、人口素质低的现状。只有这样，才能保证人口与资源、环境、社会经济的发展相适应。

第二，坚持提高人口质量。要继续改善计划生育服务质量，提高避孕率，宣传优生优育。向育龄夫妇提供各种优质服务，不断提供有关计划生育和妇幼保健信息，加强妇女产前、产后服务。保证社会经济发展落后地区育龄妇女能够经常获得有关避孕知识和技术服务；改善妇女受教育的条件，提高妇女社会地位，增加她们受教育机会，动员她们积极参与社会经济活动，自觉实行计划生育。同时，必须增加用于提高人口文化素质的各类教育投资，尤其是要注重大力发展农村教育事业。

第三，重视人口老龄化，改善人口结构。要根据我国的国情，逐步地和适当地调整现有人口结构，大力发展第三产业，加快城市化。由于出生率的变化改变了人口的年龄结构，人口老化的趋势也随之出现。未来的医疗卫生和社会福利事业向老人的倾斜是社会发展的要求。由于子女数的减少，养老保障体制要逐渐转向社会。因此，要建立和完善老年社会保障制度，努力实现全社会全方位的老年社会保障体系，解决好人口老龄化带来的问题。

总之，可持续发展要求人口系统可持续的健康运作，要求的是适度的和合理的人口控制。可持续发展应当以人的全面发展为中心。“人的发展”既是中心问题，也是终极目标，而人的发展的基点正是人口素质的改善和提高。

第三节　资源与可持续发展

一、自然资源与经济发展

（一）自然资源的可持续力

自然资源是指存在于自然界中的未被加工的，被人们发现的，有用途、有价值的自然物质。自然资源可分为两大类：可再生资源和不可再生资源。前者指能够通过自然力以某一增长率保持或不断增加流量的自然资源，如太阳能、风能、大气、森林、农作物及各种野生动物等；后者假定在任何对人类有意义的时间范围内，资源总量保持不变，资源蕴藏量不再增加的资源。不可再生资源的持续开采过程也就是资源的耗竭过程，而对可再生资源的开发利用不能超过其极限，或者说是再生的能力。可再生资源在正确、合理的开发、管理和利用下，可以不断地更新利用，反之，则就有退化、解体并有耗竭之忧。

在人类认识能力和利用能力的限制下，相对于人类的需求，自然资源具有稀缺性。一般来说，对特定的自然资源而言，其稀缺性有两层意思：一是经济稀缺性，即在投入某一数量生产成本的条件下，可以获取到的自然资源是“供不应求”的；二是物质稀缺性，即在漫长的地质历史时期所形成的某种自然资源总量，相对于目前人类消耗此种资源的速率而言，远远不能满足需要。自然资源的物质稀缺性在一定程度上对人类需求形成了限制。为了缓解自然资源的稀缺性与人类持续需求之间的矛盾，人们对自然资源的可持续力问题进行了探讨。

自然资源的可持续力，是指在人类与资源协调发展的过程中，资源在时间（代内与代际间）和空间（区际间）上合理分配，使人类对资源开发利用的质量和数量不被降低而有所提高，从而满足人类社会发展需要的能力。它强调人与资源的协调性，代内与代际间不同人、不同区域之间在自然资源分配上的公平性，以及资源动态发展能力等。它是自然资源作为基本生产要素在质和量上对社会进步、经济发展和环境保护的支持或保证能力，它既是自然资源可持续发展的目标，也反映了自然资源可持续的开发、利用和保护的过程。自然资源的可持续力作为人类社会可持续发展的重要保证，反映的是资源可持续发展的状态、水平和能力，它不仅涉及资源的经济可持续性，而且还涉及自然资源的社会可持续性和环境可持续性，它强调发展、公平与协调，强调自然资源可持续利用的代际性，人与自然资源的协调性，自然资源分配的公平性以及自然资源的动态发展性。

（二）自然资源的经济价值

在现代可持续发展理论中，自然资源的价值内涵要广泛得多，自然资源的价值应等于经济价值（生产要素）+对人的服务价值（对当代人而言）+自然与生产系统维持或环境价值（对未来人而言：要求资源有稳定性、持续性的潜在价值)。自然资源的经济价值，即它作为生产要素被人类利用（主要为消耗性利用）所具有的价值，在市场经济中，它由资源的稀缺性、附加的劳动和消费者对产品的偏好等所决定。英国环境经济学家皮尔斯和奥福特在其合著的《世界无末日——经济学、环境与可持续发展》一书中，对自然资源的经济价值作了较为系统和详细的分析，认为可持续发展的自然资源的经济价值分为两个部分，即使用价值和非使用价值。自然资源使用价值包括直接使用价值、间接使用价值和选择价值。直接使用价值指自然资源可直接用于生产和消费的经济价值，是对自然资源效用的一部分或全部的直接消费所体现的经济价值。间接使用价值，指对资源的使用是间接的，即不是直接用于生产或消费，不直接在市场上交换，其价值只能间接地表现出来。选择价值则在于某一资源不是现在被使用，而是有可能在将来被使用，它类似于保证一种资源和服务的供应所支付的保险金。非使用价值包括遗传价值和存在价值。遗传价值是指为后代保留自然资源使用价值和非使用价值的价值，是当代人为将某种资源保留给子孙后代而自愿支付的费用。存在价值与人们对资源的利用（包括现在的使用和未来选择使用）无关的经济价值。这在实际生活中并不少见，很多人愿意出钱来保护某一资源环境的存在，只是为了这些资源的生存延续。

资源对经济发展的作用显而易见。斯密、李嘉图以及马克思常以矿山作为讨论的资源形态，现代经济学已将资源的研究扩展到包括生态环境、物质资本以及人力资本等更为广泛的范围之中。资源尤其是自然资源中的不可再生资源的代际配置对于实现可持续发展意义深远。自然资源可持续发展是指人类在开发利用自然资源的过程中，努力实现自然资源在时间、空间上的合理配置，使人类对自然资源利用的质量和数量不被降低，反而有所提高，并最终实现自然资源的可持续供给，实现人类社会的可持续发展。

二、自然资源可持续供给的实现

（一）自然资源定价

自然资源的使用价值和物质性效用构成了自然资源价格的内在依据，而其有限性和稀缺性又构成了它的外在依据。自然资源的内在使用价值、物质性效用和外在的有限性和稀缺性，构成了赋予自然资源价格的充分且必要的条件或根据，也形成了可以对自然资源进行定价的原理和准则。马克思在论述地租问题时曾指出，自然资源耕地、矿山、渔场、森林、水流等，都可以作为土地来理解。应用马克思的地租理论分析资源价格问题可以得出以下认识：其一，资源价格是资本化的地租；其二，地租是资源所有权在经济上的实现。

确定自然资源价格的理论和方法：

1. 虚幻价格或影子价格法

在市场经济中，商品价格既决定于成本，也决定于供求关系。但现行的市场价格体系由于税收等原因不能正确反映成本与供求关系，影子价格就是针对现行价格的缺陷，为实现合理分配稀缺资源而提出的一种计划价格。在费用—效益分析中，一个项目除了有可用现行价格表示的经济效益和损失外，还有一些很难用价格准确表示的社会效益和损失，如美学价值、健康影响等。对此西方经济学家提出了影子价格，认为影子价格能更好地反映机会成本。

2. 机会成本法

自然资源的机会成本，就是将其安排这种用途，而不是安排另外几种用途，或放弃其他用途所造成的损失、付出的代价，也可以说是一种自然资源不同使用方式、途径的比较成本或比较利益的价格表述。由此可知，采用机会成本自然资源定价，不是按自然资源的某种直接使用的个别收益来确定，而是按其使用过程中的社会收益及其关系来确定，所以，采用机会成本赋予自然资源价格，是一个从个别到 般反复进行的社会过程，这必须反映出自然资源的社会规定与调节。

3. 替代价格法

从社会经济和技术经济的观点来看，不可再生性或非补偿性自然资源的价格，就应该根据发现、开发和获取替代资源的费用（成本）来确定。这是符合社会经济运行规律和价格经济学原则要求的。但需注意的是，自然资源价格，尤其是不可再生的非补偿性自然资源价格，不能完全依据其替代价格来确定，自然资源的替代价格只能作为确定不可再生性自然资源价格的参照，或作为预测其价格的重要参数。

4. 补偿价格法

人类在开发利用自然资源时，其规模和强度大大超过了资源自身恢复的能力，欲使其继续再生、恢复和更新，就必须予以人为的或人工的协助。这种人为、人工协助的耗费，称为“补偿费用”。

（二）自然资源的最优利用和耗竭

1. 可再生资源的最优利用

可再生资源与不可再生资源之间的界线并不总是清晰的。勘探和技术变化在一定时间内可以通过新储量的发现和低品级矿产的生产使不可再生产资源“再生”。正如可耗竭资源能再生一样，可再生资源也能耗竭。

可再生资源的特殊性在于有自然增长规律的制约。自然增长规律的主要含义是指可再生资源的增长是资源存量的函数。但是两者的关系不是单调的，存量的增加初期随存量的规模上升，之后下降。存在这一拐点的原因是自然对资源有“承载能力”，也就是其能支持的最大量，当存在数量或存量到达这一点时，增长必然降低，直至为零。

2. 不可再生资源的最优耗竭

从长远来看，一些资源的不可再生性、稀缺性和有限性使其与可再生资源相比，难以持续利用，而一个国家的经济发展对资源特别是矿产资源等不可再生资源具有高度依赖性，那么如何使不可再生的资源持续利用到经济的可替代资源出现之时，对其可持续发展的水平、能力和动态趋势的研究则是必不可少的内容。

近年来，有的经济学家在霍特林分析的基础上，融入了经济增长最优轨迹分析内容。这种方法通常用来比较其他资产收益率和自然资源收益率的差异，以及确定在各类市场条件下不可再生资源最优耗竭率的确定问题。较有影响的是达斯格普特和黑尔建立的一个简单模型。他们假定，生产 Q 依赖于某一特定不可再生资源 R 的耗竭和再生产资本存量（例如，资本商品）K，则 $Q=F(K,R)$。消费 C 被设定为社会福利 u 的增加，计划者的目标在贴现率为 r 的条件下使社会福利 u 最大化。下图表示了消费 C 随时间的变化过程。

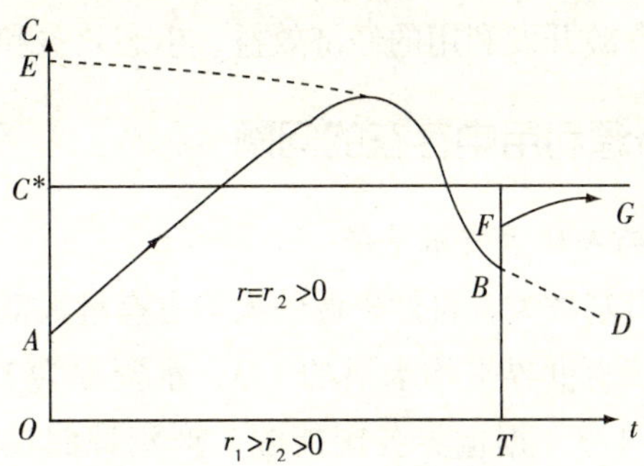

图 5－1　不可再生资源最优耗竭

(1) 若不可再生资源对生产是必不可少的（即 R 与 K 的替代弹性小于 1)，贴现率 r 是正数，没有技术变化引起的替代品产生，则消费 C 将在初始阶段上升，然后下降趋近于零（曲线 ABD）；(2) 在功利主义社会中不考虑不可再生资源对后代的影响，因而其贴现率（r_1）更高，这样，消费 C 的高峰点就在其起点 E 上。消费的变动如曲线 EBD 所示；(3) 若在 T 时间点有技术变化加入，则消费 C 获得一种新的动力，消费曲线在 B 点折向 F 点并将再次上升（曲线 ABFG）。这类变化最终形成长期静态消费曲线 C^*。

（三）自然资源经济评价

自然资源经济评价是按照经济学观点，从经济发展和生产布局出发，对自然资源的开发利用的可能性、开发利用的方向，以及开发利用的经济合理性所进行的综合论证。经济评价必须从经济发展方向和具体的生产部门布局的实际要求出发，在全面分析的基础上找出对特定的生产部门和地区经济发展与布局产生影响的主导因素进行重点评价，最后在技术可能性的基础上论证经济合理性，通过经济指标进行比较计算，选定优化方案。还有一种观点是，应用一定的理论、准则和方法，对自然资源的经济价值和开发利用的生态效益、经济效益进行以货币为计量单位的估价和评判。

自然资源经济评价的主要内容有：自然资源的数量与质量及其与生产部门的关系；自然资源的地理分布与区域组合特点；自然资源开发利用的技术经济条件分析；自然资源开发利用的可能方式、方向的选择与比较论证；自然资源开发利用的经济效益、生态效益和社会效益预测。

三、中国资源利用中存在的问题

1. 自然资源的人均占有水平低

由于我国人口基数大，自然资源的人均占有量大都低于世界平均水平：人均土地面积为世界平均水平的1/3，水资源为1/4，森林资源为1/6，草地资源为1/3。据世界各国能源矿产资源储量估算，我国能源矿产探明可比储量（不包括铀）约占世界总量的11%，位居第三，但人均拥有量仅为世界平均水平的51%。

2. 资源的空间分布与生产力分布不协调

我国的一些重要资源总量虽然丰富，但分布极不平衡。煤炭资源主要集中在山西、内蒙古、陕西等地区，石油主要集中在黑龙江、山东、辽宁、河北、新疆等省区，水能资源多集中在西南地区，而经济发达的东南沿海地区，却严重缺乏燃料和能源。全国水资源总量的80%集中在长江流域及以南地区，而这一地区耕地只占全国耕地的36%。

3. 自然资源供需矛盾日益突出

资源相对短缺与人口快速增长、经济发展与资源需求之间的矛盾，是一个全球性的问题，而在中国因其人口众多矛盾愈显突出和尖锐。我国是能源生产大国。在我国能源生产和消费中，煤占主要地位，人均能源消费少，工业部门耗能比重大，单位产值能耗高，农村则严重缺乏能源。在能源生产和利用上，由于科学技术水平低、生产设备差、经济结构不尽合理、能源工业与耗能工业比例失调以及能源利用率低等原因，我国能源供需矛盾一直很突出。目前，能源供应已成为我国社会经济发展的重要制约因素。加之我国能源结构是建立在不可再生的化石燃料基础上，而新能源和可再生能源开发利用都很不够，这必将加速能源资源枯竭。随着现代化建设速度的加快，我国对矿产资源的需求量日益增长，主要矿产资源短缺的态势更加明显。总之，我国资源总需求与总供给的矛盾十分突出。随着人口的持续增加和人均资源消费量的不断增长，人均资源占有量进一步下滑，后备资源愈显不足，这一矛盾更趋尖锐，成为我国经济、社会可持续发展的严重障碍。

4. 浪费现象严重

目前，我国能源供需矛盾尖锐，存在严重的能源浪费、利用率低等问题。统计数据显示，中国生产 1 美元国内生产总值的能源消耗是日本的 11. 5 倍，法国和德国的 7. 7 倍，美国的 4 倍以上。我国 12 种原材料的物耗比发达国家高 5—10 倍。我国农业用水量大，但大部分灌区渠道没有防渗措施，许多农田采用传统的浸灌法，漏失率为 40%—50%，实际灌溉有效利用率仅为 20%—40%。工业和城市生活用水浪费也十分严重。

5. 资源质量差异悬殊，结构不合理

中国资源质量差异相当悬殊，低劣资源占有较大比重。例如，铁矿平均品位小于 34%，其中贫矿占 95% 以上，能直接入炉的平炉富矿和高炉富矿合计仅占全国铁矿储量的 2. 4%，铜矿在 1% 以上的富矿只占全国铜矿总量的 36. 8%，而且矿种分散，不利开采；农用矿产中，磷矿也多为贫矿。已探明储量的 148 种矿产中，除煤外，多数是用量较小的有色金属和非金属矿种，而且伴生矿种较多，这给分选和冶炼带来很大困难。还有一些是稀缺矿种，如铬、铂、黄金等，都满足不了国内需求，需要进口。

四、自然资源供给和中国经济可持续发展

要实现自然资源的可持续利用，缓解自然资源总供给与总需求之间的矛盾，一方面要紧紧依靠科学技术，大力开“源”，努力增加自然资源的有效供给；另一方面，要尽量节“流”，内涵挖潜，变高消耗型生产为低消耗型生产，抑制对自然资源的需求，努力建立起资源节约型社会。

1. 努力增加自然资源供给

首先要加强自然资源调查勘测工作，摸清家底，为决策提供准确、可靠的依据。其次要加强资源的培育和养护。在自然资源中，有许多资源是不可再生的，无法用人为的方法增加其供给量，也有相当部分资源是可再生的，通过繁育和养护，可以有效增加其存量。另外，资源开发与资源管理保护既相互联系又相互制约，必须全面权衡自然资源在生态系统中的地位、作用以及人为干预引起整个生态系统改变后对人类所产

生的反作用。对可更新资源的开发利用，必须与其再生增殖能力相适应，以保证对这些资源的永续利用。在利用国内资源的同时，还要充分利用国外资源，我们可以适当进口国内紧缺资源和产品，以调剂余缺和品种，满足经济建设的需要。

2. 抑制对自然资源的需求

尽管我国人均消耗资源水平很低，但由于我国工业技术落后，设备、工艺陈旧，加之管理不善，致使资源利用率不高，浪费现象非常严重。要节约利用自然资源，建立消耗资源强度小的产业结构。要建立资源节约型的社会经济体系，就必须确定资源节约型的社会与个人消费结构。要摒弃那种以人均消费资源量大为荣的高消费观念。尤其是对不可再生资源、能源资源、淡水资源以及耕地资源等，都要厉行节约。要推行资源有偿使用制度，要运用资源定价和税收等经济手段，控制消费，遏制浪费。

3. 开展综合利用，发展替代资源

开展综合利用和深度加工，实现资源利用的科学化和环境保护的最佳化。在当前面对资源短缺局面，要保证资源的可持续利用，推动经济社会的可持续发展，用相对丰富和廉价的资源替代相对稀缺和珍贵的资源，用可再生资源替代不可再生资源，意义显得尤为突出。还要依据科技进步，建立完善的自然资源信息管理系统。

4. 建立健全自然资源合理开发利用和保护的政策法规体系

要保证有限的自然资源能满足我国国民经济和社会持续高速发展的需要，就必须坚决执行对自然资源开发利用和保护增殖并重的方针，并制定相应的政策和法律法规，在制度措施上予以保证。一定要做好以下几方面的工作：一是要加强自然资源合理开发利用和保护的立法、执法工作；二是进一步完善资源的经济核算体系；三是建立健全环境保护方面的管理政策（预防为主、防治结合；谁污染谁治理；强化环境管理）；四是充分发挥市场对资源的配置作用；五是建立推行可持续发展的评价制度。

5. 建立自然资源开发利用度预警系统

在对大多数自然资源进行开发的同时，资源的存量或质量便随之下降。因为在一定的时空条件下，自然资源具有时空有限性与局限性，当下降趋势持续影响到投入产出效率、对系统功能构成伤害时，就会危及人类社会经济持续发展的基础。因此应根据人类需求满足、代际公平以及自然资源系统与社会经济系统的协调发展的原则，建立自然资源开发预警系统，从而达到预示因开发而导致自然资源的耗竭或衰竭危机，警示人们应采取措施合理开采，注意维护生态系统的稳定。依据生态效应准则、社会需求准则和经济效率准则等判定自然资源开发的临界，以采取有效的自然资源持续利用管理措施，避免决策失误。

第四节 环境与可持续发展

一、环境与经济发展

（一）生态环境承载力

环境是人类生存发展的根基。人类环境可定义为以人为核心的周围一切物质世界，即围绕人群空间的自然和物质要素的总和。所谓环境问题，其实质是经济发展、特别是工业化与环境保护间的矛盾问题，是人和环境间互相依赖、互相融合的关系失调。这种失调，表现为三种类型：第一，由自然界本身所固有因素的矛盾的发展失衡引起，如台风、火山喷发、地震等，这些通称为第一类环境问题或原生环境问题。第二，由于人类在从事经济活动时给环境带来的破坏效应，包括生产生活中废弃物的排放造成大气层、土壤成分的变化；对矿藏和植被不合理开发，造成气候变化、土地沙化、地面沉降等，这些通称第二类环境问题或次生环境问题。第三，人类社会本身所造成的环境问题，主要表现在人口增长、城市规模膨胀、教育落后以及由此带来的结构方面和社会生活方面的问题。如：物品奇缺、供水供电紧张、住房紧张、交通拥挤、风景区和文物古迹的破坏等。我们平时所说的环境问题，主要指后两种类型。

环境是一种资源，它为人类生存提供物质保障，同时吸纳人类排泄的各种废弃物。但环境有一定的承载容量，这一承载量是经济发展的客观基础条件。环境承载力是指在可以预见的时期内、在现有的经济技术条件下、其自然资源包括环境资源所能支持的具有一定生活质量的人口规模和经济规模。环境承载力是环境资源对人类活动支持能力的一种度量，是系统本身所具有的一个客观的量。它包括两个方面：环境承载力和资源承载力。环境承载力是一种人为约束，其大小与环境标准、环境容量、生活水平以及人类的经济活动方式等因素有关，他对经济活动起限制作用；资源承载力是一种自然禀赋，其大小取决于生态系统中资源的丰裕度、人类对资源的需求以及对资源的利用方式等因素，它对经济活动起支撑作用。认识并保护区域环境承载力，生命社会便不会受到威胁，其生存能够得以持续。

（二）环境库兹涅茨曲线

1955 年，美国经济学家西蒙·库兹涅茨在对收入差距进行研究时发现，在经济发展过程中，收入差距随着经济增长先逐渐增大、后逐渐缩小，即收入差距和人均收入之间存在倒 U 形关系，描述这一关系的曲线被称为库兹涅茨曲线。粗略的观察表明，在经济发展过程中，环境也同样存在先恶化后改善的情况。美国普林斯顿大学的经济学家格鲁斯曼和克鲁格在对 66 个国家的不同地区内 14 种空气污染和水污染物质的 12 年的变动情况进行研究时发现，大多数污染物质的变动趋势与人均国民收入水平的变动趋势呈倒 U 形关系，既污染程度随人均收入增长先增加而后下降，且污染程度的峰值大约位于中等收入水平阶段。据此，他们在 1995 年提出了环境库兹涅茨曲线的假说。在经济发展的较低阶段，由于经济活动的水平较低，环境污染的水平较低；在经济起飞、制造业大发展的阶段，资源的消耗超过资源的再生，环境恶化；在经济发展的更高阶段，经济结构改变，污染产业停止生产或被转移，经济发展带来的积累可以用来治理环境，人们的环境意识也加强了，因此环境状况开始改善。这样就形成了一条倒 U 形曲线，即环境库兹涅茨曲线。

环境库兹涅茨曲线虽然反映了经济发展的自然进程，但是，经济的可持续发展必须以自然资源为基础，同环境承载能力相协调。而环境承载能力是有限的，在环境承载能力的限度内，生物圈能够承载人类利用自然资源的负荷，吸收人类排放的废弃物，自动调节生物圈的平衡。如果人类的生产和消费超过这一限度，将可能导致生态系统的崩溃。环境库兹涅茨曲线是根据发达国家的经验得出的，并未被发展中国家的实践所证明，而且大部分发展中国家地处生态脆弱的热带和干旱地区，环境一旦遭到破坏就难以恢复。中国目前正处于工业化中期，环境污染正处于上升阶段，由于环境破坏具有不可逆性，我国应避免走西方发达国家“先污染，后治理”的弯路，充分发挥后发优势，走可持续发展的道路。

（三）环境破坏对可持续发展的影响

资源、环境与经济有各自的运行规律，若违背这些规律，将导致三者的对立和排斥，以致形成恶性循环。环境破坏对可持续发展的影响主要表现在以下几个方面：

首先，从环境作为资源提供者的角度来看，资源的数量和质量是经济发展的基础，由于资源消耗的增长导致自然界的资源存量日益缺乏，从而无法满足经济可持续发展的需要。随着经济发展和人口增长，资源不断被消耗，耕地减少、土地沙漠化、森林被毁坏，是发展中国家乃至全球最严重的问题之一，它不仅使经济发展受阻，而且更为严重的是它威胁着人类的生存和生物的多样性，使成千上万的物种濒临灭绝。

其次，从环境作为废物接收器的角度来看，环境的恶化损害人体健康，破坏生产力，从而影响经济发展。环境污染对经济发展的危害，既危及人体的健康，缩短人的寿命，也降低了人力资本的存量和劳动生产率，对经济发展形成了巨大压力。据统计，全球有1/4的可预防疾病是由于环境污染造成的，1/7的死亡仅仅是由于没有干净的饮用水和卫生设施造成的。因此，要实现可持续发展，就必须在不损害基本的生命维持系统的前提下，走环境与经济协调发展的道路。

再次，从环境作为全球生命支持系统的角度来看，环境为人类提供着基本的生命支撑功能。随着人口的不断增长和经济活动的加剧，环境污染日益严重，人类生活的环境日益恶化，若听任其发展而不加以遏制，就有可能导致整个生态环境的崩溃，使地球生命消失。以水资源为例，水是生命之源，是人类生存与发展的根本。20世纪100年以来，全球人口增长了3倍，而用水量增长近10倍。人口增长、经济发展、环境污染以及生活质量提高使淡水供需矛盾越来越尖锐。各国专家普遍认为，未来淡水不足将成为经济发展和农业生产的制约因素。在淡水资源供给不足的同时，水体污染的规模不断扩大，水质恶化明显加剧。生活用水、工业废水、化肥与农药的使用，使有限的水资源污染严重。人类一旦无水可用，就只能灭亡。

二、中国的环境问题及其控制

（一）中国的环境问题

目前我国的生态环境破坏形势严峻，自然灾害频繁发生，给社会造成巨大损失。我国的环境恶化主要集中在两个方面，即环境破坏和环境污染。具体来讲，主要表现在以下几个方面：

1. 植被破坏

我国植被破坏主要表现在森林面积锐减和草场退化等方面。由于对森林在生态环境中所起的重要作用缺乏认识，导致森林的滥伐与破坏，消耗量大于生长量。再加上毁林种粮、森林火灾、造林成活率低等原因，使我国森林资源锐减。我国是世界上森林资源最贫乏的国家之一，目前，我国森林覆盖率为18.21%，相当于世界平均水平的61.52%，居世界第130位。全国人均森林面积0.132公顷，不到世界平均水平的1/4，生态恶化已成为我国经济社会可持续发展的最大制约因素之一。

2. 水土流失

目前，我国水土流失面积达179万平方公里，每年流失的泥沙达50亿吨，这些土壤所含的养分，相当于全国每年的化肥产量。水土流失不仅使我国失去了大片宝贵的土地资源，而且使河床升高，湖泊、水库淤积，洪水泛滥，灾害频繁，人民的生命财产遭受到很大损失，因此这一问题已成为我国最突出的生态环境问题。

3. 土地沙化

由于植被破坏，我国北方干旱、半干旱地区的沙漠化土地不断扩大，是世界上荒漠化最严重的国家之一。我国受荒漠化影响和威胁的地区，涉及13个省、直辖市、自治区的487个县和旗，荒漠化土地面积达262万平方公里，占国土面积的27%，并以每年2000多平方公里的速度扩展。

4. 生物多样性减少

生物多样性是全人类食物、水以及健康的保障。我国地域辽阔，生物种类繁多，是生物极具多样性的国家。生物多样性对于确保我国粮食安全、适当供水以及医药事业的发展具有非常重要的意义。虽然我国已于1994年加入了《生物多样性公约》，但是由于森林砍伐和植被破坏，许多野生动植物的栖息和生长环境遭到破坏，加之乱捕乱猎、滥采滥伐，已使许多动植物减少，有的面临绝种威胁。据初步估计，我国现有20多种动物濒于灭绝，珍稀濒危植物达389种。

5. 环境污染严重

我国的环境污染主要分为水污染、大气污染、农业污染和城市垃圾污染四类。自20世纪70年代开始环境监测以来，就整体而言我国的环境状态一直处于恶化过程。伴随着工业化进程的加快，环境污染趋于恶化。主要污染物排放总量大，远远超过环境自净能力。此外，由于滥用农药，过量使用化肥和塑料薄膜，造成农业污染严重。同时，随着我国城市化进程的加快，城市垃圾的产生量和清运量也大幅度增加，当前，全国垃圾年总产量超过1亿吨，城市垃圾的填埋和处理，不仅占据了大量土地，而且还造成了严重的环境污染。

（二）实现环境和经济可持续发展的途径

环境保护是国民经济和社会发展的一个重要组成部分，环境状况的好坏直接关系到经济发展和人民生活质量。由于中国环境问题的艰巨性和复杂性，解决我国的环境问题，必须采取全方位、多层次的环境政策措施，努力建立起环境友好型社会。

1. 构建新的国民经济核算体系

传统的国民经济核算体系，仅以最终产品和劳务的市场价值为核算指标，而未将经济增长对环境资源的消耗和破坏所造成的影响纳入其中，因此它无法衡量人类活动所使用的资源环境的真实成本，也反映不出人类为防治污染、改善环境而付出的巨大代价和社会福利的变动，结果造成“砍树有产值，种树无产值”，从而导致资源的盲目开采和浪费，以及环境的任意污染与破坏。因此必须对现有的国民收入核算方法作相应的调整。通过构造一个新的国民生产总值（GNP^*）即绿色*GNP*来反映环境价值（*TEV*）的变化，以避免这种情况的发生。

$$GNP^* = GNP + \Delta TEV$$

据此，可进一步发展为一个衡量社会经济可持续发展水平的指标——可持续收入（SI）。

$$SI = GNP - Dm - Dn - R - A$$

其中，SI 为当年的持续收入额；GNP 为当年的国民生产总值；Dm 为当年人造资本的折旧；Dn 为当年自然资本的折旧（包括自然资本耗竭和环境损害）；R 为恢复成本，即当年支付的用于恢复环境质量等方面的成本；A 表示为了减少自然资产或环境质量的损失而采取的措施等方面的支出。

2. 编制科学的可持续发展规划

由于不同区域在生态环境、资源禀赋、区域优势以及发展程度等各个方面具有较大差异，因此可持续发展规划应建立在对自然、经济、社会、技术等各方面情况的认真调查研究的基础之上，能够反映某地区的资源环境、经济发展和社会发展的不同特点。在制定可持续发展规划时，应遵循发挥优势原则，因地制宜，制定发展目标，坚持经济效益与社会效益、环境生态效益的统一，使区域能够长期保持可持续发展的态势。例如，我国西北、华北地区气候干燥、缺水，对废水等工业污染物的稀释能力差，因此在这一地区发展能源、原材料工业要根据环境承载力进行合理布局，以减少工业污染。对于经济实力较强的东部地区而言，重点在于技术创新，改变经济增长方式，提高经济增长的质量，减少资源消耗，并加大治污力度。

3. 提高全民尤其是广大农民的环境意识

环境意识是指人们对自身与环境关系的认识和反映，它包括人对环境的需要、目的、态度和价值观，是调节、引导和控制人们行为的内在原因。

在社会经济生活中，除正规制度外，还存在着意识形态、伦理道德等非正规制度。相比正规制度，非正规制度的变化更为缓慢，对微观经济主体潜移默化的影响更为持久、深远。环境意识就是影响人们日常行为的这样一种非正规制度。只有使环境意识深植于每个人的思想，使每个人都认识到生态环境与人类生存的关系，认识到生态危机对人类的危害，才能自觉的保护环境。农民占我国总人口的70%左右，其生产活动对环境造成极大危害，过度放牧、砍伐、捕捞，无节制的开采、排污等行为是我国环境不断恶化的主要原因之一。因此，对农民这一在中国占绝大多数人群的环境意识教育，关系到我国能否实现环境与社会、经济的协调发展。我国应该通过宣传教育、公共参与等手段，提高全民族自觉保护生态环境的意识，促进发展观、生产观、消费观向环境友好方向转化，从而建立环境保护和经济发展的良性循环。

4. 建立与经济发展相适应的环境保护制度

（1）完善环境法规，加大执法力度，坚持依法治理环境。我国目前已颁布了《土地管理法》、《森林法》、《水法》、《矿产资源法》、《海洋环境保护法》等环境管理和保护的法律规定，这些法律制度在我国的环境保护中发挥了一定的作用，但由于这些法规大多是政策性的，缺少配套的实施细则，不足已成为执法部门的执法依据，因此，有法不依的情况依然十分严重，致使有关环境保护的法律制度形同虚设，环境违法案件时有发生。许多实施毁林盗砍、哄抢乱采国家资源、滥捕滥猎珍稀动物、任意排放污染物等重大环境破坏行为的人或单位，因缺乏具体量刑标准而无法受到应有的惩罚，因而无法遏制破坏环境的违法行为。此外，执法不严、人治大于法制的现象在许多地方还普遍存在。因此，必须加强对这些法规执行情况的监督、检查，加大环境执法监管的力度，以确保环境保护的法律规范落到实处。

（2）加强环境保护的制度建设。制度是一种社会或组织的规则，它提供了人们在交往活动中可以预期的行为准则。环境保护的关键在于制度设计者的环境理念，以及在这一理念指导下的制度安排。环境作为共有资源具有非排他性的特征，即人们即使不付费也可享用环境资源，结果导致无论是厂商还是居民户只依据自身的成本和收益状况来决定其生产和消费，而不考虑其行为对环境的危害所产生的外部性问题。在现实经济中，通过市场制度无法完全消除外部性，因此，有必要由政府实施干预。政府可以通过提供激励性的制度安排将外部效应内部化，从而有效解决环境问题。如税收制度、政府管制等。近几十年来，由于对环境保护制度建设的忽视，虽然我国在生态环境建设方面做了大量工作，投入了大量人力物力，但生态环境却日益恶化，事实证明了重生态建设、轻环境保护是危害极大的。许多脆弱地区的生态系统破坏容易，恢复和建设困难，甚至是无法恢复的。因此，我国必须切实贯彻预防为主的方针，加强环境保护，使其免遭破坏。

(3) 推进环境保护技术的研究，减少污染负荷，改善环境质量。目前，我国环保技术的成果大多只停留在实验室阶段，没有转化为实际生产力，其原因在于与环保产业的高投入相伴的巨大风险是民间资本所无力承担的，因此，以追求利润最大化为目标的私人资本对于向环保产业投资动力不足。为此，政府必须采取相应措施以加快我国环境保护产业的发展。首先，要加大环保科研的投入。开发无废、少废、节水、节能的新技术、新工艺。其次，加强技术制度建设，如各项专利技术制度、环保产业及市场管理体系制度、环保产品资质许可制度等，通过这些制度的建设，可以有效地保护科研人员的成果，从而调动他们的科研积极性，以加快环保科技成果的转化和应用。

第五节　灾害与经济的可持续发展

一、灾害及其社会经济特性

（一）灾害的含义和分类

灾害是指由于某种不可控制或未能预料的破坏性因素的作用，使人类赖以生存的环境产生突发性或累积性的破坏或恶化，并超越当地社会经济系统容忍限度而引起人群伤亡和社会财富灭失的现象和过程。灾害之所以成为灾害，是因为它对人类社会经济系统构成了危害，因此灾害具有自然的和社会的双重属性，是一种自然—社会现象。首先，就其本质而言，灾害是一种威胁人类生存和发展的现象和过程，其发生的后果会导致社会财富的灭失或人员伤亡。因此，衡量是否成灾，仅以灾害的强度或级别而论是不够的，必须强调灾害的最终结果，具体到某一地区，即是否对该地区造成损失和危害是判断某种现象是否成灾的最终依据。其次，对于灾害产生的原因，早期的研究着重强调自然因素，而当代学者认为灾害的产生源于自然因素、人为因素或二者的叠加。这些因素的出现可能无法控制，如自然力的作用导致的火山喷发、地震等；而另一些因素的产生则是由于人们事先未能充分预料到其后果，如人力与自然力共同影响的土地沙化、水土流失等灾害。因此，灾害是一种自然—社会现象。再次，灾害的发生发展具有一定规律性，可能是突发性的也可能是缓慢累积性的，前者如地震、暴雨、洪水、火灾等，它们在人们未曾预料到或难以预料的情况下突然发生；后者如干旱、环境污染灾害，其发生过程比较缓慢，需要一定时间。最后，灾害的最终结果与发生地区的社会经济系统的承灾能力有关，如果该地区社会经济系统的承灾能力较强，某事件的发生对当地未造成危害，则该事件就不构成灾害，因此，灾害又是一个相对的概念。例如，由于某城市建立了完备的排水系统以及有效的暴雨预警应急机制，其承灾能力较强，同样强度的特大暴雨给一些地区带来洪涝、泥石流等灾害，而对该城市可能并不构成危害，因此，在该城市也就不称其为灾害。

灾害一般由灾害体和承灾体两部分组成：灾害体是指灾害动力活动及参与灾害活动的物质，如洪水、沙尘暴、滑坡、水土流失以及发生异常运动的水、土壤、岩石、空气等；承灾体是指遭受灾害破坏或威胁的人类社会经济系统。在一般情况下，灾害体作用于承灾体，产生各种灾害后果。但随着社会经济的发展，人类活动对多种灾害及其产生的基础条件产生着日益广泛的影响。不当的人类活动可能强化灾害的后果或诱发新的灾害，此时人类活动既是承灾体，同时又构成了灾害体组成部分甚至灾害体的影响因素；另一方面，人类合理的行为则会在很大程度上减轻灾害造成的损失或避免其发生。可见，灾害体与承灾体的相互作用，从而使灾害具有自然的和社会的双重属性。

按照灾害的基本成因可将其分为：纯自然型灾害、纯人为型灾害和自然—人为复合型灾害。所谓纯自然型灾害是指人力不能支配操纵的各种自然力在一定时间内积聚暴发所致的灾害。包括气象灾害，指大气的各种物理现象和运动变化引起的灾害，如暴雨、雹灾、风灾、旱灾、酷热、寒流等；地质地貌灾害，指地壳内部或地表上的各种自然物的变化引起的灾害，如破坏性地震、火山爆发、洪水、海啸、泥石流、滑坡、地陷、地裂等；生物灾害，指自然界中的有害生物或生物的有害排泄物大量繁殖扩散对人畜和植物造成破坏，如病害、虫害、鼠害等；天文灾害，指天文系统中发生的现象对人类产生的有害影响，如太阳辐射能源灾害、电磁异爆、新星爆炸、小行星碰撞地球等。纯人为型灾害是指主要或者完全是由经济活动中的人为因素造成的灾害，包括战争，生产性事故如爆炸、毒气泄漏、桥梁垮塌等，交通事故如沉船、翻车、飞机失事等。所谓自然—人为复合型灾害又称人为自然灾害或环境灾害，指在一定的自然环境背景下由于人类社会活动引起的灾害，例如，乱砍滥伐、盲目开荒造成植被破坏、水土流失、沙漠化、环境污染等灾害。

（二）灾害的社会经济特性与实质

灾害是在一定的自然地理背景及环境、人口等社会经济背景下发生的，因而具有自然和社会的双重属性。其中自然环境的不稳定性及脆弱性，在很大程度上决定了灾害的易发性和致灾力源的强弱；而社会经济背景，不仅仅是人为灾害发生的条件因素，同时也影响到社会经济系统的承灾能力，决定了灾害成灾损失的大小。灾害作为影响经济资源和生产的重要外部因素，概括起来具有以下一些经济特性：

1. 非稀缺性

从客观上讲，自然灾害是一种自然灾变过程，是自然力的一种运动形式，具有发生的必然性和永久性；从社会意义上讲，灾害又是相对于人类社会特有的异常现象，它不仅与人类社会的产生与发展进程相伴始终，而且随着人类社会活动范围的扩展而发展。因此，灾害作为影响人类社会系统正常运行的重大负面因素，与促进经济社会发展的各种稀缺性要素相比，具有非稀缺性。

2. 危害性与减值性

任何灾害都是以破坏人类社会经济系统并造成社会生产力和环境资源的损失为后果，因此，从经济意义上讲，灾害是可以计量的经济损失；从社会政治意义上来说，灾害的影响是负面的。既然灾害的社会后果是造成既得社会经济效益的破坏和损失，所以从社会财富增长的角度来看，灾害起的是消极或副作用，具减值（负值）性。

3. 风险性

自然界的孕灾过程是一个非线性过程，蕴涵着突变与混沌，特别是当各种社会因素掺杂其中之后，其发生就更加具有不确定性（或多或少的意外性），从而增加了人类对灾害预报和预防的难度。灾害的危害性和发生的不确定性构成了人类生存和社会经济发展的风险。

4. 区域性

自然灾害的发生具有显著的地域性规律，而社会经济的发展也具有区域性质，二者交互作用就形成了灾害—社会经济系统的区域性。灾害—社会经济系统的区域性是制定区域社会经济发展战略和进行综合经济区划的重要依据。

5. 动态性

自然灾害是一个动态系统，具有各种尺度的准周期性和非周期性变化规律，随着自然灾害的变化，各项人类经济活动也相对呈现出各种尺度的时间变化过程，并渗透在人类社会经济活动的各个方面，从而形成灾害—社会经济系统的动态演变。

6. 可防救性

各种灾害事故是不可避免的客观现象，但随着科学技术的进步，各类灾害是可以预见和预防的；而且灾害发生后，通过及时合理的救援和补偿，也是可以挽回一定损失并有效控制灾害链扩展的。防灾、救灾均需要一定量的经济投入，因此，一个国家或地区防灾抗灾能力的大小主要取决于其经济实力的强弱。

综上分析，从社会意义上讲，灾害是相对于人类社会特有的异常现象，它随人类社会的发展而不断扩展演变，是人类面临的重大负面因素；从经济意义上讲，灾害是可以计量的经济损失，是各种自然资源的破坏、各种社会财富的毁灭、人员的伤亡、生产的中断和生活秩序的失常，它与经济发展存在着密切的互馈关系；从解决灾害问题的角度讲，目标是尽可能地降低灾害造成的经济损失，基本手段则是经济手段，其效果在很大程度上取决于经济因素。因此，从经济学角度来说：灾害问题的实质即是经济问题。

二、中国灾害的基本特征

1. 中国自古多灾难

中国在其五千多年的生存与发展历史中，曾遭受了各种各样自然灾害的侵袭，几乎囊括了世界自然灾害的主要类型，且自然灾害的发生频率和强度居世界首位。中国素有“三岁一饥，六岁一荒”之说。据历史资料，自公元前206年起至1949年的2155年中，中国共发生水灾1029次，较大的旱灾1056次，水旱灾害几乎每年发生。死亡万人以上的旱涝灾害平均每10—20年就出现一次，常常是旱涝先后交替或同时、异地出现。而且中国历史上许多重大灾害的强度和灾情的严重性在世界上常常也是罕见的。我国是地震比较活跃的国家，位于世界上环太平洋地震带和喜马拉雅山—阿尔卑斯山两个地震带的包围中。据统计，在全球历史上死亡人数大于5万人的19次大地震中，有14次发生在中国，其中死亡人数大于20万人的4次大地震全部发生在中国，20世纪就有两次，一次是唐山大地震，死亡24.2万人，一次是宁夏海原大地震，死亡23.4万人；全球7级以上的陆源地震，有30%发生在中国。在中国历史上，不仅自然灾害的发生频率相当高，而且随着人口不断增长，自然生态环境加速破坏，自然灾害发生次数不断增多，时间间隔不断缩短。根据历史资料统计计算，中国历史上各朝代每年平均受灾（指旱涝灾害）频数为：隋朝0.6次，唐朝1.6次，两宋1.8次，元朝3.2次。明朝3.7次，清朝3.8次，呈明显的上升趋势①。据中国减灾委员会的统计，1949年以来，一般年份全国农作物受灾面积4000多万公顷，成灾人口2亿多，紧急转移安置人口300万，因灾死亡数千人，因灾倒塌房屋300万间左右，直接经济损失超过1000亿元以上。

总之，中国历史上就是一个多灾的国家，灾害类型齐全、发生频繁、强度大和影响面广，是世界上自然灾害最严重的少数国家之一。十分严重的自然灾害一直是中华民族生存与发展的大敌，始终对中国的社会、政治和经济发展产生深刻的影响。

2. 灾害分布广，区域性强

我国灾害类型多且广泛存在，全国每一个地区几乎都有发生灾害的可能，只是不同的地区有不同的灾害。灾害的分布横贯东西，纵穿南北，或点状、带状，集中突发；或面状（流域），迅速蔓延，威胁大部分国土范围。在空间上具集中性和不平衡性，时间上呈周期性和不稳定性。中国自然灾害的区域分异主要受制于自然环境地域分异规律，即地

① 胡鞍钢等：《中国自然灾害与经济发展》，湖北科学技术出版社1997年版，第3、4页。

质、地貌和第一气候要素（主要为水、热两项）的空间分异，呈现东西分区，南北分带，区内、带内集中分布于生态环境脆弱带的特点。如受季风影响所造成的降水条件变化而产生的灾害（洪涝、暴雨等）主要分布于东部季风区。地震灾害主要分布于新构造运动活跃的板块缝合线附近及地质构造带上，如东部环太平洋地震带和喜马拉雅山地震带，以及华北、西北和川西地震带等。

生态环境脆弱带是两类不同生态系统的过渡带，处于能量、物质、结构和功能的非均衡状态，变化速率快，空间移动能力强，被替代概率大，恢复原状机会小，抗干扰能力差，同时也是自然灾害多发重发区。据研究，中国的脆弱生态环境主要分布在7个地区：北方半干旱—半湿润脆弱区、西北半干旱脆弱区、西南山地脆弱区、西南石灰岩山地脆弱区、青藏高原脆弱区、南方丘陵地区和华北平原区。

3. 灾损严重，长期制约经济发展

灾害造成的损失既包括直接的人员、财产损失，也包括间接灾害损失尤其是后者的损失常常大于前者，又容易被人们所忽视。随着人口迅速增加和在地域上的相对集中，经济发展带来的财产密度加大和价格上升，以及自然生态环境的恶化和不合理的人类行为等因素，灾害所造成的经济损失随时间迅速加大已是一个全球性现象。我国建国几十年以来，国民经济和社会都有了长足的发展，但在“天灾”与“人祸”的双重袭击下，我国自然灾害发生次数增多，受灾、成灾面积不断增加，灾害损失呈不断加重趋势。据初步统计，20世纪50年代我国出现中灾以上灾害频率为12.5%，60年代为42.9%，70年代为60%，80年代为70%，90年代为100%。农作物受灾面积和成灾面积不断扩大。这反映自然灾害频率加快，危害不断加重。

目前，随着我国经济的快速发展，灾害损失也在逐年增加。据国家统计局和民政部统计，1950—1989年的40年间，我国由于自然灾害造成的直接经济损失约占国民生产总值的3%—6%，与发达国家相比，我们的年均灾损高出几十倍。且每种灾害造成的损失以及总灾害损失，占世界很大比重。

如此严重的自然灾害损失，意味着国民财产和社会资产的极大损失，直接影响着国民经济的持续发展。一方面，严重的灾害是出现贫困区的基本原因之一。中国的贫困区集中出现在中西部地区。这里是地质灾害最严重的地带，也是中国水土流失灾害、土地荒漠化灾害、干旱灾害严重的地区，由此造成的自然环境恶化、生态脆弱是出现贫困的基本原因之一。另一方面，越是在经济发达地区，灾害损失程度就越大。由于人口不断增长，社会财富不断积累，财产密度不断增大，即使是同样强度和规模的灾害，经济发达地区的损失大于不发达地区。这是现代社会自然灾害的普遍特点。未来时期，自然灾害造成的经济损失越来越大，对经济发展的制约作用越来越强。频繁发生的灾害已经成为我国国民经济发展长期性制约因素。

4. 生态破坏、环境污染等人为自然灾害不断加剧

我国人口基数大，近些年伴随着经济的快速增长，人们收入水平的迅速提高，庞大的人口对粮食和燃料的巨大需求，迫使人们采取毁林开荒、围湖造田、乱采滥挖、过度放牧等一系列不合理行为，导致生态失衡，环境恶化。据中国21世纪议程管理中心的一项研究表明，虽然我国经济发展中总体没有超出自然资源承载力所允许的限度，但生态赤字区在不断扩大，生态盈余区在不断缩小①。环境恶化一方面降低了生态系统的稳定性，从而降低了对灾害的缓冲力和恢复力；另一方面使次生灾害或衍生灾害发生的可能性大大增加。这些问题与自然灾害相互促进，同步增长，对社会经济可持续发展造成了深刻又深远的影响。

三、“灾害风险最小化”的经济发展

（一）我国综合减灾体系存在的问题

1. 社会综合减灾能力比较低

我国是一个发展中国家，虽然近20年来社会经济以前所未有的速度持续增长，但经济实力和科技水平还十分有限，因此，我国的减灾工作从总体上看仍处于较低水平，不但落后于发达国家，而且也远不能适应中国社会经济发展的需要。

我国目前的防洪标准远低于发达国家。例如，美国本土河流的年径

① 王伟中、周海林：《机遇与挑战：21世纪中国可持续发展的取向》，载《中国人口、资源与环境》2004年第2期。

流量约1.7万亿立方米，已建水库总库容达1万亿立方米，可控制河流的年径流量的60%；中国河流年年径流量约2.7万亿立方米，已建水库总库容达4571亿立方米，仅占河流年径流量的17%。美国密西西比河的防洪标准达到150—500年一遇，超过历史上发生过的最大洪水水平；在其他河流流经的城市和重要经济区防洪标准达到100年一遇标准；一般农田保护区防洪标准采用50年一遇标准。其他多数发达国家多采用历史上最大洪水或100年一遇防洪标准。我国目前大江大河的防洪能力一般只能防御10—20年一遇的洪水，标准较高者也仅能抗御50—60年一遇的洪水。一般中小河流的防洪标准更低。我国现有的生产和生活工程的抗灾能力普遍较弱，许多位于严重灾泛区的人工生态系统在设计建造中根本就没有考虑防灾要求。现有防灾兴利工程标准较低、病险较多。此外，中国减灾科技能力、管理水平以及民众的减灾意识与知识水平比较低，加上社会经济尚不发达，生产总值、人均产值、政府财政收入、城乡居民收入都比较低，农民人口和农业产值比较大，救灾能力比较差，所以综合救灾能力比较低。

我国现有减灾能力不但明显低于发达国家，而且也很不适应社会经济发展需要。由于减灾投入不足，减灾能力增长滞后于经济增长速度。近20年来，我国社会经济持续快速发展，但在这一进程中，减灾投入却增加缓慢，与中国严重的自然灾害灾情以及不断发展的减灾需求相比，既有的减灾投入明显不足。广泛而又频繁的自然灾害不仅每年都要造成巨大的经济损失，对经济发展和社会稳定造成直接危害，而且加剧了资源破坏和环境恶化，对人民生活和社会经济造成深远影响。

2. 单纯从灾害发生的角度出发而不是从灾害问题与经济增长方式、经济发展相结合的角度出发来减灾

这是减灾活动的重大缺陷，阻碍了减灾事业的发展。几十年来，中国一方面坚持不懈地进行生态环境治理与防灾抗灾；另一方面由于对导致灾害问题严重化的经济原因的忽略，伴随人口增长和社会经济发展，在许多地区过度开发或掠夺式开发利用水资源、土地资源、森林资源、草地资源以及一些不合理的工程建设，因此不但加剧了水土流失、土地沙漠化，以及泥石流、大风、沙尘暴等环境灾害，而且引发了日益严重的地面沉降、海水入侵等灾害。

中国水土流失历史悠久，在其发展历程中，有几个急剧发展时期，其中近几十年是发展最快的时期。由于长期超强度开发利用水资源以及日益严重的污染，使江河湖泊等地表水不断萎缩，许多地区地下水位大幅度下降，水质恶化。超强度开采地下水，使全国60多个城市发生地面沉降，在辽东半岛、山东半岛等地区的29个县市，因地下水位下降，发生海水入侵，累计面积达1400多平方公里。

3. 减灾管理不适应社会主义市场经济和减灾实践的需要

首先，缺乏减灾的整体观念，重“救”轻“防”。虽然面对灾害的威胁，我国制定有“以防为主，防救结合”的总方针，但这一方针没有一定的组织和措施作保证，不能落到实处。在组织上，对于所有的灾害都缺少一个统管的部门，比如说旱灾抗旱是由水利部管，但发生蝗灾了就要到农业部；水灾也是一样，防汛是水利部，但洪涝引发了泥石流就是国土资源部的事情了。而这些分散的各部门的减灾工作落实到下面又是集中的——都是由地、县政府承担，所以当来自各方面的政令有些不一致的时候，基层政府往往无所适从。其次，传统救灾管理的一个弊病是单纯强调减灾的政府行为，忽视减灾的社会化和产业化特点。在长期计划经济体制下，作为一项纯粹的公益性事业，由政府包揽防灾、救灾、重建等一切工作。这种体制虽然高度体现政府对人民的充分关心和负责精神，并且可以集中人力、物力、财力实施减灾工程，但同时也造成严重的弊病。最突出的是造就了地方、企业和民众的依赖思想，难以发挥各方面的减灾积极性，难以形成广泛的社会化行动。这种机制除了导致社会减灾意识薄弱外，还造成减灾能力严重不足。中国地域辽阔，灾害频发，单纯依靠政府投入，使日益沉重的减灾工作显得越来越捉襟见肘和力不从心。此外，单纯的政府行为往往忽视了减灾的经济效益和产业性质，抑制了中国减灾产业的形成与发展。再次，减灾系统不完善，综合减灾薄弱。单纯从自然灾害出发而未将人为事故纳入其中，对环境灾害问题关注的力度不够。这有多方面的原因，一是自然灾害较人为灾害更易直接引起人员伤亡，社会影响大，从而更容易受到社会关注和政府的重视。二是自然灾害多是爆发式的，迅速发生，迅猛产生后果，具有爆发性“震动效应”，而人为灾害的影响往往是隐蔽性的，长期性的，一时一地很难看出来；三是自然灾害在我国自古就有，历史上形成了较丰富的防灾抗灾经验，而人为灾害的“历史”较短，在工农业生产不够发达的地区也不很突出。但是，事实上，由于人为灾害的后果具有较强的累积性，因此对它的轻视必然会造成重大灾难的发生。因此，过去以救灾和工程预防为主题的传统减灾模式远不能适应现代减灾的需要。

（二）实现“灾害风险最小化”的经济发展

1. 降低经济发展的灾害风险，谋求区域经济—生态系统的可持续发展

中国当前应转变经济发展方式，尽可能降低人类经济活动对环境资源产生的负面效应，降低灾害易损失性，把自然灾害的问题同可持续发展联系起来，走可持续发展之路。一是分析与评价区域灾害现状，包括对传统减灾措施的失误分析及评价；运用灾害评价指标体系对自然、人为、工业、高新技术等灾害源进行灾度评价，分析区域社会经济系统的易损性。二是大力开展灾害经济区划工作。为了避免因各种灾害造成的损失，应尽快进行灾害普查，分析区域灾种、差异对工农业生产布置及各生产部门的区域合理配套的影响，划分我国各类灾害不同等级的灾害经济区，据此制定各级防灾规划；新建重点工程要远离严重灾泛区；对严重灾害威胁地段的居民及其贵重财物应有计划地组织搬迁或临灾前的安全撤离。要协调各方面的力量，在研究灾害系统发展演化规律的基础上，制定一个充分考虑生态环境变异因子在内的区域经济发展战略规划。三是建立、健全各种减灾法规，加强全民防灾教育，做到依法减灾。加强执法力度，纠正、惩戒违反减灾、防灾等法规的行为，以避免、控制或减少不合理、不适度的经济行为，促进经济可持续发展。必须高度重视全民防灾减灾指导，在各级学校、村镇、社区，将防灾减灾知识列入教育内容，提高广大群众在发生灾害时的自救和施救能力。

2. 经济发展中必须考虑保护生态环境和减轻灾害问题，努力提高社会经济系统的承灾能力

灾害只有在致灾力源的作用超过作为承灾体的社会经济系统的抗御能力时，才会发生。减灾实际上是限制和削弱灾害源，保护易损性的承灾体和提高其承载能力的过程。由于灾害的频繁和巨大的破坏力，目前及未来相当长一段时间人类的应付和驾驭能力还不能完全控制灾害源及其致灾介质，而通过对承灾体的保护，减少社会经济系统的易损性，是减轻灾害损失的有效途径。因而，我们在注重经济发展的同时，应当将

减灾纳入到国民经济中长期发展规划，为减轻灾害问题做更多的工作，即在经济发展的投入当中应当计入用于减灾的支出，从而使减轻灾害与经济发展相结合。

提高我国社会经济系统承灾能力的主要措施有：首先，增加防灾投入，提高有形抗灾能力。要保护和修缮现有防灾工程，尽量做到工程配套，充分发挥各种防灾兴利工程的防灾效益；据国家的需要与可能，有计划地兴建一批必要的骨干防灾工程，增加有形抗灾能力；不断改善居住环境和条件，对严重灾泛区，尤其是大中城市的生活生产工程实施加固，凡新建工程都要按防灾的要求修建。其次，提高对重大灾害的测报能力。逐步建立完整的灾害测报体系和灾害情报信息中心；探索重大环境灾害预测预报的理论与方法，从总体上提高我国对重大灾害测报的科技水平和综合防御能力以及对灾害快速应急响应和抗灾能力。既要研制应用新一代的灾害监测技术设备，又要注意群众的经验，提倡专家与群众相结合的防灾治理体系，群测群防。

3. 成立减灾综合管理机构，推动减灾工作的社会化、产业化

应建立一个有效的、综合的减灾管理机构，由一位国务院副总理负责，统一协调各部门的抗灾救灾工作，气象、水利、农业、国土资源部等各部门要相互配合，协调行动，促进减灾工作有效开展。将减灾工作渗透到社会发展和经济建设的各个方面，各级政府均应将减灾作为一项重要的职责，制订切实可行的减灾系统计划，并纳入社会发展与经济建设总体计划，大力推行与完善减灾系统工程，发展减灾产业，使各个环节逐步走向产业化，成为新的经济增长点。加强公众的防灾教育，使减灾成为一项社会公众事业，使公众在生产与生活的各个环节都有减灾的意识和责任，树立“减灾就是效益，减灾就是保护经济发展”的思想；提高全社会合理利用资源、自觉保护环境的意识；提高防灾抗灾的技术水平，懂得在危急时刻采取相应的自救行动抗御灾害；提高全民对灾害的心理承受能力，居安思危，有备无患。

4. 建立以灾害保险为主体的综合救灾保障体系

应大力开展有偿救灾，建立以灾害保险为主，国家财政后备为辅，自保自救及社会捐赠等其他多种形式为补充的综合救灾保障体系，是减轻灾害的有效途径。首先，逐步完善灾害保险制度。灾害保险是通过收

取一定的保险费建立起来的一种有偿救灾手段。它主要通过广泛征集社会各界的资金，化分散为集中，建立雄厚的资金后备，保障灾区尽快恢复生产，维持正常生活秩序，提高社会的抗灾能力。我国保险业起步较晚，目前灾害保险范围还极为有限，巨灾准备金也不足，远远不能适应我国减灾防灾的需要，亟待大力发展和完善。其次，建立专项救灾基金，有偿使用国家财政后备。将每年用于救灾的财政后备的一部分转化为基金形式，在灾害发生后以投资的形式支持灾区企业，帮助灾区摆脱困境，发展经济，投资盈利用于进一步充实基金，逐年累积，滚动发展。这不仅有助于克服灾区的依赖心理，提高减灾的主动性，而且随着基金的增值，灾泛区的抗灾能力也随之提高，反过来促进经济发展，从而实现良性循环。

5. 建立与完善灾害预警应急机制

灾害预警系统的建立，能主动监控可能发生的各种灾害，能及时发现并能进行超前的预报，使对灾害的防治由盲目被动转为主动减灾，从而最大限度地减少灾害造成的损失，为主管部门决策提供依据。目前，我国在灾害预报体系建设方面，已经形成了由地面气象站、高空探测站和新一代天气雷达组成的气象监测预报网络；由 48 个地震台组成的国家数字地震网、23 个省级区域数字遥测地震台网和 56 个地壳运动观测网络、400 多个站台组成的地震前兆观测网络。另外，水文检测、森林防火和森林病虫害预测预报网络也已经形成并投入使用，为我国及时准确地对自然灾害进行预警、预报提供了科学依据。我国各省市区自然灾害预警、预报工作也在不断完善，许多省份制定了抗灾救灾应急预案。今后，我们还有许多工作要做。首先，要加强灾害基础研究，对各种可能发生的灾害，都应有一套预警和应急预案，以防患于未然。其次，已建立的预警应急系统，必须做到科学可靠、高效运转。要建立公共信息监测网，保证在最短的时间内，通过多种传播手段，将预警信息传递给公众；要有应对机制和危机处理机制，建立一支训练有素、装备优良的危机处理专业队伍，一旦发生重大灾害预警，能很快作出应对决策，确保对灾害进行有效地监测预报，能够最大限度地减轻自然灾害造成的损失和威胁，从而维护经济的可持续发展。

（撰稿人：何爱平）

第六章 中国特色社会主义商品市场体系

商品市场体系是市场经济体制的基石，是发展社会主义市场经济的动脉和支柱。改革开放以来，我国的商品交易市场发展迅速，其规模化、规范化、专业化及现代化水平不断提高，在引导消费、促进生产、增加就业、促进产业升级以及优化资源配置等方面发挥了积极的作用。从总体上看，我国商品交易市场已经从规模扩张向质量提升转变，体现在其硬件设施得到明显改善、流通规模稳步扩大、商品档次日益提升、运行质量不断提高。

虽然我国的商品交易市场已经取得了可喜的成就，但也要看到，我国在建立商品市场体系过程中，还存在深层次矛盾和一些不容忽视的问题。譬如，市场的分割和封锁问题、城乡二元市场问题、要素市场发育问题、市场秩序问题、信用体系缺失问题以及法制体系建设滞后问题，等等。因此，胡锦涛同志在党的十七大报告中对进一步深化流通体制改革、建立健全商品市场体系提出了明确的要求："加快形成统一开放、竞争有序的现代市场体系，发展各类生产要素市场，完善反映市场供求关系、资源稀缺程度、环境损害成本的生产要素和资源价格形成机制，规范发展行业协会和市场中介组织，健全社会信用体系。"①

---

① 胡锦涛：《高举中国特色社会主义伟大旗帜　为夺取全面建设小康社会新胜利而奋斗》，《人民日报》2007 年 10 月 24 日。

第一节　中国现阶段商品流通体制的基本构架

市场是商品流通的载体，商品流通是市场交换活动的内容。从一般意义上而言，生产加工活动的完成是流通的起点，实现交换并进入消费过程则是流通的终点。因此，流通是社会再生产过程中的中间环节，它一头联结着生产环节，一头联结着消费环节，是联结生产与消费的纽带或桥梁。

新中国成立以来，特别是改革开放以来，我国对商品流通体制进行了大力改革，取得了历史性成就。通过商品流通体制的一系列改革，流通领域发生了深刻变化，国内商品市场初具规模，市场机制已经形成并发挥作用，流通主体实现多元化，流通设施和技术不断改善，现代流通方式从无到有、快速发展，对外开放水平不断提高，以市场化为标志的商品流通体系基本形成和建立，商品流通对生产的指导和促进作用也越来越大。

一、商品流通体制的演变

（一）1949—1977 年：单一封闭的商品流通体制

从新中国成立初期到改革开放的 1978 年，我国的商品流通体制比较机械和死板，商品流通是在单一封闭的系统内运行的。主要的农产品实行统购统销政策；工业品严格按照一、二、三级批发流通体系实行单渠道的流通，具有固定的供应区域和对象；所有制形式比较单一，以全民所有制为主，集体商业所占比重不到 1/10，个体商业几乎被取缔，商品的市场价格也受到计划的严密控制。

不可否认，在当时短缺经济现象十分严重的情况下，这种商品流通体制对于降低社会流通成本以及稳定经济和市场起到了重要作用。然而，这种高度集中的商品流通体制与市场经济的要求毕竟是相违背的，其弊端也十分明显：一是在商品流通的范围上，否认生产资料的商品性，排斥生产资料进入市场流通；二是在购销形式上，把相当多的产品列入统购派购、统销包销，名为商品流通，实为产品分配，市场调节作用被忽视；三是商业所有制单一，基本上是国营商业的独家经营，致使流通渠道少，助长了官商作风；四是按行政区划组织商品流通，致使流通环节多，商品流转慢，流通费用大，经济效益低；五是在对国营商业企业的管理上，不承认它们是独立的商品经营的经济实体，实际上是行政管理部门的附属物；六是国营商业企业经营的好坏与职工的利益脱钩，企业内部基本上实行平均主义的分配，"大锅饭"、"铁饭碗"挫伤了职工的积极性。①

（二）1978—1990 年：多主体、多渠道、多形式的商品流通体制

1978 年 12 月中国共产党第十一届三中全会召开，我国从此开始了对外开放、对内搞活的经济新局面，商品流通体制的改革也随之展开，逐步形成"多渠道、多形式、多主体"的基本格局。

为了改变高度集中的计划商业体制给生产、流通和消费的发展所形成的制约状况，我国首先对商品的购销体制进行了大幅度的调整和改革，将原来由国家计划严格控制的"统购统销"、"统购包销"的商品购销体制逐步放开，允许生产者在一定范围内将产品自行销售，允许商业部门在一定范围内对商品自由采购。中央计划管理的商品种类大幅度削减，极大地增强了市场调节的力度。其次，改变商品单渠道流通状况，实行商品的多渠道流通。下放商品一级采购供应站和二级采购供应站归地方管理，减少了商品流通环节；逐步扩大工业自行销售的比重；积极发展城市贸易中心和农产品集贸市场。再次，商品流通领域主体多元化的格局基本形成。全面改革商业企业管理制度，建立和完善承包经营责任制，并对小型商业企业实行"改、转、租、卖"，强化了商业企业独立自主开展经营的能力。同时，个体和私营商业企业也有了迅速的发展。

① 李贯岐：《流通体制 50 年变革实践及基本经验》，载《商业经济研究》1999 年第 10 期。

这一阶段，我国商品流通体制的改革是在中国经济得到迅速发展、市场供求关系发生重大变化的背景条件下进行的。改革的主要目的和动因在于打破单一封闭的商品流通体制，充分发挥市场调节的作用，疏通商品流通渠道，调整市场供求关系，引导经济的健康发展。

（三）1991—1999年：与社会主义市场经济相适应的商品流通体制

20世纪90年代初，特别是邓小平南巡讲话和中共十四大之后，我国明确提出了建立社会主义市场经济体制的改革目标，伴随着市场化的市场经济体制改革，初步形成了与社会主义市场经济相适应的商品流通体制。首先，商品流通体制向市场化的方向进一步发展，国家对各类商品流通的计划控制基本取消，市场调节供求关系的能力不断增强，产品进入市场的多元化渠道凸现。其次，多种所有制并存、共同发展，商业经营主体多元化的格局已基本形成。而且，国外商业资本也开始进入我国，国内市场国际化也初见端倪。再次，便利店、专卖店、邮购、自动售货机、超市、网络销售和网上商店等现代化的商业业态开始引进，连锁商业快速发展。最后，商业企业现代企业制度的建设步伐加快，小型国营商业企业通过股份制改革、个人承包、租赁经营等方式逐步转变为集体或私人所有；大中型股份制商业企业迅速增加，以“控股公司—集团公司—经营公司”为框架的新型管理模式初步形成，商业企业的经营机制更加灵活。

这一时期，我国商品流通体制改革的目的在于：根据市场经济发展的客观规律，按照社会主义市场经济体制改革框架，建立适应市场经济体制的现代化商业体制，初步确立商品流通产业通过市场机制实行资源合理配置的社会经济地位。

（四）2000年至今：内外贸行政管理一体化和全面开放的商品流通体制

在流通管理体制改革方面，2000年底，国家撤销了国内贸易局，将其职能并入国家经贸委，实现“工贸结合”；2003年初，国务院根据十届全国人大的决定，组建商务部以主管国内外贸易和国际经济合作，从而打破了我国内外贸分割管理近50年的局面，使我国内外贸行政管理一体化的商品流通体制得以建立。它是对我国流通产业发展具有历史性重大意义的一次流通管理体制改革，对于统一商贸政策和法规的制定、两个市场和两种资源的充分利用、内外贸企业的有效指导和管理、“政策统一、竞争有序、高效快速”的商品流通管理体制的形成、公平竞争和优胜劣汰的市场机制的建立、企业经营管理水平以及社会效益的提高，均具有重要的意义。

在流通产业对外开放方面，按照加入 WTO 的承诺，我国从 2004 年 12 月 11 日起取消外商投资零售领域在地域、数量、股权比例方面的限制，流通领域的对外开放从局部试点走向全面开放。从 2005 年开始，商业领域全面对外开放的新格局凸现：一是外资商业企业进入速度明显加快，外商独资企业增加较快。二是外资商业企业经营形式发生变化：其零售业态由以开设大型店铺为主，向专业店、便利店、折扣店等多种业态形式发展；其投资地域由东部省会城市向中西部和地级城市扩张；其投资方向以零售行业为主，向批发领域转移；其经营策略也发生较大变化，更加注重与我国国情相适应，贴近居民的需求，实施本土化经营。三是外资并购案例明显增加。

这一时期我国商品流通体制改革的主要目的在于：按照“建设大市场、搞活大流通、发展大贸易”的要求，积极转变政府职能，加强政府统筹管理职能，构建新型流通管理体制。推进内外贸资源整合，提升我国流通产业的地位。同时，通过流通产业的全面对外开放，外商投资流通企业在我国快速发展，弥补我国商业发展资金的不足，促进我国流通体制改革，激发我国内资零售企业的竞争意识，改善商业环境，丰富我国零售业态，完善零售业态结构，提高商品流通组织化程度，加快流通现代化步伐。

二、商品流通体制的改革成就

我国商品流通体制改革是继生产责任制之后，率先进行改革的领域。经过近 30 年的探索，流通体制改革取得了突破性进展和显著成就。商品流通领域显著的改革成就主要表现在以下八个方面：

（一）不断进行商品流通体制的市场化改革，市场机制在商业领域配置资源的作用日益加大

改革开放以来，我国进行了一系列市场化取向的商品流通体制改革，在商业领域配置资源过程中，市场机制已经发挥了关键性的作用。对消费品、农副产品和生产资料的价格已经基本放开，商品价格由市场供求关系决定。经过多年的培育和发展，商品交易市场在传递价格信息、活跃商品流通、方便居民生活、扩大城乡就业和推动国民经济发展等方面发挥了积极作用。另外，我国对外贸易快速发展，市场开放成效显著。2007 年我国进出口总额高达 21738 亿美元，在世界的排名跃居第三位，其中出口跃居第二位；吸收外资额高达 747 亿美元，连续 15 年位居发展中国家首位。这些转变，标志着我国流通领域已由计划经济管理体制转变为市场经济体制，市场机制在商业领域配置资源的作用日益加大。

（二）基本实现了流通主体多元化与商品流通渠道多样化

1978 年以前，商品流通主体单一化，商业领域的国有商业企业几乎一统天下。1992 年党的十四人确定了建立社会主义市场经济体制的改革目标。1997 年，党的十五大明确提出以公有制为主体、多种经济成分共同发展的方针。随后，根据十五届四中全会“有所为、有所不为”的精神，贯彻“抓大放小”的方针，搞活流通企业。国有大中型流通企业以产权制度改革为核心，以盘活存量资产为突破口，加快股份制改造步伐，切实转换经营机制，进一步放开搞活小型流通企业，继续采取改组、联合、兼并、租赁、承包、国有民营、股份合作制、出售等多种形式，大力推进国有流通企业改革。随着国有流通企业改革的深化、民营经济的快速发展和对外开放步伐的加快，国有及国有控股流通企业的市场份额逐步下降，民营、外资及港澳台流通企业的市场份额却随之上升，国有、集体、联营、外商投资、私营以及个体流通企业在共同竞争中获得了稳定的发展，实现流通领域单一的公有制向多种所有制和混合所有制结构的转变，加速了商品流通领域多种所有制形式的市场主体共同发展格局的形成。在市场主体多元化形成的同时，商品流通渠道也突破了过去已有的部门分割、内外贸脱节以及排斥非国有商业的格局，从而形成了商品流通渠道的多样化。

（三）商品流通现代化、产业化的进程加快，基本实现了商品流通方式的多渠道、多业态和网络化

改革开放以后，先进的流通方式逐步得以推广和运用，商品流通设施建设得到重视，以现代信息技术为主要内容的各种先进流通经营和管理技术得以应用，商品流通领域的科技水平不断提高，商品流通的产业化和现代化的进程明显加快。改革前的商品流通经营渠道是一、二、三级批发加零售的纵向固定进销渠道，现在已经演化为多渠道、少环节、开放式的营销网络。连锁经营、物流配送、电子商务等新型流通方式迅速发展，超市、便利店、专卖店、仓储式商场、购物中心等新型商品流通业态迅速发展，这些已经成为商品市场中新的增长点。例如，2006年限额以上连锁零售业和餐饮业零售额占社会消费品零售总额的比重由2002年的5%提高到14.5%。营销手段的多样化，零售业态的日益完善，极大地方便了居民生活，消费者购物更加方便、快捷。

（四）商品流通对外开放取得了重大进展，国内外市场一体化程度明显提高

改革开放以来，特别是1992年我国政府在商业领域实行对外开放试点，外资商业开始逐步进入中国市场，这标志着中国商品流通业已开始融入国际市场，加快了商品流通领域对外开放的步伐。境内批准设立的外商投资商业企业的数量、合同利用外资金额、实际利用外资、营业面积及其销售额占全社会消费品零售总额等指标随之不断上升；同时，我国也大力开展对外贸易、建立境外企业、进行中外合资合作零售商业试点等工作。通过“引进来、走出去”，不但引进了大量外资和外国先进的经营管理技术，而且提高了我国商品流通产业的现代化水平以及国内外市场一体化程度。

（五）实行内外贸行政管理一体化

根据中央关于深化行政管理体制和机构改革的意见，我国在2003年初组建商务部，由商务部主管国内外贸易和国际经济合作。这就从组织机构上打破了以往内、外贸行政部门及体系分割的格局，有利于增强政府对国内外贸易领域的调控和监管能力，整合国内外贸易资源，为实现社会商业统一管理奠定了基础。

（六）政府监督调控商品流通系统基本建立，使商品流通逐步纳入法制化轨道

改革开放以来，政府管理商品流通的职能发生了较大转变，将直接的计划管理转变为间接的宏观调控；政府调控商品流通的手段也在不断完善，通过建立重要商品储备制度和风险基金制度以保证商品市场的稳定发展；政府对商品流通的宏观监督调控系统已基本建立，同时通过制定、颁布和实施一系列关于规范市场行为的法律法规，从而基本实现以法律手段来间接地调控商品流通。

（七）开始重视培育农村市场体系

为了改变农村流通体系的落后状态，切实解决“三农”问题，改变广大农村消费者长期以来购物难的现状，促进农民的生产发展和生活水平的提高，加速新农村建设，我国开始重视和加紧建设农村市场体系。商务部于 2005 年开始了以发展农村现代流通网络为主要内容的“万村千乡”市场工程的试点工作；2006 年又启动了重点建设 100 家现代化大型农产品批发市场，培育 100 家大型产品流通企业盼“双百工程”。2007 年，我国政府安排 10.9 亿元组织实施“万村千乡”市场工程，新建和改造农家店 26 万余家，31 个省、自治区、直辖市及计划单列市安排了 5.15 亿元配套资金；安排 8 亿元实施“双百市场”工程，对 16 个省、自治区、直辖市提供 2.3 亿元配套资金；积极开展农村商务信息服务工程，举办农产品网上购销对接，实施新农村商网建设。通过这一系列措施，农村现代流通网络不断得到完善，并进入全面加速发展阶段。

（八）商业社会服务职能逐步完善

一是商业体系更具活力，充足和便利的商品和服务供给，推动了国内民众消费结构升级，使居民生活不断向舒适享受型过渡。1978 年我国社会消费品零售总额只有 1559 亿元，人均社会消费品零售总额仅为

162 元；2006 年社会消费品零售总额 76410 亿元，人均 5813 元，分别是 1978 年的 49.0 倍和 35.9 倍。其中消费增幅较大的有：汽车类零售额比上年增长 26.3%，通讯器材类增长 22.0%，家用电器和音像器材类增长 19.2%，建筑及装潢材料类增长 24.0%，家具类增长 21.3%，服装类增长 19.2%，金银珠宝类增长 28.5%。二是流通产业对国民经济的贡献持续提高。2006 年社会消费品零售总额占 GDP 的比重达到 36.5%，剔除价格变动后的实际增长率为 12.6%，高于 GDP 增长速度 1.9 个百分点。批发和零售业、住宿和餐饮业上缴增值税、营业税和所得税共 4200 亿元，比 2005 年增长 17%。

三、现阶段商品流通体制的基本框架

改革开放以来，经过 30 年的不断摸索和改革，中国流通领域发生了深刻变化，国内商品市场初具规模，市场机制已经基本形成并发挥作用，流通主体实现多元化，流通设施和技术不断改善，现代流通方式从无到有、快速发展，对外开放水平不断提高，“多渠道、少环节、开放式”的流通格局初步形成，以市场化为标志的商品流通体系基本建立。[①] 我国现阶段商品流通体制的基本框架主要包括以下六个方面：

（一）有序和开放的商品流通市场体系

改革开放以后，我国进行了一系列市场化取向的商品流通体制改革，不断发展和建立各种类型的商品市场，基本形成了遍布城乡的流通网络和对外开放的市场机制。在商业领域配置资源过程中，市场机制已经发挥了关键性的作用。消费品、农副产品和生产资料的价格已经基本放开，商品价格由市场供求关系决定。国内外市场在资源配置中的基础性作用得到比较充分的发挥，由市场决定商品价格的能力增强，在衔接生产、组织供应、搞活流通、发展经济等方面起着重要作用。

（二）现代化商品流通体系

改革开放以来，特别是 2000 年之后，国家对大型流通企业、物流

① 吴仪：《中国基本建立以市场化为标准商品流通体系》，中国新闻网，2005 年 4 月 16 日。

配送中心、信息系统及计算机网络、城乡流通网点等基础设施的新建和更新改造等项目给予重点支持，流通产业固定资产投资快速增长，现代化商品流通体系已具雏形。商品流通基础设施的进一步改善，使得先进的流通方式逐步得以推广和运用，以现代信息技术为主要内容的各种先进流通经营和管理技术得以应用，商品流通领域的科技水平不断提高，商品流通的产业化和现代化的进程明显加快。电子商务已经成为企业间沟通和交易的主要渠道之一，电子商务的发展为传统流通业带来一系列变革，推进了流通技术革命，实现产销一体化整合，为网上交易提供便利条件。除电子商务之外，连锁经营、物流配送等新型流通方式迅速发展，超市、便利店、专卖店、仓储式商场、购物中心等新型商品流通业态不断增多，已经成为商品市场中新的增长点。

（三）多元化流通企业所有制结构体系

在市场经济环境下，资源配置主要是由市场来完成的。而所有制结构多元化却是市场竞争的直接动力，是市场化的客观要求。改革开放以来，商品流通企业通过联合、重组、兼并等多种形式完成了资产重组。特别是1994年以后，国家又实施“抓大放小”战略，并对国有大型、特大型企业实行股份制改造，许多已成为上市公司。随着国有商业企业改革的深化、民营经济的快速发展和对外开放步伐的加快，国有及国有控股商业企业的市场份额逐步下降，而民营、外资及港澳台商业企业的市场份额却随之上升，加速了商品流通领域多种所有制形式的市场主体共同发展格局的形成。

（四）市场运行监测和调控体系

目前，我国进一步完善生活必需品、重要生产资料、重点流通企业和特殊内贸行业管理等直报监测系统，建立社会信息搜集、专项调查、专家评估等间接监测系统和全国商品流通数据库，国内与国际、城市与农村、现货与期货密切相连的市场信息监测体系初步形成，生活必需品市场应急管理系统基本建立。2007年，全国涉及22个流通行业、600种消费品和300种生产资料的样本企业超过2万家；23个省（市、区）建立了22个品种的储备，完善肉、糖等重要商品的中央和地方储备制度，确定应急商品44种，基本上可以应对严重自然灾害和重大动物疫情引发的市场波动，为市场应急提供备用资源，提高应对突发事件的能力，起到调控和稳定市场的作用。

（五）商品流通的法律法规体系

市场经济社会是法律制度高度健全的社会。改革开放以后，我国商品流通领域的法律法规改革相对滞后，远远不能满足商品流通市场化改革的需要。“十五”期间，党的十六大报告要求适应社会主义市场经济发展、社会全面进步和加入世贸组织之后的新形势，加强立法工作，提高立法质量，我国商品流通行政主管部门加强了商品流通领域的立法步伐，加紧建设和完善商品流通的法律法规体系。

（六）商业信用体系

为了整顿和规范市场秩序，有关部门组织开展了保护知识产权等专项整治，实施了“知识产权保护网工程”，在全国建立综合性的举报投诉服务中心，查处各类侵犯知识产权案件，对猪肉、农资、烟酒等重要产品进行了重点整治，开通了中国反商业欺诈网，商业信用体系建设开始起步。

第二节　完善中国商品流通体制的对策与措施

一、商品流通体制所存在的问题

在充分肯定我国30年来商品流通体制改革成就的同时，也不能忽视商品流通体制所存在的不足和问题。目前，我国流通体制还存在不少问题，这些问题对国民经济发展的制约依然明显，只有通过深化流通体制改革才能加以解决。目前我国流通体制所存在问题主要表现在以下八个方面：

一是流通企业进一步深化改革缺乏强有力的政策支持。国有流通企业与多元化流通主体竞争地位不平等，一些地方政府对国有流通企业的保护和干预依然较强；劣势企业难以退出市场，优势企业难以发展壮大；以分散化、小型化、初级交易方式为特征的传统流通组织与经营方式仍在流通领域占据着主导地位。

二是部门分割、行业垄断、地区封锁依然严重，统一、公平与充分竞争的市场流通秩序还没真正形成。

三是流通领域缺乏系统、全面的长期发展规划，流通宏观管理体制尚未理顺，制约着流通领域的深化改革与发展。

四是在流通产业的发展和流通体系建设方面，城乡之间与区域之间发展不平衡，农村流通基础薄弱，流通设施投资严重不足，流通组织发育缓慢，产业组织化程度低，流通效率低下，现代流通业发展滞后。

五是内外贸一体化仍需向更深层次和更广领域发展，生产与流通之间也需不断加强协调和联系，中介组织还要进一步完善并发挥作用。

六是政府对重要商品流通的管制与调控同市场变化的要求尚有差距；部分重要商品流通的市场化程度还比较低。

七是社会信用体系不健全，市场秩序尚待规范。流通领域法律、行政法规和标准体系还不健全，商业规则也不完善；流通秩序混乱，竞争环境恶化；流通领域食品检测设施和技术手段还比较落后，机构尚不健全，相关部门之间的有机协调和配合不够，食品安全方面的问题比较突出，食品安全管理亟须完善相应的法律法规。

八是流通业整体竞争力偏低，在扩大消费和吸纳就业方面的作用需要进一步发挥，对国民经济增长的贡献度也有待提升。

二、商品流通体制的改革目标

为贯彻和落实科学发展观，实现经济增长方式的根本性转变，我国应该在流通环节积极采取措施，不断深化商品流通体制改革。“十一五”期间我国商品流通体制改革应该围绕以下三个主要目标展开①：

① 商务部研究院商务信息部：《“十一五”期间我国商品流通体制改革基本思路》，载《中国经贸导刊》2006 年第 1 期。

第一，充分发挥市场机制优化配置流通要素的作用。通过加快流通创新，促进新型流通组织与经营方式的发展，形成与我国市场体制、规模和结构相适应的、具有更高流通效率的、生产与流通有机结合、内外贸一体化、符合市场经济和经济全球化发展要求的新型商品流通体制。

第二，理顺“条条”、“块块”政府机构与市场之间的关系，打破和铲除各种形式的地区封锁、市场割裂、地方保护主义和市场垄断行为，形成统一、公平与充分竞争的市场流通秩序，保障各种经济要素和商品在全国范围内的自由流通。

第三，提高流通业的活力、效率和竞争力，促进生产，引导、扩大消费，增加就业，增强流通业对国民经济增长的贡献度。

三、商品流通体制的改革措施

虽然我国已经基本建立了以市场化为标志的商品流通体制，但完善这一体制的任务依然十分艰巨。因此，面对总体过剩的商品市场和日趋激烈的国际化竞争的国内、国际背景，我们必须深刻认识流通在社会主义市场经济发展中的重要性，大力推进和深化商品流通体制的改革，发展现代流通方式，加快形成统一开放、竞争有序的现代市场体系，促进国民经济持续快速协调健康发展。

（一）继续深化国有流通企业改革

以产权制度改革为重点，发挥市场机制作用，积极促进和引导流通领域国有资产的合理调整，推进国有流通企业股份制改造；建立现代企业制度，完善国有流通企业法人治理结构，深化企业内部人事、劳动和分配制度改革，建立健全科学的决策程序和激励约束机制；引导企业加强采购、销售、物流、资金和财务等方面的管理，积极运用现代信息技术，提高管理效率和水平；积极研究和探索通过债务重组等方式解决流通企业历史包袱的办法与途径，妥善解决一些国有流通企业政策性破产问题，处置不良资产，防止国有资产流失和逃废银行债务，保护职工合法权益和银行信贷资产安全，进一步为国有流通企业进入良性发展轨道创造有利条件；还要继续深化中小流通企业改革，促进中小流通企业的健康发展。

（二）加快流通领域品牌建设，增强流通企业核心竞争力

商品市场体系的主体是流通企业，流通企业品牌建设尤为重要。品牌培育与振兴是流通创新的重要内容，应抓紧制定和实施流通业的品牌振兴和发展战略，逐步发展、壮大一批国内龙头流通企业，鼓励和扶持其自主创新活动，增强其核心竞争力，促进国内流通业自主品牌发展。遵循和按照商品流通发展规律与我国现阶段社会和经济的发展水平，保持流通企业的适度规模和结构，既要顺势发展大型流通企业，又要着力扶持中小流通企业。培育流通领域大公司、大企业集团，规范有序地推进流通领域的企业兼并和重组进程；同时，也要重视中小流通企业改革创新，建立面向中小流通企业的国内贸易促进服务体系，并由政府部门牵头或依靠同业商协会提供咨询、技术、信息、经营指导和人才培训等方面的支持和服务，加强政府、同业商协会与企业之间的沟通和联系。

（三）促进流通组织发展，建立高效的流通组织体系

按照市场化的要求和导向，进行流通行业的改革、改组和改造，调整资产存量，优化增量结构，促进流通业态的不断创新，打破地区封锁和行业垄断，构建和完善流通组织体系。鼓励各类流通主体和流通企业之间的重组、合并与联合，营造新型的流通组织模式与大型流通企业；通过投资主体多元化以及直接融资等方式实现连锁规模的快速扩张，以各种流通主体加盟和特许等形式发展连锁经营，从而形成具有较强竞争实力的大型连锁企业；坚持传统与现代流通形式多元化，促进现代流通经营方式与业态的发展，用现代化的交易方式改造传统的流通方式与组织形式。大力发展各类连锁超市、仓储式商场、便利店、专卖店等新型业态，同时要特别重视发展新型批发市场，加快对传统批发交易形式的改造，加强行业标准建设，促进经济型酒店、沐浴、洗染、维修等居民生活服务业的规范发展，完善典当、拍卖、旧货、租赁等特殊行业监管机制；建立规范化和标准化的大宗生产资料交易现货市场、拍卖市场和期货市场，注重培育和发展“公司＋农户”型、农民合作型与专业产销协会型等多种形式的农产品流通组织，形成和完善农产品以中心城市

的中央批发市场为核心、以区域市场和产地市场为支撑的集散、交易与物流配送体系，重视和发展电子商务，促进电子商务基础网络服务平台建设，逐步实现规模化和高效化的商品流通组织体系。

（四）积极转变政府职能，构建新型流通管理体制

按照市场化的要求，政府职能必须发生深刻变化。应进一步整合和理顺相关政府机构体制，明晰管理部门间的分工和职责，改变目前管理上政出多门、条块分割的状况，真正将政府职能转变到宏观管理与服务上来。通过宏观流通管理，制定、组织和实施流通发展战略、产业政策、行业规划、行业标准，加强信息引导和应急调控，实施行业指导、监督和管理。在加快转变职能的过程中，各级政府应增强对市场运行的调控能力、公共信息服务能力和应对突发事件的快速反应能力，完善重要商品的储备制度，保障市场平稳运行，提高商品流通业的效率。

（五）运用法律手段规范流通管理，建立有序、自由、公平竞争的市场环境

应继续加强商品交易市场立法工作，逐步将商品交易市场管理纳入法制化轨道。通过相关的法律法规统筹商品交易市场的规划建设，加强商品交易市场建设管理，制定市场基本交易规则，明晰市场经营管理者责任、交易者权利和义务等内容，引导和促进商品交易市场改造升级，促进商品交易市场规范、协调与可持续发展。相关法律法规主要涉及：特许经营法、农产品批发市场法等；有关商品交易标准建设的法律法规，特别是针对农产品、大宗生产资料等商品进入市场的质量、包装、标识标准等；有关政府宏观调控与干预的法规，如商业储备法、价格干预实施规则等；有关反垄断、促进公平贸易、促进公平竞争的法律。加大市场经济秩序整顿规范力度，打破地区封锁，纠正设置行政壁垒、分割市场、妨碍公平竞争的做法，强化收费监督管理。实现依法行政，建立有序、自由、公平竞争的市场环境。

（六）完善重要商品的价格形成机制，确保重要商品市场稳定

要进一步加快土地、粮棉、水电、煤炭、石油和天然气等重要商品的价格改革步伐，减少政府对资源配置和价格形成的干预，使市场机制充分发挥作用。完善土地价格形成机制，使其价格真正反映土地供求和价值，严格控制行政划拨余地范围；加快建设以现代批发市场为核心的粮棉现货市场体系，促进粮棉市场价格的形成和合理流通；全面推进水、电价格改革，扩大水资源费的征收范围，提高征收标准，逐步建立上网电价的市场竞争形成机制；全面实现煤炭价格市场化，采用能够体现煤炭资源成本、生产成本和环境成本的价格核算方式，并完善煤电价格联动机制，通过市场化方式实现煤电价格的良性互动；完善石油和天然气定价机制，开放石油期货交易，建立既能反映国际石油市场价格变化，又能体现国内市场供求、生产成本和社会承受能力的石油价格形成机制。为了保障重要商品流通领域的公平竞争，加强政府对重要商品资源的调控力度，还应建立规范的流通主体资格管理制度、储备制度和干预制度，确保重要商品市场稳定。

（七）加快建设农村流通体系

完善农村流通体系、建设农村市场，不仅是构建商品市场体系、改变城乡之间流通产业发展和流通体系建设不平衡现状的需要，也是建设社会主义新农村，解决“三农”问题，促进农业增效、农民增收和农村发展的需要。政府应进一步加大对农产品批发市场建设的投入力度，采取投资补助、财政贴息和税费优惠等措施，加强大型农产品批发市场基础设施建设和设施改造，特别是重点支持农产品批发市场的质量安全追溯系统、环保等准公益设施、仓储和配送等经营设施建设，重点扶持农产品流通企业的冷链系统和生鲜农产品配送中心建设，推动农产品流通产业化和规模化。积极引导和鼓励农产品批发市场和零售企业与农产品生产基地之间建立长期和稳固的产销联盟，开展“超市加基地”试点，发展“订单农业”，支持大型连锁企业建立农产品采购基地，以有效发挥流通对农业生产的引导作用。加快培育新型农村流通组织，特别是培育一批大型农产品流通企业，加强对农民进行市场流通知识培训，改善农产品流通秩序，拓宽农产品流通渠道，解决农产品“卖难”问题，保障农产品流通安全。

（八）加快内外贸商务管理体制改革，推进内外贸一体化

积极整合流通管理资源，充分把握国内分工和国际分工，统筹利用两个市场、两种资源，打破内外贸分割局面，加快构建生产与流通有机结合、内外贸一体化、且符合国际惯例的新型流通管理体制。积极引导具备一定资质的内贸企业开展外贸业务，鼓励外贸企业开拓国内市场。有选择地进行内外贸企业改革重组试点，将内贸企业与外贸企业各自的优势有机结合，培育拥有自主知识产权和品牌、主业突出、核心竞争能力强、内外贸一体化的流通企业集团。在国内与国际市场相互补充中拓展发展空间，在国内与国际资源相互流动中实现优势互补，为国民经济发展提供坚实的内外保障。

（九）培育和健全社会信用体系，规范和整顿市场秩序

建立现代市场体系，必须加快健全社会信用体系。要从提高政府的公信力入手，加快发展和健全信用组织、机制和制度，培育信用文化，树立“诚信兴商”的经营理念，加强商业职业道德建设，形成“诚信为本”的法律和道德规范。要全面建立重点流通企业的信用档案体系，实行商业信用公告制度和失信惩戒机制，提高失信成本。加大知识产权保护力度，严惩制假售假、商业欺诈、逃税漏税和金融证券犯罪，建立维护市场秩序的长效机制。

第三节　对外贸易与世界市场

自1978年改革开放以来，中国对外贸易一直保持高速增长态势，贸易结构显著改善，从而加快了对两个市场、两种资源的有效利用，以及国内产业结构的调整和升级，扩大了社会就业，增加了财政收入，为促进整个国民经济增长作出了积极的贡献。

一、对外贸易与世界市场的重要性

世界市场是人类社会发展到一定时期的产物，社会生产力水平的提高、国际分工与贸易的发展以及资本扩张是推动世界市场形成和发展的基本动因。世界市场是指在国际分工的基础上，通过国际贸易将各国、各地区连接起来的各国市场关系的总和。它包括国际商品市场（有形市场）、国际金融市场、国际技术市场和国际服务市场。世界市场的形成和发展对人类社会产生着重要影响。

当今世界各国的经济越来越朝着更加开放的方向发展，各国不再是一个封闭的经济实体。借助于世界市场，各国经济相互联结成一个有机的整体。世界市场是国内市场在范围上的延伸，是国内市场发展的客观要求。当一个经济体发展到一定程度就需要向外寻找世界市场，这是市场经济发展的必然要求和趋势。

从世界上发达国家的经验来看，发展市场经济必须建立和发展广泛的对外经济关系、充分利用国外资源和世界市场。其主要原因在于以下四个方面：

第一，市场经济本质上就是开放经济，只有充分利用世界市场、参与国际交换，才能分享国际专业化协作带来的好处。

第二，社会化大生产所需要的资源是多方面的，一个国家很难拥有发展本国经济所需要的全部资源。

第三，由于各国的资源禀赋不同，加之其经济结构、经济规模和经济发展水平各异，只有通过对外开放、发展对外经济关系和利用世界市场，才能使各自的资源要素得到最优配置。

第四，一国企业只有充分利用世界市场，才能满足其产品和服务生产能力不断增加的需求。

总而言之，在经济全球化背景下，世界市场对实现资源最优配置和推动世界经济增长具有非常重要的作用。

随着国际经济一体化进程的加快和世界市场的扩展，国际贸易的重要性日益凸显。从一国的角度而言，对外贸易在其经济发展中扮演着越来越重要的作用。对外贸易通过各种传导系统，直接或间接地推动着贸易各方的经济发展。

（一）对外贸易能促进生产的扩大和国民收入的提高

一方面，通过贸易可以获得绝对优势，即通过输出本国不需要的剩余产品，输入本国需要的稀缺资源，提高现有生产能力中有效供给的比重；另一方面，更能获得比较利益，即通过把生产要素较多地投入到本国具有相对优势的部门，生产和出口本国相对占优势的商品，进口相对劣势的商品，从而节约社会劳动，促进国民经济的发展。

（二）对外贸易能促进技术的进步和劳动生产率的提高

在国际分工人发展的今天，新的科学技术不断涌现，而其传播主要是通过国际贸易进行的。其中包括进口国外先进的技术设备、专利和技术“诀窍”，进口本国不能生产的中间产品和高技术含量的最终产品。这样可以发挥后发优势以避免风险大、花费高的产品生产，缩短技术开发过程，以较小的代价来利用发达国家的先进技术，从而形成更强的产品竞争力。

（三）对外贸易能促使产业结构的优化和需求结构的升级

在经济开放的国家中，对外贸易通过促进科学技术的进步、劳动生产率的提高、国民收入的增加等，直接或间接地影响本国产业结构和需求结构变化。这不仅是产业优势和劣势的相互转化并不断创造出新优势的过程，而且是产业结构和需求结构优化升级的演进过程。

（四）对外贸易能够促使资本积累过程的加速

排除贸易中的非经济因素，对外贸易对资本积累具有如下的促进作用：第一，通过利用比较优势，节约社会劳动，提高国民收入水平和积累水平；第二，引进先进的技术设备和中间产品，节约开发研制费用，相应地扩大资本积累；第三，资本相对短缺的国家，通过出口劳动密集型产品而进口资本密集型产品，相当于间接地引进外资，进而加速了资本积累；第四，国际间的贸易往来加剧企业间的生存竞争，促使各企业竞相采用新技术、新工艺，提高资本利用率，从内涵上扩大了资本积累。

因此，对外贸易是世界各国对外经济关系的核心，是各国加速其经济发展的重要手段，在各国经济发展中起着不可替代的作用。

二、中国对外贸易发展与经济增长

（一）中国对外贸易发展概况与特征

1978 年以后，中国以改革和开放为基本点，开始由封闭型计划经济体制向开放型市场经济体制转变，对外贸易获得了迅速增长，基本形成了全方位、多层次、有重点的对外贸易发展格局。

1. 贸易规模迅速扩大，贸易位次不断前移，占世界贸易的比重不断提高

改革开放以来，中国对外贸易保持了强劲的增长势头。1978 年中国对外贸易的规模还比较小，进出口总额仅为 206.4 亿美元，出口贸易在世界贸易中的位次仅排在第 32 位。经过二十多年的增长，2004 年中国进出口总额突破万亿美元大关，达 11546 亿美元，成为世界上第三个货物贸易额超过 1 万亿美元的国家，进出口总额、出口总额均排世界第三位。2005 年中国进出口贸易额仍排全球第三位，进出口规模继续扩大，全年进出口总额达 14221.2 亿美元，比上年增长 23.2%，比“九五”期末的 2000 年增长了 2 倍；全年出口额 7620 亿美元，增长 28.4%；进口额 6601.2 亿美元，增长 17.6%；顺差规模达到 1018.8 亿美元，比上年增加 698 亿美元。而且，改革开放以来，中国对外贸易占世界贸易的比重不断提高，20 世纪 80 年代中国出口贸易占世界出口的比重仅为 1.4%，90 年代提高到 2.7%，2003 年该比重为 5.86%，2004 年升至 6.5%；到了 2007 年，中国外贸占全球贸易的比重提高到约 8%，在世界的排名也跃至第三位，其中出口跃居第二位。

2. 贸易增长速度加快，高于同期世界贸易和国内经济的增长速度

在对外贸易规模扩大的同时，中国对外贸易的增长速度也在不断加快。1978—2000 年，中国进出口贸易总额的年均增长速度为 15.3%，比同期世界贸易的年均增长速度高出约一倍。进出口总额从 2002 年的 6208 亿美元增加到 2007 年的 21738 亿美元，年均增长 28.5%，是改革开放以来增长周期最长、速度最快、增速最稳定的时期，远远高于同期世界贸易和国内经济的增长水平。

3. 贸易产品结构逐渐改善，工业制成品比重不断提高

改革开放之初，中国出口的产品大多为资源密集型或是没有统一质量标准的土特产品。经过“七五”时期，中国出口商品结构完成了以初级产品为主向以工业制成品为主的转变。经过“八五”、“九五”时

期，这种转变得到了进一步强化，初级产品在中国进出口中的比重继续下降，主要出口产品逐渐转向劳动密集型工业产品，这包括纺织品、鞋类和玩具类产品等，机电产品超过纺织品（1995 年）成为中国最大出口创汇产品，出口产品结构有了进一步优化，而且，整个进出口商品结构呈现出以工业制成品为主的特征。特别是“十五”期间，中国对外贸易持续快速发展，对外贸易结构逐步改善、质量效益不断提高，对经济社会发展的综合贡献日益突出。2001—2005 年，我国出口商品总值接近 2.4 万亿美元。其中工业制成品出口比重由 90.1% 提高到 93.6%，机电产品和高新技术产品占出口总值的比重分别由 44.6% 和 17.5% 提高到 56.0% 和 28.6%，分别增长 2.6 倍和 3.7 倍。

4. *多种贸易方式共同发展，外资企业贸易地位进一步增强*

改革开放以来，中国的对外贸易方式发生了显著变化：一般贸易份额不断下降，加工贸易所占份额急剧上升。20 世纪 80 年代以后，一般贸易份额从 1982 年的 90% 以上降至 1993 年的 50% 以下，而加工贸易所占份额从 1982 年的 10% 以下增长到 1993 年的近 50%，且超过一般贸易出口，形成了各占“半壁江山”的格局。从 1995 年起，中国加工贸易持续超过一般贸易，占出口贸易的比例保持在 55% 上下，成为中国出口贸易中主要的贸易方式，如 2004 年加工贸易机电产品出口占机电产品出口比重为 74.2%，高新技术产品 90% 以上是以加工贸易形式出口的。

外资企业进出口贸易地位进一步增强。1995 年外资企业进、出口占中国进、出口总额的比重分别是 31.5% 和 47.7%，2004 年提高到了 57.8% 和 57.1%，均超过了中国总进口和出口的一半。从分类产品看，在这 10 年中，外资企业在劳动密集型产品出口中只提高了 6 个百分点，而在高技术产品出口中却提高了 35 个百分点。目前外资在中国初级产品、劳动密集型产品和低技术产品出口中的比重约占 1/3 强，但在资源密集型、中等技术产品和高技术产品出口中的比重超过了 50%，尤其是在中国高技术产品的出口中占据了 80% 的高份额。因此，外资企业在进出口中的地位进一步增强，对带动对中国出口贸易和经济增长发挥了积极作用。

5.“科技兴贸”战略取得积极进展，外贸经营主体多元化格局初步形成

“科技兴贸”战略是中国原外经贸部于1999年初提出来的，它是十五大提出的“科教兴国”战略在外经贸领域的具体体现，是中国由贸易大国走向贸易强国正确的路径选择。“科技兴贸”战略的核心内容就是：通过科技进步，改进进出口结构，促进中国高新技术产业出口和用高新技术改造传统出口产业，提高出口产品的技术含量和附加值，提高出口质量，以增强中国出口商品的竞争力和抗风险能力。

“十五”期间，中国实施“科技兴贸”战略取得新的进展。2001—2005年，引进技术合同金额近730亿美元，出口高新技术产品超过1亿美元的企业超过240家，初步形成了以20个城市、25个基地、12类商品和1000家企业为重点的“科技兴贸”促进体系。

2001年以后，中国加快了外贸经营资格的放开步伐，促进了外贸经营主体多元化格局的形成。2001—2005年，获得外贸经营资格的内资企业从4.5万家增加到20多万家，外资企业和民营企业进出口额分别增长1.9倍和5倍。民营企业占进口总值的比重由2001年的4.7%上升到2005年的15.8%。

6. 外贸体制改革取得较大进展

适应市场经济体制和国际经济通行规则的中国对外贸易体制正在逐步形成。突出表现在：外贸高度集中管理的状况已经根本改变，外贸行为主体多元化；政府对外贸的管理和外贸企业法人的微观活动基本适应国际通行的经济贸易规则；汇率、利率、税收等经济杠杆已成为国家对进出口实行调控的主要手段；外贸管理法制化、规范化有了很大进展，并具有比较高的透明度；外贸企业的产权改革逐步推进，并开始按集团化、实业化、国际化和综合化的原则进行调整和改组。内外贸长期分割管理的局面被打破，使得我国内外贸行政管理一体化的商品流通体制得以建立。

7. 开放力度不断加大，区域经济合作全面展开

加入世贸后，中国在参加自由贸易协定方面迈出新的步伐。随着中

国—东盟自由贸易区谈判启动、内地与香港、澳门更紧密经贸关系安排进展顺利，以及我国与一些国家商签双边自由贸易协定的节奏加快，多边贸易协定有了实质性推进，中国步入了区域经济合作的新阶段。截至2007年底，我国已同中国香港、中国澳门、智利、东盟、巴基斯坦等签署实施了6个自贸协定，已完成谈判和在谈的自贸区12个，涉及29个国家和地区，涵盖我国外贸总额的四分之一。CEPA及四个补充协议的实施，推动了港澳经济的发展，促进了内地开放；与东盟签署并实施了自贸区货物和服务贸易协议，促进了"10+1"、"10+3"机制的深化；另外，我国与129个国家和地区、13个国际组织建立了多双边联委会机制180多个，已与123个国家签订了双边投资保护协定，对加强多双边经贸合作发挥了重要作用。

（二）中国外贸发展中存在的主要问题

通过对中国外贸发展现状的分析，我们不难发现，中国外贸发展依然存在着如下问题：

1. 以数量扩展为主，粗放型外贸增长方式弊端日益凸显

多年来，中国外贸出口主要靠外延型的数量扩张，传统体制下形成的外贸企业重数量轻质量、重速度轻效益的经营方式，目前还没有得到根本改变。例如，一些高能耗、高污染和资源性产品出口仍然增长较快，此类产品出口在资源消耗、环境污染以及安全等方面造成的损失，甚至比出口获得的效益要大得多；大部分出口产品的技术含量和附加值较低，档次处于中低档，缺乏核心竞争力与抗风险能力，在出口数量增加的同时，未能获得应得的利益，更不利于国内产业结构升级和国民福利水平的提高。

2. 贸易结构水平较低，国际竞争能力较弱

主要表现为：（1）进出口商品的结构效益较差。在出口商品中，虽然工业制成品已成为重要的出口商品，所占国际市场份额较大，但以劳动密集型产品为主，而且由于缺乏自主创新的能力，其技术含量和附加值较低，必然导致出口规模与效益的严重不对称以及国际竞争力低下。例如，2004年，中国出口鞋子59亿双，占世界鞋子贸易比重60%

以上，但价格仅为2.5美元一双，只有意大利鞋平均价位的1/10；又如，中国的纺织品、服装、皮革产品的国际市场份额都在全球占到第1位，但国际竞争力仅为第12位、第30位和第13位。当然，出口商品竞争力不强，还与拥有自主品牌的商品比重太低以及缺乏自主的营销网络等因素有关。在进口商品中，国内可替代的一般性机电产品、零部件和CKD散件的进口仍占进口总额的较大比重，技术设备的重复引进现象仍很严重。（2）加工贸易比重过大，对国内产业结构改善的带动作用有限。（3）对外贸易仍以商品贸易为主，货物贸易顺差巨大，但服务贸易发展相对滞后，服务贸易收支逆差庞大，从而严重损害了中国对外贸易的效益，与货物贸易出口居世界第三位的地位不相称。

3. 对外贸易体制不健全，体制性障碍日益凸显

具体表现为：外经贸的政府管理体制和协调服务机制还不健全，政府管理职能还不能完全适应世贸组织法律体系框架和管理体制的要求；统一开放、有序竞争、严格管理的市场体系建立还不够完善，外贸经营秩序混乱，抬价抢购、削价竞销比较严重，影响了对外贸易的效益；应对贸易摩擦和投资争端的有效协调和保障机制仍未完全建立。这些体制性问题，将会对中国进一步的改革开放带来严峻挑战。

4. 贸易摩擦进一步加剧，外贸出口潜在风险加大

各种贸易摩擦案件数量居高不下，摩擦的形式也日趋多样化。具体表现为：贸易摩擦逐步从产品、企业等微观经济层面向宏观经济政策、体制和制度层面不断延伸；摩擦领域从货物贸易向服务领域扩大；贸易摩擦对象也由发达国家向发展中国家蔓延；除了过去的反倾销、反补贴、保障措施等表现形式之外，还朝着环境保护、劳工标准、知识产权保护、技术壁垒等方面扩散。受这些因素的影响，中国出口产品潜在的外部风险不断加大。

三、中国外贸发展的战略选择及政策措施

（一）中国外贸发展战略的选择

外贸发展战略是一国或地区经济发展战略的基本组成部分，是根据

其经济发展总体要求、国内资源及国际市场的状况，针对其外贸发展目标及其实现手段所做出的战略性决策和适宜的外贸发展模式。它是一国或地区对外贸易发展指导思想的体现，其目的就是为了促进经贸的快速发展。

发展中国家的贸易战略主要有三种：初级产品出口导向型战略、进口替代战略和出口导向战略。其中：（1）初级产品出口导向型战略主要是一些具有丰富自然资源的国家，在其发展的初期阶段，依靠其初级产品（如食物、农矿原料）的出口获得外汇，进口发达国家的工业制成品，以推动国内经济发展的战略。但随着世界经济的发展，初级产品贸易条件的恶化以及世界需求结构向高级化的发展，这种发展战略已难以起到促进经济发展的作用。（2）进口替代战略是以国内需求为导向的内向型工业化发展模式。具体做法是：对国内能够生产的工业产品严格限制进口，对建立进口替代工业所必需的机器设备、中间产品或原料的进口进行鼓励，以促进进口替代工业的发展。这种战略的实质是保护和促进民族工业的发展。但其缺陷是：进口替代战略的实施，必然佐之以贸易保护政策，从而又不利于本国劳动生产率的提高和工业技术的进步。（3）出口导向战略是一种外向型工业发展战略模式。具体做法是：以发展非传统的出口商品，如半成品、成品，以代替传统的初级产品出口。其目的在于面向国外市场，促进国内经济技术发展。20 世纪 60 年代中期，一些发展中国家和地区采用这种发展战略，并成功地推动了经济的高速增长。但这种发展战略的缺陷是：国民经济将高度依赖于国际经济的变化，因而国际经济波动将对其国内经济产生重要影响。

根据以上分析，结合国内外经济发展的现实和趋势，中国的外贸发展战略应该采取进口替代和出口导向相结合的发展模式，既要发展民族工业，又要加强对外贸易。在这种战略模式下，要针对不同的地区有所侧重。具体来讲，沿海地区和轻工纺织等产业，应采取出口导向为主，进口替代为辅的战略；中西部地区和冶金、机械、电子、化工等产业，则应该采取进口替代，以满足内需为主，出口导向为辅的战略。

（二）中国对外贸易发展的政策措施

为了促进中国外贸的进一步发展，并使其与经济发展相适应，在特定的外贸发展模式下，还应采取如下的具体措施：

1. 继续深化外贸企业体制改革，加大进口体制改革的力度

要坚持完善管理、放开经营、推动联合、加强协调和建立独立贸易主体的要求，加快中国经济与世界经济接轨的进程。进口体制的改革要进一步弱化行政干预，强化经济、法律手段，按照国际规范实施管理；对于先进技术和设备的进口管理适当放宽，而且要实行必要的鼓励政策。除少数必须保护的幼稚工业产品外，其他商品经营要逐步放开。政府采购要逐步实行公开招标，建立有利于进出口相结合的组织管理体制，增强中国经济在国际市场上的运筹能力。

2. 加快转变外贸增长方式，处理好规模与效益的关系

要尽快将外贸增长方式从粗放型经营向集约化经营转变、数量扩张型向质量效益型转变，提高产品质量和经济效益，形成以技术为核心的质量效益型增长模式。在这个转变过程中，提升出口商品生产技术水平、创立高科技自主品牌是核心和关键，具体而言，就是要扩大引进先进技术和关键设备，加强引进技术的消化吸收与创新；加快运用高新技术改造传统出口产业，促进加工贸易转型升级，全面提升传统出口商品的技术含量和附加值；支持和培育具有自主知识产权和自主品牌的高新技术产品出口；重视技术创新投入，支持企业进行自主研发，提高研发水平，提高企业核心竞争力；制定自主品牌发展规划，建立品牌评价促进、推广和保护体系，加强知识产权管理和保护。另外，还要以经济效益为中心，建立新型、科学的外贸发展绩效评价指标体系，对地方和企业的业绩考核内容也应有所调整，并完善出口企业社会责任标准，进行社会责任认证，真实反映出口商品劳动成本、环保成本和资源成本，抑制出口低成本扩张，增加出口的社会效益，促进对外贸易全面协调和可持续发展，实现从“贸易大国”向“贸易强国”的转变。

3. 优化出口商品结构，提高出口增长质量和效益

出口商品结构优化的主导方向，从主要依靠劳动密集型、低档产品的出口，逐步转移到技术含量高、附加值高的产品出口，努力提高资本、技术密集型的高科技产品在进出口贸易中比重。为了优化出口商品

结构，政府要重点扶持、鼓励和优先发展资本密集型机电产品、高新技术产品、环保节能型产品和优势农产品的出口，并使之成为出口支柱产品；提高轻工产品和纺织产品等劳动密集型产品的质量、档次、加工深度和附加值，保持其出口的有序增长；鼓励高新技术产品出口；继续采取综合措施，大力开发环保、质优、成本低且符合国际环境标准的绿色产品，严格控制高能耗、高污染和资源性产品出口；有区别地调整出口退税政策，促进结构调整。

4. 建立和完善加工贸易产业准入机制，提高加工贸易产业层次

要继续发展加工贸易，着重提高产业层次和加工深度，增强国内配套能力，促进国内产业升级；建立和完善加工贸易产业准入机制，提高最低工资标准和环境标准的准入门槛；扩大加工贸易禁止和限制类商品目录；鼓励加工贸易向中西部地区转移，实现加工贸易由外资企业向国内民营企业转移，由成品组装向上游零部件和服务产业的转变，提高加工贸易的国内采购比率。

5. 继续采取措施扩大进口，促进对外贸易平衡和可持续发展

一是建立进口促进体系，为进口企业提供融资便利和公共信息服务，提高政策透明度，为国内外企业营造公平、公正、公开的贸易环境；二是进一步优化进口商品结构，鼓励扩大重大装备关键件、先进技术和设备以及国内短缺的资源性商品的进口，推动技术进步和产业升级，弥补国内要素特别是能源资源的短缺；三是扩大从发展中国家进口，对最不发达国家进一步放开市场；四是完善人民币汇率形成机制，通过各种政策工具调整实际汇率，实现汇率均衡，促进对外贸易的平衡发展；五是要促进加工贸易转型升级，通过扩大加工贸易限制类商品的产品目录，限制“两高一资”（高耗能、高污染和资源性）产品的生产和出口，强化企业自身的社会责任，承担保护环境和维护自然和谐的义务，促进对外贸易的可持续发展。

6. 制定服务贸易的发展战略，大力发展服务贸易

经济全球化正加速从制造业向服务业延伸，服务业全球化蓬勃兴起。我国应扩大服务业对外开放，大力发展服务贸易。一是建立国家级

服务贸易发展机制，制定中国服务贸易的发展战略；二是理顺和完善服务贸易管理体制；三是加快完善服务贸易法律体系和服务要素市场体系；四是支持现代物流、电子商务、设计咨询、信息服务等新兴服务业；五是发展面向国际市场的服务外包业。在合理科学的战略指导下，促进服务业出口，推动服务贸易的健康发展，并以服务贸易促进货物贸易升级，促进货物贸易与服务贸易的协调发展。

7. 制定贸易摩擦应对战略，营造良好的贸易环境

面对贸易摩擦增多的形势，应认真研究贸易摩擦发展趋势和规律，制定中国贸易摩擦应对战略，完善多方协调的应对机制，注重防范国际贸易风险，维护国家经贸安全，营造良好的贸易环境。对鞋类、钢铁、彩电、焦炭、化工产品、纺织品等重点“敏感商品”作好应对指导，扭转部分出口产品市场集中度过高的局面；促使国内企业改变生产方式，降低资源消耗，优化出口商品结构，从根本上防范绿色贸易壁垒的发生；提高国内企业应对国际贸易诉讼能力，始终有理有节地维护我国正当利益，通过谈判协商妥善化解争端；在符合世贸组织规则的基础上要合理运用反倾销、反补贴、保障措施等贸易救济措施，既应兼顾我国与欧美经贸关系的平衡，缓解与发展中国家的矛盾，也要保护国内产业的顺利发展，为国内产业赢得更大的发展空间。

8. 提高对外开放水平，实现市场多元化格局

坚持“引进来”和“走出去”并重的战略，在引进外资的同时，鼓励具有竞争优势的企业到海外投资。

在“引进来”方面，我国应针对不同层次市场的特点，制定不同的开拓战略。调整利用外资政策，由“招商引资”转为“选商择资”、“养商育资”；对于发达国家市场，要善于利用中国市场的巨大吸引力，发展同其多方面的经贸合作；进一步吸引一些大企业和跨国公司来中国投资经营，吸引跨国公司来华设立研发中心、服务外包基地和培训基地等，鼓励外商投资高新技术产业，增强外资的技术外溢效应，并利用其经营渠道，扩大中国对外贸易的市场占有率；鼓励跨国零售巨头的进入，以提高流通效率和服务水平，带动国内商业现代化；同时，还应加

强外资收购国内战略性行业的审查，严格限制高污染、高能耗和国内产能过剩的项目。

在“走出去”方面，应进一步开拓独联体国家、东欧国家和广大发展中国家的市场；扩大境外资源开发合作，提高境外资源的利用能力，实现资源进口多元化；大力发展对外承包工程和劳务合作，积极建设境外经济贸易合作区，带动成熟技术和设备出口；支持企业开展国际化经营，加快培育我国的跨国公司和国际知名品牌；鼓励企业开展境外加工贸易，规避贸易壁垒，开创企业国际化经营新局面；逐步发展海外参股并购，以小额股权投资和参股并购为起点，逐步熟悉情况后再提高参与管理程度，控制和规避我国企业国际化经营的风险；注意严格规范“走出去”经营秩序，避免恶性竞争和损害东道国公共利益的行为，强化企业遵守东道国法律和履行社会责任意识；在实施市场多元化战略中，要实行中央与地方相结合、政府与企业相结合、各项外经贸业务相结合，加强各方面的协调和配合。特别是要改善政府服务环境，在政策上鼓励企业“走出去”参与国际竞争，以提高中国商品国际化、企业国际化和产业国际化的程度，逐步建立中国的国际经营体系和国际生产体系，利用国外资金和综合运用各种要素相结合，形成产业结构逐步优化和生产要素全球配置的发展格局，在更大范围和更深层次上参与国际合作与竞争。

（撰稿人：董秘刚、苏子微）

第七章　中国特色社会主义要素市场体系

要素市场是社会主义市场经济体系的重要组成部分，完善发达的要素市场是保证我国经济健康、稳定、持续发展的基础和前提。要素市场在市场经济的资源配置效率方面发挥着极其重要的作用，只有高效的要素市场才能保证高效的经济业绩。我们在这一章主要研究几个重要的要素市场，它们是金融市场、人才市场、技术市场和产权市场。

第一节　培育与发展各类金融市场

一、中国金融市场发展的历史回顾

金融市场是要素市场的重要组成部分，在资源配置中发挥着重要的作用。经过多年的发展，我国已经逐渐形成了一个交易场所多层次、交易品种多样化和交易机制多元化的金融市场体系，为推动国民经济的快速发展，推进国有企业和金融机构改革，实现整个社会的和谐稳定发展，作出了重要贡献。

（一）金融市场体系基本形成

金融市场是指以金融资产为交易对象而形成的供求关系及其机制的总和。它包括如下三层含义：一是它是金融资产进行交易的一个有形和无形的场所；二是它反映了金融资产的供应者和需求者之间所形成的供求关系；三是它包含了金融资产交易过程中所产生的运行机制，其中最主要的是价格机制。简单地讲，金融市场是金融商品供求关系或交易活动的总和，它既是资金融通的场所，又是金融商品关系的体现。

我国金融市场从20世纪80年代开始起步，经过近30年的发展，目前已经形成了一个初具规模、层次清楚、分工明确的金融市场体系。从市场类别看，既有由同业拆借市场、回购市场和票据市场等共同组成的货币市场，也有由债券市场和股票市场以及基金市场共同组成的资本市场，还有快速发展的外汇市场、黄金市场、期货市场以及保险市场等。从市场层次看，以银行间市场为主体的场外市场与以交易所市场为主体的场内市场相互补充，共同发展的格局基本形成。其中，货币市场已经成为金融机构管理流动性的主要场所和中央银行进行公开市场操作的重要平台；资本市场成为分散金融风险、改善公司法人治理结构、进行社会资源配置的重要机制。

（二）金融市场规模不断扩张，功能不断深化

金融市场作为资金交易的场所，它与金融资产一样具有便利资金流动和帮助借贷双方分散风险的一般职能。除此之外，它还具有价格发现与降低交易费用和信息成本的功能。随着我国金融体系的逐渐形成，金融市场的功能也在不断深化。主要表现在：

1. 金融产品与金融工具日益丰富

目前，我国金融市场已经形成了票据、债券、股票、基金、期货、黄金、外汇等比较完整的金融产品系列，同时也出现了诸如债券远期交易、利率互换、远期外汇交易、外汇掉期交易、权证、债券回购交易等创新性金融工具和金融衍生产品。这为满足企业和居民不同层次、不同性质的金融投资、融资及理财需求提供了广泛的选择余地。

2. 金融市场规模快速扩大，资源配置能力显著提高

随着社会主义市场经济体制的逐步确立，各类金融市场均取得了快速发展。（1）从货币市场来说，银行同业拆借累计成交金额从1998年的1978亿元增加到2006年的2.15万亿元，年均增长率为34.8%；债券回购成交额从1998年的1.4万亿元增加到2006年的28.57万亿元，年均增长率为45.8%；2006年票据市场累计签发商业汇票5.43万亿元，累计办理贴现8.49万亿元。（2）从债券市场来看，债券发行量从1998年的2645亿元增至2006年的2.02万亿元（不含央行票据），年

均增长28.9%；现券成交金额从1998年的6079亿元增加到2006年的10.93万亿元，年均增长率为43.5%，银行间市场托管的债券存量达9.25万亿元；（3）从股票市场来看，沪深两市市价总值从1993年末的3531亿元增至2006年末的8.94万亿元，占GDP的比重达到42.8%；2006年沪深股市累计筹资总额达2463.7亿元。（4）从黄金与期货市场来看，黄金市场累计成交金额从2003年的459亿元增加到2006年的2045.95亿元，年均增长率为12.2%；期货市场累计成交金额从2001年的3.0万亿元增至2006年的21万亿元，年均增长47.6%；（5）从保险市场来看，资产总额由2001年的4591亿元增至2006年的19731.32亿元，年均增长33.8%；保费收入由2001年的2109亿元增至2006年的5641.44亿元，年均增长21.7%。

3. 投资者结构不断完善，机构投资者队伍不断壮大

机构投资者已经成为我国金融市场的主体。除银行业金融机构外，基金公司、财务公司和保险公司等非银行金融机构和企业等非金融机构的市场参与程度也快速提高，我国银行间市场的影响与日俱增，其中银行业金融机构是我国银行间市场的主体，同业拆借市场和银行间债券市场会员中，分别有商业银行339家和289家，部分运作规范、交易规模大的商业银行等金融机构成为我国银行间市场的做市商，做市商制度的逐步完善使做市商在我国银行间债券市场的作用进一步发挥。证券市场机构投资者日益成熟，机构投资者基础日益雄厚，2006年底，我国共有基金公司58家，管理各类基金307只，当年新募集资金的资产净值4028亿元，累计净值达8565亿元，合格境外机构投资者（QFII）累计批准机构达55家，批准外汇额度90.45亿美元；社保基金、保险资金和企业年金等加快进入证券市场。

4. 金融市场主体参与程度不断提高，参与形式更为多样化

各金融子市场参与主体快速增长，各类投资者得以不断丰富和发展。人民银行不断培育和完善金融市场主体，先后批准了证券公司、保险机构、证券投资基金、住房公积金、基金管理公司以及境外机构投资者进入银行间债券市场，促进了金融市场投资主体的多元化。截至2006年底，全国银行间同业拆借市场成员共有703家，银行间债券市场成员6439家，并引入了货币经纪公司在银行间市场开展经纪业务。

此外，截至2006年底，股票市场沪深证券交易所开户总数为7854万户；黄金市场共有会员150家；期货市场共有期货经纪公司187家；外汇即期市场共有会员272家。

5. 金融市场功能不断深化

经过多年的发展，我国各个金融市场的功能都在不断完善，在金融体系和国民经济中的作用不断凸显。银行间货币和债券市场的功能已从发展初期的头寸调剂发展为银行、企业乃至个人进行投资和资金管理的重要场所；股票市场由发展初期主要为国有企业融资服务的功能定位逐步发展成直接融资的重要平台；外汇市场由发展初期的银行间外汇头寸调剂发展为各类投资者广泛参与、进行外汇风险防范与管理的重要场所；期货市场在建立初期套期保值的基础上，价格发现功能和投资管理功能也在逐步完善，部分期货产品已经成为全球重要的定价中心①。

（三）金融市场管理制度日益完善

金融市场的发展及功能的发挥，离不开完善的金融市场制度。近年来，经过金融业的不断改革和金融市场的发展，我国金融市场的基本制度已经形成，为维护市场公正透明环境、保护市场主体的合法权益及市场秩序方面奠定了良好的基础。这主要表现在以下几个方面：

1. 金融市场的法律制度逐步建立与完善

一方面，《中国人民银行法》、《商业银行法》、《证券法》、《保险法》等一系列金融法律的颁布与实施，明确界定了相关金融主体在金融活动中的责权利关系，为金融市场的有效运行奠定了基础。另一方面，各个金融市场监管部门陆续制定和发布了一系列规范性文件，为规范市场管理、维护市场秩序提供了有力的制度保障。

2. 完整的金融市场监管体系已经形成

根据金融业发展的阶段性和现实，我国金融业目前实行的是分业经营。2003年，中国银监会的设立，标志着与分业经营相适应的分类监管制度的形成。这样中国证监会、中国保监会及中国银监会分别行使对

---

① 马德伦：《抓住有利时机，加快我国金融市场发展》，载《中国货币市场》2007年第6期。

证券业、保险业和银行业的监管职能；加之这三个监管机构之间的定期联席会议制度，通过相互的信息交流与沟通，保证了对金融业进行监管的全局性和高效率。另外，金融业监管理念的逐步转变以及相关监管法律法规的修订与完善，使得监管的强度与水平都在不断提高。

（四）金融市场对外开放进入一个新阶段

随着中国加入WTO，中国金融业的对外开放也进入到了一个全新的阶段。表现为：一是外资银行在中国境内设立的营业性机构快速增加，可经营人民币业务的地域范围逐步放宽。截至2004年底，共有19个国家和地区的67家外资银行在华设立了211家营业机构，其中外国银行分行167家，下设支行19家，外资银行可经营人民币业务的城市达到18个。二是中资银行在海外扩张的速度加快。截至2004年末，四大国有商业银行在海外设立的分行数达到619家，代表处22家。三是资本市场的对外开放进一步加大：一方面表现为2002年11月出台的QFII制度，引入合格境外机构投资者，使得国内资本市场有了国外投资机构的参与，而且投资额度还在进一步增加；另一方面表现为中国企业在海外上市的步伐加快，使得更多的企业融入国际资本市场，从而使资本市场与国际资本市场的联动性日益增强。四是人民币的自由兑换和国际化进入一个新的阶段。对个人因私出境用汇管理办法的不断修订及用汇额度的放宽，企业自愿结售汇制度的实施等，使得人民币的自由兑换已经逐步扩展到了资本项目，人民币的国际信誉和国际化程度大大提高。

二、中国金融市场发展中存在的主要问题

（一）金融市场体系不尽完善，农村金融服务和中小企业融资问题较多

经过多年的改革与发展，我国虽然建立了较为完整的金融体系，但金融体系的内部结构不尽完善。突出体现在：一是针对中小企业融资服务的金融机构欠缺，使得中小企业的融资难问题始终没有得到很好的解决；二是国有商业银行出于利润最大化考虑，进行战略收缩，撤并了大批设立于农村的服务网点，加之农村信用社因规模、体制等因素的制约，而使得农村金融服务的供给严重不足，在较为贫困的地区，金融服务出现了真空状态，对“三农”问题的解决十分不利。

（二）金融市场监管的预见性较差，鼓励创新不够

虽然我国已经形成了证券、保险及银行分业监管的金融监管体系，金融监管的力度还在不断加强。但大量的实践表明，目前的监管体系对金融活动的预见性较差，往往担当着“灭火员”而不是“预防员”的角色，这样监管的主动性不强。另外，目前的监管制度与监管体系更多地强调监督和管理的作用，而对金融企业创新活动的激励不足，导致创新的步伐缓慢；另外，由于市场经济条件下资金流动的不可分割性，使得在目前的分业监管模式下存在着监管政策不统一、监管存在真空的问题，不利于金融深化的正常运行。

（三）资本市场的发展规模较小且结构严重失衡

目前我国的资本市场虽然发展很快，但总体来说，规模依然较小。截至 2007 年底，中国股票市场总市值达到 32.7 万亿元，相当于 GDP 的比值为 132.6%，但与西方主要发达国家，甚至一些发展中国家相比还有很大差距；中国债券市场资产总量为 8.37 万亿元，仅相当于当年 GDP 的 35.3%，这一数字远低于美国的 188.5%，也低于韩国的 125.1%。因此，无论从股票市场，还是从债券市场来看，我国资本市场发展规模依然较小。

另外，金融市场结构失衡问题也很严重。这突出表现在：一是企业的融资结构上，企业通过银行信贷进行的间接融资比例高达 90% 多，而通过资本市场直接融资的比例不到 10%；二是债券市场的内部结构上，国债余额占债券余额的比例一直在 65% 左右，金融债券占 30% 左右，而企业债券比例不到 5%；在金融债券中，又以政策性金融债券为主体，这样债券市场几乎成为政府债券一统天下的格局，债券市场的结构扭曲现象十分严重。

（四）外汇市场功能还没有得到充分发挥

我国的外汇市场在市场化取向的改革思路下，市场规模迅速扩大，交易效率明显提高，运作机制进一步规范。但是，从目前的现状来看，外汇市场因受到各种约束而功能没有得到充分发挥。表现在：一是交易主体的多元化格局尚未完全形成。银行间外汇市场的交易者多为商业银行，非银行机构和其他市场参与者较少，交易主体单一化的问题比较突出。二是外汇市场的交易自由度受外汇管理开放程度的影响，外汇交易的真实供求并没有体现出来，外汇市场的功能并没有得到充分的发挥。三是交易工具、交易品种还不丰富，难以满足企业及市场主体进行外汇风险防范与外汇投资的需求。

三、中国金融市场发展的方向与思路

根据我国经济发展的阶段性及经济一体化、金融全球化的发展趋势，我国未来金融市场的发展应该集中于以下几个方面：

（一）构建与完善同经济发展相适应的金融市场组织体系

我国目前的金融资产总量虽然较大，但结构不合理；中小企业融资需求难以得到满足，农村金融服务供给不足等问题均与金融市场组织体系的不尽合理有关，突出体现为国有商业银行依靠行政形成的垄断，虽大而不强。因此，适应经济国际化及经济主体金融服务需求多层次化、多样化的要求，必须对现有的金融市场组织体系进行调整与改革，调整与改革的基本目标是形成“寡头主导，大、中、小共生”的格局①。为此，必须进行以下有关方面的改革：

1. 加速国有商业银行改革

国有商业银行改革的目标就是要按照建立现代企业制度的要求，将其改造成治理结构完善，运行机制健全，经营目标明确，财务状况良好，具有较强国际竞争力的现代金融企业。为此，应在三个方面加大改革力度：一是加速推进国有商业银行的产权改革，实现产权主体多元化，形成有效的公司治理结构。二是强化银行内部的组织机构优化及激励机制，使其具有更强的市场竞争力。三是严格控制资产风险，不断提高盈利能力。

2. 积极探讨与发展民营银行

所谓民营银行，是指同时具有下列条件的商业银行：资本金主要来自民间，由民间资本控股经营；人事任免权真正属于股东大会及董事会②。在市场经济发展到今天，目前探讨与发展民营银行具有十分的迫

① 孙天琦：《金融组织结构研究》，中国社会科学出版社 2001 年版。

② 李木祥、钟子明、冯宗茂：《中国金融结构与经济发展》，中国金融出版社 2004 年版，第 324 页。

切性：一是民营银行的发展可以完善我国的金融体系，使金融机构体系得到优化；二是可以有效地解决民营企业及中小企业的融资问题；三是有助于营造银行业竞争的环境，激发国有商业银行的活力。

3. 积极发展风险投资、信用担保中介等非银行金融机构

风险投资是一种将融资与投资相结合的创新型金融活动，它是在专业投资机构风险自担的前提下，通过对有潜力和市场价值的项目和公司的投资，以资本市场为纽带，进行资源的优化组合。这种投资主要是针对存在较高风险的高科技企业，对高科技企业的创立与发展起着积极作用。目前，风险投资在我国虽然已经出现，但发展的规模和水平仍然较低，难以满足高科技中小企业发展的要求。因此，应该从风险投资的政策环境、支持系统、运营制度等方面予以大力支持。

面对中小企业融资难的问题，必须加快发展信用担保中介机构，建立起完善的中小企业信用担保体系。目前我国的信用担保机构与体系虽然已经建立，但普遍存在着担保机构注册资本金少，规模小，担保市场体系不健全，担保公司运作不规范等问题，制约着信用担保业的发展。今后应该从担保机构的组建，资本金的补充和筹措，担保组织形式的设立，风险防范与控制机制的建立等方面予以不断完善。

（二）以重点发展直接融资为目标进行融资结构调整

直接融资和间接融资是现代经济中的两种最重要的融资方式。其中直接融资方式的基础是证券市场的发展，而间接融资方式则以银行的发展为基础。两者之间是相互补充共同发展的关系，而且从世界范围内的发展来看，两者具有日益融合的趋势。但由于直接融资和间接融资在发展基础、风险分散机制等方面的不同，使得在经济发展的不同阶段，两种融资方式的地位和作用也不同，而且经济发展水平和市场化程度越高，直接融资所占比例越高。但从我国的情况来看，直接融资所占比重明显偏低，与市场经济的发展水平及企业需求明显不相吻合。这种融资方式的结构状况，一方面导致从宏观层面看，金融资产高度集中于银行；从居民家庭看，金融资产单一并主要表现为银行存款；这无疑使大量的金融风险集中于银行，增加金融体系的脆弱性；另一方面使企业难以通过证券市场获得有效的资金来源及形成良好的法人治理结构，同时不利于社会资源的有效利用。因此，无论从哪一个层面讲，都必须重点

发展直接融资，提高直接融资的比重。其突破点应在资本市场的发展上。为此，应从以下几个方面入手：

1. 要正确处理规范与发展的关系

规范与发展永远是资本市场发展的主题。基于规模扩张下的发展是资本市场功能效应发挥的基础，而规范化则是其功能效应发挥的前提条件和保障。由于中国资本市场起步时的制度环境不同于西方国家，因此，规范与发展的关系问题显得更为重要与突出。考虑到中国资本市场发展的规模还较小、发展时间较短以及特殊的历史背景，中国资本市场在规范与发展的关系问题上，应该采取在发展中谋求规范的思路，使各种不规范问题在发展中逐步解决，以减少各种摩擦。

2. 切实纠正资本市场发展的功能定位偏差

资本市场的基本功能在于其优化资源配置，为经济主体筹资，进行资产风险定价以及提供资产的流动性，其中优化资源配置是其最为核心的功能。然而，中国资本市场的发展却存着明显的功能定位偏差。表现为：一是将股票市场定位于为国企改革服务；二是将债券市场定位于为中央财政融资服务。这种定位使中国资本市场在微观层面的资源配置效率十分低下，同时也是资本市场许多不规范问题产生的根源。为此，必须进行资本市场功能定位偏差的纠正，实现股票市场由为国企融资服务转向为符合国家产业政策的一切优质企业服务，债券市场由为中央财政解决财政赤字服务转向为企业融资服务。

3. 积极进行资本市场的规模扩张与结构优化

稳步扩张的规模是资本市场发挥良好功能效应的基础，而合理的结构又是提高效率的保证。中国资本市场从其诞生以来，规模一直处于扩张之中，但规模的扩张应该从两个方面同时进行：一是供给规模的扩张，即股票、债券发行规模的扩大；二是需求规模的扩张，即市场投资者的培育，特别是机构投资者的培育。在结构优化方面，主要是形成多层次的股票交易市场体系，大力发展企业债券市场，使债券市场主要为企业服务。

（三）继续深化农村金融体制改革，积极培育农村金融市场

在我国金融体制改革不断深化，并且取得显著成效的情况下，农村金融发展的问题却日益突出。表现为：一是现有农村金融体系与农村经济发展要求不相适应，导致农村金融服务缺失严重；二是农村金融资源的非农化趋势加剧，金融对农村经济的支持力度减弱；三是农村信用社的支农压力越来越严重，难以满足“三农”对金融服务的需求；四是农村信用社运营效率低，且风险突出。因此，为全面支持“三农”的发展，必须深化农村金融体制改革。改革的目标是：建立起遵循市场经济原则，以满足农村各类经营者及农村发展的现实需求为中心，真正为“三农”提供服务的农村金融机构和农村金融体系，促进农村金融市场的快速发展。具体来讲，应从以下几个方面入手：

1. 完善农村金融机构管理体系，加强对农村信贷资金的管理

具体应该采取以下措施：一是农业银行要加强对农村金融的服务，重点支持农业产业化经营和乡镇企业以及小城镇建设；适当增加农业中长期贷款比重，支持农村水电等基础设施建设；二是农发行除了要加强粮油收购资金的封闭管理以外，还要积极拓宽政策性资金融资渠道，加大对“高效农业”、“生态农业”开发的投入；三是规定农信社支农资金的比例，杜绝和减少农村金融资源的非农化。

2. 深化农村信用社管理体制改革

根据农村信用社体制多次改革的经验与教训，农村信用社改革的重点是明确产权、强化责任、加强约束、增强服务、控制风险，使其成为联系农民和支持农业发展的金融主力军。农村信用社改革必须充分考虑到各地经济发展水平差异较大的现实，建立与当地经济水平相适应的管理模式。对经济较为发达的地区，可以重组为农村商业银行，为“三农”提供全方位的金融服务；对于经济较为落后的地区，可以视情况改造为股份合作制信用社或真正合作意义上的农村信用社。无论哪一种形式，都必须充分尊重农民的意见。

3. 强化对农村金融的政策支持，扶持农村信用社的发展

考虑到农村信用社的支农压力和经营困境，国家应该强化对农村信用衬的政策支持，比如实行税收优惠，甚至免税；对政策性、历史性原因造成的不良资产、呆坏账，通过财政予以核销；加大对农村信用社支农再贷款的额度，并延长期限；鼓励与支持符合条件的农村信用社加入全国银行间同业拆借市场等。

（四）进一步完善外汇市场制度设计并发挥其功能

根据目前我国外汇市场存在交易主体单一、交易自由度较小、交易工具与品种不丰富等问题，必须进一步完善外汇市场的制度设计，使外汇市场的各项功能得到充分的发挥。

1. 进一步扩大外汇市场主体和交易品种

在现有即期和掉期交易的基础上，降低市场准入条件，使得更多的非金融企业和非银行金融机构进入即期交易市场；同时放宽中小银行进入外汇掉期交易的条件，为中小银行提供规避汇率风险的渠道。从交易品种看，应积极创造条件，适时拓宽汇率风险规避和保值工具，推出外汇期货、外汇期权等，使外汇市场的功能得以充分发挥。

2. 加强对外汇市场的监管和自律，减少系统性风险

建立市场会员行为准则，制定交易行为规范和行业惯例，进一步规范市场运作程序，保证市场公平秩序。同时，建立市场监测指标体系和跨市场监管框架，保证外汇市场的稳定和有序运行。

3. 统筹兼顾，逐次推进各项改革

由于外汇市场的发展与货币可兑换、汇率制度改革等紧密相关，因此，外汇市场建设与发展必须与外汇管理、金融体制改革协调配套，在统筹兼顾的总原则下，逐次的推进各项改革。

（五）创造条件并加快金融创新步伐

20 世纪 70 年代以来，伴随着金融管制的放松，金融创新的速度空前加快，成为各金融机构立足市场，获取利润与提高竞争力的重要手段与措施。金融创新的主要内容包括金融战略创新、金融工具创新、金融市场创新和金融机构创新，对于中国来说，目前最为迫切的是要创造条件并加快金融工具及金融市场的创新。

1. 加快金融工具创新

金融工具创新就是要增加金融工具的形式和品种，以更好地满足经济主体的投资需要。现阶段我国金融工具创新的重点可概括为：

第一，储蓄类金融工具创新。我国在一个相当长的时期内，居民储蓄仍将是各个银行在金融市场上竞争的重点。这方面的创新可以采用储蓄存款、证券化形式，即由经营储蓄存款业务的金融机构，将各类定期

储蓄存款变成金融市场中一般意义上的有价证券，使储蓄资产商品化。在品种上，有银行可转让定期储蓄存单、一般性银行储蓄债券、不定期储蓄债券、回购储蓄债券等多种形式。

第二，努力发展有助于扩展市场的金融工具，包括信用卡、大额存单、货币市场存款账户、个人消费性信贷、住房贷款、持股公司发售的商业票据等。随着国家金融政策松动和金融市场发育，也可适度发售浮动利率债券和可转换债券。这些新金融工具的作用在于吸引客户、增加金融市场流动性，为借款人创造更多的机会，从而达到市场扩容的目的。

第三，扩大证券发行数量，增加证券种类，推动证券市场发展。重点放在增加债券品种上，要不断创造新债券品种，增加债券发行量。

2. 加快金融市场创新

从产品交易的角度分，金融市场可以划分为交易基础性金融工具的金融市场和交易衍生金融产品的金融衍生品市场。目前，我国交易基础性金融工具的金融市场已经得到了快速发展，而金融衍生品市场的发展却十分薄弱，难以满足经济发展的需要。

从产生与发展的逻辑关系来看，金融衍生品市场是以实体经济为基础，由基础性金融工具市场派生演化而来的，它的基本功能在于为实体经济系统和基础性金融工具部门提供一种类似于“保险”的服务。目前，金融衍生品市场的培育与发展在我国具有了现实的迫切性。一是加入 WTO 之后，中国经济与世界经济的融合度更大，国际市场波动产生的风险会通过各种途径传递到国内，不仅影响整个宏观经济的运行，而且会影响到企业的经济活动及居民家庭的资产安全，因此，对金融风险防范与管理的需求空前强烈。二是国内居民家庭金融资产的快速增加，急需要进行资产的有效组合，以实现资产的保值增值；而金融衍生品市场的发展，不仅可以为居民家庭提供一种新的投资渠道，而且可以利用其风险防范机制防范与化解金融风险。从目前的实际情况看，金融衍生品市场的发展可以先从股票指数期货市场入手，然后逐步推出利率类金融衍生品，最后到外汇类金融衍生品。

（撰稿人：徐璋勇）

第二节　人力资源市场

一、劳动力市场的划分

劳动力市场划分理论出现在20世纪70年代初期，其主要创立者有皮奥里、赖克、戈登、多林格等。他们从不同角度，运用不同的分析方法，得出不同的具体劳动力市场划分理论。概括起来，主要有以下三种划分：主要劳动力市场和次要劳动力市场；高等教育程度的劳动力市场、垄断的劳动力市场和竞争的劳动力市场；内部劳动力市场和外部劳动力市场。

（一）主要劳动力市场和次要劳动力市场

这是劳动力市场分割理论关于劳动力市场的最主要的一个分类。这两种劳动力市场是根据工作性质、工作条件及待遇的不同来区分的，通常也被称为一级劳动力市场和二级劳动力市场。一级劳动力市场上的供给者是由知识、技能和管理精英构成，他们往往是企业的核心员工，基本上没有失业之虞。一些运作稳定的大公司、政府机构、公共部门等是这部分劳动力的雇主。这个市场是非竞争性的。二级劳动力市场由大量的非熟练工人、没有特殊技能的就业者、新进入劳动力市场的劳动者、由农村进入城市劳动力市场的劳动者等构成，而城市的非正规就业部门、正规部门的外围岗位是他们的主要需求者。这个市场的主要特征是供过于求，劳动者工资待遇低下，没有接受在职培训的机会，没有被提升的机会。这个市场是竞争性的，价格机制是其基本的运行原则。之所以说这两个市场是相互分割的，是因为两个市场之间劳动力缺乏流动，一级市场的就业者即便在失业状态下也不愿意进入二级市场寻找工作，而二级市场的就业者也很难进入一级市场就业。

（二）高等教育程度的劳动力市场、垄断的劳动力市场和竞争的劳动力市场

高等教育程度的劳动力市场是指在该市场中就业的至少是大学毕业生；垄断的劳动力市场是指有工会组织的市场，其雇员一般不需要接受高等教育；竞争的劳动力市场是指在该市场中主要提供在竞争公司、工厂以及垄断公司中工作的一般职位，这些岗位一般要求雇员只要具备基本的文化知识和手工技能就行。

（三）内部劳动力市场和外部劳动力市场

内部劳动力市场是指劳动力的价格确定和分配是由企业内部一系列管理规定控制的市场；外部劳动力市场是指劳动力价格、分配和培训等受市场经济变化直接影响的市场。

尽管西方经济学派在创立劳动力市场划分理论时，对劳动力就业的市场进行系统、深入地分析后提出了不同的具体划分理论，但他们都认为，所有市场经济国家的劳动力市场都可以最终划分为两类：好的劳动力市场和差的劳动力市场。因而，他们的理论又被称为“双重劳动力市场”理论。

但由于中国的实际国情，劳动力市场的产生和发展不同于西方国家。加之中国劳动力市场划分理论起步较晚，目前还没有形成比较完备的理论体系。刘强等提出“三级五层”劳动力市场理论①，他们认为，目前，中国劳动力市场的发展表现为：一种在城乡二元经济结构基础上的并存于城市内部的二元体制结构，即城市内部劳动力市场迅速发展与企业用工制度市场化并存。传统的劳动力市场理论则不能清楚地解释中国目前劳动力就业的这一特殊现象。因此，他们提出“中国三级劳动力市场的五个层次划分理论”，该理论的核心内容是：在市场经济转型时期的中国劳动力市场应分为：高级劳动力市场（Ⅰ级市场）、普通劳动力市场（Ⅱ级市场）和低级劳动力市场（Ⅲ级市场），而这三级劳动力市场中的职位，又被细分为五个层次，它们依次是：“金领”、“白领”、“灰领”、“蓝领”和“黑领”，其中“金领和白领”属于Ⅰ级劳动力市场，“灰

① 刘强等：《中国“三级五层”劳动力市场划分理论研究》，载《美中经济评论》2005年3月。

领”属于Ⅱ级劳动力市场，“蓝领和黑领”则属于Ⅲ级劳动力市场。

一般说来，在Ⅰ级劳动力市场中，大、中型企业、公司、机构中的高级管理人员（如董事长、总经理等）及政府高级官员（如厅局级及以上干部等）在职业上属于“金领”；而大、中型企业、公司、机构中的中层管理人员（如部门负责人等）、政府机构内的中层人员（如处科级干部等）以及科研院所的教授和专家等职业则属于“白领”。在Ⅱ级劳动力市场中，企业、公司和机构中的一般管理人员、政府内的一般公务员等职业属于“灰领”。在Ⅲ级劳动力市场中，企业、公司和机构中的普通员工所从事的职业属于“蓝领”；而像建筑工人、环卫工人、养路工等条件艰苦、工作环境差和收入低的职业则属于“黑领”。

在Ⅰ级劳动力市场中，从业人员工作舒适、收入稳定、待遇丰厚，但市场提供的职位较少，而且进入受到诸多限制，在我国主要反映为“高级人才招聘”。在Ⅱ级劳动力市场中，从业人员工作有保障，收入水平较高，晋升机会多，市场提供的职位相对较多，但进入该市场受到一定学历和技术水平的限制，在我国主要表现为“各地人才交流会”和“高校毕业生就业洽谈会”等。在Ⅲ级劳动力市场中，从业人员不能得到有效的社会保障，工资水平和社会地位低，但市场提供的工作岗位最多，同时进入这一市场的求职者受到的文化和技术条件限制较少，在我国主要表现为大量流动人口与当地客观条件相结合而自发形成的“劳务市场”和“保姆市场”等。

在我国同时存在人事部门和劳动部门。人事部门：主管对象是具备干部身份的知识型专业技术人才。劳动部门：主管对象是不具备干部身份的劳动型技能人才。我国的人力资源市场也分别由政府人事部门和劳动部门分别管理，因此被分割为“人才市场”和“劳动力市场”，人力资源中介业也因此被分割为“人才中介机构”和“职介机构”。人事部的《人才市场管理规定》则规定，“人才”是指具有中专以上学历或取得专业技术资格的人员以及其他从事专业技术或管理工作的人员。人才中介服务机构可以从事下列业务：（1）人才供求信息的收集、整理、储存、发布和咨询服务；（2）人才信息网络服务；（3）人才推荐；（4）人才招聘；（5）人才培训；（6）人才测评；（7）法规、规章规定的其他有关业务。

而劳动和社会保障部颁行的《劳动力市场管理规定》规定，职业介绍机构可以从事下列业务：（1）为求职者介绍用人单位；（2）为用人单位和居民家庭推荐求职者；（3）开展职业指导、咨询服务；（4）收集和发布职业供求信息；（5）根据国家有关规定，从事互联网职业信息服务；（6）经劳动保障行政部门批准，组织职业招聘洽谈会；（7）具备相应资格的，从事劳动力跨省流动就业中介服务；（8）经劳动保障行政部门核准的其他服务项目①。

在我国人力资源市场体系中，还存在着一个新兴的市场，即职业经理人市场。它是随着市场经济的发展、国有企业的改革、私营企业的发展产生和发展起来的。一个企业要在激烈的市场竞争中立于不败之地，除了培养其相关核心竞争能力外，管理水平的持续改善和提高也成为企业得以持续发展和壮大的主要因素，于是出现了以管理作为职业的经理人群体，从事职业经理人服务的市场于是应运而生。

人才市场、劳动力市场、职业经理人市场构成了我国主要的人力资源市场。

二、人才市场

（一）中国人才市场的发展现状

改革开放近30年来，与社会主义市场经济的发展相适应，我国以市场为基础的人才资源配置机制不断完善。以1983年我国第一家政府人才交流服务机构——沈阳人才公司成立，作为人才市场诞生的标志，经过20多年的发展，我国的人才市场体系已经形成，市场机制逐步完善，对人才资源配置的基础性作用充分显现；多层次、多元化的人才服务体系基本形成，人才服务功能不断增强；人才市场管理法制化建设不断完善，人才市场呈健康发展势头。

首先，多元化、多层次的人才市场服务体系基本形成，人才市场服务功能和服务手段不断拓展和丰富。

经过20多年的发展，我国的人才市场从无到有逐步成长和发展起来。1994年人事部下发了《加快培育和发展我国人才市场的意见》，确

① 本节部分内容引自中国人事科学研究院陈力：《我国人才市场健康发展》，2007年。

立了我国人才市场建设和发展目标：实现个人自主择业，单位自主择人，市场调节供求，社会服务完善，社会保障健全，在国家宏观调控下，使市场在人才资源配置方面起基础性作用。此后，我国人才市场进入了一个快速发展的时期，逐步建立了从初期的政府人才服务机构占主体，到现在是多种所有制共同参与的多元化、多层次的人才市场服务体系。

随着我国人事制度改革不断深化，人才流动更为频繁，人才市场的服务需求日益增长。2002 年以来，人才市场各类服务量和种类增长明显加快，服务方式和手段逐步由粗放型向集约型转化，加大了人才信息服务的硬件投入和软件开发，大力发展信息化、网络化的无形人才市场。同时，为配合政府对人才资源配置进行宏观调控和帮助就业困难群体就业和再就业，政府所属人才服务机构大力开展公共人事服务，在促进毕业生就业，协助地方引进人才，为边远基层地区和农村提供人才和智力支持以及帮助就业困难的人才提供就业服务等方面发挥了重要的作用。

其次，人才市场法制化、规范化建设不断加强。

人才市场的法制化和规范化是维护人才市场各方主体权益和市场健康运行的根本保证，是政府部门依法进行监管的依据。我国人才市场建立 20 多年来，根据不同时期人才市场发展的要求及时制定和颁布了有关政策法规。主要包括：一是对全国人才市场宏观指导和管理的综合性政策法规，如《加快培育和发展我国人才市场的意见》（1994）、《人才市场管理暂行规定》（1996）、《人才市场管理规定》（2001）；二是针对具体人才服务业务的管理规定，如《关于加强人才招聘管理工作的通知》（1991）、《流动人员人事档案管理暂行规定》（1996 年）、《全国人才市场供求信息分类标准》（2000）；三是放宽和规范人才市场准入的法规，如《国务院所属部门成立人才市场的人才中介机构审批暂行办法》和《全国性人才交流会审批暂行办法》（1996）；四是促进专业化人才市场发展的政策法规，如《关于加快培育企业经营管理者人才市场的意见》（2000），等等。

2002 年以来，为了进一步完善人才市场政策法规体系，国家人事部又相继出台了《中外合资人才中介机构管理暂行办法》（2003）；《关于加快发展人才市场的意见》(2004);《国务院所属部门人才中介服务机构管理办法》、《全国性人才交流会审批办法》(2005);《关于规范人才招聘会管理改进人才招聘服务的通知》(2007)。到2006年，全国中央和地方共出台有关政策法规近千件，有24个省（自治区、直辖市）制定了《人才市场管理条例》，形成人才市场管理的地方性法规。目前，我国的人才市场法规体系已经基本形成，基本建立了促进人才市场发展、规范市场准入、规范市场主体行为和完善人才市场服务等全方位的人才市场法规体系。

2007年，我国成立了人才服务业标准化技术委员会，加快开展有关人才服务业务标准的研究与制定，为促进人才市场服务质量的提高，增强服务竞争能力创造了良好的条件。

（二）中国人才市场发展存在的问题

虽然经过20多年的发展，我国逐渐形成多元化、多层次的人才市场服务体系，对我国人力资源发展、促进人才合理配置起到极大作用，但要看到，我国人才的市场化程度还不够高，市场机制在人才资源配置中的基础性作用尚未充分发挥，未来发展仍面临很多问题和挑战。

第一，现实的户籍制度严重地制约人才的跨地域流动，成为影响人才市场化的重要因素。1998年，在《国务院批转公安部关于解决当前户口管理工作中几个突出问题意见的通知》中，除强调严格控制北京、上海等全国特大城市、大城市的落户政策外，对中小城市放开落户政策，并取消了收取城市增容费或类似增容费的政策。此后，随着大学生就业分配制度的改革，取消大学生在省及省会以下城市就业的户口限制。这些新的户籍政策虽然促进了地方城市人才市场的活跃，但由于人才在北京、上海等全国特大城市、大城市落户仍然受到严格的限制，这就严重地影响了人才往生产要素最富集的地区的流动。另外，现实的人事档案管理制度制约着人才流动的及时性，妨碍了人才市场的配置效率，现行的“人档分离，收费管理”的流动人员档案管理办法不符合建立统一开放的人才市场的需要。

第二，现行的社会保险制度造成了人们进行跨地域、跨行业、跨所有制流动选择的困难。由于我国社会保险制度目前尚不完备，社会保险的覆盖面还没有覆盖到非公经济部门的某些领域，增加了人才由国有部门流动到非公经济部门的成本。在国有部门中，由于机关、事业单位、企业人事制度与社会保险制度改革的进程与步伐的不一致性，造成了由机关流向事业单位、由事业单位流向企业的高成本，所以出现了三支队伍间难以流动的问题。特别是中国社会保险制度实行省级统筹政策，使社会保险关系尤其是养老关系的跨地域的接转不顺利，增加了人才进行跨省流动的风险。

第三，人事制度改革尚未完全到位。虽然在国有单位、国家机关实行了公务员制度，事业单位进行了聘任制改革，企业实行了全员劳动合同制，部分地搞活了国有部门单位的人事制度，出现了国有部门单位人员流动现象，但是由于全民所有制事业单位专业技术人员与管理人员辞职、辞退的暂行规定与国家公务员辞职、辞退的暂行规定的不完善之处，影响了国家机关与事业单位人员的出入，造成了想出去的人出不去，想走的人走不了的局面。特别是一些单位仍对人才流动进行不合理的限制，导致人才市场供需主体难以完全到位，人才市场运行机制不够健全，市场供求、价格、竞争机制对人才资源配置的调节作用不能充分发挥。

第四，人才中介机构发育不充分。及时、准确、完整的人才供求信息的搜集、整理与发布是人才供求双方实现交易关系的基本前提。与发达的市场经济国家的人才中介机构相比，我国的人才中介机构发育相对不充分，人才中介服务业务相对单一，人才市场的服务功能还不能很好地满足各层次人才配置的需要，特别是针对高层次人才特点的服务功能不强。人才中介服务机构之间的竞争不够充分，致使提高服务水平的动力不足。人才市场的整体信息化服务水平不高，影响到人才市场配置效率的提高。人才中介服务机构的个体规模普遍较小，力量分散，与国外人才中介服务机构相比明显竞争力不足，影响了人才配置的市场化水平。

（三）发展人才市场的主要政策思路①

第一，完善人才市场服务网络，推动人才中介服务机构能力建设。首先，建立国家级人才市场，充分发挥国家级人才市场的辐射、带动、

① 参见人事部：《关于加快发展人才市场的意见》，2004 年 2 月 16 日。

示范作用：按照区域经济一体化进程，推动区域内人才市场的联合互动，完善区域性人才市场建设；培育发展企业经营管理人才和高新技术人才等专业性能人才市场，满足高层次人才开发的需求：发展农村人才市场，根据实际需要，为农村人才的发展和技术交流提供服务。其次，积极拓展服务领域，提升人才中介服务机构的业务开发能力；提升人才中介服务机构的经营水平；提升人才中介服务机构从业人员的整体素质。

第二，推进人才市场信息化建设，提高人才市场竞争力。加快人才市场公共信息网络建设，形成面向社会、辐射全国的人才公共信息服务平台。提高人才市场服务的信息化水平，提高信息服务质量，增强信息服务的有效性、准确性和及时性。健全市场竞争机制，取消妨碍公平竞争、设置行政壁垒的各种规定，保证人才市场的统一开放和竞争有序。打破行业垄断、地区分割，促进人才中介服务机构平等竞争。

第三，实施宏观调控，健全完善人才市场政策法规体系。完善调控手段，建立人才结构变化预测机制，消除市场作用中的盲目性。完善有关政策，积极引导人才向西部、基层和艰苦地区等社会最需要的地方流动；推动科技人才向企业转移；鼓励农业技术人才和高校毕业生到农村和基层开发创业。根据人才市场发展的需要，制定人才市场管理条例、人事争议仲裁条例，修订完善人才招聘管理、流动人员人事档案管理、人事代理等政策法规。研究制定国家重要人才流动管理办法。

第四，加大对西部地区人才市场建设的支持力度。按照《西部地区人才开发十年规划》的要求，加强对西部地区人才市场建设指导。鼓励人才柔性流动，通过定期服务、科技咨询、项目开发等多种灵活形式，引导人才为西部地区服务。支持西部地区人才中介服务机构挖掘自身潜力，不断提高为西部地区经济社会发展服务的水平。积极开展东西部人才市场之间的协作和对口支援。鼓励东部地区人才中介服务机构以多种方式对西部地区进支援和开展互惠合作。

三、劳动力市场

（一）培育和发展劳动力市场是解决失业与下岗人员再就业的主要手段

劳动力市场是完整的社会主义市场体系不可缺少的重要内容。劳动力市场对运用市场机制调节劳动力的供需关系，促进人员流动，合理配置劳动力资源，解决失业与下岗人员在就业起着重要作用。

第一，报纸、广播、电视等公众媒介为用人单位和失业与下岗人员提供较为完善的劳动力供求信息。报纸、广播、电视是联系劳动力供求双方最普通、最常见的一种形式。它是通过在报纸、广播、电视上刊登招聘广告（或求职广告），在劳动力供求双方之间建立起联系。由于报纸等媒介的覆盖面广，通过他们所传递的劳动力供求信息很容易被需要者获得，从而也就较容易在供求双方之间建立起联系。

第二，职业介绍机构。《劳动力市场管理规定》第十五条规定，职业介绍机构分为非营利性职业介绍机构和营利性职业介绍机构。其中，非营利性职业介绍机构包括公共职业介绍机构和其他非营利性职业介绍机构。

公共职业介绍机构，是指各级劳动保障行政部门举办，承担公共就业服务职能的公益性服务机构。公共职业介绍机构使用全国统一标识。

《劳动力市场管理规定》第二十八条规定，公共职业介绍机构应当免费提供以下服务：

（1）向求职者和用人单位提供劳动保障政策法规咨询服务；

（2）向失业人员和特殊服务对象提供职业指导和职业介绍；

（3）推荐需要培训的失业人员和特殊服务对象参加免费或部分免费的培训；

（4）在服务场所公开发布当地岗位空缺信息、职业供求分析信息、劳动力市场工资指导价位信息和职业培训信息；

（5）办理失业登记，就业登记，录用和终止、解除劳动关系备案等项事务；

（6）劳动保障行政部门指定的其他有关服务。

其他非营利性职业介绍机构，是指由劳动保障行政部门以外的其他政府部门、企事业单位、社会团体和其他社会力量举办，从事非营利性职业介绍活动的服务机构。

营利性职业介绍机构，是指由法人、其他组织和公民个人举办，从事营利性职业介绍活动的服务机构。

总之，通过这些机构，可以在劳动力供求双方之间建立起有效的联系，特别是为失业与下岗人员再就业提供了帮助。

（二）目前劳动力市场存在的问题

尽管劳动力市场得到很大发展，全国各地建立起各种各样的劳动力市场，为企业事业单位下岗人员解决了再就业难题，但要看到当前劳动市场仍存在严重问题。

第一，用工混乱。随着用工制度改革的深入，企业经营管理自主权不断加强，但一些企业却把“自主用工”当成“自由用工”，非法随意私招乱雇。劳动力市场供大于求的局面使许多企业根本不与劳动者签订劳动合同，或签订非法的“生死合同”，同时非法职业中介坑蒙拐骗求职者的事情仍屡见不鲜。

第二，劳动者的福利待遇受到严重侵害。由于企业缺乏有效的劳动监管，一些经营者单纯追求经济效益，侵害职工利益，任意延长工作时间、克扣和无故拖欠劳动报酬、女工保护缺乏、劳动保护形同虚设等屡禁不止。一些企业不是通过提高管理水平降低成本，而是以侵害职工，特别是临时工和农民工合法权益来降低所谓成本。

第三，用人单位逃避参加社会保险登记和缴费义务的问题十分突出。目前相当多的企业在参加社会保险时，远未做到应保尽保、应收尽收。这不仅影响了社会保险基金的支撑能力，也直接侵害了职工的社会保障权益，限制了劳动者在各类用人单位之间的合理流动。

（三）建立社会保障制度，完善劳动力市场

功能完善、高效统一的劳动力市场，不仅是企业劳动力的蓄水池，也是稳定社会的缓冲器。培育和发展劳动力市场，对政府来说，目前主要应抓好以下几方面的工作：

第一，政府部门应通过宏观经济政策促进劳动力市场的形成和发展，逐步建立起以市场机制（劳动供求）为基础的、全国或地区统一的大市场，创造公平竞争的环境，合理开发和配置劳动力资源，调整就业结构，形成企业有用人自主权，职工有择业自主权的双向选择机制，提高市场配置劳动力资源的功能和效率。

第二，建立和完善社会保障制度，扩大保险范围和保险程度，为劳动者在劳动力市场上的竞争提供安全保障。制定和完善保护劳动者权益的法规制度。主要有最低工资制度，规定用工单位应向劳动者支付的日工资或小时工资的最低标准；强制保险制度，规定无论用工单位经济成分如何，

都要承担所雇员工的养老、失业保险金，以及劳动争议仲裁调节制度等。

第三，规范职业介绍机构。职业介绍所是劳动力市场的主要部分，是劳动力供求双方的中介机构，其办事效率和服务信誉对劳动力市场的有效运转影响很大。要发挥政府举办的职业介绍机构的主导作用，对民间职业介绍所要加强管理，严格资格审查，并在收费标准上予以严格限制，使职业介绍所成为失业职工之家。

四、职业经理人市场①

（一）职业经理人市场在我国的发展历程

目前理论界对职业经理人并没有一个公认的、统一的定义。茅于轼认为职业经理人是彬彬有礼，懂得妥协和怎么与合作者谋求利益，而内心仍有强烈的意志和高度原则的管理专业人才。刘光起认为，职业经理人是以经理为职业，以企业行政为专业以契约关系受聘于企业，引导企业盈利的人。清华大学魏杰教授认为，职业经理人又称企业家。邱显平认为职业经理人就是职业化的企业家，他们能自主作出经营管理决策并承担企业经营风险，职业经理阶层是特有的、稀缺的人力资源，他能够激活、且能有效组织各种自然资源和社会资源以及资本资源。

以上学者提出的职业经理人概念，有的是从职业经理人的职能来下定义的，有的是从资本的角度来下定义。还有一些学者认为企业家就是职业经理人，将企业家等同于职业经理人。不管从什么角度来下定义，按照钱德勒的看法，职业经理人不仅是指企业的高层管理人员，也包括中低层管理者。职业经理人的基本特征包括：具有经营管理才能，以经营管理为职业，凭借经营才能获得薪金、拥有经营权，遵守自己的职业道德规范和接受各种相关制度的约束。

职业经理人市场是劳动市场的重要组成部分，它是参与主体（职业经理人和企业）交换服务的市场，市场的供给方是职业经理人，需求方则是企业，双方交易的实质就是职业经理人所具备的经营管理能力或称之为企业家能力。

① 本小节部分参考徐林：《中国职业经理人市场的理论与实证研究》，浙江大学出版社2006年版。

与国外发达国家相比，我国职业经理人市场发展较晚，只有十几年的历史，是一个新型的行业。虽然其他的人才市场也从事经理人才服务的业务，但主要的职业经理人市场也就是所谓的猎头公司。1992 年，沈阳维用科技有限公司成立猎头部，这是我国第一家专门提供经理人才服务的猎头市场。1993 年 3 月，北京泰来猎头咨询公司成立，这是我国第一个以独立法人注册的猎头公司。目前，在全国，通过政府相关部门注册成立，并正式经营猎头业务的猎头公司超过 950 家。

（二）我国职业经理人市场存在的问题

我国职业经理人市场发展尽管已有十几年历史，但客观地讲，还仅仅是起步，并受到诸多因素制约，还存在许多问题：

第一，企业“经营者才能”还没有完全成为真正意义上的商品进入流通领域。市场经济是以市场调节为主实现社会资源合理配置的一种方式，这里讲的“社会资源”包括“经营者才能”。国企改革多年，“经营者才能”这种“资源”的配置方式没有明显变化，反倒成了市场经济资源配置的一个“死角”，即经理人在被选择过程中，论资排辈现象依旧盛行不衰。而民营企业的创办者和“三资”企业的老板却成了职业经理人的伯乐。

国家经贸委等机构主持的一项关于中国企业家成长与发展的专题调查结果显示，企业经营者由主管部门任命者占 75%，由董事会任命者占 17%，由职代会选举者占 0.3%，由企业内部招标竞争者占 1.3%，由社会人才市场配置者仅占 1.3%。“经营者才能”很难像商品一样自由合理地流动。实际上，国有企业经营者的选择仍然在世袭“计划经济”的资源分配方式。

第二，对国企在职领导的考核方式也缺乏规范性和科学性。不仅考核过程缺乏透明度，还时而带有神秘的色彩，考核结果也常常出乎人们的预料。于是常常出现有些管理者虽然业绩突出却不能提升，而一些管理者业绩平平，甚至把企业拖到资不抵债的边缘，却可以异地升官。事实上，这种考核方式是对经营者才能即“商品和资本属性”的一种否定，而“经营者才能”要成为“商品”并转化成“资本”，其先决条件是其价值要由市场评判和社会认定，而不是由上级主管当局说了算。

第三，企业经理人缺乏相关的法规的保护，在与资本的关系中仍属于弱势阶层。在与资本方权利的对话中，中国的职业经理人实际上处于“相当脆弱”的地位，缺乏法律上的保护。至今，我国还没有一部《企业经理人法》。经理人在企业经营活动中的合法地位、权利、义务以及责任仍然处于模糊状态。再加上政企不分，使得我国的职业经理人阶层，从一开始就是一个不稳定、缺乏保障的阶层。这既影响了职业经理人队伍自身的成长，又影响了职业经理人社会价值的发挥，客观上造成了社会智力资源较大浪费。

第四，社会中介组织运作不规范，对经理人缺乏社会的制约机制。会计事务所、审计事务所、资产评估中心等社会中介机构存在运作不规范、管理不严密等问题，由此带来的后果是一些高层管理者与这些社会中介机构相互勾结欺骗股东甚至社会大众。目前，社会大环境还不利于企业家的成长，整顿规范社会市场经济秩序的力度与人们的期望值仍然相差甚远。

第五，企业家激励制度尚未建立起来。国有、民营企业一方面找不到合适的人才，另一方面又留不住现有的人才。待遇和“名分”也是中国经理人时时考虑的问题。年薪制和期权制已经试点多年，可是职业经理人频繁流失的问题并没有得到解决，原因是没有长期的激励措施。有的公司虽然试行期权，但无法上市，对经理人来说没有实际意义。至于上市公司，目前还没有形成期权上的制度安排。

第六，人才自由进入和退出市场还受到相当多的限制。目前，我国各地出台了不少包括新的户籍管理制度在内的人才引进办法，为实现人才市场全国一体化作了很好的基础工作。但人才自由进入和退出市场还受到相当多的限制。对引进来的人才闲置起来，层层设卡，限制跳槽，有的强制人家签订中长期合同，甚至扣留人家的档案等。有人说这不是“求才”而是“囚才”。①

（三）发挥市场经济功能，促进我国职业经理人市场的发展

从上述我国的职业经理人市场的实际运行状况来看，还存在诸多薄弱环节，我们应当充分发挥市场经济的功能及作用，促进我国经理人市场健康有序的发展，构建统一、开放、竞争、有序的职业经理人市场。

① 丁富国：《我国经理人市场的九大问题》，载《人力资源开发》2003年1月。

第一，产权制度合理化。职业经理人要在一个所有权、法人财产权和经营权分离的企业中承担法人财产的保值增值责任，全面负责企业经营管理，对法人财产拥有绝对经营权和管理权。由此要求从根本上规定财产所有者和支配者履行责任的范围、内容与程序。

第二，加大经理人才培养力度。我国的经理人才培养主要是由高等学校承担，而由公司建立成套培训机构自行培养所需人才的还不多。目前我国虽然有很多高校开设 MBA、EMBA 等培养高级管理人才，但存在一些问题，如招收学员局限于在职经理、高校师资的企业实践经验不足、办学导向以创收为主等问题。因此建立面向社会、面向全球化、面向现代化的经理人才培养模式迫在眉睫。面向社会培养职业经理人，培养对象不能局限于在职经理，而是要面向社会拓宽培养渠道、增加非学历教育，如由职业经理人行业协会、高校、企业等联合举办职业经理人资格认定培训班和职业技能培训班，培养出具有国际眼光、懂得国际商务运营和国际企业管理、体现信息时代特征、突出现代技术素质、既重人文又重数理、善于解决综合课题的经理人才。

第三，市场化选聘职业经理人。职业经理人市场需建立面向市场、择优聘用、优质优价的选聘机制。目前，我国大多数企业的高层经营管理者的选择都没有真正面向市场。国有企业中由政府及其主管部门从内部任命、私营企业及民营企业中由熟人介绍的情况比较多。还有一些政府官员通过政府任命直接空降到企业出任高管，其实这些人大部分都不是真正的企业家。这些存在于计划经济体制下的做法严重制约企业找到自己真正需要的优秀的职业经理人。还由于没有统一、开放、竞争、有序的职业经理人市场，企业选聘职业经理人处于信息弱势一方，“逆向选择”就比较普遍。企业招聘职业经理人时，应参考职业经理人的资质等级和既往业绩，遵循价值规律，按优质优价、双向选择的市场运作机制进行择优选聘。

第四，建立中介服务体系。目前，职业经理人市场主要依靠一些不成熟的低端人才市场和功能不健全的一些人才测评中介机构等来负责组织。由于猎头行业至今没有非常明确的市场准入证，也由于猎头首先是“挖人墙脚”的，因此往往是一种“半地下”的状态。中介机构是健全开放的经理人市场不可或缺的一部分，职业经理人作为这个市场的人力资源要素理应是众企业争相获取的稀缺资源，中介机构手中掌握有充足的经理人档案，他们正是能合理提供这种信息的平台，规范的职业经理人市场正需要强力有效的中介机构来实现。

第五，完善委托代理关系。目前企业内部与职业经理人签订的委托代理合同还不健全，大多仅靠口头承诺建立合作关系，没有成文的协议固定下来，这也成为日后产生分歧和分手的隐患。完善委托代理合同，就是指通过委托代理合同具体详细地落实委托代理责任，建立严格的财务审计制度和信息披露制度，强化委托代理的合同约束。其中有两个重点：一是合同制定要周密，执行要彻底；二是治理机制要科学而强硬，坚决防范“内部人控制”，通过不断反思企业内部治理机制，强化监事会的作用、建立由董事会领导并独立于经理班子的财务审计委员会、完善独立董事制度等一系列手段，实现合同机制和内部治理双管齐下的硬约束。此外作为一名职业经理人，首先也应该具备的品质就是要重诚信、讲品德。契约作为货币出资人与职业经理人之间的一份合作关系，一旦双方签订就应该严格遵守。

第六，建立健全激励约束机制。在职业经理人任职期内，构建有效的企业内部激励约束机制就等于建立起一种更直接的外部市场约束的替代机制，因此，完善企业激励约束机制对建立职业经理人市场意义重大。企业内部对职业经理人的激励机制主要包括物质激励（如年薪制、奖金制度、股票期权制等）和精神激励（如社会认可、自我价值实现等）。企业内部对职业经理人的约束机制包括：公司章程约束，合同约束（尤其是职业经理人离开企业后，不得泄露原企业的商业秘密、技术专利），董事会约束，长期激励（如年薪制、股票期权制的经济约束）。

第七，引入职业经理人退出机制。职业经理在人才市场上需要具有流动性，才能充分发挥市场优化配置的功能。对企业内部而言，建立职业经理人退出机制，使职业经理人在企业能进能出、职务能上能下、收益分配能高能低。还要健全经理人退出的责任追究机制，如经理未能完成与企业约定的职责，就应主动引咎辞职。如果经理有重大过错造成企业重大损失，企业就有权解除与经理的合同，并追究其责任。可见在企业内部引入职业经理退出机制需要具备两个前提：一是企业与其经理人签订的合同应尽量具体详细；二是企业要建立独立、科学的经理人绩效考核体系。在治理结构较完善的现代公司制企业中，这应该由独立于经理层的董事会来承担。①

第三节 技术市场

一、技术市场概述②

技术市场是社会主义市场体系中的重要组成部分。技术市场分为狭义的技术市场和广义的技术市场。狭义的技术市场是指进行技术商品交易的场所，如技术交易会、科技成果展销会等。广义的技术市场是指技术商品交换关系的综合，包括从技术商品开发到技术商品应用和流通的全过程，它涉及技术开发、技术转让、技术咨询、技术服务及其相关的其他技术交易活动。本节所讲的技术市场指的是广义的技术市场，包括有形技术市场和无形技术市场。

二、技术市场的类型和构成

（一）技术市场的类型

从不同的角度，技术市场可分为以下几种类型：

1. 按照技术商品的流通范围分类，可分为国际技术市场和国内技术市场

国际技术市场是国际技术贸易关系的总和。对一个国家来说，它包括技术引进和技术输出两部分。就世界范围来说，一般经济发达国家也是技术先进国家，即主要的技术输出国，其他国家则以技术引进为主。

国内技术市场又可分为全国性的技术市场和地方性的技术市场。全国性的技术市场主要由国家有关部门举办。地方性的技术市场，是指省

---

① 刘罡：《浅议完善职业经理人市场》，经济，管理，2005 年 9 月。

② 本小节部分引自刘志伟：《国际技术贸易教程》，对外经济贸易大学出版社 2006 年版。

级以下的技术市场，包括各级有关部门、科研单位、大专院校和各级技术经营机构为推动本地或本行业的技术进步所开展的技术交易活动，这类市场对促进区域性的科技与经济相结合，推动各地的科技进步起了重要的作用。

2. 按照技术商品的性质分类，可分为硬件技术市场、软件技术市场和技术劳务市场

硬件技术市场上交换的是已经物化为实物的科技成果，如研制品、中试产品、新材料、新型元件等。科技成果展销会、技术交易会、技术招标会等，主要是硬件交易，属于硬件技术市场。

软件技术市场上交换的是尚未物化为实物的知识形态的科技成果，如新工艺、新设计、新配方、计算机软件和新的测试方法等。软件是技术商品的主要组成部分，软件市场的发展是我国技术市场繁荣的标志。

技术劳务市场主要是技术拥有者运用自己掌握的知识、经验、能力和信息，为用户提供技术咨询和技术服务等。

3. 按照交易方式分类，可分为常设性技术市场和临时性技术市场

常设性技术市场是指有固定机构、人员、经营场所和业务范围的技术交易服务机构。其主要特点是技术交易“商店化”。它既非买方，也非卖方，而是为技术商品流通服务的专业机构。主要形式有技术咨询服务中心、科技开发中心和各类技术经纪机构。

临时性技术交易市场类似城镇农贸市场或贸易集市会。一般没有固定场所，通常根据科技开发和经济发展的需要，定期或不定期开展技术交易活动。一般以技术交易会、科技成果展销会以及“大篷车”技术服务队等形式出现。

4. 按照经营方式分类，可分为直接的技术市场和间接的技术市场

直接的技术市场是指在市场上，供需双方见面，产销直接挂钩，进行技术商品交易，是没有技术中介的技术市场。

间接的技术市场是指供需双方开始不直接见面，而是由中介牵线搭桥，待双方意向、条件基本一致后，再由中介安排双方见面达成交易。

（二）技术市场的构成

原则上讲，技术市场的构成必须具备三要素：要有技术市场的主体，即技术商品的许可方、需方；要有可供交易的技术商品；要具备供

需双方都能接受的价格和交易条件。三者缺一不可。

技术市场上的卖方，即技术商品的生产者，也称技术商品的出让者，主要是各类科研机构、设计单位、高等院校、企业以及持有技术商品的科技人员个人等。其基本作用是给技术市场提供技术商品。技术商品是技术市场的物质基础，没有技术商品生产者为技术市场提供技术商品，技术市场就不复存在。技术商品生产者参与技术市场活动的目的，是为了按照合理的价格把自己的技术商品卖出去，实现技术商品的价值和使用价值，使科研劳动得到补偿，技术商品生产得以继续进行。

技术市场上的买方，即技术商品的需求方，也称技术商品的受让方，主要是生产和服务企业。目前大型企业尤其是跨国公司是技术需求的主要参与者，但中小型企业对技术的需求也相当活跃。技术商品需求方的基本作用是购进技术商品并应用于生产和服务，完成技术商品的流通，实现技术商品的生产目的。如果技术商品没有买方，就犹如物质商品没有消费者购买一样，生产就难以为继，市场交换也即停止。从这个意义上说，买方是决定技术商品的价值和使用价值能否实现的关键。

值得指出的是，随着技术市场的成熟，出现了技术中介方，即技术中介服务机构和技术经纪人。他们为技术商品交易双方牵线搭桥，并对技术商品进行宣传、评估、鉴定，对技术交易过程进行组织协调、监督。特别是技术经纪人在促成技术商品交易，促进科技成果转化为现实生产力起着重要而特殊的作用。

三、中国技术市场已经初具规模

（一）我国技术市场是伴随着改革开放的进行形成和发展起来的。三十年来，我国技术市场的发展可分为三个阶段

1. 1978—1984 年：技术市场的形成阶段

1980 年 10 月 17 日国务院颁布了《关于开展和维护社会主义竞争的暂行规定》，其中首次指出“对创造发明的重要技术成果要实行有偿转让”，这是一个具有历史意义的重大改革。中国的技术成果从此由无偿转让逐步走上有偿转让的道路。1980 年末，沈阳市和武汉市科委在国内率先成立了开拓技术市场的中介服务机构，并举办了国内史无前例的技术交易会。

1982年10月，国务院提出了“经济建设必须依靠科学技术，科技工作必须面向经济建设”的方针，再次强调要实行技术成果有偿转让。这一时期，各类技术贸易机构大量涌现，大专院校、科研单位、军工单位等几路技术大军联合起来，初步形成多层次、多成分、多形式的技术贸易网络。科技成果交易会、技术难题招标会、科技信息发布会、技术交易洽谈会等多种促进技术交易的形式相继出现。

1984年11月，国务院领导作了加速技术成果商品化、开放技术市场的指示，正式提出了技术市场的概念，提出它是科技体制改革的突破口，明确由国家科委牵头抓技术市场，国家经委和国防科工委参加。1984年，经国务院批准，成立了全国技术市场协调指导小组。这些都标志着我国技术市场从无到有开始形成。

2. 1985—1989年：技术市场的发展阶段

随着科技体制改革的不断深入，我国的技术市场逐步进入法制轨道。国家大力支持科技成果的有偿转让，鼓励科研单位重视运用经济手段管理科研工作和进行技术开发，大大促进科技成果商品化的进程。1985年3月《中共中央关于科技体制改革的决定》强调：应当通过开拓技术市场，改变科技系统运行机制，密切科研机构与生产单位联系，加速科研成果应用于生产。1985年4月，《中华人民共和国专利法》正式实施，专利法明确指出，在社会主义制度下，技术具有商品的属性，并以法律的形式加以保护。这是我国科学技术管理工作上的一项重要改革，对科技成果作为商品进入流通领域，开拓和搞活国内技术市场，促进新技术的推广和应用具有深远的意义。1987年6月，全国人大常委会又通过《中华人民共和国技术合同法》。这部具有中国特色的技术成果商品化的法律，规定了技术市场的基本原则，使我国技术市场沿着法制化的轨道进入迅速发展新阶段。

3. 1990年至今：技术市场的成熟阶段

20世纪90年代以来，我国技术市场的交易规模和领域不断扩大，各个层次、多种形式的技术交易活动相当活跃，遍及社会、经济发展的各个领域。每年各种大小型技术交易会、信息发布科技协作会、人才和技术洽谈会、科技展览会等接连不断，使得科技成果交易辐射面进一步拓宽，大大推进了科技成果的商品化、产业化和国际化。1999年3月，国家又颁布了新的《合同法》，这是我国第一部统一的、比较完整的合同法，也是规范市场交易的基本法规，它的出台对我国技术市场的健康发展有着深远的影响。随着我国技术市场法律、法规的健全和发展，各地方政府也建立了多项旨在促进科技进步。规范、协调技术市场行为的政策措施和地方性法规，目前，60%以上的县市建立了技术市场管理机关，建立了技术合同认定登记制度等各项措施，从而使我国的技术市场进入了法制管理的轨道。

（二）我国技术市场蓬勃发展，已经初具规模

1. 技术合同成交总额持续增长，技术商品流通体系初步形成

技术市场开放之后，在发展技术市场八字方针指引下，技术交易迅速发展，特别是《技术合同法》及其《实施条例》颁布实施之后，全国技术合同成交额快速增长。从1987年的33.5亿元，增长到1997年的351亿元，十年增长近十倍，平均单项合同成交额也从2.7万元提高到14万元，显示技术市场发展规模和水平都有很大的提高。技术交易活动从中心城市向乡镇，从东部发达地区向中西部扩展。技术商品流通环节、基础设施建设也有很大发展。

技术经营机构的服务功能也从单一的技术中介咨询、代理服务，向技术开发、新产品开发、技术信息传递、产品联销、技术中介、咨询与市场调查、人才培训与交流、技术评估与作价、技术经纪等配套功能发展。从1993年开始，为推动技术商品流通体系的建设，在沈阳、上海、天津、武汉、郑州、成都、重庆、南宁、深圳等中心城市，由省市政府和科委支持组建、国家科委定点指导的大型技术交易场所，借鉴国外经验，采用先进的计算机通信设备，建立新型运行机制，以信息传递为主完善服务功能，并逐步联网，建立起覆盖全国的多级技术交易信息网络。

2. 技术成果商品化法律体系基本建立，是技术市场健康发展的法律保证

国家科委依据《技术合同法》，陆续制订并发布实施了技术合同认定登记、技术市场统计、技术交易会管理、技术合同仲裁及仲裁机构等八个行政法规和规章，并与最高人民法院和最高人民检察院联合发布有关司法解释。24个省市人大制订并实施地方《技术市场管理条例》或

《技术市场条例》，30多个省市政府制订了配套的行政法规和规定，以《技术合同法》为核心的技术成果商品化的法律体系基本建立。国家科委和各级地方科委还坚持不懈地组织两法和配套法规、民法和知识产权保护等相关法律的普法培训，并配合各级人大和政府，协同司法、工商部门进行执法检查和合同争议解决，使技术交易活动从自发无序走向规范化、法制化，保障了我国技术市场的健康发展。

3. 初步形成覆盖全国的技术市场管理监督体系

全国已有30个省（自治区、直辖市）和6个计划单列市都建立了技术市场管理机构，约75%的地市和近60%的县，以致到乡镇一级，也建立了管理机构。经各级管理机构认定，设立1200多个技术合同认定登记站点。各级管理机构加强市场宏观管理，在宣传贯彻有关法律法规和多项优惠方针政策，审批和指导中心城市大型技术交易所、审批和归口管理各类技术经营机构和民营科技企业、审批和组织技术交易活动，监督法规实施和行政执法、维护交易秩序，以及培训和认定各类管理经营人员，表彰先进等方面，行使管理职能，在扶持引导技术市场发展，规范市场行为方面，发挥了重要作用。

我国技术市场虽然经历了多年的持续发展，初具规模，但从建立完善的技术市场体系看，尚处于初级阶段。这主要表现在：由于研究开发与市场需求脱节的弊端尚未根本清除，技术成果成熟度低，先进适用技术供给总量不足：各类企业、尤其是国营大中型企业以建立现代企业制度为目标的改革有待深化，企业资金紧张、技术创新的需求和能力薄弱，因此技术交易的推力和拉力不足。技术商品流通的中间环节也比较薄弱，中介咨询服务组织发展缓慢，技术经纪业起步晚，技术经营配套服务功能和技术交易基础设施，特别是技术信息传播设施不完善，因此技术商品与信息的流通不畅。

上述问题在经济发展相对滞后的中西部地区尤为突出。加上与技术市场有关的其他要素市场，例如人才、信息、金融市场发展的不平衡，成果转化的风险投资机制和资金支撑体系很不完善，严重制约了技术市场的发展。因此必须在深化经济体系改革中继续加强市场体系的培育，继续加强宏观调控，制定发展规划，合理安排市场发育时序，运用法律规范和优惠扶持措施，加快技术市场发育的历史进程，保证我国技术市场发展再上新台阶。

四、按照市场经济规律进一步发展我国的技术市场①

开拓技术市场是我国科技体制改革的重大举措之一。20多年来，我国技术市场发展取得了巨大成就，市场规模迅速扩大，技术交易日趋活跃，交易形式不断创新，服务水平日益提高，已经成为社会主义市场经济体系和国家创新体系不可缺少的重要组成部分。但是，应该看到，相对于我国科技进步和科技实力的迅速增长而言，我国技术市场的功能和效力远未得到充分发挥，仍需加快培育和完善。为适应我国科技发展战略的全面调整，更大程度地发挥市场在优化配置科技资源中的基础性作用，技术市场今后一个时期发展的主要方向是加快现代技术市场体系和制度的健全与完善，为提高自主创新能力创造良好环境。

（一）加快技术市场法规和政策环境建设，加强政府宏观引导

加快研究制定有关促进技术市场发展、规范技术交易行为、保护技术交易者权益的法律法规和相关配套实施细则。各地区应根据本地区实际情况继续完善地方性技术市场法规、政策，形成健全的技术市场法律法规体系，推动全国技术市场尽快走上法制化轨道。

加强政府对技术市场的宏观引导，研究制定技术市场发展规划和加快技术市场发展的具体措施。各级科技行政管理部门要切实履行《科学技术进步法》和国务院赋予的推动技术市场发展和对技术市场进行监督管理的责任，明确技术市场监管部门职责，建立监管制度，完善监管手段与条件，与工商、税务、质检、技术监督等有关部门建立协调联系机制，明确各自的工作分工与职能，加强协同配合，齐抓共管。

（二）推动技术市场与其他要素市场的良性互动

促进技术市场与金融市场、产权市场的衔接。建立和完善科技投融资体系和风险投资机制，完善无形资产评估制度。根据科技创新活动从研发到产业化不同阶段和不同性质的资金需求，积极引入和利用社会资金、风险投资、金融信贷等直接、间接投资支持创新成果的转化和商业化。

---

① 本小节部分引自科学技术部：《关于加快发展技术市场的意见》，2006年3月15日。

（三）整合技术市场中介服务资源，提升技术市场服务水平

大力培育和发展各类科技中介服务机构，引导科技中介服务机构向专业化、规模化和规范化方向发展。健全科技中介服务体系，为各类企业的创新活动提供社会化、市场化服务。整合科技中介服务资源，根据创新成果转化和商业化的全程服务链条，创建和发展以常设技术市场、技术交易机构、技术产权交易机构、技术转移中心、科技开发中心、科技成果转化中心、生产力促进中心、科技评估机构等为主的技术市场协作服务机制。

促进技术市场中介服务机构规范发展，提高执业水平和服务能力。健全技术市场中介服务机构的市场准入制度，制定资质认证和服务标准。发挥技术市场行业协会的自律作用。

（四）加强技术市场专业人才培养，提高技术市场管理经营队伍素质

科技行政管理部门都要把技术市场人才培养作为促进技术市场发展的一项基础性工作，在有条件的地区建立教育和培训基地，设立技术市场专业人员培训经费，对技术市场从业人员进行全方位的业务知识和技能培训，为我国技术市场的发展提供源源不断的新生力量。从国内重点技术交易服务机构中筛选中青年业务骨干，分期分批输送到发达国家技术转移机构或国际技术转移组织中进行定向培训，加快对复合型高素质技术市场经营管理人才的培养。

加强对技术经纪人资质制度的研究，逐步建立和完善技术经纪人认证制度。

（五）加强对技术市场工作的领导

大力发展技术市场，建立统一、开放、竞争、有序的现代市场体系是党和国家健全社会主义市场经济体制、落实科教兴国战略的大政方针。在技术市场体系建设和完善的过程中，政府的作用需要加强而不是削弱。各级科技行政管理部门是我国技术市场的行政主管部门，承担对技术市场发展的推动、指导和监管职责。应按照“转变职能、理顺关系、提高效率”的原则，切实转变职能，积极探索新时期技术市场发展的方针政策，推动我国技术市场在规模、结构、制度和规范管理等方面再上新台阶。各级科技行政管理部门应确定技术市场管理机构，具体负责技术市场的日常管理工作。要加强对新时期技术市场的理论研究和宏

观指导，及时解决技术市场工作中出现的新情况、新问题，确保我国技术市场健康发展。在深化科技体制改革、推进社会主义市场经济建设的过程中，各地科技行政管理部门应始终把发展技术市场、加速科技成果转化作为科技工作的重点内容之一，明确技术市场管理机构的职责，落实稳定的工作经费，配备得力的专职管理人员，提供相应的保障措施。

第四节　产权市场①

一、产权及产权市场

关于产权，可以说仁者见仁，智者见智。马克思认为，产权是人们（主体）围绕或通过财产（客体）建立和形成的经济权利关系。产权首先表现为人对物的关系，即一定的主体对物质资料的所有、占有、支配或使用关系。但是，在现实社会中，人们只有结成一定的社会关系才能进行生产实践活动。人们对物质资料履行一定的职能时，必然需要同周围有关的人发生一定的关系，或者必须以一定的社会关系为前提。因此，产权实质上反映了产权主体之间的关系，即人与人之间的关系。只有当人们之间在财产上发生了一定的关系，如排斥他人侵犯已为某些人占有的财产，或者在财产的分配、使用上进行一定的联系，人对财产的关系才成为产权。所以，马克思是从主体和客体两个方面研究产权关系的。并从这两个方面界定了产权的内涵。

西方产权理论主要是研究在资本主义制度下产权的界定和交易的理论，其渊源可以追溯到 19 世纪末 20 世纪初出现的制度经济学派。到了 20 世纪 50 年代，形成了以加尔布雷思为代表和以科斯为代表的两个体系迥异的产权经济学理论。后来被威廉姆森、德姆塞茨、布坎南和舒尔

① 参见徐洪才：《中国产权市场研究》，中国金融出版社 2006 年版；潘新平：《中国产权交易市场概论》，社会科学文献出版社 2004 年版。

茨等丰富和发展。他们主要观点包括：经济学的核心问题不是商品买卖，而是权利买卖。人们购买商品是要享有支配和享受他的权利。资源配置的外部效应是由于人们交往关系中所产生的权利和义务不对称，或者权利无法严格界定而产生的。市场运行的失败是由产权界定不明所导致的。总之，西方学者所指的产权主要是指经济主体所拥有的一种行为权利，这种权利规定了人们在相互交易中所必须遵守的规则。

产权理论传入国内虽然时间不长，却发展迅速，形成不同观点：

一是认为产权就是所有权。认为产权作为财产的权利，其基础和核心就是所有权，即从人对资产的占有隶属关系来理解的狭义所有权。

二是认为产权就是占有权和经营权。这种观点认为产权有两种含义：一是所有权，二是占有权和经营权。

三是认为产权不同于所有权，且比所有权含义更为宽泛。所有权是对资产的排他性隶属权利，而产权则是一个包含所有权在内但远比所有权内容宽泛的范畴，除了所有权，产权还包括占有权、支配权、经营权、收益权以及处置权等一组权利。这种观点逐渐成为主流，也比较接近西方学者的观点。

四是从法律意义上分析产权，认为产权即财产权，包括物权、债券和股权。物权是一种所有权，即对物的直接的、排他性的支配权；债权是一种请求权，即要求债务人还本付息的权利；股权是随着经济发展中实物形态与价值形态分离而出现的一种新的财产权，即直接地、排他性地支配价值形态的财产（股票）而间接地、有条件地支配实物形态财产的权利。

总的来说，产权是经济所有制关系的法律表现形式。它包括财产的所有权、占有权、支配权、使用权、收益权和处置权。产权有三个基本要素，也就是产权主体、产权客体和产权权利。

产权主体：是享有或拥有财产所有权或具体享有所有权某一项权能，以及享有与所有权有关的财产权利的自然人、法人。

产权客体：是产权主体可以控制和支配或享用的具有文化、科学和经济价值的物质资料以及各类无形资产。成为产权客体需具备两个条件：一是资源的稀缺性；二是能为人们支配和享用。

产权权利：产权主体依法对产权客体行使的一组权利和享有的相应

利益，是主体对客体的权益关系。产权权利包括所有权、占有权、支配权、使用权、收益权和处置权。

产权交易：是指资产所有者（企业的所有者）将其资产所有权和经营权有偿转让的一种经济活动。而这种经济活动是一种以实物形态为基本特征的财产权益的全部或部分出卖的行为。换言之，就是把企业作为一种实物商品进入市场。按照价值规律和竞争机制进行自由交换、买卖，使优势企业得以壮大，劣势企业就此消亡，使经济发展的“细胞”更具活力。企业产权交易在市场经济比较发达的国家，是一种非常积极地、司空见惯的现象，从广泛意义上讲，企业产权交易包括了企业收购、企业兼并、企业重组等多项内容，其产权转让的主要方法，一是用现金或证券购买其他企业的资产；二是购买其他企业的股份或股票；三是对其他企业股东发行新股票以换取其所持的股权，从而取得其他企业的资产和负债。产权交易对合理利用有效资源，提高社会经济效益，无疑起到了良好的促进作用。

产权交易要顺利进行就必须具备一定的条件。在自然经济和计划经济中，是没有产权交易的，因为其资源的流动不是依靠市场机制的力量，而是根据计划和命令。只有在以价格机制引导资源配置的市场经济中，产权交易才可能萌生与发展。从市场经济的发展过程来看，正是当产品、劳动力以及产权全部进入市场之后，市场经济才逐步由低级向高级迈进。在市场经济中，产权交易的成功与否决定于两个条件：其一，要有明晰的产权界定；其二，要有进行交易的场所——产权市场。根据科斯定理，在交易费用大于零时，只有权利界定清晰，市场机制才有可能使资源配置达到最优。同样，在社会主义市场经济条件下，只有明晰产权，明确了谁来受益，才可能使产权流动起来，否则将因为交易费用过高而无法进行。正是在这个意义上才有“明晰产权，利益当先”的条件。产权交易顺利进行的第二个条件是要有产权交易市场。产权交易市场是商品经济成熟发展、社会化程度显著提高、竞争机制全面渗入经济过程的必然产物。通过产权交易市场可以快捷、便利、有效率地将资产重新组合，从而为经济增长提供新的源泉。

产权交易市场有狭义和广义之分。狭义的产权交易市场是指在社会主义市场经济条件下，各类企业作为独立的产权主体从事以产权有偿转让为内容的交易场所，包括现在的产权交易所（中心）、资产调剂市场、承包市场或租赁市场等。这种产权交易市场包括有形场所、市场运行规则、市场服务等内容。广义的产权交易市场是指交换产权的场所、领域和交换关系的总和。

二、中国产权交易市场的发展状况

（一）我国产权交易市场的历史

我国产权交易市场是改革的产物，20 世纪 80 年代中后期我国进行了企业股份制改革，在计划经济向市场经济转型中，资金配置方式发生了变化，市场化的融资方式替代了以前的财政分配方式，经济体制转轨特别是股份制经济发展，催生了产权交易市场。我国产权交易市场的发展大体上可分为以下几个阶段：

1. 1997 年以前：起步阶段

1988 年，湖北省武汉市企业产权转让市场成立，这是我国第一家企业产权转让市场。在此之前，企业之间产权交易以无形市场为主，产权转让多是由企业的主管部门引导和“牵线搭桥”促成的，产权交易形式主要以企业兼并为主，被兼并企业消失。企业兼并多发生在同一地区、同一行业或同一部门中，跨部门跨行业的企业兼并很少，企业兼并的目的主要是为了减少企业亏损面，没有真正的以资源配置为目的的企业兼并。1989 年 2 月 19 日国家体改委、国家计委、财政部和国家国有资产管理局联合颁布了《关于企业兼并的暂行办法》，这是我国第一部有关企业兼并的部门规章，对全国的企业兼并起到了积极推动作用。1990 年，深沪两地证券交易所正式挂牌开业后，极大调动了各地发展证券场外交易的积极性。1993 年，为完成国务院批准的试验任务而建立的淄博证券交易自动报价系统正式挂牌营业，地方性股票市场开始有组织的形式而独立存在。

2. 1997—1999 年：调整阶段

1997—1999 年，产权交易进入清理整顿阶段。1997 年以前，由于没有制定相应的法律、法规，产权交易出现了许多不规范的做法。一方面，国有企业在兼并和转让过程中出现低价交易、场外交易、造成国有资产流失以及忽视职工安置等问题。另一方面，有的城市出现非规范的上市股份的场外交易情况，严重冲击了证券市场的健康发展。1998 年，国务院办公厅发布了 10 号文件，开始对产权交易市场进行清理整顿，一批产权交易市场如乐山、武汉、淄博等地的产权交易市场因此关闭，其他许多交易市场也几乎处于半停业状态，只有少数产权交易所，如上海、深圳等尚在运作。经过清理整顿，产权交易市场定位逐步明确，各地政府也认识到了健全法规的重要性以及监管的必要性。

3. 1999—2003 年：恢复阶段

经历过 1988 年的清理整顿后，产权交易市场在这个阶段得到重新蓬勃发展。党的十五大四中全会作出的《关于国有企业改革和发展的若干重大问题的决定》，对我国产权交易市场的全面发展起到了关键作用。到 2003 年底，除西藏自治区外，我国建立起 200 多家产权交易机构，其中省级机构近 30 家，这些机构都相继制定了产权交易或国有资产转让管理的规范性文件。这阶段产权交易市场得以迅速发展主要有两个原因：一个原因是国有企业改革进一步深化，特别是国有企业在债转股过程中需要这样的市场，而沪深两个证券交易所无法满足这样的要求；另一个原因是高新技术企业的迅猛发展需要能将技术成果交易和融资功能相结合的产权交易市场。

4. 2003 年以来：新的探索

2003 年 12 月 31 日，国务院、国资委、财政部联合公布了《企业国有产权转让管理暂行办法》，要求建立健全现代产权制度，提出企业的国有产权转让必须进场交易。而后，各地政府也分别颁布了鼓励本地资本市场发展的政策，产权交易市场得到前所未有的发展。据统计，目前全国各地共有产权交易所 200 多家。2003 年国务院、国资委、财政部联合颁布《企业国有产权转让管理暂行办法》之后，又出台了一系列相关配套政策，解决了长期困扰我国企业国有产权转让中的重大理论和实践问题，推动了我国产权交易市场的规范和发展。2005 年，国务院资产监督管理委员会和财政部联合发布了《企业国有产权向管理层转让暂行办法》，进一步加强了企业国有资产管理，规范了国有产权转让行为。

（二）我国产权交易市场概况

据初步统计，目前我国已有产权交易机构 200 多家，其中省级近 30

家，地市级以下170余家，产权交易机构有的是事业法人，有的采取企业法人形式。从会员职能上看，各类会员不同程度地活跃了交易市场，起到了中介服务作用。从实际运作情况看，政府参与迹象明显。从交易品种看，主要进行“广义产权”交易，包括企业国有产权交易、高新技术项目交易、软件等知识产权交易、金融创新品种交易、股权登记托管服务改制咨询、破产清算和并购重组服务、外资并购的快速通道、高新技术企业股权融资、金融资产超市和不良资产处置等。

总的来看，国有产权交易额较大，非国有产权交易额较小；非技术性产权交易额大，高新技术产权交易额很小；中小企业融资问题没有得到根本性解决，而且没有形成严格意义上的做市商制度，市场流动性和信息透明度不高，不能引导资本资源的合理流动、产权结构优化和公司治理改进。

目前我国已经形成五大区域性共同产权交易市场，即北方产权交易共同市场、长江流域产权交易共同市场、黄河流域产权交易共同市场、西部产权交易共同市场和泛珠三角产权交易共同市场，这五大区域性共同市场基本覆盖全国，彼此相互交叉，正朝着构建全国统一的产权市场迈进。

三、建设规范的社会主义产权交易市场

（一）我国产权交易市场主要存在的问题

1. 产权交易中政府行为介入严重

我国各地产权市场一般隶属当地国资委，组织机构被打上明显的政府机关烙印，政企尚未彻底分开，导致有些产权交易机构发生性质与功能的变异，产权交易不能严格坚持交易的平等自愿、公开公正公平原则，不但使其盘活资产存量、优化资源配置的作用大打折扣，而且容易滋生腐败现象，导致国有资产的大量流失。此外，产权交易活动中政府行为、外部推动作用过大过多，导致违背市场经济规律和效益原则的“拉郎配”现象时有发生，企业集团发展有拔苗助长之嫌。把规模经济等同于经济规模，使资产重组简单地走入“归大堆”的误区，使效益好的企业被效益差的企业拖垮的事例时有发生。

2. 产权交易市场各自为政

我国各地产权交易所一般是从上到下，以中心城市为基础自发筹建的，都有自己的组织系统和服务范围，按照各地自定的产权交易暂行规定进行运作。由于受传统体制条块分割和部门分头管理的影响，各地产权交易所也被按地方或行业割裂开来，同一地区的企业产权交易、技术产权交易、股权托管交易分属不同部门分开监管，地区和行政分割限制了产权市场功能的正常发挥。当产权转让行为涉及地区间财税关系变化，影响被转让企业所在地政府财政收入时，当地政府往往采取行政手段进行干预；当不同地区不同所有制企业发生产权转让时，各专业银行之间、同一银行系统不同地区之间信贷额度的划转十分困难，这些情况阻碍产权的跨地区跨行业流动，不利于社会资源最优配置和经济结构的合理调整。

3. 企业的产权关系不明确

由于多方面的原因，我国很多企业的产权关系还不明确，一方面，有的地方在国有资产产权交易中，搞突击评估、限时评估、低价评估，导致国有资产流失；另一方面，一些地方利用中央与地方产权关系尚未明确之际，将产权出让收入收归地方，侵占中央国有资产权益，甚至有些企业通过出售部分产权，直接侵吞国有资产。由于我国产权改革尚待进一步深化，企业产权界定不清晰，产权交易中交易主体不明确，有的甚至出现企业自买自卖的行为。

4. 产权交易机构的设立和运作欠规范

1999 年以来，各地的产权交易机构发展较快，据不完全统计，截至 2003 年底，除西藏自治区外，我国建立起 200 多家产权交易机构，其中省级机构 30 家，这些机构中有相当一部分名不副实。由于产权交易机构本身存在问题，导致产权交易程序不规范，产权定价不合理，再加上有些政府部门的不恰当干预，严重损害了交易双方的合法权益。一些产权交易绕开产权交易机构，自行协商，仓促成交。有些产权交易过程中，忽视产权归属问题，也不对资产进行严格的评估，在交易完成后，不进行企业变更登记、司法公证、产权登记等合法手续，产权转让收入的收缴、使用随意性很大，这一系列不规范行为为以后的产权纠纷埋下隐患，为国有资产的大量流失开了口子，极不利于我国产权市场的健康发展。另外，有关产权交易的法律、法规尚不健全，不完善，各地的产权市场发育也很不平衡，致使各地的产权交易活动缺乏统一的规范和约束。

5. 产权市场发展结构不合理

企业产权交易前的产权界定、评估、债权债务重组方案策划、转让价格方式的咨询和产权交易结束后的企业诊断整合，一般由会计师事务所、律师事务所和咨询机构承担。这些机构和它们承担的工作构成了产权交易无形市场。无形产权市场是有形产权市场的基础，没有无形产权市场，有形产权市场也是不稳定的。

（二）建设规范的社会主义产权交易市场

1. 加快产权交易立法，健全产权交易市场管理制度

产权交易市场的健康发展需要健全完善的法律、法规。我国产权交易市场的发展过程，也是有关产权转让的法律、法规、政策的不断完善过程。在我国产权交易的历史中，不同的法律、法规都起到过重要作用。特别是《企业国有产权转让管理暂行办法》的颁布，使得产权交易的相关各方都有了比较明确的依据，起到了规范产权交易的作用。但是依然要看到，我国产权交易依然不成熟，不规范，需要国家尽快出台《产权交易法》。只有建立起规范的、具有权威性的《产权交易法》，才能使整个产权交易工作纳入法制化轨道，做到依法治产，规范管理，避免政府行为。而且，只有加快有关企业联合、兼并、破产、拍卖等产权交易方面的法律法规建设，才能进一步深化产权制度改革铺平道路。

2. 规范产权交易市场，加快产权市场一体化建设

首先，建立和完善统一的产权交易管理信息系统和产权交易服务系统，这是实现产权市场一体化的基础和首要条件。我国正在加快推进的国民经济信息化建设，为地方性质的产权交易市场提供了扩大活动空间的手段。应实现全国各地的产权交易所联网，互相挂牌，资源和信息共享，利用各种媒体特别是现代化的信息手段发布产权交易的信息。中国技术产权交易网已经建立并开始运行，成功促成了许多交易，值得借鉴。其次，尽快实现统一的市场交易程序，如按程序履行国有产权转让批准手续、严格执行价款支付程序等，以降低交易费用，推动产权合理、高效率流动。再次，逐渐实行交易规则和审核标准的统一，以保证

产权交易的规范化运作，这至少应包括：国有产权转让信息的公开披露制度、上市挂牌信息反馈制度、规范的产权转让合同等。必须坚持“公开、公平、公正”的“三公”原则，即公开市场交易规则，公开交易作业流程；公平地对待进场交易者，市场组织者与客户、买方与卖方享有完全平等的法律地位；保障产权交易全过程的公正、客观，保障交易结果的真实、有效。此外，还应推进统一的结算交割体系的建立，以加快资金顺畅流动。

3. 整合产权交易市场资源，坚持交易机构的市场化运作

建议各地对已经成立的交易所进行清理、重组和整合。原则上每个省级区域经合并重组后只设立一家产权交易所，被合并的交易所全部作为新组建的交易所的会员单位、经济公司和股东，也可以探索“分所”的形式，还可以探索跨省区的区域联盟体形式。这样做既有利于充分利用已有的存量资产，把一些半死不活的产权交易所盘活，而且可以避免在一个狭小的地域因多家竞争和资源过于分散而导致交易所个体和整体都难以发展的尴尬局面。建立“政府监管、市场化运作、企业经营”的交易所体制。政府与交易所的关系，由主管与被主管变为监管与被监管的关系。交易所可以是事业法人、企业法人、多元投资主体，关键在于要自主经营、自负盈亏，并按照市场原则进行运作。

4. 培育和提高产权中介机构的水平

产权交易时的价格受多方面的影响，但其底价应是特定资产评估机构评估后的结果，产权评估工作应严格按照国家的有关规定，由特定的机构进行，对资产的价值，特别是无形资产的价值要作出合乎实际的评估，从而使资产产权的价格反映其真实价值。要促进产权中介机构拓展业务空间，向新领域发展，包括为企业提供战略扩张方案，进行资产评估和收购兼并的结构设计，确立价格和制定资金安排，以及直接进行产权运作等。同时要切实保证资产评估机构的相对独立性，国家行政机关不应对其工作进行过多干涉，以保证其评估结果的真实性。

5. 建立健全产权交易市场监督管理体系

加强国有资产管理部门对国有产权交易市场的专职监管职能，体改、工商等部门要发挥对产权交易市场的社会监管职能，规范产权交易机构的设立条件和审批程序，对已建立的产权交易机构进行重新审核，

加强监督和管理，使产权市场走上有序规范的发展轨道。加强对国有资产产权转让收入使用方向的监督。国有资产产权转让的收入，除了企业自留的以外，应上缴国库，专项用于国有经济的结构调整，补充到需要扶植的科技含量高的企业或基础产业等国家亟须发展的产业中去，不准用于经常性支出和弥补预算赤字，发放工资奖金。加强对中介组织机构的监管。建立健全社会中介组织市场准入制度，实行资质等级管理，并建立淘汰制度，对不讲诚信、不守职业道德和有严重违法违纪行为的机构和从业人员，清除出该行业，并建立“黑名单”，限制其再进入。

（撰稿人：李冰）

第八章　中国特色社会主义分配制度问题

第一节　中国特色社会主义分配制度的探索与建立

改革开放以前，我国实行的是高度集中的计划经济体制，虽然在分配上实行的是按劳分配的制度，但在实践中存在着严重的平均主义倾向，名义上的按劳分配实际上是对按劳分配原则的扭曲。十一届三中全会后，我国开始了以市场化为导向的改革开放，目的是促进生产力尽快发展，建设富裕的社会主义。分配理论是邓小平理论的重要组成部分，也是我国改革开放以来分配制度设计的指导思想。

一、邓小平的分配思想

邓小平围绕如何解放生产力、发展生产力、提高人民生活水平，深入探索新的历史条件下的分配规律，形成了社会主义初级阶段的分配理论，发展了马克思主义的分配理论。

（一）按劳分配是社会主义原则

邓小平坚持了马克思主义的按劳分配理论，指出："一定要坚持按劳分配的社会主义原则。"① "处理分配问题……只能是按劳，不能按政，也不能是按资格。"② 在此基础上，他还对按劳分配的机制和作用

① 《邓小平文选》第2卷，人民出版社1994年版，第101页。

② 《邓小平文选》第2卷，人民出版社1994年版，第101页。

进行了阐发：一是认为按劳分配的标准主要不是劳动时间，而是劳动效果，“按劳分配就是按劳动的数量和质量进行分配。根据这个原则，评定职工工资级别时，主要是看他的劳动好坏、技术高低、贡献大小”①。二是强调对劳动贡献要“实行考核制度”，“对有特别贡献的个人和单位给予精神奖励和物质奖励”②。三是强调按劳分配要注重物质激励与精神激励相结合，“不讲多劳多得，不重视物质利益，对少数先进分子可以，对广大群众不行，一段时间可以，长期不行……如果只讲牺牲精神，不讲物质利益，那就是唯心论。”③ 四是强调分配要以生产发展为基础，“我们只能在生产发展的基础上逐步改善生活。发展生产，而不改善生活，是不对的；同样，不发展生产，要改善生活，也是不对的，而且是不可能的”。④ 五是认为多劳多得不是不折不扣的，“当家作主的劳动人民，不能不给国家创造更多利润……多劳应该多得，但是必须照顾整个社会”⑤。“如果按照它的劳动生产率的增长倍数来发奖金，那个奖金就发不起。”⑥ 六是贯彻按劳分配是达到共同富裕的重要途径，鼓励人们通过辛勤劳动走上富裕道路，虽会导致贫富差异，但“按照社会主义按劳分配原则，不会产生贫富过大的差距……也不会发生两极分化”⑦。

（二）社会主义的目标是要达到共同富裕

邓小平把社会主义的本质概括为“解放生产力，发展生产力，消灭剥削，消除两极分化，最终达到共同富裕。”⑧ 强调贫穷不是社会主义，大部分人贫穷也不是社会主义，社会主义就是消灭贫穷；要建设对资本主义有优越性的社会主义，首先必须摆脱贫穷，社会主义与资本主义不同的地方就是共同富裕。

---

① 《邓小平文选》第2卷，人民出版社1994年版，第101页。
② 《邓小平文选》第2卷，人民出版社1994年版，第258页。
③ 《邓小平文选》第2卷，人民出版社1994年版，第146页。
④ 《邓小平文选》第2卷，人民出版社1994年版，第257—258页。
⑤ 《邓小平文选》第2卷，人民出版社1994年版，第259页。
⑥ 《邓小平文选》第2卷，人民出版社1994年版，第259页。
⑦ 《建设有中国特色社会主义》（增订本），人民出版社1987年版，第53页。
⑧ 《邓小平文选》第3卷，人民出版社1993年版，第373页。

（三）达到共同富裕的途径

共同富裕作为社会主义的目标，要实现它需要经过长期艰苦奋斗，邓小平为此也提出实现这一目标的基本途径。

1. 坚持以生产力作为判断改革成败的标准

邓小平认为没有生产力的发展，社会财富的增加，只会共同贫穷，而不会共同富裕，合格的社会主义应该是富裕的社会主义，“现在虽说我们也在搞社会主义，但事实上不够格。只有到了下世纪中叶，达到了中等发达国家的水平，才能说真的搞了社会主义，才能理直气壮地说社会主义优于资本主义”①。为此，“社会主义的首要任务是发展生产力，逐步提高人民的生活水平……不发展生产力，不提高人民的生活水平，不能说是符合社会主义要求的”②。

2. 反对平均主义

邓小平深明新中国成立以来经济不发展的根源，指出：“我们坚持走社会主义道路，根本目标是实现共同富裕，然而平均发展是不可能的。过去搞平均主义，吃‘大锅饭’，实际上是共同落后，共同贫穷。”③“搞平均主义，吃‘大锅饭’，人民生活永远改善不了，积极性永远调动不起来。”④ 为此要在个人收入方面适当拉开差距，推行责任制，做到赏罚分明。

3. 鼓励一部分人、一部分地区先富起来，先富带后富，走波浪式的共同富裕道路

这是邓小平为达到共同富裕而设计的具体路径，是邓小平对马克思主义分配理论的一大创新。早在1978年，邓小平就指出：“在经济政策上，我认为要允许一部分地区、一部分企业、一部分工人农民，由于辛勤努力成绩大而收入先多一些，生活先好起来。一部分人生活先好起来，就必然产生极大的示范力量，影响左邻右舍，带动其他地区，其他单位的人们向他们学习，这样，就会使整个国民经济不断地波浪式地向前发展，使全国各族人民能比较快地富裕起来。”⑤ 一部分人、一部分

① 《邓小平文选》第3卷，人民出版社1993年版，第225页。

② 《邓小平文选》第3卷，人民出版社1993年版，第116页。

③ 《邓小平文选》第3卷，人民出版社1993年版，第155页。

④ 《邓小平文选》第3卷，人民出版社1993年版，第157页。

⑤ 《邓小平文选》第2卷，人民出版社1994年版，第152页。

地区先富起来，这是经济发展条件差异造成的，也是贯彻按劳分配原则的必然结果，先富的人和地区能为后富的人和地区创造经济发展的条件并产生示范效应，从而促进共同发展。这样在一定时期造成人际之间、区际之间的收入差距是不可避免的，为了缩小收入差距，先富要帮助后富，“先进地区帮助落后地区是一个义务”①。对于何时帮助、如何帮助，邓小平也提出了具体设想，“可以设想，在本世纪达到小康水平的时候，就要突出地提出和解决这个问题。到那个时候，发达地区要继续发展，并通过多交利税和技术转让等方式大力支持不发达地区”②。“沿海地区要加快对外开放，使这个拥有两亿人口的广大地带较快地先发展起来，从而带动内地更好的发展，这是一个事关大局的问题。内地要顾全这个大局。反过来，发展到一定的时候，又要求沿海拿出更多力量来帮助内地发展，这也是个大局。那时沿海也要服从这个大局。”③

4. 要防止两极分化

要达到共同富裕，在鼓励一部分人、一部分地区先富起来的同时，必须防止两极分化。“社会主义的目的就是要全国人民共同富裕，不是两极分化。如果我们的政策导致两极分化，我们就失败了；如果产生了什么新的资产阶级，我们就真是走了邪路了。”④ 邓小平还认为如果搞两极分化，民族矛盾、区域矛盾、阶级矛盾、中央和地方的矛盾都会发展，就可能出乱子，最后只能回到资本主义的老路上去。

5. 注意发挥政府的作用

促进区域协调发展，达到共同富裕是个极其复杂的系统工程，需要协调好民族、区域、阶层、中央和地方等各方面的矛盾。在这一问题上，邓小平认为“中央要有权威”，否则就会出现“各顾各，相互打架，相互拆台，统一不起来”⑤，两个大局就会落空，共同富裕自然也就谈不上。政府的作用方式主要是宏观调控，而不是微观管理，“中央

① 《邓小平文选》第3卷，人民出版社1993年版，第155页。
② 《邓小平文选》第3卷，人民出版社1993年版，第374页。
③ 《邓小平文选》第3卷，人民出版社1993年版，第277—278页。
④ 《邓小平文选》第3卷，人民出版社1993年版，第111页。
⑤ 《邓小平文选》第2卷，人民出版社1993年版，第228页。

行使权力，是在大的问题上，在方向问题上”[1]。早在1978年3月，中国就开始了对分配中存在的严重平均主义的破冰之旅。3月28日，邓小平在同国务院政治研究室负责同志的讲话中谈到：“我们一定要坚持按劳分配的社会主义原则。按劳分配就是按劳动的数量和质量进行分配。根据这个原则，评定职工工资级别时，主要是看他的劳动好坏、技术高低、贡献大小。政治态度也要看，但要讲清楚，政治态度好主要应该表现在为社会主义劳动得好，作出的贡献大。处理分配问题如果主要不是看劳动，而是看政治，那就不是按劳分配，而是按政分配了。总之，只能是按劳，不能是按政，也不能是按资格。”鉴于当时我国当时分配领域存在着情况，邓小平进而又说：“贯彻按劳分配原则有好多事情要做。有些问题要经过调查研究，逐步解决。有些制度要恢复起来，建立起来。总的是为了一个目的，就是鼓励大家上进。”

二、改革开放以来中国分配政策的变迁

1978年5月7日，国务院发出《关于实行奖励和计件工资的通知》，恢复已经停止实行10多年的奖励制度和计件工资制度，并通过试点逐步扩大。奖励和计件工资制度的恢复实行，拉开了我国分配制度改革的序幕。

（一）打破分配领域中严重平均主义的初步探讨与实践

1978年12月18—22日在北京举行的十一届三中全会的中心议题是讨论把全党的工作重点转移到社会主义现代化建设上来。会议针对以前的平均主义分配方式造成劳动者缺乏积极性，导致生产力发展缓慢的状况，决定首先以农村为突破口，切实贯彻按劳分配原则，克服平均主义，会议深入讨论并原则同意《中共中央关于加快农业发展若干问题的决定（草案）》和《农村人民公社工作条例（试行草案）》；制定了当前发展农业生产的一系列政策措施和经济措施，其中包括：“不允许无偿调用和占有生产队的劳力、资金、产品和物资；公社各级经济组织必须认真执行按劳分配的社会主义原则，按照劳动的数量和质量计算报酬，克服平均主义。”

---

① 《邓小平文选》第3卷，人民出版社1993年版，第228页。

1978年底开始施行的家庭联产承包责任制，既是我国农业经营体制的改革，又是农村分配制度的重大改革，“缴够国家的，留够集体的，剩下都是自己的”实际上是农村贯彻按劳分配原则的一种实现形式。农村家庭联产承包责任制极大地调动了亿万农民的生产经营积极性。这种分配制度，也得到了邓小平的肯定：“农村政策放宽以后，一些适宜搞包产到户的地方搞了包产到户，效果很好，变化很快。安徽肥西县绝大多数生产队搞了包产到户，增产幅度很大。‘凤阳花鼓’中唱的那个凤阳县，绝大多数生产队搞了大包干，也是一年翻身，改变面貌。有的同志担心，这样搞会不会影响集体经济。我看这种担心是不必要的。”此后，以小岗村“大包干”为原型的家庭联产承包责任制改革试验被推向全国各地农村。

（二）分配制度改革由农村到城市的拓展

在农村实行的家庭联产承包责任制，把劳动者的劳动和劳动成果紧密地联系了起来，有效地克服了分配中的平均主义倾向，有利于贯彻“各尽所能，按劳分配”的原则，为城市分配制度改革提供了有益的借鉴。1984年10月，党的十二届三中全会通过了《中共中央关于经济体制改革的决定》，提出经济体制改革的重点由农村转向城市，由单项改革过渡到全面改革。决定认为社会主义的优越性还没有得到完全发挥的原因除了历史、政治、思想等方面外：“从经济方面分析影响发挥社会主义制度优越性的因素，一个重要的原因，就是在经济体制上逐步地形成了一种同社会生产力发展要求不相适应的僵化模式。这种僵化模式长期以来束缚了社会生产力的发展，影响了社会主义制度优越性的发挥。”其中在分配领域中的主要问题是：“长期以来，我们错误地把社会主义要达到共同富裕理解为人家平均，生怕一部分人富了会产生两极分化，所谓‘不患寡而患不均’的思想相当严重。”这些弊端，使本来应该生机盎然的社会主义经济在很大程度上失去了应有的活力。为了增强城市企业的活力，提高广大职工的责任心和充分发挥他们的主动性、积极性、创造性，《中共中央关于经济体制改革的决定》提出建立以承包为主的多种形式的经济责任制。这种责任制的基本原则是：责、权、利相结合，国家、集体、个人利益相统一，职工劳动所得同劳动成果相联系。

十二届三中全会后，分配制度方面开始了一系列重大改革，主要体现在三个方面：第一，改革国有企业工资管理体制，实行企业工资总额同企业经济效益挂钩的制度。企业的工资改革，总体来说贯彻了按劳分配的原则，体现了奖勤罚懒、奖优罚劣，体现了多劳多得、少劳少得，体现了脑力劳动和体力劳动、复杂劳动和简单劳动、熟练劳动和非熟练劳动、繁重劳动和非繁重劳动之间的合理差别。第二，改革机关事业单位的工资制度，实行结构工资制度。所谓结构工资，就是把机关事业单位工作人员的工资分解为四个组成部分，即按维持本人基本生活需要确定的基础工资、按担任的职务确定职务工资、工龄工资、奖励工资。第三，开征个人收入调节税。1986 年起国务院决定对公民个人收入开征个人所得税，根据收入来源的不同，分别按照超额累进税率和比例税率征收，最低税率为 20%，最高税率为 60%，个体工商户则采用 10 级超额累进税率，最低税率为 7%，最高税率为 60%。

1978—1987 年改革的目标是实现公平与效率兼顾，但由于改革之初在制度设计方面的不完善和旧的分配方式的惯性，造成了部分企业争发奖金、部分地区、部分人收入增长过快现象，与此同时在部分领域平均主义却有增无减，政策目标并未很好实现。但这次改革的成绩也是巨大的，首先是农村新分配方式的确立带来农村的大发展为我国经济的起飞创造了条件，更为重要的是使人民发现了分配方式变革对经济发展和收入提高的巨大作用，在人民心中树立起了效率的观念。

（三）党的十三大提出以按劳分配为主体、其他分配方式为补充的原则

1987 年 10 月召开的党的十三大，在收入分配问题方面，第一次明确提出了按劳分配为主体、其他分配方式为补充的原则。在所有制和分配制度上，大会认为“社会主义社会并不要求纯而又纯，绝对平均。在初级阶段，尤其要在以公有制为主体的前提下发展多种经济成分，在以按劳分配为主体的前提下实行多种分配方式，在共同富裕的目标下鼓励一部分人通过诚实劳动和合法经营先富起来。”具体来讲，党的十三大关于分配制度的内容主要包括：第一，社会主义初级阶段的分配方式不可能是单一的。我们必须坚持的原则是，以按劳分配为主体，其他分配方式为补充。第二，对非劳动收入，只要是合法的，就应当允许。这些收入包括企业发行债券筹集资金，就会出现凭债权取得的利息；随着股份经济的产生，就会出现股份分红；企业经营者的收入中，包含部分风险补偿；私营企业雇用一定数量劳动力，会给企业主带来部分非劳动收入。第三，提出我们的分配政策，既要有利于善于经营的企业和诚实劳动的个人先富起来，合理拉开收入差距，又要防止贫富悬殊，坚持共同富裕的方向，在促进效率提高的前提下体现社会公平。对过高的个人收入，要采取有效措施进行调节；对以非法手段牟取暴利的，要依法严厉制裁。第四，指出了当前分配中的主要倾向，仍然是吃大锅饭，搞平均主义，互相攀比，必须继续在思想上和实际工作中加以克服。凡是有条件的，都应当在严格质量管理和定额管理的前提下，积极推行计件工资制和定额工资制。第五，针对改革初期很容易发生的消费的增长持续超过生产的增长的现象指出，要坚决防止消费膨胀，保证社会消费基金的增长率不超过可分配的国民收入的增长率，职工平均工资奖金的增长率不超过劳动生产率的增长率。

这一阶段特别突出了效率因素，公平被置于效率之后，其结果是造成国民经济的大起大落，各种收入差距在这一时期被迅速拉大，重效率轻公平的结果是效率的不可持续和社会矛盾的积累。这一阶段的功绩是基本确定了社会主义初级阶段的分配政策和分配原则，是对马克思主义分配学说的一大贡献。

（四）党的十四大延续了以按劳分配为主体、其他分配方式为补充的原则，并首次提出了在分配制度上要兼顾效率与公平

党的十四大确定了我国经济体制改革的目标是建立社会主义市场经济体制，标志着我国建立与社会主义市场经济体制相适应的分配制度改革的开始，提出："在分配制度上，以按劳分配为主体，其他分配方式为补充，兼顾效率与公平。运用包括市场在内的各种调节手段，既鼓励先进，促进效率，合理拉开收入差距，又防止两极分化，逐步实现共同富裕。"把深化分配制度和社会保障制度的改革作为十个关系全局的主要任务之一，要求"统筹兼顾国家、集体、个人三者利益，理顺国家与企业、中央与地方的分配关系，逐步实行利税分流和分税制。加快工资制度改革，逐步建立起符合企业、事业单位和机关各自特点的工资制度与正常的工资增长机制。积极建立待业、养老、医疗等社会保障制度，努力推进城镇住房制度改革”。

1993 年 11 月召开的党的十四届三中全会在收入分配制度上取得了两个突破，一是明确提出个人收入分配制度要坚持按劳分配为主体，多种分配方式并存的制度，把按劳分配以外的多种分配方式从补充地位上升到了国家正式制度层面；二是提出并允许和鼓励资本、技术等要素参与收入分配。同时首次提出个人收入分配要“体现效率优先、兼顾公平的原则”。强调“劳动者的个人劳动报酬要引入竞争机制，打破平均主义，实行多劳多得，合理拉开差距”。在企业、事业和行政机关的工资制度和工资增长机制方面，提出要建立适应企业、事业单位和行政机关各自特点的工资制度与正常的工资增长机制，积极推进个人收入的货币化和规范化。

党的十四大尤其是十四届三中全会后，我国新时期的基本收入分配制度、分配原则和相应的调节机制已基本确定了下来。

（五）党的十五大第一次明确提出要把按劳分配和按要素分配结合起来

1997 年 9 月 12 日，党的十五大对完善分配结构和分配方式改革进行了进一步的深化，第一次把十四届三中全会关于“允许属于个人的资本等生产要素参与收益分配”进一步发展为“把按劳分配和按生产要素分配结合起来，坚持效率优先、兼顾公平”。认为这将有利于优化资源配置，促进经济发展，保持社会稳定。具体的政策包括：第一，“依法保护合法收入，允许和鼓励一部分人通过诚实劳动和合法经营先富起来，允许和鼓励资本、技术等生产要素参与收益分配”。第二，“取缔非法收入，对侵吞公有财产和用偷税逃税、权钱交易等非法手段牟取利益的，坚决依法惩处”。第三，“整顿不合理收入，对凭借行业垄断和某些特殊条件获得个人额外收入的，必须纠正。调节过高收入，完善个人所得税制，开征遗产税等新税种”。第四，“规范收入分配，使收入差距趋向合理，防止两极分化”。

（六）党的十六大提出劳动、资本、技术和管理等生产要素按贡献参与收入分配的原则

2002 年党的十六大提出“一切合法的劳动收入和合法的非劳动收入，都应该得到保护”。专门阐述了确立合理分配制度的重要性和如何深化分配制度改革：第一，“理顺分配关系，事关广大群众的切身利益和积极性的发挥。调整和规范国家、企业和个人的分配关系"。第二，"确立劳动、资本、技术和管理等生产要素按贡献参与分配的原则，完善按劳分配为主体、多种分配方式并存的分配制度"。第三，"坚持效率优先、兼顾公平，既要提倡奉献精神，又要落实分配政策，既要反对平均主义，又要防止收入悬殊。初次分配注重效率，发挥市场的作用，鼓励一部分人通过诚实劳动、合法经营先富起来。再分配注重公平，加强政府对收入分配的调节职能，调节差距过大的收入"。第四，"规范分配秩序，合理调节少数垄断性行业的过高收入，取缔非法收入"。第五，"以共同富裕为目标，扩大中等收入者比重，提高低收入者收入水平"。

这一时期是我国收入分配差距进一步扩大时期，所以收入分配政策更注重了分配秩序的规范和社会保障制度的完善，对基本分配原则和分配制度则进行具体化，把奉献与收入、效率与公平、初次分配和再分配统一起来，使之更具操作性，对扩大就业的强调是这一政策导向的集中体现。但收入差距的扩大也引发了对效率优先、兼顾公平政策的怀疑，从而诱发了新一轮的政策调整。

（七）党的十七大首次提出合理的收入分配制度是社会公平的重要体现

2007年召开的党的十七大中指出：我国当前的收入分配差距拉大趋势还未根本扭转。在这种形势下深化收入分配制度改革的主要内容包括：第一，对收入分配制度的性质进行了阐述。"合理的收入分配制度是社会公平的重要体现"，将社会公平作为合理的收入分配制度的本质要害，这是在党的政治报告中第一次提出。第二，提出仍然要"坚持和完善按劳分配为主体、多种分配方式并存的分配制度，健全劳动、资本、技术、管理等生产要素按贡献参与分配的制度。"第三，把两次分配放在一起考虑，又隐含分析了初次分配与再分配中处理效率和公平关系的不同。"初次分配和再分配都要处理好效率和公平的关系，再分配更加注重公平。"第四，针对当前收入分配格局存在的不足提出来的新要求，第一次明确提出"提高居民收入在国民收入分配中的比重，提高劳动报酬在初次分配中的比重"。第五，抓住当前收入分配中的突出问题提出要求和措施，报告中提到"逐步提高扶贫标准和最低工资标准，建立企业职工工资正常增长机制和支付保障机制"。第六，对生产要素按贡献参与分配原则的进一步具体化，提出“创造条件让更多群众拥有财产性收入”。第七，为了理顺分配关系，提出“保护合法收入，调节过高收入，取缔非法收入。扩大转移支付，强化税收调节，打破经营垄断，创造机会公平，整顿分配秩序，逐步扭转收入分配差距扩大趋势”。

这一阶段政策在坚持了基本的分配制度和分配原则的基础上强调了对弱势群体的扶持，在体制上强调区域互助、城乡互助，在措施上强调落后地区、农村和人群的能力发展，以实现社会更加公平与和谐。这一政策调整说明我国的分配政策不仅注重收入公平，而且开始关注导致收入差距扩大的原因，力图从根本上解决收入不公问题；更为重要的是它说明了我国在实现共同富裕目标的道路上已从解决共同贫穷向解决如何让全体人民共享改革发展的成果转变。

第二节　按劳分配为主体、多种分配方式并存的分配制度

中国共产党第十七次全国代表大会深化了对十四届三中全所确立的社会主义基本分配制度的认识，把我国现阶段的个人收入分配制度表述为：“坚持和完善按劳分配为主体、多种分配方式并存的分配制度，健全劳动、资本、技术、管理等生产要素按贡献参与分配的制度。”既强调了按劳分配为主体、多种分配方式并存，又强调了多种生产要素按贡献参与分配，指明了我国个人收入分配制度的总体格局，是对我国个人收入分配制度做出的最本质和最简明的概括。

一、社会主义市场经济体制下的按劳分配

马克思所设想的按劳分配的具体实现模式是以发达的生产力为基础、以计划经济为条件下实行的，但正如第一节中所述，按劳分配的实现模式并不是唯一的，在不同的生产力水平、不同的生产关系下，按劳

分配的实现模式也会不同。在社会主义市场经济体制下，由于实行生产资料公有制、生产力水平仍然比较低、劳动仍是人的谋生手段、人的思想觉悟不够高仍需要加强物质激励以促进生产力的发展，必然要求实行按劳分配，但这种按劳分配是在社会主义市场经济条件下实现的。

（一）按劳分配与社会主义市场经济具有相容性

1. 按劳分配与社会主义市场经济有共同的所有制基础，都是建立在生产资料公有制的基础上

社会主义市场经济是社会主义经济制度的具体运行形式，是社会主义生产资料公有制与市场经济相结合的产物；而社会主义生产资料公有制是按劳分配原则得以实现的基础和前提。

2. 按劳分配与社会主义市场经济所依据的原则是相同的，都实行等量劳动相交换的原则

按劳分配是每个劳动者在为社会提供劳动创造社会财富，在对这些财富作了必要的扣除之后，从社会领回的正好是他给予社会的一切（不过给出的是劳动量，取回的是同样劳动量所创造的产品）。而市场经济所依据的是等价交换原则，价值是一般人类劳动的凝结，等价交换不过是不同形式的等量劳动之间的交换。所以马克思在《哥达纲领批判》中指出："显然，这里通行的就是调节商品交换（就它是等价的交换而言）的同一原则……即一种形式的一定量的劳动可以和另一种形式的同量劳动相交换。"①

3. 按劳分配与社会主义市场经济存在互相促进的关系

按劳分配为社会主义市场经济的发展提供动力机制，按劳分配把个人劳动与报酬结合起来，把个人报酬与企业的经营效益结合起来，促使劳动者关心个人劳动技能的提高和企业的经营状况，从而有利于生产力的发展和公平公正的市场竞争秩序的形成。反过来，社会主义市场经济为按劳分配的实现提供市场条件，市场经济把形式各异的个别劳动通过市场转化为社会必要劳动，把个别劳动时间转化为社会必要劳动时间，从而使每个劳动者为社会提供的劳动获得了统一而可操作性的计量标准；没有市场机制，不仅"劳"缺乏计量标准，而且千差万别、变化

① 《马克思恩格斯选集》第3卷，人民出版社1972年版，第11页。

万千的个人消费品需求在现有的技术条件下也难以满足，而市场经济依靠价格等市场杠杆一下子就把这问题解决了。可以说，市场经济越发达，按劳分配越具有可操作性，实现得越充分。

（二）社会主义市场经济下按劳分配的实现形式

1. 按劳分配的主体是企业或集体，而不是政府或社会

在社会主义市场经济条件下，企业或集体成为生产资料的实际控制者，实行自主经营、自负盈亏、自我发展、自我约束，企业的经营权包括了生产、交换、分配方面的权利，企业拥有分配权才能使企业拥有对职工进行物质激励和根据市场状况对自有资源进行合理配置的手段。

2. 按劳分配的实现范围主要限于企业内部

在社会主义市场经济中，公有制的企业既有共同利益又有个别利益，共同利益表现为它们都要为公有制经济的壮大作贡献，个别利益是因为它们是自负盈亏的经济主体，企业之间不能无偿调配物质资料。不同经营效益的企业所能用于分配为个人消费品的财富必然不同，同量的劳动在不同企业所分配或代表的个人消费品的数量是不同的，等量劳动领取等量报酬只能在同一企业范围内实现。

3. 按劳分配必须借助于商品货币关系来实现

在社会主义市场经济下，劳动者的劳动所得主要采取工资、奖金等货币形式，其所需要的消费资料也主要通过市场获得。

4. 按劳分配的依据是社会必要劳动量

在社会主义市场经济下，商品的价值是由社会必要劳动时间决定，只有能满足社会需要的个别劳动才能被承认为社会劳动，超过社会必要劳动时间部分的个别劳动时间只是一种虚耗。因此企业的劳动不能直接被承认为社会劳动，只有当他们的产品能在市场上出售，才能被承认为社会劳动，企业新创造的价值即能用于个人消费品分配的量的界限则取决于企业生产商品的个别劳动时间与社会必要劳动时间的对比。为此，个人要想获得工资或奖金，首先必须使他的劳动被企业承认，进而企业全体劳动者的总劳动为社会所承认；个人的分配所得不是取决于他的实际劳动量，而是取决于被企业进而被社会承认的劳动量。

5. 按劳分配的内容不限于个人消费品

在马克思分配理论中，除了个人消费品，没有别的东西可以成为个人财产，但在市场经济条件下，个人可以直接或间接（买股票等方式）拥有生产资料，因而按劳分配的内容大大扩展了。

6. 按劳分配的实现程度受市场条件约束

企业产品的市场供求状况对企业的效益有重大影响，从而影响个人所得的份额；消费品的市场供求状况则影响劳动所得所能换取的消费品数量；整个社会的物价水平也会提高或降低按劳分配的实际数量。

（三）作为分配原则的按劳分配和作为分配方式的按劳分配的作用范围

作为原则的按劳分配是社会主义社会的收入分配原则，它作用于整个社会，是各种所有制和所有分配方式共同遵循的准则；作为具体分配方式的按劳分配是公有制经济成分的收入分配方式，只作用于公有制经济。在社会主义市场经济下，前者的作用范围与计划经济条件下相比大大扩大了，不仅公有制经济，而且其他经济成分的分配也受它约束和影响，而后者的作用范围则大大缩减了，仅限于公有制经济的一部分，混合经济分配方式主要是按要素分配，农村集体经济由于实行家庭联产承包责任制其实也是按要素分配。基本分配制度中以按劳分配为主体更重要的是从分配原则上来谈的。

二、社会主义市场经济体制下的按生产要素分配

生产要素进入物质资料生产过程是进行财富创造所必需的基本资源和基本条件，包括人的要素和物的要素。随着市场经济的发展，生产要素的外延也在扩展之中，管理、信息等非物质性要素也成为生产要素的组成部分。确定生产要素按贡献参与分配是在新的历史时期中国经济学界对马克思主义分配理论的一大创新，是改革开放后西方分配理论与方法引入后，马克思主义分配理论在与西方分配理论斗争中发展并对其合理成分进行创造性吸收的一大成果。

（一）按生产要素分配的理论依据

1. 马克思的劳动价值理论和分配理论是按生产要素分配的基本依据

马克思认为在商品经济社会中，劳动产品表现为商品，商品具有价

值和使用价值两因素。价值的唯一源泉是劳动，但使用价值的源泉并非都是劳动，“劳动不是一切财富的源泉。自然界和劳动一样也是使用价值（而物质财富本来就是由使用价值构成的！）的源泉”①。马克思认为在财富的创造中，劳动起着决定性的作用，生产资料只有同活劳动相结合才能成为财富的源泉，它们本身并不具有创造财富的能力。但仅有活劳动也不能创造财富，“劳动者与生产资料始终是生产的要素。但两者在彼此分离的情况下，只在可能性上是生产要素，凡是要进行生产，就必须使他们结合起来”②。不仅财富的创造需要生产资料与活劳动相结合，价值创造也是如此，价值虽是由活劳动创造，但如果没有劳动对象，活劳动就无从凝结；如果没有劳动资料，活劳动与劳动对象就无法结合，价值也就创造不出来。活劳动和生产资料在价值形成中的作用是：活劳动创造新价值，而生产资料转移旧价值。包括活劳动在内的所有生产要素不仅是价值创造的必要条件，而且影响价值创造的效率，马克思认为劳动生产率对价值创造具有重大影响，而劳动生产率取决于劳动者劳动的熟练程度和技能、生产资料的规模和效能、科学技术的发展水平及其在生产中的应用程度、劳动过程的组织以及自然条件。

生产要素在价值生产中作用使其具备参与价值分配的资格，而生产要素的所有权的多元性则使这种资格变为现实。马克思在批判“三位一体”公式中着力批判了萨伊等人把价值创造与价值分配混为一谈的弊病，指出价值创造与价值分配是两个不同的范畴，生产要素只是商品价值的各组成部分转化为各种收入的原因，而不是商品价值产生的原因；在地租理论中他认为，地租是土地所有权在经济上的实现形式。根据马克思关于生产关系决定分配关系和生产条件的分配决定生产结果的分配原理，生产关系的核心是生产资料所有制，生产资料所有制在法权上表现是所有权，劳动和生产资料的所有权在经济上的实现形式是参与新价值的分配。在产品经济社会，生产资料归统一的社会中心所有，只有劳动的所有权归劳动者个人所有，因而新价值在劳动者个人与全体劳动者代表的社会之间进行分分割，实行统一的按劳分配而没有其他分配形式

---

① 《马克思恩格斯选集》第3卷，人民出版社1972年版，第5页。

② 马克思：《资本论》第2卷，人民出版社1975年版，第44页。

存在的空间；而在市场经济社会，生产要素归不同的所有者所有，生产要素的所有权必须在经济上得到实现。

2. 西方分配理论的科学成分为按生产要素分配的合理性提供了理论支持

西方经济学的分配理论起源于古典经济学，主要是从论证资本主义制度永恒性出发，把价值创造与价值分配混为一谈，最具有代表性的是斯密教条和“三位一体”公式，认为一切价值都可以分解为收入，进而推出收入决定价值和生产要素共同创造价值的结论，由于多要素共创价值，各要素共分价值当然是合理的。近代西方经济学的分配理论的主要代表是克拉克的边际生产力理论，克拉克认为生产要素的边际生产力决定着各生产要素在收入中的分配份额，“每个生产因素在参加生产过程中，都有其独特的贡献，也都有相应的报酬——这就是分配的自然规律”①。克拉克在这里实际上提出了要素应按贡献参与分配的问题。现代西方分配理论一是以凯恩斯为代表，强调为提高有效需求水平，政府必须承担起提供社会福利的责任，要对生活在贫困线以下的人进行社会救济，从而促进经济增长、社会稳定；二是新福利经济学的分配理论，强调收入的分配应有利于人积极性的提高和经济增长。

西方分配理论主要是为资本主义辩护的，其基本理论基础是共创论、共分论，这一点马克思已作了深刻的批判，但它又是对市场经济条件下分配规律的总结，其中包含着一定的科学成分，如古典分配理论对生产要素在生产中作用的论述，强调各生产要素所有者为获取收益使生产要素在市场中得到优化配置；近代边际生产力理论主要缺陷在于把反映人与人之间关系的分配关系归结为人与物的关系，但它合理性的地方在于提出了要素分配标准是要素在生产过程中的贡献；现代西方分配理论则更着重从分配对生产的反作用上来分析分配制度的合理性，与马克思的生产力标准有异曲同工之妙，但却有过度重效率而忽视公平或以公平从属于效率的缺陷，并没有脱离为资本服务的本质。西方分配理论的科学成分表明在市场经济条件下，生产要素按贡献参与分配是促进资源优化配置、提高劳动生产率的必然要求。

① 克拉克：《财富的分配》，商务印书馆1983年版，第11页。

（二）按生产要素分配的现实依据

按生产要素分配的现实依据主要是看这种分配方式在社会主义初级阶段下对生产力进步、人的发展与社会公平的影响以及这种分配关系与生产关系的协同性。

1. 按生产要素分配有利于社会主义初级阶段生产力的发展

按生产要素分配是资本主义制度的基本分配方式，在相当长的时间内推动了生产力的发展，这是资本主义制度战胜封建主义并长期存在的基本依据。当然这种分配方式因其剥夺了劳动这一最重要生产要素参与剩余价值分配的权利，最终成为生产力发展的障碍。作为一种在历史上起作用的分配方式，它与生产力发展的一定阶段相适应，根据我国初级阶段的基本国情，这种分配方式具有促进生产力发展的作用。

首先，它有利于资源的优化配置。按生产要素分配，体现在市场行为中就是对生产要素进行定价，这个定价过程是供求双方及内部进行竞争的过程，生产要素最终是由需求方的最高出价者得之，最高出价者之所以愿以高价获取生产要素，基本原因在于他能通过经营从这一要素中获利，当所有要素都由最高出价者得到时，整个社会的总利益必然是最高的，由此资源得到最优配置。

其次，它有利于资源的节约使用。资源是稀缺的，要使有限资源满足无限的需求，不仅要对资源进行优化配置，还应对资源进行节约使用。按要素进行分配，意味着使用任何资源都必须付出代价，获利动机必促使资源占有者节约使用资源。

最后，它有利于实现科学发展。党的十六大确立了以人为本的科学发展观，要求改变传统的工业化模式，走新型工业化道路，其中最为关键的是依靠人的素质的提高和科学技术的进步，对人力资本、科技、管理等生产要素进行合理定价，确立其按贡献参与分配，有利于人力资本的积累、科学技术的发展和管理水平的提高。

2. 按生产要素分配是社会主义初级阶段性基本经济制度及其多样化实现方式的必然要求

我国的基本经济制度是以公有制为主体，多种所有制经济共同发展的制度，公有制经济要求实行按劳分配，其他经济成分在分配时必然要求其所拥有的生产资料在经济上得到实现，实行按要素分配。党的十五大提出公有制经济的实现形式可以也应当多样化，多样化的实现形式表现为公有生产资料的产权进行多样化的重新组合和配置，在市场经营过程中，产权主体必然要求根据其所拥有的权利分取一定收益，这种收益分配过程就是按要素分配的过程。

3. 按生产要素分配是社会主义市场经济顺利运行的有效保证

生产要素市场的发育和完善是现代市场经济的重要特征，只有容许按生产要素分配，才能动员生产要素进入市场；只有让生产要素的价格通过市场形成，才能发挥市场配置资源的作用。

4. 按生产要素分配有利于人的发展和实现社会公平

纯粹的按劳分配除承认因人的天赋差异而带来的劳动差别之外，对人后天所获取的技能带来的劳动差异并不在分配中加以承认，恩格斯在《反杜林论》中提出在社会主义条件下，教育和培训费用是由社会提供的，因此复杂劳动者不能要求获得高收入，复杂劳动创造的高于平均价值的部分应该完全属于社会①。根据这一论述，我国知识分子的收入长期偏低，甚至出现脑体倒挂现象。但实际上，高技能人员的教育和培训费用固然有社会提供的部分，但其中相当部分是由私人提供的，此外这些技能的获得往往需要学习者付出艰苦的努力。不承认劳动的复杂程度的差异，一方面降低了人们追求知识的热情，不利于人的发展和社会进步；另一方面也有损于社会公平，直接损害了知识分子的利益，同时也没有体现出按劳分配所倡导的多劳多得原则。按生产要素进行分配，体现了知识、管理、技术等要素的价值，有利于促使人们追求知识，也有利于生产力的发展，进而有利于共同富裕的实现。

（三）按生产要素分配的实现机制——按贡献参与分配

党的十六大提出：确立劳动、资本、技术和管理等生产要素按贡献参与分配的原则。各生产要素都是财富创造的源泉，都对财富创造作出了贡献；但在价值创造过程中，非劳动要素只是价值创造的必要条件而不是价值的源泉，它们的贡献主要体现在增进了价值创造的效率上。确立生产要素按贡献参与分配是对按生产要素分配的具体化和发展，它明确规定了要素参与分配的资格是在生产和价值创造中作出贡献，同时还

① 《马克思恩格斯选集》第3卷，人民出版社1972年版，第545页。

规定了分配的量的界限是各要素对价值创造效率提高水平的贡献率。

在社会主义现阶段，我国的生产要素按贡献参与分配的特点表现为：

1. 分配主体多元化

生产要素按贡献参与分配是要素所有者所有权在经济上的实现，因此，凡是生产要素的所有者都可以凭借其对要素的所有权获得一定的收入，也就是说，只要是生产要素的所有者，均有资格参与对生产要素贡献的分配，不管生产要素的所有者是个人、企业或者某个团体或者国家，因此，生产要素按贡献分配具有主体多元化的特征。

2. 分配属性资本化

生产要素按贡献参与分配中的各个要素，不管是劳动、资本、技术还是管理均以资本的形式参与生产过程和价值增值过程，最终对剩余劳动进行分配，也应该以资本性收入获得剩余收益的分配，是资本属性的分配。这种属性，不管是在社会主义公有制经济中，还是在其他所有制经济中，都不会发生变化，但仍然是社会主义性质的分配，这是由社会主义基本经济制度决定的分配。

3. 分配形式多样化

生产要素的多样性决定了分配形式的多样性，在我国，资本要素参与分配获得的收入形式主要包括：银行利息收入、股息、红利、资本市场证券买卖收入以及从事实业投资获得的投资利润等形式；技术要素参与分配获得的收入主要包括一次性技术转让买卖收入和技术入股分红收入等形式；土地要素参与分配获得收入的情况比较特殊，在我国土地属于国家或集体所有，不能买卖，但土地的使用权支配者仍然能凭借其获得地租。管理要素参与分配获得的收入主要包括年薪收入和期权收入，经营者年薪可由两部分组成，即基本年薪和效益年薪、加薪。劳动要素的收入包括工资、薪金、奖金、津贴等形式。

4. 分配水平的非稳定化

按生产要素分配的资本属性和分配形式，决定了这种分配必须由市场机制调节，按市场规则操作，通过市场来实现分配。尽管劳动要素的收入能够保持相对稳定，但其他生产要素会受到外部市场、法律政策等因素变化的影响，以及企业内部利润率、发展战略变化等不确定因素的制约，分配水平较难保持稳定。

三、坚持按劳分配为主体，按劳分配与按生产要素分配相结合

坚持按劳分配为主体包括两个相关的内容：一是从分配制度上看，按劳分配居主体地位，起主导作用；按要素分配居次要地位，受按劳分配的制约。这不仅是我国所有制结构的要求，也是对劳动在价值和财富创造中地位的确认。二是从居民的收入结构上看，按劳分配收入为主，按要素收入为辅，劳动收入是居民收入的主要来源，它表明居民生活水平提高的关键是居民的劳动参与水平和所提供的劳动的质量的高低，而不是先天的物质财富占有上的差异。

按劳分配与按生产要素分配相结合，有利于体现效率优先、兼顾公平原则，有利于优化资源配置，促进经济发展，保持社会稳定。按劳分配与按生产要素分配虽是两种不同的分配制度，但它们在社会主义市场经济中并不矛盾，反而在互相影响中促进经济发展。首先，两者有共同的分配主体和分配实现机制。在现代社会中，劳动者不仅是自身劳动力的所有者，同时也可能是资本、技术、管理等生产要素的所有者，在个人收入中不仅有劳动收入，还包括资本、技术、管理投入所得收入，按劳分配的主体与按要素分配的主体在很大程度上是重叠的；两种分配形式通过市场机制来实现。其次，两者互相影响，按劳分配影响按要素分配，劳动要素的分配受按劳分配的直接影响并因此使其他要素的分配受到间接影响；按要素分配也影响按劳分配，不同企业的资源占有情况直接影响企业的利润，进而影响按劳分配的实现水平。再次，两者结合是我国所有制结构在分配制度上的反映。最后，两者结合有利于调动各方面的积极性，促进生产力的发展和人们收入来源的多样化，从而有利于共同富裕的实现。

（撰稿人：蔡立雄、刘旭友）

第三节 社会主义分配中的各种关系

一、效率与公平的关系

效率与公平问题关系到经济发展活力和社会稳定，是世界各国都十分关注的热点问题。正确处理效率与公平的关系，对于明确进一步深化收入分配制度改革的方向和任务，具有十分重要的指导意义。

（一）效率与公平的含义

1. 效率的含义

马克思指出：“劳动生产力的提高，在这里一般是指劳动过程中的这样一种变化，这种变化能缩短生产某种商品的社会必需劳动时间，从而使较小量的劳动获得生产较大量使用价值的能力。”① 而“缩短生产时间的主要方法是提高劳动生产率，这就是人们通常所说的工业进步”②。恩格斯在《政治经济学批判大纲》中提出：“价值是生产费用对效用的关系。价值首先是用来解决某种物品是否应该生产的问题，即这种物品的效用是否能抵偿生产费用的问题。只有在这个问题解决之后才谈得上运用价值来进行交换的问题。如果两种物品的生产费用相等，那么效用就是确定它们的比较价值的决定性因素。”③ 在此基础上，恩格斯进一步指出，在共产主义社会也还存在着对效用和生产费用的衡量比较问题。根据以上论述，一般认为效率是指在经济运行过程中稀缺经济资源的有效配置，即生产中耗费的经济资源与生产出的能够满足人们需要的产品和劳务的对比关系。④

① 《马克思恩格斯全集》第23卷，人民出版社1972年版，第350页。

② 《马克思恩格斯全集》第23卷，人民出版社1972年版，第84—85页。

③ 《马克思恩格斯全集》第1卷，人民出版社1972年版，第605页。

④ 《马克思恩格斯全集》第3卷，人民出版社1972年版，第348页。

2. 公平的含义

马克思、恩格斯的公平观具体、历史、全面，内容丰富，包括：（1）社会地位公平，即不承认任何阶级差别，“随着阶级差别的消灭，一切由此差别产生的社会和政治的不平等也就自行消失了”①。（2）起点公平，即实行生产资料公有制，不存在生产资料占有上的不平等，每个人和别人一样都只是劳动者。（3）机会公平，即在仅能靠劳动获得生活资料的条件下，社会为个人提供参与创造财富的机会是公平的。（4）规则公平，即等量劳动获取等量报酬，劳动收入的多少取决于劳动量，与劳动条件的优劣无关。（5）结果的相对公平，之所以说是结果的相对公平，是因为在社会主义阶段，人的能力还没有全面而自由地发展，人的天赋有很大的差异，劳动力的所有权还属于劳动者个人，要调动劳动者的积极性，还必须承认人的天然特权，而由于人的天赋和能力差异造成劳动者参与劳动的时间、劳动熟练程度和复杂程度必然有差别，从而在换算成统一的劳动时间进而在消费品分配方面必然有差异。此外每个劳动者的家庭状况不同，劳动者与消费者的分布并不平均，由此也必然带来人均消费资料占有方面有差异。在社会主义阶段，这种差异是不可避免的，但为了防止少数社会成员因此陷入贫困，社会将设立基金以保障没有劳动能力的人享有必要的消费资料。

（二）效率与公平的关系

马克思在对资本主义分配制度的批判和对未来社会分配制度的设计中，以经济规律为基础对效率与公平的关系作出了科学的说明。首先，效率与公平是互为基础、互相促进的。“分配的结构完全决定于生产的结构，分配本身就是生产的产物，不仅就对象说是如此，而且就形式说也是如此。就对象说，能分配的只是生产的成果，就形式说，参与生产的一定形式决定分配的特定形式，决定参与分配的形式。”② 也就是说生产效率是公平分配的基础。而“只要分配为纯粹经济的考虑所支配，它就将由生产的利益来调节，而最能促进生产的是能使一切社会成员尽

① 《马克思恩格斯选集》第1卷，人民出版社1972年版，第348—349页。

② 《马克思恩格斯选集》第2卷，人民出版社1995年版，第98页。

可能全面地发展、保持和运用自己能力的那种分配方式。”① 这意味着分配公平有利于促进生产效率。其次，公平与效率又具有矛盾性。在资本主义社会，资本在生产中以追求价值增值（效率）为唯一目标，损害了社会公平，导致一系列经济社会矛盾，最后不得不通过经济危机的方式使矛盾暂时得到解决，最终影响了效率的实现。而在社会主义的计划经济时期，超越生产的发展阶段，过度强调公平的实现，不能形成有效激励，使整个社会生产陷于低效率，最终导致整个社会共同贫穷，传统的社会主义经济模式走向变革或解体。社会主义初级阶段，在社会分工依然存在、人的觉悟还不够高、物质财富还不够丰富的情况下，承认人的天赋差别以及由此造成的劳动贡献方面的差别并在个人消费品分配中体现这差别，有利于调动全体社会成员的积极性。在这种情况下，公平与效率存在一定的矛盾，但是，这种矛盾在生产力发展较低的阶段是无法解决的，只有到共产主义阶段，劳动成为人的第一需要，不再需要通过物质激励以促进经济增长的时候才能得到根本解决。在现有阶段，还必须统筹考虑公平与效率间的对立统一关系，只有能促进效率与公平有机结合的收入分配制度才是合理的。在社会主义市场经济条件下，合理的分配标准有二：一是收入分配有利于充分调动经济活动参与者的积极性，提高经济效率：二是收入分配相对公平，保证每个社会成员最基本的生活需要，保护合法收入，调节过高收入，取缔非法收入，防止收入差距过大。

（三）正确处理效率与公平的关系

1. 坚持效率优先、兼顾公平的原则

社会主义的本质，是解放生产力，发展生产力，消灭剥削，消除两极分化，最终达到共同富裕。这就从根本上决定了我国应正确处理好效率与公平的关系，实现效率与公平的统一。社会和谐作为中国特色社会主义的本质属性，把协调利益关系、实现公平正义作为自己的基本内容和重要特征。因此，我国的社会主义市场经济在发展经济的基础上必须注重社会公平，建立起公平与效率均衡发展的良性循环体系。实行改革开放以来，如何处理效率与公平的问题在理论界和实践层面都在认真探

① 《马克思恩格斯选集》第3卷，人民出版社1972年版，第240页。

索。党的十四大第一次明确提出要“兼顾效率与公平”。党的十四届三中全会提出，收入分配要“体现效率优先、兼顾公平的原则”。党的十五大和党的十六大都明确提出，要坚持效率优先、兼顾公平。党的十六大还提出，初次分配注重效率，再分配注重公平。这就确立了正确处理效率和公平关系的基本原则，目的就是既要适当拉开收入差距，以发挥收入分配的激励功能，又要防止收入差距过大引起社会不稳定。党的十六届五中全会提出，要“注重社会公平，特别要关注就业机会和分配过程的公平”。党的十六届六中全会进一步指出，要“在经济发展的基础上，更加注重社会公平”。党的十七大进一步提出，“初次分配和再分配都要处理好效率和公平的关系，再分配更加注重公平”。这些论述，是根据经济发展的不同阶段的矛盾的主要方面的转变和分配中所出现问题的突出程度所提的解决问题的基本原则，是从实际出发对效率和公平关系认识的不断深化和完善。

2. 初次分配和再分配中都要处理好效率和公平的关系，再分配更加注重公平

国民生产总值分配的总原则，就是要正确处理好国家、企业、个人三者之间的利益关系，进行合理分配。在社会主义市场经济的自由竞争、优胜劣汰、价格机制、利益驱动机制下，初次分配收入存在一定差距是不可避免的，也有助于提高效率。但在整个国民收入分配中，初次分配的数额比再分配大得多，涉及的面也广得多。初次分配的大格局一旦确定下来，再分配无力从根本上加以改变，只能在此格局基础之上通过财政收支和转移支付等手段在局部或一定环节上做出调整和修正。根据多年的统计数据，用于再分配的政府收入一般只占 GDP 的 20%。因此在初次分配中处理好效率和公平的关系十分重要。除了初次分配的规则和秩序要规范，也就是分配过程要公平以外，还要高度重视机会公平，这涉及初次分配公平的基础条件，一是受教育机会的公平，一般来讲受教育水平高的人收入也高；二是劳动机会的公平，劳动力自由流动是市场机制在保证效率的前提下保障公平并有效地调节收入分配的必要条件。因此初次分配应促进效率与公平有机结合，任何忽视初次分配效率性或公平性的做法都是错误的。

再分配具有社会公平功能。强调再分配更加注重公平，就是要加大

税收等经济杠杆对收入分配的调节力度，促进社会公平。在社会主义市场经济条件下，初次分配受制于现有的生产力发展水平，只能采取按劳分配为主体、多种分配方式并存的分配制度，允许劳动、资本、技术、管理等生产要素按贡献参与分配。这是社会主义的基本原则和市场经济的基本要求在分配制度上的体现。但是这使得部分无能力或没有机会对生产作出贡献的人丧失了分配的资格，也使一些因初始要素拥有量较少的社会成员或地区收入不足，这种分配难以避免少数社会成员陷于贫困。这与社会主义生产目的背道而驰，因此必须在再分配环节予以必要的调节。再分配是对初次分配结果的一种矫正，通过税收等经济杠杆保障社会成员的基本生活，防止收入差距过大。当然，再分配也要注意促进效率。如果把再分配调节力度搞得过大，出现奖懒罚勤效应，就会既损害初次分配的公平性，从而也会损害效率，反过来影响再分配的调节能力和社会公平的功能。因此再分配应促进效率与公平有机结合，任何忽视再分配效率或公平的做法都是错误的。

综上所述，只有初次分配和再分配都促进效率与公平有机结合，才能促进国民收入合理分配，最终既有利于生产力发展，又有利于促进社会和谐。

二、先富与共富的关系

从计划经济的“大锅饭”到社会主义市场经济下收入差距不断扩大的趋势，我国一直在探索着实现共同富裕的有效路径。正确处理先富与共富的关系，是实现社会主义合理分配的基础和前提。

（一）共同富裕是社会主义的根本目标

共同富裕是社会主义优越性的重要体现。恩格斯指出：在生产资料公有制的社会里，“由于消除了现在的统治阶级及其政治代表的穷奢极欲的挥霍而为全社会节省出大量的生产资料的产品。通过社会生产，不仅可能保证一切社会成员有富足的和一天比一天充裕的物质生活，而且还能保证他们的体力和智力获得比较充分的自由的发展和运用，这种可能性现在第一次出现了，但它确实是出现了”①。这样的社会是公平效

① 《马克思恩格斯选集》第3卷，人民出版社1972年版，第633页。

率统一的社会，而资本主义虽然在不到一百年的时间创出比过去一切时代所创造的社会财富的总和还要多得多，但这种生产力的进步却是以血腥和暴力掠夺来达到，因而资本主义来到人世间，从头到脚都滴着血和肮脏的东西，在资本主义社会，公平与效率是对抗性的，共同富裕在资本主义社会只能是一个不切实际的幻想。因此，邓小平反复强调："社会主义最大的优越性就是共同富裕，这是体现社会主义本质的东西。"①

社会主义的最终目标是要实现全体成员的共同富裕。人们不是为生产而生产，生产归根结底是为了满足人的物质和文化生活需要。生产要素的占有是生产的前提和基础，但绝非目的本身。社会主义生产资料公有，这就从根本上决定了社会主义生产的目的就是为了满足人们日益增长的物质和文化生活需要，使广大人民走上富裕之路，过上幸福美好的生活。因此，"贫穷不是社会主义"②，只有少数富裕和两极分化也不是社会主义，共同富裕才是社会主义的应有之义。所以邓小平一再强调："我们坚持走社会主义道路，根本目标是实现共同富裕"③，并尖锐地指出："如果导致两极分化，改革就算失败了。"④

（二）鼓励先富是经济规律的必然要求

1. 这是由决定我国生产力现状决定的

首先，这是由我国落后的生产力水平决定的。我国改革开放之初，经济基础极为薄弱，出于规模经济的要求，国家不可能对所有地区、所有行业进行均等投资或同步投资，资金投向和发展政策必有适当倾斜，这也造成地区发展和居民收入增长的不同步性。从国际经验看，所有的大国在经济发展过程中其内部经济发展都是不同步的。其次，我国生产力发展的不平衡也决定了富裕的不同步。我国幅员辽阔，各地区的经济基础、自然条件和技术水平各不相同，基础较优、条件较好的地区发展速度快一些，居民的收入相应也就高一些。这就必然会形成地区和个人在富裕程度上的差别，部分地区和个人先富裕起来有其客观必然性。

---

① 《邓小平文选》第3卷，人民出版社1993年版，第139页。

② 《邓小平文选》第3卷，人民出版社1993年版，第225页。

③ 《邓小平文选》第3卷，人民出版社1993年版，第155页。

④ 《邓小平文选》第3卷，人民出版社1993年版，第111页。

2. 这是社会主义市场经济发展的必然结果

在社会主义市场经济条件下，市场机制在资源配置中起基础性作用，遵循的基本规律是价值规律和竞争规律。市场机制调节收入分配的作用主要体现在两个方面：一是通过高效配置生产要素和劳动力资源提高整个社会的经济效益，使生产要素配置的效率最大化，最大限度地增加整个社会的收入分配总量；二是使高效配置生产要素和劳动力资源的市场主体在提高经济效益的同时，能够获得最大的经济利益，实现收入最大化，并使由效率最大化造成的利益形成差距，进一步激励市场主体更合理的配置资源。因此，市场营造了一个激烈竞争的氛围，市场经济是竞争经济，其运行结果是优胜劣汰，收入差距的产生成为必然。否认人们在收入上的差别，理论上是荒谬的，实践中是有害的。

3. 这是由我国基本分配制度决定的

我国已打破了原来“一大二公”、“吃大锅饭”的平均主义分配体制，建立起按劳分配为主体、多种分配方式并存的分配制度。在按劳分配中，劳动是分配的唯一尺度，在劳动面前人人平等，不承认任何阶级差别。但是受劳动者劳动能力的差异、劳动付出的多少和质量的高低、劳动偏好的不同、劳动力市场供求状况的差别、私人劳动或局部劳动与社会劳动一致性程度的不同、各部门的垄断程度的高低以及政府对就业和工资的干预程度不一等因素的影响，劳动者的收入必然存在差异。即使劳动者所得报酬相同，也会因为家庭状况不同，而出现富裕程度的差别。而在其他分配方式中，由于生产要素占有量不同、所面对经济机会及获取机会的能力不同、承担风险的能力和意愿不同，社会成员的收入必然存在差异。

（三）先富是为了共富，是实现共同富裕的必由之路

鼓励一部分人和地区先富起来是达到共同富裕的手段。共同富裕不是平均富裕，不是同步富裕，“不切实际地追求同时和同等程度的富裕，其结果只能是共同的贫穷”①。允许、鼓励先富不是为了把一批人变成富人而把另一批人变成穷人，是为了带动、影响经济波浪式发展，在经

---

① 谷书堂、宋则行主编：《政治经济学（社会主义部分）》，陕西人民出版社 2003 年版，第 114 页。

济发展基础上，加快共同富裕的历史进程。因此，邓小平反复强调："鼓励一部分地区、一部分人先富裕起来，是为了带动越来越多的人富裕起来，达到共同富裕的目的。"①

先富带后富、后富赶先富是实现共同富裕的必由之路。"共同富裕的目标需要经历由少数先富到多数富裕、由个别到一般的历史过程，只能通过一部分人先富起来而逐步实现，这是实现共同富裕的根本途径和必由之路。"② 但是，先富并不必然带来共同富裕。先富的人和地区应充分发挥其示范作用、拉动作用和帮助作用，带动后富。正如邓小平所说："我们的政策是让一部分人、一部分地区先富起来，以带动和帮助落后的地区，先进地区帮助落后地区是一个义务"③；"我们提倡一部分地区先富裕起来，是为了使先富裕起来的地区帮助落后的地区更好地发展起来，提倡人民中有一部分先富裕起来，也是同样的道理，要一部分先富裕的人帮助没有富裕的人，共同富裕，而不是两极分化"④。而未富的人和地区应积极抓住机遇，加快发展，努力赶超先富。通过先富带后富，后富赶先富，逐步走向共同富裕。

改革开放以来，我国在共同富裕的道路上取得了重大成绩，从总体上看：近三十年间，我国经济保持年平均 9.8% 的增长速度，创造了世界经济史的奇迹，国民生产总值由 1978 年的 5689.8 亿元增长到 2007 年的 246619 亿元，净增加了 42 倍，并于 2000 年实现人均 GDP 825 美元，达到小康水平，我国在整体上进入小康社会；从人均收入上看，1978 年我国城市居民的人均可支配收入与农村居民的人均纯收入分别为 343 元和 133.6 元，而 2007 年这一数据分别为 13786 元和 4140 元。在战略布局上，我国也开始进入由鼓励先富到努力实现共富阶段，在区域政策上由东部优先发展到西部大开发、振兴东北老工业基地和中部崛起，在城乡发展上由农村支持城市、农业支持工业转变为城市支持农

① 《邓小平文选》第 3 卷，人民出版社 1993 年版，第 142 页。

② 谷书堂、宋则行主编：《政治经济学（社会主义部分）》，陕西人民出版社 2003 年版，第 114 页。

③ 《邓小平文选》第 3 卷，人民出版社 1993 年版，第 155 页。

④ 《邓小平文选》第 3 卷，人民出版社 1993 年版，第 111 页。

村、工业反哺农业，在社会收入结构上，规范收入秩序，扩大中等收入阶层的比重，努力改变我国“洋葱型”的结构为“橄榄型”结构。在政策导向上更加注重社会公平。

三、积累基金与消费基金的关系

经过国民收入分配的全过程，国民收入最终形成积累基金和消费基金两大类。积累基金与消费基金的比例及其内部结构是否恰当，直接影响到国民收入分配的合理性和有效性，影响国民收入分配的结构效益。社会主义市场经济条件下，应妥善处理好两者之间的关系。

（一）积累基金与消费基金的关系

积累基金是国民收入中用于追加的生产资金部分；消费基金是国民收入中用于满足社会成员个人和共同的物质文化生活需要的那一部分基金。积累基金与消费基金两者既矛盾又统一。

1. 积累基金与消费基金的矛盾性

积累基金与消费基金之间存在着一定的矛盾性。从静态的角度看，在一定期间内，国民收入总额是一个定量，积累基金与消费基金之间存在着此消彼长的负相关关系。因为如果积累基金过多，在国民收入中所占比重过大，则消费基金将减少，消费品短缺，居民的生活水平不能得到提高，甚至可能下降。这将抑制劳动者的生产积极性，降低劳动生产率，使整个社会生产力水平下降。反之，如果消费基金过多，所占比重过大，则积累基金相应减少，再生产的规模难以扩大，致使生产发展的后续动力不足。这将影响到社会生产力水平的持续提高，不利于国民经济发展。在社会主义条件下，积累基金与消费基金的这种矛盾是根本利益一致基础上的矛盾，是人民的长远利益与眼前利益之间的矛盾，是整体利益与局部利益之间的矛盾，完全可以得到正确地解决。

2. 积累基金与消费基金的统一性

积累基金与消费基金之间也存在着一定的统一性。从动态的角度来说积累基金和消费基金是统一的。积累基金是扩大再生产的源泉，积累基金的增长可以加速科技进步和生产规模扩大，从而生产出更多的消费品以满足人民的物质文化生活需要，提高社会的消费水平。而消费基金的增加可以提高消费水平，既可以调动劳动者的生产积极性，又可以产生新的需求，为推动生产的进一步发展和增加积累提供条件。在社会主义体制下，代表劳动者整体利益和长远利益的积累基金与代表劳动者个人利益和眼前利益的消费基金，两者从根本上都是劳动人民的利益，是一致的，两者相互促进、相互带动，促进国民经济健康持续稳定发展，促进人民物质文化生活水平的不断提高。

（二）正确处理积累基金与消费基金的关系

我国应统筹安排积累基金和消费基金，兼顾国家、集体和个人的利益，在发展生产的基础上，逐步改善人民的物质生活和文化生活。

1. 统筹安排积累基金与消费基金

应统筹安排积累基金和消费基金，在生产发展和国民收入增加的基础上，使两者都有所增长。积累基金和消费基金的同时、适度增长，既能够保证扩大再生产的需要，增强经济发展的潜力，又能够不断提高人民的消费水平，激发劳动者的积极性，实现积累基金的预期效果。因此，我国应在国民收入总量既定的前提下，统筹安排积累基金和消费基金，一方面保证计划期内人口平均消费水平不低于前一期，确保劳动者的物质文化生活水平逐步得以提高；另一方面保证计划期内全体就业人口的平均资金和技术装备不低于前一期，以确保扩大再生产的顺利进行。

2. 积累基金的增长要同国民收入的物质构成相适应

积累基金和消费基金是国民收入的价值形态；生产资料和消费资料是国民收入的实物形态。积累基金主要用于基本建设和机器设备等固定资产的投资，其实物形态是生产资料。而消费基金主要用于人民消费，其实物形态是消费资料。因此，积累基金和消费基金的增长幅度及其比例，在客观上要受到生产资料和消费资料的增长幅度和比例的约束。积累基金的数量和构成要与社会能够提供的追加生产资料的数量和构成相适应；而消费基金的数量和构成应与社会能够提供的消费资料的数量和构成相适应。总之，积累基金和消费基金的增长及其比例，既要注意价值平衡，也要注意实物平衡，要同社会生产两大部类及其比例相适应。

3. 正确处理积累基金与消费基金的内部比例关系

一要正确处理好积累基金的内部比例关系。积累基金包括生产性积累基金、非生产性积累基金与社会后备基金三部分，三者缺一不可。生产性积累基金直接用于生产；非生产性积累基金虽不直接用于生产，但它与生产性积累基金配套使用，关系到生产性积累基金的效益能否充分发挥和实现；社会后备基金旨在应对突发事件和自然灾害，保障社会再生产的顺利进行。因此，应统筹安排这三部分资金，处理好生产性积累基金与非生产性基金的比例关系，安排好社会后备基金的比例。二要正确处理消费基金的内部比例关系。消费基金包括社会消费基金和个人消费基金两部分。我国处于社会主义初级阶段，生产力水平相对较低，在相当长的一段时期内，由于国民收入有限，人均消费水平相对较低，因此应妥善安排社会消费基金和个人消费基金，保证个人消费基金在消费基金总额中占较大比重，个人消费水平逐年有所增长，同时使社会消费基金有适当增长。

四、剥削与反贫困的关系

《中国大百科全书》定义剥削为：社会上一些人或集团凭借他们对生产要素的占有或垄断，无偿占有那些没有或缺少生产资料的人或集团的剩余劳动或剩余产品。新中国成立以后，剥削作为一种制度已经被消灭，但在社会主义阶段，剥削作为一种现象仍将长期存在，要消灭剥削现象需要生产力的高度发展。在现阶段，我国落后而且多层次的生产力水平，导致了我国多种所有制同时并存，民营经济的存在表明剥削在我国存在是一个不可避免的现象。

1. 民营企业主的收入来源构成

根据马克思的利润利息理论，企业的利润可以分为两个部分：企业家的经营管理企业的工资收入和作为资本所有权收入的利息。在现实中，企业主的收入也包括两个部分：一是劳动所得，作为企业的经营管理者，企业主虽不从事直接的生产劳动，但他却从事经营管理劳动，这种劳动在价值生产中是必不可少的，是总体劳动的一部分；同直接的生产劳动相比，经营管理劳动是一种更复杂的劳动，在同样的时间里能创造更多的价值，因而企业主比工人能获得更高收入，把企业主收入中超过工人平均工资部分都认为是剥削所得是不客观的。二是非劳动所得，主要包括要素的所有权收入和风险收入，这种收入中大部分是剥削收入。由此可见，企业主获得高收入不仅合法，而且合理，完全符合我国分配制度的要求和市场经济的分配准则。

2. 允许剥削现象存在对反贫困具有正反双重作用

在《资本论》中，马克思对剥削作了极其深刻的批判，认为它是工人贫困化的根源，正因为如此，我国长期以来把剥削看做洪水猛兽，不仅不允许剥削制度存在，对一切剥削现象也一概加以消灭，结果造成我国企业家资源的大量缺失和经济的不发展。其实马克思和恩格斯在批判一切剥削制度时并不是简单的一概反对，而是从生产力发展的角度给予客观的评价，如他们把奴隶制代替原始公有制看做一种社会进步。改革开放以来，民营企业发展迅速，民营经济发展促进了大量农村剩余劳动力从第一产业向二、三产业转移，解决了一大批城镇居民的就业问题，成为增加就业的主渠道，近年来每年吸收就业人员达到1200万人到1500万人。2002年我国全社会就业总数为7.374亿人，其中国有单位就业人员7163万人，占全社会的9.7%，民营经济吸纳的就业量为3.09亿，占全社会就业总量的42%；全国民营经济在二、三产业的就业比重达到84%，在城镇中的就业比重已经超过70%。2003年，我国民营企业超过300万户，从业人员4299万人；民营经济对国民经济增长的贡献率已从1979年的不到1%增长到现在的40%以上，在我国经济生活中已是三分天下有其一。民营经济已成为我国经济增长和实现共同富裕的重要力量，在今后相当长的时期内，大力发展民营经济是我国通过扩大就业以实现反贫困的基本措施。但剥削从另一方面看对反贫困也有抑制作用，在新增国民收入中，资本所得远高于劳动所得是收入差距扩大化的重要原因，根据《中国统计年鉴》和《新中国五十年统计资料汇编》计算，1978年到2004年，我国资本收益率年均为36%，而劳动所得每年仅增加6%，工资总额占GDP的比重，1980年、1990年和2000年分别为17%、16%和12%，从1990年以后，劳动报酬所占的比重出现了较大幅度下降。此外，部分企业主为获取更高的利润往往采取超经济强制和过度剥削的手段，对生产力的发展和社会稳定起了破坏作用，拖欠农民工工资问题、血汗工厂现象、民工荒现象都表明过度剥削已成为经济发展和反贫困的障碍。为此，对民营企业主的剥削行为应当加以引导，鼓励其把资金更多投向劳动密集型行业和农村与贫困地区，让其在发家致富的同时为反贫困作贡献；对其过度剥削行为要加以限制，坚决消除所谓的血汗工厂。

第四节　社会主义的初次分配与再分配

一、初次分配与再分配的关系

初次分配和再分配是国民生产总值分配的两个环节。初次分配是指在生产活动中，企业作为分配主体，将国民生产总值在国家、企业、个人之间进行分配，生产要素的提供与报酬支付的关系是最基本的初次分配关系。再分配是指在初次分配结果的基础上政府对要素收入进行再次调节的过程。初次分配与再分配的关系如下：

（一）初次分配是再次分配的前提和基础

一方面，再分配是在初次分配的基础上进行的，用于再分配的国家财政收入主要来源于初次分配中的税收收入，若无初次分配，再分配就丧失了调节对象和调节能力。另一方面，再分配规模取决于初次分配状况，在国民收入既定的前提下，再分配水平取决于初次分配中国家税收收入的规模。

（二）再分配是初次分配的延伸和补充

在市场经济条件下，初次分配关系主要由市场机制形成，生产要素价格由市场供求决定，政府通过法律法规和税收进行调节和规范，不直接干预。这种分配结果可能造成两极分化和区域经济发展失衡，需要对收入进行再分配，以保障社会公平。而再分配主要通过税收、提供社会保障和社会福利、转移支付等调节手段进行，重点调节地区之间、城乡之间、部门之间、不同群体之间、在职与退休人员之间的收入关系，防止收入差距过大，保障低收入者基本生活。此外，社会发展需要诸多的社会公共部门，这些部门虽不直接从事生产，因而不参与初次分配，但却是保持社会稳定和经济建设顺利进行的必要条件，他们所需的费用需要通过再分配来满足。

（三）统筹初次分配和再分配

我国现阶段的分配状况表明应统筹初次分配和再分配。《中国居民收入分配年度报告（2006）》表明，从资金流量核算结果来看，20世纪90年代以来，我国国民收入分配出现了向政府和企业倾斜的现象，政府部门可支配收入占国民可支配收入的比重不断上升；企业部门可支配收入占国民可支配收入的比重在波动中上升；与此同时，居民可支配收入占国民可支配收入的比重持续下降。这使我国投资率和消费率严重失衡。1992年至2005年间，我国居民消费年均增长13.2%，低于期间GDP年均增长（14.6%）1.4个百分点；固定资产投资年均增长19%，快于同期GDP增幅4.4个百分点。投资率过高，加剧了人与资源的矛盾和产业结构的不平衡；消费率过低使内需不足，影响了经济发展的可持续性。从再分配情况分析，城乡之间、地区之间和社会成员之间收入差距不断扩大，引发了人民的不满和对改革前景的担心。因此统筹初次分配和再分配是实现经济持续发展和公平与效率双赢的必由之路。

二、社会主义初次分配

党的十七大明确指出，要坚持和完善按劳分配为主体、多种分配方式并存的分配制度，健全劳动、资本、技术、管理等生产要素按贡献参与分配的制度。这是对马克思恩格斯按劳分配理论的坚持和发展，是在创造性运用该分配理论基础上创建的具有中国特色的社会主义分配制度。

（一）按劳分配为主体、多种分配方式并存的客观必然性

第一，社会主义初级阶段的基本经济制度是按劳分配为主体、多种分配方式并存的分配制度的根本原因。

生产和分配存在于生产总过程，是生产关系决定分配关系，而不是由分配关系决定生产关系，这是马克思主义分配理论的核心思想，也是马克思、恩格斯研究分配关系的基本出发点。社会主义初级阶段是我国社会主义发展过程中不可逾越的、长期的特定历史发展阶段，在这个阶段，生产力水平、经济制度与马克思所设想的社会主义存在很大的差距，因此，必然要对与之相适应的收入分配制度和收入分配政策实行调整与创新，以保证广大人民群众的物质利益的实现。我国生产力发展的

多层次性和不平衡性，决定了我国的所有制结构只能是公有制为主体，多种所有制经济共同发展，是我国社会主义初级阶段必须长期坚持的基本经济制度，它是决定我国现阶段实行按劳分配为主体，多种分配方式并存的分配制度的根本原因。改革开放以来，我国的所有制结构打破了单一公有制一统天下的局面。在公有制经济占主体的前提下，非公有制经济得到了快速发展。与此同时，公有制实现形式也越来越多样化。公有制经济不再仅仅是单纯的国有经济和集体经济，还包括混合所有制经济中的国有经济成分和集体经济成分。随着改革开放的深入发展，还会出现更多的公有制实现形式。有什么样的所有制结构，就有什么样的生产关系，从而也就决定了有什么样的分配关系。在社会主义初级阶段，公有制为主体，决定了分配领域中以按劳分配为主；非公有制经济的存在，决定了分配领域还存在包括按要素贡献分配的多种分配方式。要素参与分配是要素所有权的要求。所有权是产权的基础和核心，索取权是产权中的一项重要权利，是分配关系的法律表现。在市场经济条件下，生产要素属于不同的具有经济利益激励和约束的产权主体，要素所有者进行生产投入，转让要素所有权，理应取得相应的回报。生产要素对创造财富的贡献不同理应有所差别，收入分配应与生产要素在创造财富中作出的贡献相对应。所以，我们实行按劳分配为主、多种分配方式相结合这种分配制度是由社会主义初级阶段的所有制结构决定的。按劳分配与包括生产要素按贡献分配在内的多种分配方式并存，作为我国现阶段收入分配的基本结构，在实践中已达到了“放手让一切劳动、知识、技术、管理和资本的活力竞相迸发，让一切创造社会财富的源泉充分涌动”的效应。所以在我国社会主义初级阶段，个人收入分配既不能实行单一的按劳分配，也不能实行完全的按生产要素分配，而必须要坚持以按劳分配为主体、多种分配方式并存的分配制度，把按劳分配和按生产要素分配结合起来。

第二，社会主义社会的生产力水平还比较低是决定我国分配制度的客观原因。

恩格斯在谈到社会产品的分配方式时指出：“分配方式本质上毕竟要取决于可分配的产品的数量”①，而可分配产品的数量又取决于生产

① 《马克思恩格斯选集》第4卷，人民出版社1972年版，第475页。

力的发展水平。在生产力极端落后的原始社会，可供分配的产品量极小，只能为维持社会成员的生存而实行平均分配。在生产力不断发展的基础上，可供分配的产品量越来越多，与此相适应，必然会出现多种多样的分配方式，比如奴隶社会、封建社会、资本主义社会和社会主义社会的分配方式。在社会主义社会中分配方式仍然要取决于可供分配的产品的数量，最终要取决于社会生产力的发展水平。我国现在处于并将长期处于社会主义初级阶段，生产力水平虽然已有很大发展，但还远未达到共产主义那种生产力高度发展、产品极为丰富实行按需分配的条件。因此与我国社会主义初级阶段的基本国情相适应，在分配领域，我们既不能实行单一的按劳分配，又不能实行按需分配，而只能是实行多种分配方式并存的分配制度。在目前的生产力水平条件下，实行按劳分配为主体、多种分配方式并存的分配制度更有利于调动各方面的积极性，能够很好地促进生产力的发展。

第三，我国现阶段实行按劳分配为主体、多种分配方式并存的分配制度，是社会主义市场经济的内在要求。

我国的社会主义市场经济体制就是要使市场在国家宏观调控下对资源配置起基础性作用，这种调节主要通过要素价格的上下波动来实现。当某一地方某种生产要素投入时所获收益高，该种要素的价格就会上涨，其他地方的同种要素就会向这一地方集中。反之，如果某一地方某种生产要素投入所获收益低，该种要素的价格就会下跌，相应的要素就会从这一地方撤出，流向其他地方。正是在不断的流动、优化组合中，生产要素按照市场的需求得到了最优配置，从而达到了市场对资源的优化配置功能。可见，市场经济本身就包含着按要素分配的内在必然性。在社会主义市场经济条件下，劳动、资本、技术、管理等都是生产要素，都按市场经济通行的原则进行等价交换。在市场经济中，从属于一定的所有者的劳动、资本、技术、管理等生产要素通过市场来配置，用于以营利为目的的生产经营活动，生产要素所有者就有权要求获得相应的报酬，而使用者也必须向所有者支付相应的报酬，而不能无偿地使用他人的生产要素。否则，生产要素所有者宁可将其闲置，也不会积极主动地将其交给其他人或企业使用。因此，在生产要素属于不同所有者的情况下，要素所有者有权根据投入要素的多少和贡献的大小，以及要素的稀缺程度，索取相应的报酬。这种报酬机制，使生产成果的分配在各生产要素的供给者之间依据各生产要素在财富生产中实际作出的贡献来进行，这可使生产要素所有者获得公平回报，有利于生产要素的积累与供给。从资源的有效配置来看，生产要素具有报酬，会使各种要素能够进入市场流动并根据市场供求形成要素价格，引导要素流向最有效率的部门，从而有效地实现社会资源的优化配置。并且由于生产要素的有偿使用，迫使每个生产经营者在进行投入时要精打细算，以使用最低的要素成本来获得最大利润，这就大大提高了整个社会的生产效率。因此我国现阶段把按劳分配和按生产要素分配结合起来，符合我国的基本国情。

（二）健全劳动、资本、技术、管理等生产要素按贡献参与分配的制度

在坚持按劳分配为主体、多种分配方式并存的分配制度下，我国应不断健全劳动、资本、技术、管理等生产要素按贡献参与分配的制度。

第一，这是对社会主义市场经济条件下分配原则的不断完善。

人类社会的任何生产活动都离不开劳动力、资本、土地和技术等生产要素。在市场经济条件下，使用这些要素不是无偿的，对每一种要素都必须支付一定的报酬，这种报酬就形成各要素提供者的初次分配收入。所以，生产要素参与分配是市场经济的内在要求。党的十四大确立了建立社会主义市场经济体制的改革方向，多种所有制结构决定了生产要素的多种所有制，在分配上提出收入分配要“以按劳分配为主体，其他分配方式为补充”，在此基础上，党的十四届三中全会进一步明确，“允许属于个人的资本等生产要素参与收益分配”。党的十五大提出，“允许和鼓励资本、技术等生产要素参与收益分配”。党的十六大强调，要“确立劳动、资本、技术和管理等生产要素按贡献参与分配的原则，完善按劳分配为主体、多种分配方式并存的分配制度”。党的十七大报告提出，“健全劳动、资本、技术、管理等生产要素按贡献参与分配的制度”。把各类生产要素按贡献参与分配由一般的指导性原则上升为正式制度安排，是对社会主义市场经济条件下的收入分配制度的完善，是经济领域深入贯彻落实科学发展观、促进国民经济又好又快发展的客观要求。

第二，这是完善社会主义市场经济体制的客观要求。

社会主义市场经济体制建立以来，随着所有制结构的变化，各类生产要素逐步开始以不同形式参与了分配。这些都从分配制度、分配方式上为充分发挥各类生产要素持有者发展生产力和创造社会财富的巨大作用提供了体制条件，客观上也提高了市场配置资源的效率。为了更好地发挥市场在资源配置中的基础性作用，我国应大力发展各类生产要素市场，完善市场机制决定生产要素价格的制度，使生产要素按贡献参与分配的成熟做法进一步规范化，增强稳定性，以此推动资源配置效益最大化，使之成为完善社会主义市场经济体制的重要基础，焕发社会主义市场经济的强大生机和活力。

第三，这是增强综合国力的必然要求。

科技是第一生产力。进入新世纪新阶段，如何应对新的科技革命的挑战是我国必须应对的重大课题。提高自主创新能力，建设创新型国家已成为国家发展战略的核心。体制创新是科技创新的基础，必须从体制上特别是分配体制上为创新活动提供有利的激励机制。生产要素尤其是技术和管理等要素按贡献参与分配的制度化，可以从经济利益上激发科技人员和管理人员的创新活力和创业精神，激励其致力于自主创新，促进科技成果向现实生产力转化，使全社会创新智慧竞相迸发、各方面创新人才大量涌现。

第四，这是逐步形成合理的收入分配格局的客观要求。

国际经验表明，“两头小、中间大”的“橄榄型”收入分配格局较为合理，而我国的收入分配格局呈“洋葱型”。形成中等收入者占多数的收入分配格局，是理顺分配关系、促进社会稳定的需要，也是全面建设小康社会的重要目标。扩大中等收入者比重，关键是要完善劳动、资本、技术、管理按贡献参与分配的制度，使劳动付出的多少、资本配置效率的高低、技术的先进程度、管理的优劣，能够根据统一市场经济规则，按照对价值形成的贡献大小，获得相应的收益分配。这样，那些劳动付出更多特别是掌握复杂劳动能力的人，掌握一定的资本和先进技术、先进管理经验的人，就会逐步进入中等收入行列，壮大中等收入者队伍，他们创造的社会财富也会大量增加，社会的稳定性也会进一步增强。

综上所述，我国要坚持和完善按劳分配为主体、多种分配方式并存的分配制度，健全劳动、资本、技术、管理等生产要素按贡献参与分配的制度。该制度体现了一般劳动的价值，调动了劳动者的积极性和创造性；体现了科学技术、经营管理等复杂劳动的价值，激发了科技人员和管理工作者的创新活力和创业精神；体现了包括土地、资本、知识产权等必不可少的非劳动生产要素的价值，激励了各种非劳动生产要素按效益最大化原则配置到经济各部门，让一切创造社会财富的源泉充分涌流。

（三）多种分配方式的实现

1. 资本收入

资本收入是指根据资本所有权和投入经营活动的资本数量，参与社会产品的分配而形成的收入，其实质是按资分配。这种分配方式既存在于公有制经济中，也存在于非公有制经济中。由于按资分配在社会主义市场经济中也要受到资金市场供求关系的影响，所以按资分配也是市场化的分配机制。在我国现阶段，按资分配主要有以下实现形式：一是私营企业、股份制企业和外资及港澳台投资企业中的企业主按资本取得的利润收入；二是购买股票获得的股息、红利；三是购买债券获得的利息；四是各类市场主体凭借实物资本的使用权让渡获得的收入等。该分配方式有利于激励闲散资金投入经济运转，促进社会主义市场经济发展。

2. 土地收益

它是指土地的所有者和使用者凭借其所有权和使用权参与利益分配而形成的收入。土地收益包括土地所有权收益和土地使用权收益两个层面。投入土地要素参与生产收益分配的具体做法形式是地租。社会主义地租不仅是社会主义土地公有制在经济上借以实现的形式，还是调节土地供求、优化土地资源配置的有效手段。

3. 经营收入

这是指企业的经营者按照其经营管理的实际业绩来取得的相应收入。经营，作为生产管理过程中的一种综合性决策活动，需要多方面的知识和能力的综合，其实质是一种较高级的复杂脑力劳动。但经营者的劳动成果或贡献只能通过企业的总体经济效益来体现，即最终要由市场来检验和评价。因此经营劳动还是一种风险劳动。这就决定了经营收入既包括了经营性劳动收入，也包括了风险收入和机会收入等多种收入。该分配方式有利于激发经营管理者的创业精神，促进国民经济发展。

4. 技术要素收入

这是指技术要素的拥有者凭借其技术成果的所有权参与利益分配而取得的收入。技术作为生产要素参与收益分配的形式主要有：一是一次性买断，即对科技人员的技术开发成果一次性支付报酬；二是股份分成，即将技术作价入股，在该技术开发成果使用期间逐年按其所创收益分成支付报酬；三是将技术成果作为商品，在专利市场或技术市场上买卖成交。该分配方式有助于调动科技工作者的积极性，激励科学技术尽快转化为现实的生产力，促进国民经济又好又快发展。

5. 劳动收入

指各类劳动者通过劳动所获得的各种报酬。从城镇看，企业、机关、事业单位以及其他经济组织中的从业人员，其劳动收入主要是工薪收入，包括工资、奖金、各种津贴、补贴等。从农村看，劳动收入是指农民通过劳动获得的收入，包括出售生产的各种劳动产品获得的收入等。在社会主义市场经济条件下，劳动力也成为商品，在非公有制经济中，劳动者向企业提供劳动服务要采取商品交易形式；在公有制经济中，劳动者作为一个整体是企业的所有者，但作为个体却不能对企业的资产行使占有权，个人与企业集体之间的劳动服务提供也采取商品形式，这既是促进资源优化配置的需要，也是调动劳动者积极性的需要。在公有制经济中，劳动收入也采取工资形式，可分为两部分，一是劳动力价值所得，一部分是按劳分配所得，表现为工资收入超过劳动力价值部分。

三、社会主义再分配

（一）社会主义再分配的必要性

国民收入经过初次分配以后，还要在整个社会范围内进行再分配。因为：

第一，满足非物质生产部门的发展需要。社会主义社会是由众多物质生产部门和非物质生产部门组成的有机联系体。非物质生产部门，如国防部门、国家行政管理机关等，虽然不直接创造物质财富和国民收入，但却是社会分工体系中不可缺少的有机组成部分，对于发展社会主义经济、提高人民的物质文化生活水平、促进社会文明和进步有着重要作用。维持和发展这些部门的费用都要由物质生产部门所创造的国民收入来提供。所以在国民收入初次分配后，还必须进行再分配，以满足非物质生产部门的发展需要。

第二，提供公共产品的需要。公共产品由于其非排他性和非竞争性，私人经济主体不能或不愿予以提供。如果依赖私人经济主体提供公共产品，会导致公共产品供给的不足和低效，不能满足经济社会发展需要。社会主义条件下，为了满足广大人民群众对公共产品的需要，国家有必要通过国民收入分配筹集资金用于公共产品的提供。

第三，满足国家宏观调控的需要。改革开放以来，我国国民经济总体发展迅速，但是由于自然的、历史的、经济的和社会的多重原因，各地区、各部门、各行业的发展速度、生产增长规模及技术更新周期是不一致的，呈现出一种不平衡的局面。经济发展的产业非均衡性和区域非协调性，制约了我国国民经济又好又快发展。而这是市场机制本身无法克服和解决的问题，需要国家进行必要的、适当的宏观调控。国民收入再分配为国家进行宏观调控提供了物质基础，国家得以直接投资于重点建设，优化投资结构，支持落后地区发展，加强国民经济的薄弱环节，增强经济发展后劲，促进国民经济协调发展。

第四，设立社会保障基金的需要。我国《宪法》第14条明确规定国家建立健全同经济发展水平相适应的社会保障制度，旨在：举办各种社会福利事业，满足广大人民群众的共同需要；保障劳动者暂时或永远失去劳动机会和劳动能力时的基本生活；救济部分生活困难者；褒扬和抚恤作出特殊贡献的社会成员等。社会保障基金除了部分依靠企业和群众自筹和资助外，基本上由国家承担，这就需要通过国民收入再分配提供所需资金。

第五，缓解社会分配不公的需要。社会主义市场经济条件下，劳动者之间既有根本利益的一致，也存在具体利益上的冲突和矛盾。社会主义初次分配坚持按劳分配为主体、多种分配方式并存的分配制度，允许劳动、资本、技术、管理等生产要素按贡献参与分配，在自由竞争、优胜劣汰、价格机制、利益驱动机制下，初次分配收入存在一定差距是不可避免的。为了防止收入差距过大，促进社会稳定和国民经济健康发展，有必要通过国民收入再分配来缓解初次分配结果的不当，实现社会公平，逐步实现共同富裕。

（二）国民收入再分配的途径

1. 国家财政

国家财政是国民收入再分配的重要途径，在整个国民收入再分配中起主导作用。财政分配包含两个方面：一是在国民收入初次分配的基础上，国家通过税收等手段，把物质生产部门劳动者创造的应上缴国家的利税集中起来，形成国家财政收入。二是国家对集中上来的财政收入，在社会范围内进行分配和使用，主要用于重点建设、文教卫生、国防建设、行政管理、国家储备和非生产部门开支以及社会福利等方面的支出，即国家财政支出。

2. 银行信贷

银行信贷参与国民收入再分配主要表现为两个方面：一是通过吸收存款和发放贷款，在不改变资金所有权的前提下，改变资金的使用主体、使用时间和流向，从而对国民收入的使用进行再分配。二是借助于借贷利息这一经济杠杆，通过存贷款业务的利率差别，信贷机构得到利润，用于支付职工工资、充实银行资金等。存贷者的收入由于差别利率得到调整，使一部分国民收入在企业、劳动者和金融机构等之间转移。因此国家根据社会经济发展需要，可以通过调整存贷款利率，使一部分国民收入在银行、企业和劳动者之间实现再分配。

3. 价格体系

价格是调节国民收入再分配的重要经济杠杆，也是国民收入再分配的重要渠道。商品价格的变动，影响交换双方的实际收入，直接改变国民收入在部门与部门之间、企业与企业之间、企业与消费者之间以及社会各阶层之间的再分配。由于商品价格是一个体系，一种商品价格的变动会引起相关商品价格变动的“连锁反应”，价格体系对部门、行业、社会阶层以及个人的影响极其广泛和深远。因此在社会主义市场经济条件下，通过价格体系对国民收入进行再分配时，应十分审慎。

（三）健全财政体系，完善社会主义再分配

在社会主义市场经济条件下，初次分配关系主要由市场机制形成，生产要素价格由市场供求决定，政府通过法律法规和税收进行调节和规范，不直接干预。为弥补初次分配的局限性，政府有必要通过再分配在初次分配结果的基础上对要素收入进行再次调节。国家财政是政府调节国民收入再分配的主导途径，它在筹集国家资金、优化资源配置和调节收入分配不公等方面发挥着重要作用。改革开放以来，我国财政体系偏重经济建设，对社会建设和民生建设重视不够。当前应深化财税改革，完善社会主义财政体系，进一步理顺国家、企业和个人之间的分配关系，主要应通过税收、提供社会保障和社会福利、转移支付等调节手段，重点调节地区之间、城乡之间、部门之间、不同群体之间、在职与退休人员之间的收入关系，防止收入差距过大，保障低收入者基本生活。

当前要树立公共财政理念，围绕推进基本公共服务均等化和主体功能区建设，完善公共财政体系，实现财政体系从经济建设型向公共服务型转变。具体措施有：第一，各级政府都要加大公共服务领域投入，改善民生，逐渐做到在义务教育、公共卫生与基本医疗服务、基本社会保障、公共就业服务、饮用水安全，公路与公共交通、环境保护、廉租房供应、治安、法治环境等方面的基本公共服务均等化。第二，要深化预算制度改革，强化预算管理和监督。要逐步做到把政府收入（包括地方政府土地收入和各类基金、收费）统统纳入预算管理，接受人大和社会各方面的监督。第三，要健全中央和地方财力与事权相匹配的体制，加快形成统一、规范、透明的财政转移支付制度。在保持现行财政体制框架总体稳定的基础上，积极探索政府间支出责任界定，为建立事权与财力相匹配的财政体制奠定基础。要完善中央与地方税收分配比例，适当提高中央财政收入比重，增强中央政府宏观调控能力。加大中央对地方财政转移支付力度，提高一般性转移支付规模和比例，促进地区间财力均衡。第四，要增强基层政府提供公共服务能力。一方面，要完善省以下财政体制，不断提高转移支付的有效性，减少管理层级，在有条件的地区推进省直管县、乡财县管等管理方式。探索实行县级政府最低财力保障制度，做到保底。另一方面要完善地方税收体系，清理、规范非税收入，取消不合理的收费项目，将收入稳定、具有税收性质的收费纳入

“费改税”范围，增强税收收入在地方财政收入中的地位。开征物业税，充实基层财力；调整资源税，增加地方税收。

第五节　社会保障制度的发展与第三次分配的探索

构建有中国特色的社会保障理论，建立健全同经济发展水平相适应的社会保障制度，积极探索第三次分配，是深化经济体制改革、完善社会主义市场经济体制的重要内容，是发展社会主义市场经济的客观要求，是社会稳定和国家长治久安的重要保证，也是实现以人为本的科学发展观的重要体现。

一、社会保障制度概述

社会保障，是指国家和社会通过立法对国民收入进行分配和再分配，对社会成员特别是生活有特殊困难的人们的基本生活权利给予保障的社会安全制度。

（一）社会保障制度的功能

1. 分配功能

马克思在《哥达纲领批判》中指出，从社会总产品里面“应该扣除：……第三，用来应付不幸事故、自然灾害等的后备基金或保险基金。……剩下的总产品中的另一部分是用来作为消费资料的。在把这部分进行个人分配之前，还得从里面扣除：……第二，用来满足共同需要的部分，如学校、保健设施等。……第三，为丧失劳动能力的人等等设立的基金”①，这其实涵盖了现代社会保障基金中的大部分，其实质是为保障社会再生产得以进行而对国民收入进行的分配和再分配。通过社会保障资金的筹集和社会保障待遇的给付，社会保障直接调节国家与职

① 《马克思恩格斯选集》第3卷，人民出版社1995年版，第302—303页。

工、国家与企业、企业与职工、职工与职工之间的分配关系。①

2. 保障功能

在社会化大生产条件下，各种客观存在的特殊事件（如失业、自然灾害、工业事故等），往往会给社会成员造成群体性的生存危机，且会导致一部分社会成员丧失收入和失去有效的生活保障。而市场经济的竞争性必然导致部分社会成员处于不利地位（如老年人、残疾人等），甚至可能无法获得基本的生活资料。国家有义务建立社会保障制度，帮助陷入生活困境的社会成员摆脱生存危机，满足社会成员对安全与发展保障的需要，即马克思、恩格斯在《共产党在德国的要求》中所说的“国家保证所有的工人都有生活资料，并且负责照管丧失劳动力的人”②。保障社会成员的基本生活是社会保障制度的基本功能。

3. 稳定功能

市场经济条件下，竞争机制的优胜劣汰和各种特殊事件的客观存在，往往会造成和拉大社会成员之间的收入分配差距，甚至导致一部分社会成员陷入贫困，无法维持基本生活。如果国家不能妥善地解决这一问题，部分社会成员因陷入生活危机便可能构成社会不稳定的因素，社会秩序可能因此失控，并进而破坏整个社会经济的正常发展。社会保障为社会成员的基本生活以及不断发展提供物质保证，能够防范和消解社会成员因生存危机而可能出现的对社会、政府的对抗情绪和叛逆心理，能够保障社会成员在特定事件的影响下仍然可以安居乐业，缓解和消除引起社会震荡的潜在风险，维持社会秩序的稳定。③

4. 调节功能

社会保障直接调节着国民经济的发展。一方面，社会保障资金的筹集、储存和分配，直接调节着国民储蓄与投资。并且社会保障基金的融通客观上会对相关产业经济的发展格局产生直接影响，从而可以调节投资，优化产业结构。另一方面，社会保障是经济发展周期之间的蓄水池，可以调节总供给与总需求，平衡社会供求关系，减少经济震荡。当

① 穆怀中：《国民财富与社会保障收入再分配》，中国劳动社会保障出版社 2003 年版，第 18—21 页。

② 《马克思恩格斯全集》第 5 卷，人民出版社 1958 年版，第 4 页。

③ 郑功成主编：《社会保障学》，中国劳动社会保障出版社 2005 年版，第 15—16 页。

经济增长时，劳动者收入增加，失业率降低，社会保障收入多收少出，从而降低总需求的增长，抑制经济过热。反之，在经济不景气时，社会保障收入少收多出，有利于增加总需求，推动经济增长。

5. 促进功能

社会保障通过多方面、多渠道的作用来促进经济发展。例如，社会保障打破了依靠血缘维持的家庭保险格局，弥补了劳动者自我保障和企业保障的局限性，解除了劳动者自主择业和自由流动的后顾之忧，有利于劳动力资源的合理流动，提高了劳动力资源的配置效率，有利于促进经济发展。[①] 再如，社会保障通过调节收入分配，缩小分配差距，化解社会不稳定的潜在因素，营造公平、稳定的社会环境，有效弥补了市场机制的局限性，增进社会成员之间的互助互济，增强社会凝聚力，营造和谐的社会氛围，有利于促进经济发展和社会文明进步。

（二）社会保障体系的构成

社会保障体系是指社会保障各个有机组成部分所构成的相互联系、相辅相成的整体。社会保障通常包括社会保险、社会救助、社会福利和社会优抚等。

1. 社会保险

社会保险是指国家通过立法用强制手段对国民收入进行分配和再分配，建立专门基金，对劳动者暂时或永远失去劳动机会和劳动能力时的基本生活给予保障的制度。社会保险是社会保障的核心和主干。社会保险的项目一般包括：养老保险、医疗保险、失业保险、工伤保险和生育保险。

2. 社会救助

社会救助是指政府对生活在社会基本生活水平以下的贫困地区或贫困居民，提供长期或短期的物质帮助，以维持其基本生活需要，保障其基本生存权的制度。社会救助是最低层次的社会保障，是保障社会成员生活安全的“最后一道防线”。一般而言，社会救助包括：生活救助、灾害救助、失业救助、住房救助、医疗救助和教育救助等。

3. 社会福利

社会福利是指国家或社会为社会成员举办的各种公益性事业及为社

① 洪功翔：《政治经济学新编》，中国科学技术大学出版社2003年版，第286页。

会成员提供的各种帮助和服务。社会福利旨在改善和提高社会成员的生活质量，它是社会保障的最高层次。社会福利一般包括：老年人福利、未成年人福利、残疾人福利和其他福利事业。

4. 社会优抚

社会优抚是群众优待和国家抚恤的总称，是指政府依法对法定优抚对象，提供津贴、服务、生活优待和工作安置等，保障其一定生活水平的制度。社会优抚是一种带有褒扬、抚恤性质的特殊保障制度。其对象具有特殊性，一般必须是为国家和社会作出特殊贡献的公民，例如烈士家属、伤残军人、复员退伍军人、现役军人及因公致残或牺牲的英雄模范人物及其家属。社会优抚的项目一般包括：军人退伍安置、伤残人员或烈士家属抚恤、军烈属优待和社会优抚事业。

（三）社会保障制度的原则

1. 保障人权原则

我国《宪法》明确规定："国家尊重和保障人权"。人权是指人所固有的权利，生存权无疑是人最基本的权利。市场经济条件下，特殊事件或自然灾害的发生以及个体差异的存在等，都可能危及社会成员的生存权。社会主义国家有义务通过社会保障制度来确保社会成员的生存权。这不仅仅是维护社会稳定和促进经济发展的需要，而且是对人权的尊重，是"全面实现人的发展"的基础，是社会主义社会的本质要求。保障人的生存权是社会保障制度的起点，全面实现人权是社会保障制度的终点。保障人权因此成为社会保障制度的首要原则。

2. 社会公平原则

缩小社会贫富差距，创造并维护社会公平，是社会保障制度的基本出发点和最终归宿。虽然社会保障本身也要讲求效率，但是社会保障的本源职责是努力创造并维护社会公平。虽然合理的社会保障制度安排有利于促进经济发展，但是社会保障本身不是促进经济发展和经济增长的机制和手段，而是社会稳定和利益和谐的机制和手段。社会保障恰恰是通过缩小社会贫富差距，创造并维护社会公平来间接起到促进经济发展的作用。因此，尽管各国的社会保障制度的具体安排不同，但普遍遵循了社会公平原则。

3. 与社会经济发展相适应原则

社会保障制度归根结底取决于生产力的发展水平。因此，一国社会保障的结构、项目和保障水平等必须与该国社会经济发展相适应。社会保障制度如果落后于社会经济发展水平，将不能满足社会成员对社会保障的需求，可能因风险的发生而引发社会问题，甚至是社会危机。反之，社会保障制度如果超前于社会经济发展，此种“过度保障”终将因缺乏相应的财力支撑而无法持续，并对社会经济发展产生严重的负面影响。因此社会保障制度需要综合考虑社会发展需要和经济发展的承受能力，与社会经济发展相适应。

二、健全社会主义社会保障体系

我国自1986年开始改革传统的社会保障制度，致力于建立新型社会保障体系。经过20多年的努力，我国已初步建立起具有中国特色的社会保障制度的基本框架。取得巨大成绩的同时，我们应清醒地认识到我国社会保障方面还存在很多问题。还要进一步健全和完善社会保障体系，努力使全体人民学有所教、劳有所得、病有所医、老有所养、住有所居，使其成为维护社会安全，促进社会和谐，保持全面、协调和可持续发展的关键举措，这也是在科学发展观指导下全面建设小康社会的国家基础性工程。当前要以社会保险、社会救助和社会福利为基础，以基本养老、基本医疗、最低生活保障制度为重点，以慈善事业、商业保险为补充，加快完善社会保障体系。具体包括：

（一）完善基本养老保险

应加快企业、机关、事业单位基本养老保险制度改革，探索建立农村养老保险制度。着重从以下两个方面完善基本养老保险制度：一是逐步做实个人账户。基本养老保险制度实行社会统筹和个人账户相结合，这是我国养老保险制度改革的一项创新。它的最大特点是建立了国家、用人单位和个人分担养老责任的机制，使社会互济与自我保障相结合，权利与义务相对应。在社会共济的基础上引入了个人账户，有利于调动职工为养老而积累资金的积极性，减轻了国家和用人单位的负担，缓解了人口老龄化高峰时养老金的支付压力。二是提高基本养老保险社会统筹层次，制定全国统一的基本养老保险关系转续办法。我国现行基本养老保险统筹层次较低，省与省之间甚至省内的政策都不一致，费率也不统一，待遇差别大，保险关系转续难。当前应尽快提高基本养老保险的统筹层次，实现省级统筹，并创造条件逐步过渡到全国统筹。

（二）完善基本医疗保险

当前应全面推进城镇职工基本医疗保险、城镇居民基本医疗保险、新型农村合作医疗制度建设。重点是：一要合理确定个人负担医疗费用的比例，既要防止参保人员因负担过重而陷入贫困，又要防止“过度”保障，使企业不堪重负。二要扩大基本医疗保险的覆盖面。在全面推进城镇职工基本医疗保险的同时，建立健全城镇居民基本医疗保险和新型农村合作医疗制度，将基本医疗保险覆盖至全国城乡居民。三要同步推进基本医疗保险制度改革、医疗卫生体制改革和药品生产流通体制改革，扎实解决人民群众“看病难”、“看病贵”等问题。四要完善医疗保险信息化系统，加强医疗保险基金的监管力度。五要建立多层次的医疗保障体系，应在基本医疗保险基础上，通过政策优惠引导企业建立补充医疗保险，鼓励建立大额医疗救助制度，支持社会医疗救助制度。

（三）完善最低生活保障制度

截至2006年底，我国城市中还有2200多万生活在低保线以下的群众，农村还有5700万低收入和贫困人口。切实保障这一部分社会成员的基本生活，逐步提高其保障水平，是当前完善我国社会保障体系的重要任务。具体举措包括：一要逐步扩大最低生活保障制度的覆盖面，将农村低收入和贫困人口纳入最低点生活保障体系内。二要科学地确定最低生活保障标准。最低生活保障标准过低，不足以保障低收入和贫困人口的基本生活；而标准过高，既加重了财政负担，又不利于鼓励贫困人群和低收入人群工作的积极性。三要建立最低生活保障标准的正常调整机制。由于经济发展和居民生活水平的提高，以及通货膨胀等因素的影响，最低生活保障标准也应予以提高。四要改“输血”为“造血”，多渠道地帮助低收入人口和贫困人口提高劳动能力和自我发展能力，从根本上摆脱贫困。

（四）完善失业、工伤、生育保险

完善失业保险制度，重点应发挥失业保险促进再就业的作用，将失业保险基金更大范围地用于促进再就业，配合国有企业实施主辅分离、改制分流安置富余人员，以及对就业困难群体进行社会保障援助。完善工伤保险制度，重点要提高工伤保险的社会化统筹层次，逐步扩大工伤保险的覆盖面，统一工伤保险费的缴费率，逐步建立工伤预防、工伤补偿和职业康复三位一体的工伤保险制度，切实保障劳动者的身心健康。完善生育保险，重点是进一步规范和完善生育保险政策，逐步建立全国统一的城镇职工生育保险制度，稳步扩大覆盖面，逐步实现生育保险地市级社会统筹，提高社会化管理服务水平。

（五）加强社会保障基金的筹集和管理

采取多种方式充实社会保障基金，加强基金监管，实现保值增值，是当前完善社会保障体系的重要任务。“十五”以来，我国社会保障基金规模快速增长，五项社会保险基金收入年均增长 21.5%，积累年均增长 34.9%；社会保障基金管理体制不断完善，基金安全性逐步提高。但是基金总量仍无法完全满足人民群众对社会保障的需求，还有一些地方没有严格执行国家政策规定，社会保障基金管理不规范的问题较为突出，有的甚至挪用、挤占基金。为了扩大社会保障覆盖面，提高社会保障水平，我国应进一步加强社会保障基金的筹集工作，采取多种方式充实社会保障基金，加强监管，建立健全内部控制制度、信息披露制度和要情报告制度，完善社会保障监督委员会的工作机制，加强监督队伍建设，加大监督检查力度，发挥行政监督、专门监督和社会监督的协同作用，实现保值增值。

（六）健全社会救助体系

根据 2006 年开展的第二次全国残疾人抽样调查，全国现有残疾人口 8296 万，每年因种类灾害需要救济的群众有 7000 万到 8000 万。[①] 进一步加强社会救助工作，建立健全对城乡困难群众的长效帮扶机制，加快建立和完善社会救助体系，是维护和发展最广大人民根本利益的实际行动和具体体现。当前应按照全面建设小康社会、统筹城乡经济社会发展的要求，从实际出发，从解决困难群众最关心、最迫切的问题入手，加快构建以最低生活保障为基础，以养老、医疗、教育、住房等专项救

① 郑远长：《我国慈善事业发展的现状、政策和展望》，载《光明日报》2007 年 12 月 1 日，第 6 版。

助为辅助，以其他救助、救济与社会帮扶为补充，完善农村五保供养制度、农村特困群众生活救济制度、灾民救助救济制度、城市生活无着落的流浪乞讨人员救助制度，逐步形成城乡一体化、组织网络化、管理社会化、保障法制化、与经济社会发展水平相适应的覆盖城乡的新型社会救助体系。

（七）健全廉租房制度

2007 年国家计划安排廉租住房资金 79.4 亿元，超过 2006 年之前廉租住房资金的总和。截至 2007 年 6 月底，全国 656 个城市中已有 586 个建立了廉租住房制度。当前应加快建立和完善多层次的住房供应和保障体系，对符合城镇居民最低生活保障标准且住房困难的家庭提供租金低廉的普通住房，采取多种方式充实廉租住房建设资金，逐步扩大廉租住房制度覆盖面，加快解决城镇低收入家庭的住房困难，确保社会成员住有所居。

三、中国农村社会保障制度的发展

相对于城市和整个社会保障制度的发展，我国农村社会保障体系的建立和发展相对滞后。但进入 21 世纪以来，我国农村社会保障事业取得很大进展：制度逐步建立和完善，覆盖范围不断扩大，基金收支规模持续增长，经办管理服务不断加强，各项待遇水平稳步提高，为保障农民基本生活、促进农村经济发展、维护社会稳定、构建社会主义新农村发挥了积极作用。

（一）农村社会养老保险制度

自 1992 年国家颁布实施《农村社会养老保险基本方案》以来，我国农村社会养老保险发展迅速，农民参加保险的人数和保险机构每年收取的保险费增速很快。2006 年末全国已有 277 个地（市）、1905 个县（市）、22330 个乡镇、354509 个村开展了农村社会养老保险工作，参加农村养老保险人数达到 5374 万人，全年共有 355 万农民领取了养老金，比上年增加 53 万人，全年共支付养老金 30 亿元。年末农村养老保险基金累计结存 354 亿元。我国农村社会养老保险制度主要有以下几个特点：一是基金筹集以个人缴费为主、集体补助为辅、国家政策扶持，明确了个人、集体和国家三者的责任，突出自我保障为主的原则。二是实行储备积累，建立个人账户，农民个人缴费和集体补助全部记在个人名下，属于个人所有。个人领取养老金的多少取决于个人缴费的多少和积累时间的长短。三是农村务农、经商等各类从业人员实行统一的社会养老保险制度，便于农村劳动力的流动。四是采取政府组织引导和农民自愿相结合的工作方法。这是我国农村经济发展很不平衡所决定的过渡时期的工作方法，随着农村经济的发展，在有条件的地区将逐步加大政府推动的力度，以体现社会保险的特性。

（二）农村最低生活保障制度

自1996年民政部颁发《农村社会保障体系建设指导方案》，提出在农村建立最低生活保障制度以来，目前我国所有省、自治区，直辖市均在不同程度上实行了农村居民最低生活保障制度。其中，上海市、天津市和山东省已经全面建立农村居民最低生活保障，北京市和浙江省农村居民最低生活保障覆盖面已分别达到了96.6%和71.5%。2007年末全国2777个涉农县（市、区、旗）已全部建立了农村最低生活保障制度，全国3452万农村居民得到政府最低生活保障，比上年增加1859万人；全国农村最低生活保障累计支出资金75.6亿元。2007年国务院发出《关于在全国建立农村最低生活保障制度的通知》，支持全面建立和完善农村最低生活保障制度，月人均财政补助标准由30元提高到50元，中央财政补助比例由去年的占三分之一提高到今年的70%。通过在全国范围建立农村最低生活保障制度，我国正逐步将符合条件的农村贫困人口全部纳入保障范围，以期稳定、持久、有效地解决全国农村贫困人口的温饱问题。

（三）农村新型合作医疗制度

为了减轻广大农民的医疗负担，提高其健康水平，防止农民因病致贫、因病返贫，2003年初，中央决定以财政补助的方式，实行农村新型合作医疗制度。2007年，国家通过各种途径筹集基金428.3亿元用于新农村合作医疗建设，已有2448个县（市、区）开展了新型农村合作医疗工作，7.3亿农民参加了新型农村合作医疗，参合率85.7%。新型农村合作医疗基金累计支出总额为220亿元，累积受益2.6亿人次。农村医疗救助603万人次，比上年增长150.1%。民政部门资助农村合作医疗的人数达2306万人次。在全面推进新型农村合作医疗制度的基础上，我国计划用两年时间将筹资标准由每人每年50元提高到100元，财政补助标准由每人每年40元提高到80元。新型合作医疗制度在一定程度上化解了农民的医疗风险。

毋庸讳言，我国农村社会保障制度取得巨大成绩的同时，也存在许多问题，例如覆盖面较小、保障程度较低、区域差异较大以及农村社会保障不能完全适应农民对社会保障的需求等。上述问题随着我国社会经济的发展和社会保障体系的完善将逐步得以解决。

四、第三次分配的探索

（一）第三次分配的意义

慈善事业是建立在社会捐献基础之上的一种民办社会救助事业，它以社会成员的慈善心为道德基础，以社会各界的自愿捐献为经济基础，以民间公益团体为组织基础，以大众参与为发展基础。现代慈善事业所涉足的领域已远远超出传统的救灾济贫，扩展到文化教育、保健、环境保护及动物保护等。由于慈善事业通过多种渠道和多种方式的捐助活动，使得富有者的财富被直接或间接地回报社会，转移到贫穷者的身上实现共享，客观上起到国民收入分配的作用，因此被称为“第三次分配”。

慈善事业是人们的自愿捐助行为，其资金和财物不是直接来自社会生产和再生产环节的必要扣除，它是一切有能力捐助者在慈善心驱使下的自觉行为，是社会经济和文化发展到一定层次的表现。作为一项需要社会成员广泛参与的民营公益事业，慈善事业成为人类社会互助行为在现代社会的基本载体，并且具有不可替代性。从经济意义而言，慈善事业可以进一步缩小贫富差距，使社会成员共享经济发展成果，弥补社会主义初次分配和再分配的局限，有利于形成合理的收入分配格局。从社会意义而言，慈善事业具有扶危济困、协调社会发展的内在职能，是社会保障制度的重要补充，有利于和谐社会的构建。慈善事业具有经济、社会等多重效应，可以发挥政府调节和市场调节无法替代的重要作用。

（二）积极推进慈善事业的发展

近年来，我国慈善事业发展迅速，法制建设逐步完善，社会慈善意识不断增强，人们参与慈善事业的热情日益提高。但是与发达国家相比，我国慈善事业规模较小，水平较低，具有很大的发展空间。2005年我国个人捐赠人均2元人民币，美国是人均522美元；我国社会捐赠总额占 GDP 的 1%，美国为 10%。在全面建设小康社会的进程中，慈善事业在救助贫困群众、调节贫富差距、缓和社会矛盾、促进社会稳定和构建和谐社会等方面承担着新的历史使命。

当前应从以下方面入手加快发展慈善事业：一要建立健全慈善事业发展的体制和机制，为慈善事业的发展提供良好的制度基础。二要加强公募市场管理，在加快《慈善法》立法进程的同时，抓紧制定社会募捐管理办法，促使公募市场规范化、合理化。三要全面建立慈善活动的统计体系，完善慈善救助的信息发布制度，为慈善事业的发展提供充分、对称的信息环境。四要加大政府对慈善事业的支持力度，全面落实各项支持政策，包括税收减免优惠政策和公共财政支付政策等。五要加强对慈善组织的规制，增加其公信力和行动能力。六要大力弘扬“人人可慈善”的理念，使其根植于最广大的民众，最大限度地发挥全体民众的慈善意识和慈善精神，为慈善事业的发展奠定最坚实和最广泛的民众基础。

（撰稿人：蔡立雄、彭立峰）

第九章 中国特色社会主义分配格局与调整问题

改革开放以来，我国经济持续快速增长，居民人均收入和生活水平显著提高。与改革前相比，收入分配逐步打破来源单一、分配平均的局面，呈现出收入来源多元化与收入分配差距不断扩大的局面。收入差距形成的原因及差异程度是与特定的收入分配模式相关联的，而分配模式是经济体制运行的动态结果。也就是说，一定的分配模式直接受制于特定的体制模式，体制模式发生改变，收入分配模式也会随之发生变化，收入分配格局也会表现出不同的特征。

第一节 当前中国的收入分配概况

中国是一个城乡分割，地区发展不平衡的国家，目前，收入分配包括了各社会阶层之间、行业之间、城乡之间和地区之间四个维度上的比较。经济市场化的发展和收入分配模式的变革，由于各地区、各行业以及不同居民之间面临的经济机会和把握机会的能力有差异，使原来已经存在的收入不平衡扩大化并形成新的不平等。

一、不平等的衡量与当前中国居民收入差距总体状况

收入分配差距是指规模分配范畴内的相对收入差距，即以收入比重或相对份额表示的收入差别，而非以实物或货币表示的绝对收入差距。

收入差距与公平分配有关，人们常常根据收入差距的大小及其变化趋势来衡量一个社会的收入分配是否公平。测度收入差别的方法很多，最主要和最通用的方法是按居民人均收入将总人口分成若干组，并相应的计算各组的收入份额，然后通过比较各组人数（户数）和收入份额的相对比率来反映收入差距。著名的洛仑兹曲线就是采用这一方法的代表，其基本原理是，根据一个国家在某一年的收入分组资料，给出一条曲线来表示该国某年的收入分配差别，如图 9－1 所示：图中纵轴为收入百分比，横轴为人口（户数）百分比，45°线 OD 为平均分配线，虚线即是洛仑兹曲线。此线弯曲度越大，离 45°线越远，则收入差距越大，反之收入差距越小。洛仑兹曲线能直观、形象地反映收入差距，却无法用一个确切的数值来表示收入差距。

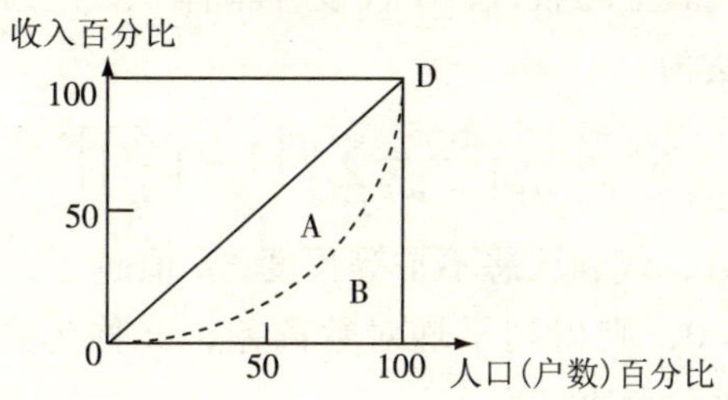

图 9－1　洛仑兹曲线

因此人们在分析比较一个国家不同时期或不同国家同一时期的收入差距时，又常使用基尼系数指标。如果用 A 来表示洛仑兹曲线与 45°线 OD 所围成的面积，用 B 来表示洛仑兹曲线与横轴以及过 D 点垂直于横轴的直线围成的面积，则 A/(A＋B)就是基尼系数，简称基尼值。基尼值为 0 时，收入差距为 0，即收入绝对平均；基尼值为 1 时，收入绝对不平衡。实际上的基尼值总是大于 0 而小于 1。基尼值越小，分配越平均；基尼值越大，收入差别越大。国际上公认的标准是，基尼系数在 0.2 以下为绝对平均，0.2—0.3 之间为比较平均，0.3—0.4 之间为比较合理，0.4—0.5 之间为差距较大，0.5 以上为差距悬殊。

中国在改革前或改革之初，收入分配的基尼系数比世界上大多数发展中国家都要低。城市的基尼系数在0.2以下，农村的基尼系数略高，多数估计都在0.21—0.24之间；而在许多发展中国家，城市的基尼系数则在0.37—0.43之间，农村的基尼系数则在0.34—0.40之间。2006年，城镇居民中20%最高收入组（25410.8元）是20%最低收入组（4567.1元）的5.6倍；农村居民中20%最高收入组（8474.8元）是20%最低收入组（1182.5元）的7.2倍。根据世界银行公布的数据显示，中国居民收入的基尼系数已由改革开放前的0.16上升到目前的0.47，不仅超过了国际上0.40的警戒线，也超过了世界所有发达国家的水平①。由于部分群体隐性福利的存在，有专家认为中国实际收入差距还要更高。因此，从全国范围来看，我国居民收入差距已经较大，应该予以高度重视。

其他计量方法主要有广义熵（*GE*）及其变形的方法②。以 Z_j 表示收入观察值，U 代表平均收入，N 代表样本体积，f_j 代表人口比例，则广义熵指数可表达为：

$$GE = \frac{1}{a(1-a)}\sum_{j=1}^{N} f_j\left[1-\left(\frac{Z_j}{U}\right)\right]$$

其中 a 为常数，代表厌恶不平等程度，a 值越小，代表厌恶不平等程度越高。取 $a=0$，则得到平均对数离差，又称为泰尔第二指数 T_0，也称泰尔 $-L$ 指数，表达式为：

$$T_0 = \sum_{j=1}^{N} f_j \ln\frac{U}{Z_j}$$

取 $a=1$，则得到泰尔指数，又称为泰尔第一指数 T_1，也称泰尔 $-T$ 指数，表达式为：

$$T_1 = \sum_{j=1}^{N} f_j \frac{Z_j}{U}\ln\frac{Z_j}{U}$$

此外较常用的还有阿肯森指数，其表达式为：

$$Atkinson = 1 - \prod_{j=1}^{N}\left(\frac{Z_j}{U}\right)^{f_j w}$$

① 《国民收入差距超合理限度，基尼系数超警戒线》，http://finance.qq.com/a/20080222/000976.htm。

② 万广华：《经济发展与收入不平等》，上海三联书店、上海人民出版社2006年版，第19页。

后几种方法在对收入差距进行地区分解时比较常用。

二、行业间职工收入差距

行业之间的收入差距虽然一直就存在，但在计划经济时代，由于实行平均主义的分配制度，行业之间职工的收入差距很小。改革开放以后，多样化分配模式的确立与市场选择使行业的经济绩效出现明显差异，行业之间职工的收入差距开始加大。我国职工平均工资从1978年的615元增加到2006年21001元，增长了34.15倍；行业最高工资与最低工资的差距从458元扩大到32249元，扩大了69.41倍；职工平均工资最低行业与最高行业的比值从1∶2.17扩大到1∶4.88。

工资水平高于全国水平的行业集中于电力、煤气及水电生产和供应业、交通运输仓储和邮电通信业、科学研究和综合技术服务业、金融保险业、房地产业等垄断行业。这些行业的职工属于高收入行业群体，其职工平均工资基本保持在前5位，如金融业职工平均工资在1992年之后一直保持在第1、第2的位置。房地产业职工平均工资在1992年以后也迅速上升。2006年，金融、电信、烟草、石油天然气、航空等垄断行业的职工平均工资都在3万元以上，有的超过5万元，远远高于全国平均21001元的水平。这些行业职工平均工资增长速度也比较快，1992年至2002年期间，全国行业职工平均工资的年均增长幅度为35.8%，而金融保险业、交通运输仓储和邮电通信业、电力煤气及水的生产供应业的平均增幅分别达到57.6%、41.5%和38.5%，高于全国平均涨幅。

低收入行业主要集中在农林牧渔业、建筑业、制造业、住宿餐饮业，批发零售业等行业。这些行业的职工平均工资一般都低于全国平均水平，如建筑业从1998年开始，其职工平均工资一直低于全国平均工资水平。2006年，按19个行业的划分标准，职工工资排在后三位的行业分别是农林牧渔业、住宿餐饮业、建筑业，其职工平均工资分别为9269元、15236元和16164元。而且这些行业的职工工资增长缓慢①，1992年至2002年期间，职工平均工资年均增长幅度低于全国平均水平

① 以上数据均来自中华人民共和国统计网站。

的有6个行业，分别为建筑业（23.5%）、采掘业（24.3%）、农林牧渔业（25%）、地质勘察水利管理业（28.2%）、制造业（31.7%）和批发零售贸易餐饮业（32.6%）。这些低收入的竞争性行业集中了大量的普通劳动力，包括农民工，这进一步降低了该行业的平均水平。据2004年有关调查，我国西部地区一些企业农民工的工资收入月平均为500元左右；在经济较为发达的东南沿海，如珠江三角洲地区，农民工月平均工资也绝大多数在600元左右，近十年间，珠江三角洲地区农民工的月平均工资只提高了68元，如考虑物价上涨等因素，农民工的实际工资是下降的，广东省76.3%的农民工月工资水平处于1000元以下，如果把工作环境差、社会保障不健全、工作时间长等问题也考虑进去，这些行业职工的收入水平就更低了①。

三、城乡居民收入差距

（一）城乡居民的总体收入差距

改革开放初期，城乡居民人均收入差距较大，城乡人均实际收入比率大于3，这与我国在计划经济体制下长期实行价格“剪刀差”的政策有关；而且国家以实物的形式对城镇居民实行的福利补贴，进一步加剧了城乡居民收入差距。20世纪80年代中期前，由于农村率先实行家庭联产承包责任制的改革，极大地调动了农民生产的积极性，推动了农业生产的发展，提高了农民收入，由于这一时期农民收入水平较之城镇居民提高得更快，增幅更明显，城乡居民收入差距有所缩小，城乡人均收入比率在2—2.20之间。20世纪90年代以后，城乡居民收入差距又逐步拉大，人均收入比由90年代初的2.2倍扩大到1999年的2.65倍，超过改革初的水平，这是因为，家庭联产承包责任制促进生产增长的能力已基本释放完毕，而现有的农业生产中的“小农户”的经营方式、技术含量低下的生产体系以及薄弱的抵御自然灾害能力等弊端随着市场化的发展和集体经营的弱化而显现并严重化了，与现代化程度和技术含量越来越高的工业、第三产业相比，农业生产收益率低下，城乡收入差

① 魏军、徐燕：《全面、客观地看待我国的行业收入差距》，中国物价2007年第5期，第54—56页。

距扩大是必然的。2000年至今，城乡居民收入迅速提高，但绝对收入差距迅速拉开，相对收入差距基本维持在2.8倍以上；从2002年以来，城乡居民收入比超过了3，如果加上未能计入城镇居民的可支配收入中的各种实物性补贴，比如城镇居民很多人享有公费医疗、养老金保障、失业保险、最低生活费救济，以及城镇中小学能够获得国家大量的财政补贴，有人估计城乡收入差距可能要达四、五倍甚至是六倍。世界银行在1998年的报告中指出："36个国家的数据表明，城乡之间收入比率超过2的极为罕见；在绝大多数国家，农村收入为城市收入的2/3或更多一些"。我国的情况已经远远超出这一标准。

表9－1 城镇、农村居民人均收入比较

年 份	农村家庭人均纯收入（元）	城镇居民家庭人均年可支配收入（元）	城乡居民收入比率
1978	133.6	343.4	2.57∶1
1980	191.3	477.6	2.50∶1
1985	397.6	739.1	1.86∶1
1990	686.3	1510.2	2.20∶1
1995	1577.7	4283.0	2.71∶1
1996	1926.1	4838.9	2.51∶1
1997	2090.1	5160.3	2.47∶1
1998	2162.0	5425.1	2.51∶1
1999	2210.3	5854.0	2.65∶1
2000	2253.4	6280.0	2.79∶1
2001	2366.4	6859.6	2.90∶1
2002	2475.6	7702.8	3.11∶1
2003	2622.2	8472.2	3.23∶1
2004	2936.4	9421.6	3.21∶1
2005	3254.9	10493.0	3.22∶1
2006	3587.0	11759	3.28∶1
2007	4140.0	13786	3.33∶1

资料来源：《中国统计年鉴2007》，中国统计出版社2007年版。

城乡居民间的收入差距不仅在货币收入上表现明显，而且在实际生活水平上（用恩格尔系数来衡量）表现也是如此。根据联合国提出的恩格尔系数数量界限：60%以上为生活绝对贫困，50%—60%为温饱水平，40%—50%为小康水平，20%—40%为富裕，20%以下为最富裕生活水平[①]。根据对中国城乡居民家庭支出的恩格尔系数分析（见表9－2），可发现城市居民在1995年后就解决了温饱问题，进入小康阶段；而农村直到2000年才进入这一阶段。而且从城乡恩格尔系数差来看，这几年基本保持在7个百分点以上，差距是相当明显的。

表9－2　中国城乡居民恩格尔系数表

年份	1990	1995	1999	2000	2001	2002	2003	2004	2005	2006	2007
城市（%）	54.2	50.1	42.1	39.4	38.2	37.1	37.1	37.7	36.7	35.8	36.3
农村（%）	58.8	52.6	52.6	49.1	47.7	46.2	45.6	47.2	45.5	43.0	43.1

资料来源：《中国统计年鉴2007》，中国统计出版社2007年版。

（二）农村居民内部收入差距

在我国收入分配中城乡居民总体收入差距不断扩大的同时，农村居民内部收入差距问题尤为突出。农村居民内部不同群体间的收入水平差异悬殊。2004年，占农村人口20%的低收入户人均纯收入只有1007元，约相当于当年全国农民人均纯收入平均水平的1/3；按照1978年不变价格计算约为202元，只相当于20世纪80年代初期全国农民人均纯收入的平均水平，这意味着全国农村中约有1/5的农民经济状况没有多少改善；农村20%高收入户人均纯收入水平为6931元，相当于低收入户组人均纯收入的约7倍。农村高、低收入组人均纯收入的差异明显超过城镇居民[②]。而且，根据国家统计局的数据计算，由基尼系数所反映出来的收入差距总的来说呈现出一种上升的趋势，农村居民收入的基尼系数从1978年的0.21上升到2000年的0.35。

① 赵彦云：《宏观经济统计分析》，中国人民大学出版社2001年版，第74页。

② 李国祥：《有效防止农村居民内部收入差距过大》，载《中国党政干部论坛》2006年第7期，第16—17页。

并且，尽管近年来我国贫困户有所减少，相对较低收入的农户数量及其在农村住户中所占份额也有所下降，但所占比重仍然很大，达不到全国农民平均水平的农户数量仍然约占6成。2004年，我国农村居民中人均纯收入低于1000元的农户所占比重为8.4%，低于2000元的为34.3%，低于3000元的为59.8%。

为更清楚地分析农村内部收入差距，我们采用泰尔指数计算了1978—2005年农村收入差距情况（图9－2、图9－3、表9－3）可以发现：（1）东部地区的农村居民收入差距大于中部和西部地区，说明经济发展水平高的地区，经济发展的多样性越突出，收入差异性越大；改革以来，东部地区收入差距对 T_0 和 T_1 指数的贡献率基本都在40%以上，因而可以说，该地区的收入差距在一定程度上决定中国农村不平等程度的程度和走向。（2）西部地区的收入差距在改革以后变化不明显，说明改革发展相对缓慢的地区，自主性的制度创新能力比较弱，各地收入变化也比较平稳，收入增加速度有一定趋同性。（3）中部地区在1994年以前收入差距的变化比较明显，而1995年以后收入差距则缩小，趋向于平均化。（4）大区域收入差距根据 T_0 指数在1986年以前、根据 T_1 指数在1984年以前对全国农村收入差距的贡献率是负的（区域贡献率的值的计算方法，如 T_0 为：区域贡献率＝［（T_0－东 T_0－中T_0－西 T_0）/T_0］），说明在改革初期由政府统一供给制度的层次性推进式的改革，并没有使区域发展表现出明显异质性；而在此之后，由于区位性因素的重要性提高，东部地区在经济发展上有更快的速度，拉开了与其他地区的差距，区域差距开始对总收入差距开始有正的贡献，并在2001年达到最大值。

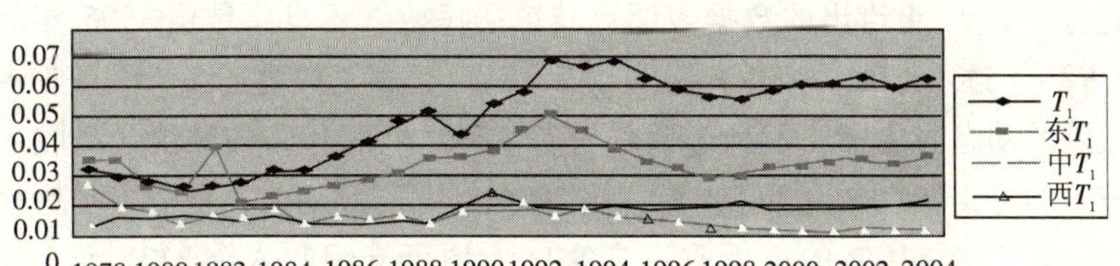

图9－2 T_1 指数

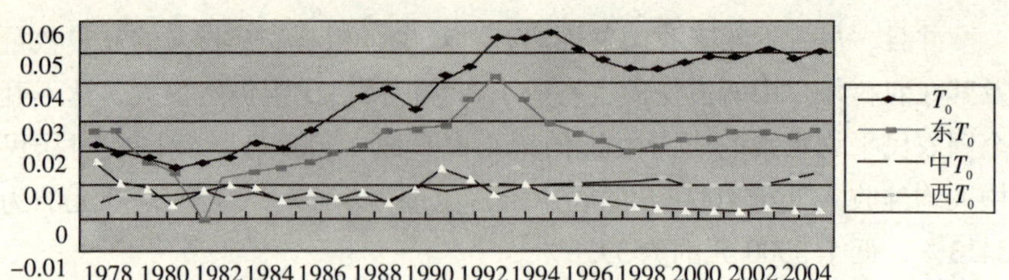

图 9－3　T_0 指数

表 9－3　1978—2005 年区域收入差距对 T_0 和 T_1 指数的贡献率

年份	1978	1979	1980	1981	1982	1983	1984	1985	1986	1987
T_1	－0.529	－0.53	－0.423	－0.373	－0.612	－0.282	－0.261	－0.088	－0.05	0.147
T_0	－1.187	－1.199	－0.776	－0.628	0.26	－0.363	－0.324	－0.098	－0.066	0.104
年份	1988	1989	1990	1991	1992	1993	1994	1995	1996	1997
T_1	0.139	0.203	－0.214	－0.104	－0.12	0.003	0.066	0.289	0.362	0.315
T_0	0.084	0.116	－0.336	－0.174	－0.209	－0.077	0.002	0.197	0.242	0.215
年份	1998	1999	2000	2001	2002	2003	2004	2005		
T_1	0.428	0.358	0.437	0.484	0.433	0.411	0.335	0.279		
T_0	0.28	0.236	0.27	0.293	0.268	0.255	0.221	0.188		

（三）城镇居民内部收入差距

相对于城乡收入差距，城镇居民的收入差距同样已成为一道鸿沟。在 20 世纪 90 年代以前，城镇居民的收入差距虽有扩大的趋势，但总体上说，其收入不均等程度仍是较低的，并且上升的速度也较平缓。20 世纪 90 年代以后，城镇居民收入差距出现扩大趋势，但在 1997 年以前增速较为缓慢。1997 年到 2000 年增速加快，2000 年以后则有加剧分化趋势。表 9－4 给出的数据表明：城镇居民收入不良指数由 1995 年的 3.92：1 逐步上升，2005 年扩大到 9.18：1，翻了两番还多。而且收入差距的动态演化格局不利于低收入者，2005 年，10% 的城镇最高收入户人均可支配收入为 28773 元，比 2004 年增长 13.4%，是全国平均收入的 2.7 倍；10% 的最低收入户家庭人均可支配收入为 3135 元，比 2004 年增长 9.5%，仅为全国平均收入的 29.9%；2000—2005 年，城镇收入水平最低的 20% 人群的年均收入增长率为 5%；而收入水平最高的20%人群的年均收入增长率为15%，收入分配格局越来越固化，低收入人群的收入增长更为困难。

表9－4　中国城镇居民（各10%）收入差距

年　份	最高收入户每人可支配收入（元）	最低收入户每人可支配收入（元）	收入比
1995	7537.98	1923.80	3.92
1996	8432.96	2156.12	3.91
1997	10250.93	2430.24	4.22
1998	10962.16	2476.75	4.43
1999	12083.79	2617.80	4.62
2000	13311.02	2653.02	5.02
2001	15114.85	2802.83	5.39
2002	18995.85	2408.60	7.89
2003	21837.32	2590.17	8.43
2004	25377.17	2862.39	8.87
2005	28773.00	3135.00	9.18
2006	31967.34	3568.75	8.97

资料来源：《中国统计年鉴》1996—2007年，中国统计出版社。

而且不仅在流量的人均收入上表现如此，在存量资产上也呈现出两极分化之势。据世界银行的数据显示，截至2004年，城镇收入最高的10%家庭资产总额占城镇居民全部资产总额的比重将接近50%。居民收入分配呈现出明显的穷者越来越穷、富者越来越富的“马太效应”。资产存量与流量差距的扩大化，还意味着在收入差距不断扩大的同时，不同收入等级人群之间的流动性在下降，低收入人群进入高收入组、高收入人群沦为低收入组的可能性越来越小。

四、地区间居民收入差距

改革开放以来，国家实行让一部分人、一部分地区通过勤奋劳动和合法经营先富起来，靠“先富”带动“后富”，最终走向“共同富裕”的基本国策，这无疑是正确的，它使得我国人民的经济收入和生活水平有了显著地提高，极大地显示了改革的正确性。但是，改革近三十年来，在我国渐进式市场化改革战略这一大背景下，由于改革开放的时间、速度、程度以及国家政策偏向和比较优势的差异等原因，使本来就已经存在的我国居民收入分配地区差距（主要由历史原因和自然条件而造成）呈现出增大的趋势。

1978 年，东中西部地区人均收入分别为 214.3 元、184.6 元、165.7 元。到 1990 年，东部地区人均收入达到 1156 元，中部地区达到 797 元，分别为西部地区的 1.63 倍、1.13 倍。进入 20 世纪 90 年代以后，尽管中、西部地区居民人均收入的绝对额也出现了较快的增长，但与东部地区相比，相对差距仍在不断扩大。到 2006 年，东部地区人均收入已达到 16380.39 元，中部地区仅为 10572.94 元，西部地区也仅为 10443.01 元。从直接的倍率比较看，东部地区居民人均收入提高最快，1978 年是西部的 1.29 倍、是中部的 1.16 倍，2005 年增加到是西部的 1.57 倍、中部的 1.54 倍，而中、西部之间的相对差距比较稳定。

就东、西部城镇居民收入差距而言，1990 年，城镇居民人均收入最高的省份（广东）与最低的省份（内蒙古）的人均年收入的绝对差距 1154 元，1995 年增至 4576 元（最高的是广东，最低的是内蒙古），2000 年增至 6994 元（最高的是上海，最低的是山西），相对差距则由 1990 年的 2.00 倍，增至 1995 年的 2.60 倍，2000 年的 2.48 倍。2006 年，城镇居民可支配收入最高的上海市人均 20667.91 元，是最低省份的（新疆维吾尔自治区人均 8871.27 元）2.33 倍。

东、西部农村居民收入差距也进一步扩大。1985 年，西部地区农村居民人均纯收入为 322.57 元，相当于东部地区（512.97 元）的 62.88%；1990 年，西部地区农村居民人均纯收入为 551.84 元，相当于东部地区（967.72 元）的 57.02%，1999 年，西部地区农村居民人均纯收入为 1519.74 元，相当于东部地区（3236.55 元）的 46.96%，西/东的比率呈明显下降趋势。1978 年，农村居民人均纯收入最高的地区（上海）是最低的地区（河北）的 3.15 倍，1990 年增至 4.42 倍（最高为上海，最低为甘肃），2000 年仍达 4.21 倍（最高为上海，最低为西藏）。2006 年，上海市的农村居民人均纯收入达到 9138.25 元，是最低的贵州省农村居民人均纯收入 1984.62 元的 4.6 倍。最高与最低收入绝对差额由1978年的200元提高到2006年的7153.63元①。

第二节　收入差距拉大的原因与性质

一、分配格局及分配模式的转变

（一）计划经济体制下的分配模式及分配格局

1978年以前，我国实行的是高度集权型计划经济体制，政府在收入分配中处于绝对优势地位，企业、居民的收入份额完全由政府决定。而为了实现赶超型发展战略，我国政府一直推行高积累、低消费的分配方式，政府控制着国民收入大部分份额，而企业是生产性而非经营性单位的特征，决定其在收入分配中所占的比重是非常小的，即真正归企业支配的收入份额很少。工资是居民收入的主要来源，同原材料、产品价格一样，工资也是由政府统一规定的，政府制定不同部门、不同地区和不同技术等级的工资标准，职工根据相应标准领取工资；政府控制工资总额增长。

计划经济体制下的收入分配模式有两个特点：一是收入与贡献的关联度不高。就企业、居民收入而言，总量上并未按其贡献大小决定，而是根据国家发展计划要求，扣除政府经济发展需要后设定的。二是平均分配及低效率生产现象严重。就职工收入而言，尽管有工资标准的差异，但工资之外的福利分配约占有一半的份额，而福利的分配是按人头平均分配的；其次，为了体现社会主义在制度上的优越性，在意识形态上不允许过大的收入差距存在；再次，在工资总额有限的情况下，为了保障名义上的充分就业和人民基本生活，也只能实行平均分配；最后，工资标准差异主要是根据技术等级设定的，它仅仅反映职工技术状况差异，而不代表他们努力程度的差异，努力与否一个样，因而生产的低效

① 以上数据均来自中华人民共和国国家统计局网站。

率现象普遍存在。

（二）体制变迁中的收入分配模式及分配格局

传统的计划经济体制向市场经济体制的转型成为我国收入分配模式转变的契机。传统体制下，政府处于至高无上的支配地位，企业只是各级政府部门的附属物，个人不能占有生产资料，只能通过提供劳动力获取基本生活资料。改革以后，新体制赋予了企业市场经济主体的身份，必须根据市场的要求自主经营、自负盈亏；居民个人也逐步成长为独立的经济主体，在市场经济中获得了明确表达并实现其个人利益的机会；与此同时，政府对微观经济运行和收入分配的控制范围缩小；企业、居民参与分配的范围、能力和份额与其对经济发展的贡献度直接相关，市场的筛选功能对各经济主体构成强约束和强激励，能比较有效地体现“不劳无获、多劳多得”的按劳分配原则。

改革的目的是发展生产力，提高人民生活水平，为此国家分配政策的重点从抑制居民消费转向促进居民消费，从而在分配格局上形成政府、企业、居民三分天下的局面。形成这一格局的原因还在于通过对传统社会主义发展模式的反思，首先是清晰地界定中国仍处于社会主义初级阶段，在这样的阶段，通过发展经济建立巩固的社会主义的物质基础是一项基本任务，而要发展经济不能仅依靠精神激励，通过提高企业和居民在收入分配中的权利以实现物质激励也是一种必须而基本的手段；其次是明确经济增长源泉不仅来自于投资驱动，而且来自于消费和出口驱动。

改革以前，我国实行单一的按劳分配制度，国家明确劳动是居民参与收入分配的唯一要素。改革以后，随着多种经济成分出现，我国实行以按劳分配为主、按劳分配与按要素分配相结合的收入分配方式，它的实质是承认除劳动以外的资本、技术、企业家才能等生产要素均可参与收入分配，收入来源呈现多元化渠道，收入分配模式发生了根本变化。

收入分配模式的转化集中表现为市场机制在收入分配中的作用越来越显著。市场供求关系形成各生产要素的价格，并成为要素所有者获取收入的依据。由于各要素所有者拥有要素的数量、质量存在差异，因而，收入差距的扩大是必然的。当前，我国的市场经济体制只是处在初步建立阶段，离市场经济体制的完善目标还很远，收入分配中尚有一些不尽如人意的方面，也就是说，收入差距的扩大有些是合理的、有序的，有些则是市场经济体制不完善的表现，是不合理的、无序的。

我国居民收入差距扩大是诸多因素综合作用的结果，这其中有合理因素，也有不合理因素。改革前，我国实行的是按劳分配的收入分配方式，劳动是唯一参与收入分配的要素，改革后，随着多种经济成分的出现，我国实行了以按劳分配为主、按劳分配与按生产要素分配相结合的收入分配方式，除按劳分配以外的资本、技术、企业家才能等生产要素均可参与收入分配，收入来源呈现出多元化特征。与此相适应，随着我国市场化改革进程的推进，市场机制在收入分配中所起的作用越来越显著，它通过供求机制形成要素的市场价格，要素所有者根据要素价格获得应得的收入份额。不同企业、个人由于拥有的要素数量、质量存在差异，自然获取的收入份额也存在差异。这种差异是客观的、必然的，也能为公众所接受。例如，不同所有制企业职工的收入差别，就是在同样的市场竞争条件下，由于企业经营状况差异导致资本收益率不同，进而表现为职工收入的差别。再比如，劳动力市场的建立和完善，使人力资本成为决定劳动者收入的主要变量，表现为高素质、从事复杂劳动的劳动者收入是从事简单劳动的劳动者收入的几倍、十几倍甚至几十倍。

当前，我国的市场经济体制只是处于初步建立阶段，与建立完善的市场经济体制的改革目标还相差很远，收入分配中尚有一些不尽如人意的方面，也就是说，收入差距的扩大有些是合理的、有序的，有些则是市场经济体制不完善的表现，是不合理的、无序的。

二、居民收入差距扩大的原因

（一）倒U型理论的解释

库兹涅茨倒U曲线，是美国著名经济学家库兹涅茨1955年所提出来的收入分配状况随经济发展过程而变化的曲线。该曲线表明了收入差距变动的长期趋势是：在前工业文明向工业文明过渡的经济增长的早期阶段，尤其是在国民人均收入从最低上升到中等水平时，收入分配状况先趋于恶化，继而随着经济发展逐步改善，最后达到比较公平的收入分配状况，即长期变动轨迹呈倒“U”形状。也就是说，一国经济在其发展之初，收入分配比较平等，但随着经济发展由起步的低收入阶段进入快速发展的阶段前期（中下收入阶段），收入差别逐渐扩大，并在进入快速发展后期（中上收入阶段）时收入差别达到最大值。然后收入差别会逐步缩小，在经济发展进入大众消费时期（高收入阶段）以后回落到经济发展之初的较平等水平。并且，库兹涅茨认为，收入差距变化是由当时一系列经济、政治、社会和人口条件造成的。在经济发展中存在着使收入不平等扩大的因素：一是储蓄和积累在少数高收入阶层的集中；二是工业化和城市化所引起的收入分配恶化，即农村与城市收入分配差距拉大。同时，还会出现一些抑制收入不平等因素，使收入分配不平等趋势逐步缓和，主要有：法律和行政干预、人口变动因素以及产业结构调整等因素。迄今为止，该理论的经验性检验大多是肯定的。中国经济增长的时间序列资料也部分地验证了这一理论对于分析公有制经济增长总的收入差别也是适应的。

（二）社会再分配的调节手段和能力不足，加剧了收入分配的不平等

社会再分配是各国政府调节收入分配差距的重要手段和方法。我国政府在社会再分配过程中调节手段和能力的不足也是导致我国收入分配差距扩大化的原因之一。

1. 税收对收入差距的调节力度不够

税收是市场经济条件下政府进行收入再分配的重要手段，是缩小收入差距的重要措施。长期以来，由于发展阶段约束，市场经济和社会信用体系不完善，税收制度不健全，造成个人应税款大量流失，税收调节力度不足，主要表现为：(1) 调节个人收入的税种单一，缺乏遗产税、赠予税、特别消费税等从不同收入环节对个人收入进行调节的税种。(2) 税务部门征管手段落后，征管力度不足，偷逃税行为严重。目前征收的个人所得税中，80%左右来源于职工收入。税收并没有调节到应该调节的重点，即各种工资外收入和高收入者。(3) 个人所得税采用分项征收，而且按项目收入计征，既难以按个人全部收入进行总体调节，又容易使个人收入通过划细项目或多次发放而达到逃税目的。(4) 农村居民税费负担普遍高于城镇居民，有强化收入不均等的功能。从纳税额占收入的比例来看，对农村居民来说，这一比例远高于城镇居民。据1995年数据显示，农村居民人均收入相当于城镇居民的40%，而仅税款一项他们支付的人均额相当于城镇居民的9倍。如果再加上上缴的各种名目繁多的杂费，则相当于城镇居民的30倍①。

2. 政府的财政转移支付水平低

转移支付是政府通过义务教育、社会保障、反贫困等渠道将资金直接或间接转移到低收入者之手，以提高低收入者的收入水平，可以缩小收入分配差距。罗伯特·J. 兰普曼（Robert J. Lanpman）在《新帕尔格雷夫经济学大辞典》中对“转移支付（transfer payments）”解释时认为，税收制度对于富人和穷人的收入分配只起轻微的调节作用，而政府支出在这方面所起的作用则要明显得多。税收在“劫富”方面有效，但在“济贫”方面却效用不大②。

政府通过转移支付建立完善的国民教育体系和公共教育系统，保证每个公民无论收入高低都可以享受“免费”的公共教育，从而防止了由于收入不平等而导致的教育机会不平等，为最终实现收入公平分配创造条件，是缩小收入分配差距的重要因素。政府通过转移支付建立统一和完善的社会保障和保险制度可以有效地防止各种绝对贫困的发生和大规模疾病出现，在增加每一个社会成员利益的同时，也会使低收入者的实际收入增加，缓解收入分配的不平等，促进社会公正和稳定。而实际情况表明，我国的转移支付没有达到缩小收入差距的目的，原因在于转移支付的资金分配不公平和转移支付的资金使用效率低下，这主要表现在以下几个方面：1994年财政体制改革后，中国财政支出结构并没有实现从经济建设型向公共服务型的根本转变，经济建设、行政事业支出仍然占相当大的比重，公共事业发展、再分配性转移支出增长不足并且比重过低；政府对低收入者未能实施有效的转移支付，而且某些形式的转移支付制度（如住房、医疗等）明显向高收入者倾斜，对低收入者收入增加根本不起作用。

（三）制度不健全对收入不平等的影响

目前我国市场经济体制尚处于完善过程中，社会监督机制不健全，

① 赵春艳：《经济体制变迁中的收入差距问题研究》，载《财贸研究》2002年第1期，第12—14页。

② 罗伯特·J. 兰普曼：《新帕尔格雷夫经济学人辞典》，经济科学出版社1998年版，第32—54页。

非法收入渠道的存在是我国居民收入差距拉大的另一个原因。非法收入渠道主要包括：一是少数政府官员利用职权大肆攫取国家财富。在缺乏制约和监督的行政体制下，一些政府官员很自然地获得了凭借所掌握的行政权力进行设租、寻租的可能和机会，进而导致以权谋私、贪污受贿。另外，在国有企业改革中，为了提高企业领导者和员工的积极性，采取放权让利、自主经营的措施，但没有与此相配套的法人治理结构能对企业领导行为进行有效的监督与制约，从而导致激励和约束机制不对称，一些国企领导者利用这样的机会，侵吞国有资产，获取高收入。二是一些不法之徒通过各种非法途径大肆敛财。市场经济的基本活动目的是获取经济收益。在巨大经济利益的诱惑下，一些人不惜一切代价，通过种种非法手段，如非法集资、走私、贩毒、股市欺诈、生产假冒伪劣商品等手段获取不正当收益，发不义之财。

三、行业收入差距扩大的原因

对于我国行业之间收入差距拉大的原因，一般认为，它是市场、政府以及行业自身和产业结构调整多种因素综合作用的结果。

（一）市场机制本身的原因及市场发育的不完善

我国行业间收入差距拉大是由市场机制本身及我国市场发育的不完善造成的。市场经济可以实现效率，但难以保证公平。市场经济条件下，不管是竞争还是垄断，都必然导致各行业发展水平不同，进而导致收入水平不同。况且，我国的市场本身就发育不完善，这更加大了行业之间的收入差距。

1. 市场机制本身难以实现行业之间收入分配的公平

在市场经济条件下，不管是完全竞争还是不完全竞争，市场机制都会导致行业收入差距的必然存在。经济生活中常见的市场结构有不完全性的垄断竞争、寡头垄断，所以各行业在收入分配中不能统一获得平均利润。垄断使某些行业得到超额利润，收入分配结果自然谈不上公平。即使所有行业都处于同一起跑线上，但由于各行业的自身特点、资本有机构成、市场机遇等不同，其发展水平势必参差不齐，甚至差距悬殊。而市场机制的引入，使产品价格主要由市场供求关系来决定。这样势必在竞争中产生效益好的企业和效益不好的企业，企业之间的职工收入就会产生很大的差别。

2. 市场发育不完善扩大了行业之间的收入差距

在我国经济转轨的过程中，市场发育还不完善，这进一步加大了行业之间的收入差距。在各要素市场中，劳动力市场和资本市场的不完善对行业之间的收入差距影响很大。而我国劳动力市场还远未建立起来，劳动者不能自由流动造成了工资的非市场化，各行业的就业人数与社会真实需要量脱节，职工收入明显背离其劳动贡献，工资率平均化难以实现。同时，我国目前资本市场发育不完善，对资源配置的调节作用十分有限，而资本流动是资源配置优化、行业和企业间利润率平均化的一个必要前提，但是一些国家垄断部门限制个人资本的进入，使某些行业的利润十分高，对所有制和部门之间的收入差别产生了重大影响[①]。

（二）国家宏观调控还有欠缺

1. 行政垄断是行业收入差距形成的主要原因

普遍认为，导致我国行业之间收入差距的最主要的原因是行政垄断，政府在产业发展方面带有倾斜性的政策制度以及政府权力的经济化必然导致行政垄断的形成。一方面，垄断行业通过阻碍竞争，享受国家在投资、信贷、税收等方面的优惠政策，将其谋取的部分高额垄断利润以不同的形式分配给职工，导致行业高收入现象的存在；另一方面，垄断行业通过内部控制侵蚀大量国有资产，增加职工收入。某些垄断性行业在行业性亏损时仍然发放高工资，出现了企业亏损而职工收入反而增加的怪现象。其原因是他们手里有可以分配的国有资产。许多单位通过设立名目繁多的津贴、补贴及福利，增加职工的收入，侵蚀国有资产，影响了企业的自我发展能力。此外，我国一些政府行政部门、经济管理部门习惯于凭借权力直接参与并力图控制经济生活，这使权力易于经济化、利益化，与市场经济的要求背道而驰，强化了部门利益。其一个突出表现是一些政府机关不适当地实行高收入政策。

2. 价格体系、工资管理、法制建设存在缺陷

我国的价格改革尽管取得了很大成就，但价格结构仍不合理。不合

---

① 王家新、乔钧：《我国转轨时期收入分配机制研究》，载《南京经济学院学报》1999年第1期。

理的价格体系造成不同的行业效益，从而扩大了行业间不合理的收入差距。如许多基础产品价格偏低，而加工产品则价高利大，导致许多部门在实际劳动生产率没有多大差距的情况下，收入有很大的差距。有些国家垄断经营的产品（服务）定价过高，商品价格与其价值明显背离，扩大了行业间不合理的收入差距。

在工资管理调控中，尽管实行了与工效挂钩的办法，但是没有区别垄断性行业和一般性竞争行业的特点，在垄断性行业的经济效益中没有扣除垄断性效益和国家优惠政策带来的收益部分。这样，就使垄断性行业的工资水平在生产发展、效益提高的基础上大幅度增长，侵占了一部分本应属于国家的收益。这种工效挂钩的方法并没有充分体现按劳分配的原则。此外，我国传统的工资控制手段是控制单位工资总额，但由于工资总额的实际资金并非全部来自对总额有控制权的财政，有一部分来自于企业或企业的上级主管部门，这样资金充足的国有垄断性企业和资金缺乏的非垄断企业在实际工资分配上的差距也就自然出现了。而且，对企业总工资额加以控制，并不妨碍国有垄断企业在企业内部实行平均主义的分配。垄断性企业内部高水平上的平均主义同样是垄断性企业收入居高不下的一个主要原因。事实上，一些垄断性企业在工资管理中还普遍存在随意增加津贴项目，擅自提高津贴标准，对工资外收入缺乏管理等问题，存在突破工资总额计划发放工资的现象。

在相关立法上，我国显得相对滞后。现有的反不正当竞争法对垄断与暴利问题涉及不多，也缺乏可操作性，与社会主义市场经济的要求相去甚远。另外，我国收入分配相关立法滞后，对企业收入分配的监督管理实行“一刀切”，不作具体分析，对国有垄断企业收入分配的管理出现立法真空。

目前，垄断性行业职工的收入远远高于非垄断性行业职工的收入，明显高于全民收入的平均水平，这种差距不合理，因为：第一，机会不公平。某些垄断性行业凭借其垄断地位，垄断某些生产要素、某一经营范围或者某些产品价格，与一般行业相比，它们在生产经营过程中承担着较少的风险，能够较多、较快地获得利润。第二，投入与收入不相符。我国垄断性行业从业人员获取高收入，并不都是因为他们付出多，或对社会的贡献大，其中很大一部分收入是受益于国家垄断、不尽合理的行业政策以及不正之风。一些行业在效益不好的情况下，其职工照样可以获取较高的经济收入。这种收入差距未能较好地体现按劳取酬的原则，因而是一种明显的不公平，其对经济发展的作用往往是消极的，对社会发展也是不利的。

（三）行业差别和产业结构调整

行业自身的原因同样是行业收入差别形成的重要因素之一。行业与行业之间由于工作性质、工作特点、工作要求等不同，导致职工的收入不同。在产业结构升级的过程中，各产业面临的市场需求环境、自身的劳动生产率、行业间的竞争程度等因素的不同决定其生产率及产值增长率的不同，从而形成从业人员收入增长率的差异。我国收入增长较高的行业都属于第三产业中的新兴产业，其较高的增长率源于产业结构调整和升级的需要，这也符合产业结构演进的一般规律。

四、中国城乡收入差距扩大的原因

（一）二元经济结构

“二元经济”最早是由美国经济学家在刘易斯（W. Arthur Lewis）1954年发表的《劳动无限供给下的经济发展》一文中提出来的。所谓“二元经济”，是指发展中国家或地区的经济是由两个不同的经济部门组成的，一是传统部门，主要是自给自足的农业及简单的、零星的商业和服务业，这些部门的劳动生产率很低，其边际劳动生产率接近于零甚至是负数，存在着大量的隐蔽失业，这部分过剩劳动力被称之为“零值劳动力人口”；二是现代部门，包括采用较先进技术的工矿业、建筑业、近代的商业和服务业等。发展中国家或地区经济之所以长期陷于低水平漩涡和贫困化的主要原因是大量“零值劳动力人口”的存在以及“二元经济结构”转型的阻碍。刘易斯主张发展中国家或地区的经济发展应突出现代工业部门的扩张，按照他的逻辑，经济发展的实质，就是工业部门的不断扩大和农业部门的日益萎缩。其次，在工业化过程中，农业部门的任务就是为工业输送剩余劳动，以廉价劳动力为工业部门创造利润，累积扩大再生产的资本。农民从事的产业是传统农业，传统农业的劳动生产率比较低，刘易斯认为只能“维持生计”，农民收入低是传统农业的产物；城镇居民从事的产业，刘易斯称之为“现代产业”，就是现代制造业、信息业和服务业等，现代产业的劳动生产率高，职工能够得到较高的工资收入，从这个意义上说，城乡居民收入差即是“二元经济结构”的产物。

（二）农民教育水平低下

在理论上，人们受教育程度越高，其收入水平也就越高，因为受教育水平越高，工作的效率越高，寻找到高工资的工作的能力和工作转换与流动能力越强。在实践上，总体来看，农村劳动力文化素质与其工资性收入呈正相关关系，而近年来，工资性收入的增长是农村居民纯收入的主要贡献者（如表9－5所示）。同时，接受的教育时间越长，其便具有较高的农业科技文化素质，能主动地学习农业技术，较快地接纳、消化和吸收农业新成果、新技术，提高了农业劳动生产率，从而充分实现新成果、新技术的效益，使收入增加。

表9－5　农村居民人均工资性收入占纯收入比值与工资性收入增长对纯收入增长的贡献率

年度	1995	1996	1997	1998	1999	2000	2001	2002	2003	2004	2005
占比	0.224	0.234	0.246	0.265	0.285	0.312	0.326	0.339	0.35	0.34	0.361
贡献率		0.279	0.388	0.822	1.172	1.672	0.616	0.625	0.533	0.255	0.553

舒尔茨在《经济增长与农业》一文中谈到，美国农业经济学家米凯·吉瑟研究证明，在农村地区，教育水平提高10%，将多诱使6%—7%的农民迁出农业，相应地，农民工资将提高5%。然而，我国农村人口素质整体较低，据国家统计局统计，在农村劳动力中，初中及以下文化程度的占87.8%，高中及中专文化程度的占11.7%，大专以上文化程度的只占0.52%。如果缺乏基本的国民教育和技术培训，缺乏信息和获得信息的能力，大多数农民就很难找到非农就业的机会，更谈不上找到适合个人发展的机会。

五、中国地区间居民收入差距扩大的原因

我国地区间居民收入分配差距存在的原因，涉及思想观念、人口因素、地理环境差异的影响。由于受其所处的地理环境、历史因素以及地

域文化传统的影响，西部地区人们的思想观念整体上比东部地区陈旧、落后，这种思想和文化心态妨碍着他们个人能力的发挥，阻碍西部地区经济的发展，也影响个人收入的提高。同时，从人口自然增长率来看，东部地区的人口自然增长率远远低于西部地区。并且，我国东部地区有着优越的地理条件、发达的交通，各主要城市均与世界经济有着广泛联系，又主要处于平原地区有着良好的农业生产条件，且其发达的交通系统、密布的城市使广大农村经济很容易与城市经济紧密联系起来，使城乡经济相互促进共同发展。而西部地区处于内陆较封闭的地带，交通不便、城市数量少，城乡之间缺乏应有的经济联系，农村居民大多生活在比较偏僻的地方，各种自然灾害频繁的发生，极大地影响着农业生产和农民收入。除了上述这些因素之外，政府的政策导向也加剧了东、西部地区间居民收入的扩大。

改革开放以前，我国地区发展政策始终是向落后的地区倾斜，但是由于具体做法并不科学、合理，加之并没有相应的城市化政策、合理的产业结构、有效的资源配置机制，没有起到预期的作用。改革开放以后，地区发展的思路发生了根本的变化，尽管政府没有放弃缩小地区差距的目标，但是基本的思路是鼓励和支持地区不平衡发展，承认在经济发展的一定阶段地区差距存在的客观性，认为通过有条件地区的先行发展，是提高整个国家的经济发展水平并带动落后地区发展的必由之路。在“六五”、“七五”、“八五”时期，地区政策向经济基础好的沿海地区倾斜，尤其是将改革开放的一些优惠政策分配给东部。20 世纪 90 年代以来，中国区域政策开始新的调整，实行了地方分权的财政体制，明确从计划体制转向市场体制转型的方向，中央和地方的关系也发生了变化，地区利益清楚地凸显出来，这种变化进一步加大了地区之间的差距。

在优先发展东南沿海地区的政策背景下，东部地区的经济以市场调节为主要运行机制，在投资、外汇使用，财政包干体制方面拥有更大的自主权；建设资金以外资和民间资本为主，大力发展“三资企业”、乡镇企业、私营企业，对前来投资的外商，在税收、出入境等方面给予特殊的优惠和方便；价格提前放开，并接受国际市场的价格的调节。这样，改革开放之后，西部地区保持了比较高的国有企业份额，而东部的乡镇企业、私营企业和“三资企业”比重比较高。东部地区这些新成立的企业无企业办社会的负担，且“三资企业”在投资审批、贷款、税率等方面取得优惠条件，相比之下，中西部占经济主体的国有企业仍保持旧的运行机制，且社会、历史包袱沉重，效益普遍下滑，企业所有制的地区结构就成为地区收入分配差距扩大的因素。此外，乡镇企业、私营企业和“三资企业”采取了更加灵活的工资政策，也有助于提高职工的个人收入。

六、居民收入差距扩大对我国经济增长的负面影响

居民收入差距的拉开在一定程度上起到了激发劳动者积极性、促进收入与人力资本紧密关联的作用，但是，居民收入差距的拉大，也在一定程度上对经济增长产生越来越明显的负面效应。主要表现为：

1. 居民消费需求不足

在拉动经济增长的需求因素中，消费需求对我国经济增长的贡献最大，消费需求不足将直接影响我国经济持续快速增长。1997 年后的一个时期，我国经济增长速度明显降低，物价持续回落，很大程度上是由消费需求不足引起的。这其中固然与医疗、养老、教育制度改革引发居民预期支出增加有关，但更为深层的原因是居民收入差距扩大，导致中低阶层居民收入增长缓慢而无力扩大消费。

居民收入差距扩大表明占人口比重小的高收入阶层，其收入比重越来越高于占人口比重大的低收入阶层的收入比重，即人口比重与收入比重极不匹配。这意味着经济增长成果的大部分被少数人占有，而大部分人从发展中的受益有限，若根据“寻位理论”的解释，大部分人的相对收入地位和效用水平恶化了。目前，我国已进入消费结构升级换代时期，而消费结构升级的前提是中低阶层居民收入水平有较大幅度提高，才能实现消费结构质的飞跃。高收入阶层的消费需求基本饱和，随着收入水平的进一步提高，边际消费倾向降低；中低收入阶层由消费结构升级带来的潜在消费需求巨大，他们的边际消费倾向高，但收入增长缓慢，潜在需求难以转化为现实需求。从总体上讲，支配大部分收入的高收入阶层边际消费倾向降低，带动全社会平均消费倾向降低，消费需求表现为不足。

2. 收入分配差距过大对投资的影响

收入分配差距过大不但影响消费需求，还会影响企业的投资需求。凯恩斯在《就业、利息与货币通论》中认为，资本不能离开消费而独立存在。消费倾向一经降低，便成为永久性习惯，这不仅会导致消费需求减少，也会导致投资需求减少①。如果消费不能购买全部的生产，那么一部分产品就卖不出去，不得不堆在仓库里，这样会增加生产者的成本，甚至使生产陷于停顿。所以消费品市场需求疲软，势必会影响到企业投资的积极性。同时，收入分配差距过大还会使人们对投资收益的预期产生不确定性，于是，人们将把货币收入中较少的部分用于投资，而把较多的部分用于预防动机，减少民间的个人投资。

3. 人力资本难以实现大规模积累

人力资本指通过教育、健康投资形成的体现在劳动者身上的以数量和质量形式表示的资本，一般包括劳动者的知识、技能和健康状况等。自20世纪60年代以来，经济学家们越来越强烈地意识到经济增长不仅取决于物质资本的积累，更取决于人力资本的积累。人力资本的积累有助于提高劳动生产率，在物质资本一定的条件下，可以使产出得到数倍增长。造成发展中国家与发达国家发展水平巨大差距的原因之一就在于发展中国家缺乏人力资本积累，人口素质低，劳动生产率低。

收入分配不平等的加剧，使部分居民的收入低于社会平均水平，他们的消费支出相应的也会低于社会平均水平。这样，中低收入阶层就无力负担费用较高的消费支出，如中高档耐用消费品的购买以及教育、文化娱乐、健康保健的投资，生活质量会低于社会一般水平，最终导致人力资本难以实现全社会的大规模积累，影响人口素质和劳动生产率的提高。

第三节　解决收入差距过大的对策与途径

收入差距过大会威胁到社会的安定与和谐，不利于国民经济又好又

① 凯恩斯：《就业、利息与货币通论》，上海三联书店1990年版。

快发展和实现共同富裕。在全面建设小康社会的进程中，更加注重社会公平成为我国收入分配制度改革的主旋律。在当前收入差距不断扩大的形势下，首要的目标是根本扭转收入分配差距不断扩大的趋势，在此基础上逐步缩小收入差距。目前应从我国国情出发，借鉴发达国家的成功经验，把握好收入分配原则，在“提低、扩中、调高”的改革方针下，通过各项政策措施的协调推进，逐步建立规范有序的收入分配机制，把收入分配差距控制在适当的范围之内，以达到缩小差距，实现共同富裕的目标。

一、坚持正确的收入分配原则

国民收入分配的总原则，就是要正确处理好国家、企业和个人三者之间的利益关系，进行合理的分配。在社会主义市场经济条件下，合理分配具有两层含义：一是收入分配有利于充分调动经济活动参与者的积极性，提高经济效率；二是收入分配相对公平，保证每个社会成员最基本的生活需要，保护合法收入，调节过高收入，取缔非法收入，防止收入差距过大。因此，要坚持和完善按劳分配为主体、多种分配方式并存的分配制度，健全劳动、资本、技术、管理等生产要素按贡献参与分配的制度，初次分配和再分配都要处理好效率和公平的关系，再分配更加注重公平。只有初次分配和再分配都促进效率与公平有机结合，才能促进国民收入合理分配，最终既有利于生产力发展，又有利于促进社会和谐。

二、扩大中等收入者比重

扩大中等收入者比重是对按劳分配与按要素分配相结合的社会主义分配制度的新的补充和具体深化，是防止两极分化的政策指导和实现共同富裕的基本保证，它有助于形成两头小、中间大的“橄榄型”的稳定的社会收入分配格局，使广大人民共享经济繁荣成果，促进国民经济又好又快发展和社会长治久安。当前我国应采取以下措施扩大中等收入者比重：

（一）逐步提高居民收入在国民收入分配中的比重

提高居民收入在国民收入分配中的比重，涉及国民收入初次分配关系。国民收入是由居民收入、企业收入、政府收入三部分构成的，合理调整这三者在国民收入中的比重分配关系，是社会主义市场经济条件下宏观经济管理的一项重要任务。近几年来，居民收入在国民收入中的比重呈持续下降的趋势，2002 年为 62.1%，2006 年为 57.1%，下降了 5 个百分点。与此同时，企业的收入比重从 20% 上升到 21.5%，上升了 1.5 个百分点，政府收入比重从 17.9% 上升到 21.4%，上升了 3.5 个百分点。居民收入比重下降，相对缩小了居民收入的总体规模，限制了中等收入阶层的规模。同时它还使拉动经济增长的需求结构也相应发生了较大变化。据统计，在同期三大需求对国民生产总值增长的贡献率中，消费的贡献率从 43.6% 下降到 38.9%。这种变化趋势，影响了内需中消费与投资的合理结构以及内需与外需的合理结构。在此基础上形成的经济增长方式不利于经济发展，从根本上限制了居民收入的长期增长，从而限制了中等收入阶层的扩大。因此，为了促进经济增长由主要依靠投资、出口拉动向依靠消费、投资、出口协调拉动转变，党的十七大明确提出要提高居民收入在国民收入分配中的比重，这是扩大中等收入者比重的根本举措之一。

（二）提高劳动报酬在初次分配中的比重

在一般市场经济条件下，初次分配是劳动、资本、技术、管理、土地等生产要素按贡献参与分配的关系，是按照生产要素市场价格决定的分配，政府一般是不干预的。但是我国目前正处于经济转轨时期，社会主义市场经济体制尚不完善，生产要素市场发育尚不健全，一些生产要素的价格还没有市场化。加之垄断经营、分配秩序混乱等都会使初次分配关系出现扭曲，导致劳动力要素和非劳动力要素的收入分配格局存在一定程度的偏移。因此不仅再次分配时要更加注重公平，即使初次分配时，也要处理好效率与公平的关系。当前要提高劳动报酬在初次分配中的比重，进一步体现按劳分配的主体地位。具体的措施有：一要建立企业职工工资正常增长机制和支付保障机制，确保职工分享经济发展成果。二要加强国家对企业工资的调控和指导，发挥工资指导线、劳动力市场价位、行业人工成本信息对工资水平的引导作用。三要通过完善法律法规、深化改革和宏观调节，规范初次分配秩序，使劳动报酬增长与经济增长和企业效益增长相适应。四要随经济增长适时调整最低工资标准。五要全面实行劳动合同制度和工资集体协商制度，确保工资按时足额发放。

（三）鼓励依法创业和投资，保护各类合法收入

扩大中等收入者比重，不是要搞平均主义，也不是要搞“劫富”，而是要在承认收入正常差距的基础上，普遍提高居民收入，不断扩大中等收入者的规模和比重，最终实现共同富裕。因此国家鼓励依法创业和投资，保护各类合法收入。党的十六大报告指出：“必须尊重劳动、尊重知识、尊重人才、尊重创造，这要作为党和国家的一项重大方针在全社会认真贯彻。要尊重和保护一切有益于人民和社会的劳动。不论是体力劳动还是脑力劳动，不论是简单劳动还是复杂劳动，一切为我国社会主义现代化建设作出贡献的劳动，都是光荣的，都应该得到承认和尊重。海内外各类投资者在我国建设中的创业活动都应该受到鼓励。一切合法的劳动收入和合法的非劳动收入，都应该得到保护。”因此，不论是企业或个人，只要收入合法，无论是劳动收入还是非劳动收入，都要加以鼓励和保护。例如非公有制经济中，特别是在“三资”企业中的职工获得较高的收入；由于素质和能力不同，业绩较突出的个人所得到的较高收入；私营企业主、私人经济合法经营所获得的较高收入以及把握各种投资机会所获得的较高收入等，均为合法收入，应予以保护。保护合法收入，一方面激励能人在积累个人财富的同时，创造社会财富；另一方面鼓励普通人积极创业。只要是凭自己的能力、凭自己的劳动取得的收入，就是合法收入，就受到法律的保护。这样，就能够在全社会形成创造财富的互动局面，形成全民创业、全民致富的良好状态。

（四）创造条件让更多群众拥有财产性收入

所谓财产性收入，就是以资本作为生产要素而获取的合法非劳动收入，如投资、信贷、股票、房屋出租、收藏增值等。它既包括出让财产使用权所获得的利息、租金和专利收入等，又包括财产运营所获得的红利收入、财产增值收益等。财产性收入是增加居民收入的新的有效途径。2006 年我国城镇居民财产性收入占其可支配收入的比重只有 2.08%，居民财产性收入增长的潜力很大。当前应积极推进资本市场的健康发展，不断拓宽投资渠道，丰富居民投资理财的工具，创造条件让更多群众拥有财产性收入，不断扩大中等收入者的规模，使广大居民共享改革开放和经济增长的成果。

（五）完善公共财政，着力改善民生

建立和完善公共财政制度，初步实现教育、就业、医疗等公共服务均等化，一方面可以通过财政补贴、福利等直接增加居民收入，改善居民生活；另一方面能够逐步提升社会成员的人力资本，增强其劳动能力，从而提高其收入水平。虽然它对缩小收入差距是一个间接的过程，但它是扩大中等收入阶层，从根本上改善收入分配格局的有效途径。具体措施有：一要树立公共财政理念，建立面向民生的公共财政支持体制。要以社会需要为基准，明确财政在公共服务投入中的主导作用，突出政府为社会公众直接提供包括公共教育、公共卫生和医疗、公共安全、就业、社会保障等与民生直接有关的公共服务的职能。二要优化财政支出结构，逐步提升民生支出比重。三要完善财政转移支付制度，促进基本公共服务供给的全覆盖和大致均等化。四要加强和完善政府通过财政政策对居民收入差距的调控。

三、整顿收入秩序与调整过高收入

我国正处于经济转型时期，高收入的形成既有市场经济体制的因素，又有计划经济色彩的因素，既有市场配置资源过程中劳动力要素和非劳动力要素的质和量的差异及接受赠与、遗产继承等正常因素的影响，又存在权力寻租、行业垄断、非法获取等非正常因素的影响。基于高收入成因的不同，应予以区别对待，即取缔非法收入、整顿不合理收入、调节过高收入。

（一）取缔非法收入

非法收入是造成居民收入差距悬殊的主要因素，也是民怨最为集中的问题。国家必须加大对腐败、非法经营等不公平因素的纠正力度，取缔非法收入，防止个人收入差距的非正常扩大，维持平和的社会心态。

1. 坚决反对腐败

腐败不仅关系人心向背和党的生死存亡，也关系到我们能否走向共同富裕目标。当前应深入贯彻落实科学发展观，坚持标本兼治、综合治理、惩防并举、注重预防的方针，加强以保持党同人民群众血肉联系为重点的作风建设，加强以完善惩治和预防腐败体系为重点的反腐倡廉建

设。重点是：一要加大查办案件工作力度，坚决惩治腐败，严厉查办官商勾结、权钱交易、权色交易和严重侵害群众利益的案件，加大治理商业贿赂工作力度。二要扎实开展反腐倡廉教育，加强领导干部廉洁自律工作。三要深入推进行政管理体制、干部人事制度、司法体制和工作机制改革，加强对权力运行的规范和制约，从源头上防范权力寻租。四要深入推进监督工作，促使领导干部正确行使权力。五要加强国有企业党风建设和反腐倡廉工作，促进企业健康发展。坚持惩治和预防两手抓、两手都要硬，始终保持惩治腐败的强劲势头，在坚决惩治腐败的同时，更加注重治本，更加注重预防，更加注重制度建设，努力拓展从源头上防治腐败工作领域。要以改革统揽预防腐败各项工作，协调推进重要领域和关键环节的改革，努力建立比较完善的拒腐防变教育长效机制、反腐倡廉制度体系、权力运行监控机制。

2. 反对非法经营

非法经营，如买卖毒品，走私贩私，制假售假，坑蒙拐骗，偷税逃税等，所致的非法暴富，一方面造成了收入差距的非正常扩大；另一方面破坏了市场经济的公平秩序，败坏了社会风气，具有极大的社会破坏性。因此应坚决反对非法经营，维护正常的竞争秩序和分配秩序。主要的措施有：一要完善社会主义市场经济体制，杜绝非法经营以寻求暴利的机会。二要加强社会主义法制建设，健全相关法律法规，为防范非法经营提供完备的法律制度基础。三要加大对非法经营活动的打击力度，对这些非法所得，必须依法严肃查处，对有关人员必须严肃处理。反对非法经营，取缔其非法收入，是对分配领域中存在的各种问题的拨乱反正，是对收入分配环境的净化，是对分配秩序的整顿，有利于公平竞争和公平分配，有利于效率的真正提高，有利于和谐社会的构建。

（二）整顿不合理收入

劳动贡献与所得报酬相脱节问题还大量存在于国有资产占主导地位的一些行业和企业中。整顿不合理收入，说到底，就是要对那些依靠行政权力和管理体制处于高端收入的行业和企业获得的不合理收入进行必要的整顿。行政垄断造成的高收入主要是通过无偿占有国家行政权力授予的垄断资源获取的，而不是企业经营优异的结果，这种收入应收归国家所有，而不应转化为垄断企业职工特别是高层管理人员的高收入、高福利和职务消费。而且行政垄断还人为限制竞争，是经济低效率的根源。因此国家应理顺管理体制，理顺收入分配机制，使其成为真正意义上的市场经济主体，与其他行业和企业处于同一条起跑线、同一个平台。解决行业间存在的收入差距，最终要靠充分发挥市场机制的作用来完成，在这个过程中，国家的责任是清除市场准入壁垒，打破经营垄断，创造机会公平。对少数特殊的垄断性行业，要加强收入分配的监督和管理，整顿分配秩序，逐步扭转收入分配差距扩大趋势。

（三）调节过高收入

市场经济条件下产生收入差距，甚至出现高收入者，是不可避免的，许多也是合理的。保护合法收入的同时，应对过高收入予以必要和适当的调节，以防止贫富差距悬殊。国际经验表明，税收，尤其是直接税，是调节收入差距的有效手段。英国 2004 年通过各种直接税措施使其基尼系数下降了 3 个百分点。[①] 而我国 2004 年城镇居民初次分配阶段基尼系数为 0. 3152，再分配阶段基尼系数为 0. 3105，包括税收在内的再分配措施使基尼系数仅下降了 0. 47 个百分点。[②] 改革税收制度对于有效调节收入差距存在较大潜力。当前我国应强化税收调节，初步形成有效调节收入差距的税收体系。

一要改革个人所得税制，强化对所得差距的调节。发达国家个人所得税占税收总收入的比重一般为 30%—50%，发展中国家也达到 8%—12%。而 2006 年我国个人所得税仅占税收总收入的 6. 52%，其作用空间还很大。当前应合理确定个人所得税的起征点和累进税率；健全个人所得税的代扣代缴制度和个人所得税申报制度；完善存款实名制，建立个人基本账户和全面的个人收入核算体系；加强征管，尤其是对高收入者的征管；加大个人所税法的宣传和教育力度，增强公民的纳税意识，以充分发挥个人所得税对所得差距的调节作用。

二要改革消费税制，强化对消费差距的调节。消费税通过对有选择性的奢侈品和奢侈消费课征较重的税收，可以有效调节过高收入者的消

① 国家发展改革委就业和收入分配司：《英国再分配调节措施的基本情况和效果评估》，2006. 12。

② 国家发改委宏观经济研究院课题组：《缓解收入差距扩大的阶段性目标及对策》，载《经济学动态》2007 年第 3 期，第 35 页。

费，从而缩小消费差距，促进消费公平。但我国现行消费税由于过于偏重财政收入功能，而未能充分发挥其调节功能。当前改革消费税制的重点为：科学定位消费税，突出其调节功能，强化其对消费差距的调节作用；逐步扩大征收范围，将一些奢侈品和奢侈消费纳入征收范围之内并适当提高税率。

三要改革财产税制，强化对财富差距的调节。一般而言，财富差距要大于所得差距。中国社会科学院经济研究所的调查数据表明：2002年全国总财产分布的基尼系数为0.55，高于同期所得基尼系数0.454。财产税是西方发达国家税收体系的三大组成部分之一，在调节财富差距方面发挥着重要的作用。相对而言，我国财产税过于滞后，未能充分发挥其应有的调节作用。当前应全面改革财产税制，重点是：简化税制，合并税种；合理确定财产税负担。既要防止税负过低，起不到调节财产差距的作用，又要防止税负过高，打击社会成员的劳动积极性强化其对财富差距的调节作用；适时开征遗产税和赠与税，对因接受赠与、遗产继承而无偿取得的过高收入进行必要的调节，促进财富分配的代际公平和竞争起点的公平。

四、提高低收入者收入水平，消除绝对贫困

改革开放以来，我国经济发展迅速，社会建设取得了很大进步，城乡居民的收入水平普遍提高，享有的公共服务明显增强，但是仍有部分低收入群众生活比较困难。提高低收入者的收入水平，努力使全体人民学有所教、劳有所得、病有所医、老有所养、住有所居，是在不阻碍合法收入增长前提下，缓解收入差距最为有效的手段，也是实现全面建设小康社会目标的必然要求。

（一）加强支农惠农政策，增加农民收入

十六大以来，党中央出台的一系列支农惠农政策，包括：减免农业税、对粮食生产、农业生产资料和农机具购置给予补贴等，直接增加了农民收入，改善了农村基础设施，提高了农业生产能力，有利于农民持续增收。当前应坚持统筹城乡发展，不断加大工业反哺农业、城市支持农村的力度；坚持多予少取放活，推动国民收入分配切实向“三农”倾斜，大幅度增加对农业和农村投入，不断完善农业支持保护体系。重

点是：一要按照适合国情、着眼长远、逐步增加、健全机制的原则，坚持和完善农业补贴制度，不断强化对农业的支持保护。继续加大对农民的直接补贴力度，增加补贴种类，扩大补贴范围，提高补贴标准。二要把国家基础设施建设的重点转向农村，加大对农业基础设施建设投资的力度，增加农村固定资产投资，努力夯实农业基础地位。三要合理调控重要农产品和农业生产资料价格，确保农业增效，农民增收。四要加大科技支农力度，加强农业科技和服务体系建设，积极开展农业技术的宣传、培训和推广工作，推动农业科技创新取得新突破，农业社会化服务迈出新步伐，农业素质、效益和竞争力实现新提高。五要探索建立促进城乡一体化发展的体制机制。着眼于改变农村落后面貌，加快破除城乡二元体制，努力形成城乡发展规划、产业布局、基础设施、公共服务、劳动就业和社会管理一体化新格局。健全城乡统一的生产要素市场，引导资金、技术、人才等资源向农业和农村流动，逐步实现城乡基础设施共建共享、产业发展互动互促。六要努力营造全社会参与支持社会主义新农村建设的氛围。要采取政策支持、舆论宣传、荣誉激励等形式，引导社会各方面力量对农业和农村进行结对帮扶、捐资捐助和智力支持，营造支农惠农的浓厚社会氛围。

（二）坚持实施扩大就业的发展战略

贫困发生率与是否稳定就业密切相关，因此要有效降低贫困发生率，消除贫困，应坚持实施扩大就业的发展战略，要千方百计为贫困人口创造就业机会、提供就业岗位，及时帮助零就业家庭解决就业困难，使所有有劳动能力和就业愿望的贫困人口都能实现就业，使更多贫困人口成为创业者，都能按照他们的贡献获得合理的劳动报酬，确保其劳有所得。重点是：一要努力为贫困人口创造更多的就业机会和就业岗位，切实帮助零就业家庭解决就业困难。尤其是要完善非正规就业制度，利用非正规就业进入的低门槛和就业方式的灵活性等特点，帮助贫困人口稳定就业，缓解贫困。二要加大贫困人口的职业培训力度，通过人力资源开发提高贫困人口的发展能力，帮助贫困人群实现就业。2007 年我国完成了 100 万贫困地区劳动力转移培训任务，其中 85% 以上实现非农就业。当前应加大政府投入，扎实推进阳光工程和农民培训工作，资助下岗职工、失业者和农民工的培训，提高其就业技能。三要切实加强对贫困人口的就业指导和服务，为其提供及时、充分和无偿的就业信息服务，拓宽就业机会。四要促进贫困人口社区组织的发展，建立互助支持网络，积极发展社区服务，促进贫困人口的自我管理、自我教育、自我服务和自我监督能力，提高他们的集体决策能力和抵御风险能力。

（三）健全社会救助体系

当前应从实际出发，从解决困难群众最关心、最迫切的问题入手，加快构建以最低生活保障为基础，以养老、医疗、教育、住房等专项救助为辅助，以其他救助、救济与社会帮扶为补充的社会救助体系，完善农村“五保”供养制度、农村特困群众生活救济制度、灾民救助救济制度、城市生活无着落的流浪乞讨人员救助制度，保障低收入人群与贫困人群的基本生活需要。重点是：一要完善最低生活保障制度。要加大财政资金投入力度，建立健全相关规章制度，适时、适当提高最低生活保障标准，建立最低生活保障标准的正常调整机制，确保低收入人群与贫困人群的基本生活。二要健全经济适用房和廉租房制度。要将解决城市低收入家庭住房困难作为政府公共服务的一项重要职责，健全廉租住房制度，多渠道筹措资金，加快中低价位普通居民住宅建设，逐步改善住房困难群众的居住条件，确保住有所居。三要建立健全医疗救助制度。要坚持公共医疗卫生的公益性质，建设覆盖城乡低收入人群和贫困人群的公共卫生服务体系、医疗服务体系、医疗保障体系、药品供应保障体系，为低收入人群和贫困人群提供安全、有效、方便、价廉的医疗卫生服务，不至于使群众因贫困看不起病，确保病有所医。

（四）不断提高扶贫开发水平

2007 年，全国农村贫困人口减少 1378 万。其中人均纯收入低于 785 元的绝对贫困人口从 2148 万减少到 1479 万，减少了 669 万；人均纯收入在 786 元至 1067 元的低收入贫困人口从 3550 万减少到 2841 万，减少了 709 万。当前应继续坚持开发式扶贫的方针，增加扶贫开发投入，逐步提高扶贫标准，加大对农村贫困人口和贫困地区的扶持力度。继续做好整村推进、培训转移和产业化扶贫工作。加大移民扶贫力度。集中力量解决革命老区、民族地区、边疆地区和特殊类型地区贫困问题。动员社会力量参与扶贫开发事业。在对贫困地区的扶持开发中，要形成先进地区带动贫困地区，区域间相互促进、优势互补的互动机制，实现区域协调发展。

（五）发展教育，提高人力资本水平

能力的贫困比收入的贫困更为根本。发展教育，加强对低收入人群的人力资本投资，增强其发展能力是提高其收入水平的根本性措施。当前要优先发展教育，促进教育公平，坚持教育的公益性和普惠性，明确各级政府提供教育公共服务的职责，促进义务教育均衡发展，健全学生资助制度，保障经济困难家庭、进城务工人员子女平等接受义务教育，不断完善现代国民教育体系和终身教育体系，保障低收入人群和贫困人群学有所教。具体措施有：一是政府应加大义务教育的投资，特别是农村义务教育投资，实现面向大众的公共教育均等化。要完善公共财政体制，形成可持续的义务教育支持机制，保障经济困难家庭、进城务工人员子女平等接受义务教育。农民工输入地要坚持以公办学校为主接收农民工子女就学，农民工输出地要为留守儿童创造良好的学习、寄宿和监护条件。深入开展“共享蓝天”关爱农村留守、流动儿童行动。二要在非义务教育阶段建立合理的教育成本分担机制，鼓励多渠道筹集教育资金，形成有效的贫困助学机制。三要大力发展民办教育，积极鼓励和支持社会办学，加大社会资金对教育的投入，扩大国民教育资源。四要健全学生资助制度，建立健全多层次、多元化、全覆盖的国家助学体系。积极推进义务教育的免费化，全面落实家庭经济困难寄宿生生活费补助政策，加快建立普通高中阶段助学政策，完善普通本科高校、高等职业学校和中等职业学校家庭经济困难学生资助政策体系，通过政府转移支付使教育资源更多地向低收入人群倾斜，确保学有所教。

五、促进区域协调发展，共享改革发展成果

（一）坚持科学发展观，统筹区域发展

促进区域协调发展、逐步缩小区域发展差距，共享改革成果，是全面建设小康社会的必然要求。促进区域协调发展是增大全国经济总体实力，共同做大发展成果这块“大蛋糕”的有效途径，为全国人民共享发展成果提供坚实的物质基础；而实现区域之间发展成果的合理共享，可以有效调动全国各区域所有人民的发展积极性，特别是有利于调动发展中区域人民的发展热情，为区域协调发展提供良好的社会基础。我们

应坚持科学发展观，统筹区域发展，协调好区域之间的发展关系，处理好各个区域内部的发展关系，实现全体人民共建共享，全面建设惠及全体人民的更高水平的小康社会。

（二）加快建设全国统一市场，引导生产要素跨区域合理流动

国际经验证明，加快培育更加开放、更有利于自由流动的要素市场，是平抑不同地区的工资差异、缩小区域间收入差距的有效办法。因此，要打破条块分割，消除区域性壁垒，根除地方保护主义，促进资金、技术、劳动力等各种生产要素在全国范围内合理流动，促进产业在区域间合理转移和有效集聚，通过生产要素的合理流动，促进区域协调发展，逐步缩小收入差距。

（三）坚持科学的区域发展战略，形成东中西良性互动、共同发展的格局

一要深入推进西部大开发。西部地区应增强紧迫感，通过国家支持、自身努力和与中东部地区合作，加快改革开放步伐，调整产业结构，发展特色经济，增强自我开发能力和发展能力。二要全面振兴东北地区等老工业基地。东北地区等老工业基地要加快产业结构调整和国有企业改革改组改造，进一步发展外向型经济，在改革开放中实现振兴。三要大力促进中部地区崛起。中部地区要依托现有基础，提升产业层次，推进工业化和城镇化，在发挥承东启西和产业发展优势中崛起。四要积极支持东部地区率先发展。东部地区要提高自主创新能力，优先发展高新技术产业、先进制造业和现代服务业，率先转变经济增长方式，实现产业升级，增强可持续发展能力。总之，应统筹区域发展，在继续保持东部地区良好发展势头的同时，加大中西部地区的开发力度，逐步扭转区域发展差距拉大的趋势，形成东中西相互促进、优势互补、共同发展的新格局。

（四）优化宏观调控，激励区域协调发展

在科学发展观的指导下，我国应优化宏观调控，强化区域发展战略和政策的稳定性和连续性，通过法律、行政和经济等多种手段有效激励区域协调发展。一要建立起公共财政体系，促进基本公共服务均等化。改革财政转移支付制度，调整财政支出政策，加大对欠发达地区的财政支持力度，增强地方政府提供公共服务的能力，缩小中西部地区与东部地区民众在享有医疗、教育、住房、社会保障、公共服务等方面的差距，从而缩小人民生活水平差距。二要充分支持中西部发展。在重大项目布局时，要充分考虑支持中西部发展。在重大政府采购项目实施时，要适当向中西部倾斜。要投入一定的资金，积极扶持中西部优势产业项目和基础设施建设。三要鼓励东部地区带动和帮助中西部地区发展。通过制定和实施科学的区域投资政策、金融政策和税收政策等，激励东部民间资本积极利用中西部地区资源丰富、投资成本低等优势，到那里办企业、兴产业，带动和帮助中西部地区发展。四要帮助资源枯竭地区实现经济转型。要加大对民族地区、革命老区、边疆地区、贫困地区发展的扶持力度，尤其要优先解决特困少数民族贫困问题，支持发展民族特色产业，推进兴边富民行动，继续实行支持西藏、新疆发展的政策。

（五）充分发挥地方积极性，建立健全区域合作互助机制

一是各区域要增强主动性，杜绝“等、靠、要”思想，根据本区域资源环境承载能力、发展基础和潜力，发挥比较优势，着力培养区域特色经济，增强区域竞争能力，积极探索多元化的发展道路，实现共同富裕的目标。二要建立健全互惠互利的区域间合作机制。各区域间应深化专业分工，拓展协作范围，加强经济合作，自发地推动区域经济合作和区域一体化进程。三要建立健全区域间援助机制。要扩大发达地区对欠发达地区的援助，发达地区可通过对口支援、社会捐助等多种方式帮扶欠发达地区。

（撰稿人：蔡立雄、韩海燕、彭立峰）

第十章　中国特色社会主义消费问题

消费是社会再生产的一个重要环节，它和生产、分配、流通乃至其他很多领域都有着极密切的联系。消费在人的全面发展、社会经济文化的发展等各个方面，作用越来越大。特别是当代，高新技术不断发展，新产业、新产品不断涌现，消费领域不断扩大，消费品和劳务丰富多彩，出现很多新情况、新问题。因此必须进行专门的、系统的研究，在进行新的探索的过程中，总结新的经验，得出新的结论，指导新的实践。

第一节　消费是发展生产和流通的根本目的

消费是一个复杂的社会和经济过程，也具有自然过程的性质。生产、流通、分配、消费作为社会再生产过程中的基本环节，既可以独立考察，更有意义的却是要结合彼此之间的相互联系来明确各环节在社会再生产中的地位与作用，对于消费的地位与作用的认识也应该依此深入。本节将针对消费的概念与性质、消费在社会再生产中的作用予以说明和分析，从而可以得出消费是发展生产和流通的根本目的的结论。

一、消费的概念与性质

消费是人类生存与发展的基本条件和极其重要的内容。在市场经济环境下，消费是一个越来越重要的问题。

消费的概念有狭义概念和广义概念之分：（1）狭义概念：消费，一般指生活消费，是人们消耗消费资料（包括劳务）来满足自己的物质文化需要的行为。马克思称之为“原来意义上的消费”。（2）广义概念：消费，指人类一切消耗生产资料和消费资料的行为。具体讲，一种是生产消费，是通过消耗生产资料（包括原材料及辅助材料）而生产出新产品的过程；另一种是生活消费，是人们每天消费已生产出的消费资料（包括劳务）来满足自己的物质文化需要的行为。

消费具有二重性：（1）消费的自然性，指人们消费各种消费资料和劳务以满足自己的生理和心理需要的自然的过程。人们消费各种消费资料和劳务来满足自己的生理和心理的需要，如消费食物来解除饥饿，消费衣物来防御寒冷，这些都反映消费的自然过程。（2）消费的社会性，指人们的消费活动不能脱离社会而孤立地进行，总是在一定生产关系下进行的过程。正如马克思所说：“我们的需要和享受具有社会性质。”① 在不同的生产关系下，价值观、消费观不同，消费的情况就不同。不同时期的经济体制对消费也产生不同的影响，出现不同的消费方式。例如，我国过去在传统的、高度集中的计划经济体制下，人民的消费采取供给制和福利型的方式，甚至凭票供应，定量分配。党的十一届三中全会以后，改革经济体制，消费也逐步市场化、商品化、货币化，出现与以前迥然不同的消费方式。这些都反映了消费的社会性质。经济学关于消费的研究在于其社会过程，当然，在研究消费的社会过程时，不可能脱离它的自然过程，而必须联系消费的实物内容来分析消费领域的社会关系。正如恩格斯所说的：“经济学所研究的不是物，而是人和人之间的关系，……可是这些关系总是同物结合着，并且作为物出现。”② 如果完全脱离消费的实物内容，如消费品的数量、质量、品种、结构等，消费关系就会落空，也难以揭示消费的发展规律性。

---

① 《马克思恩格斯选集》第1卷，人民出版社1972年版，第368页。

② 《马克思恩格斯选集》第2卷，人民出版社1972年版，第123页。

二、消费在社会再生产中的作用：消费是生产关系的一个方面

第一，消费是社会再生产的环节之一，既和生产、分配、交换过程一样反映生产关系，又是生产的最终目的，这从一个侧面体现出生产关系的最终实现；社会再生产的四个环节，构成一个统一的相互协调的总体。一方面，这个统一体内部的生产、分配、交换过程都反映生产关系，消费作为这一总体的一个环节，当然也从一个方面反映生产关系。另一方面，这个总体的各个环节是并不同一的，它构成一个统一体内部的差别，各自有其相对的独立性。生产关系不是抽象的，它要体现在具体的经济过程中，体现在生产、分配、交换、消费四个环节中。特别应该看到：生产关系总是表现为物质利益关系。生产的最终目的是为了消费。人们在生产过程、交换过程、分配过程中所获得的物质利益，最终总得通过消费以及人们在消费中享受到的物质利益的实惠而最终实现。这个侧面体现出生产关系的最终实现。

第二，人们在消费水平、消费结构、消费方式等方面存在的现实差别明显地反映出人与人之间在物质利益上的差别，进而反映生产关系；从消费的主要范畴、主要内容来看，更说明消费反映生产关系。例如，消费水平、消费结构、消费方式，在阶级社会，存在极明显的、极大的差别，并且反映阶级关系。在社会主义社会，虽然不存在阶级差别，但不同居民阶层、不同居民之间，在消费水平、消费结构、消费方式等方面现在还存在差别，有的差别还较大，这明显地反映出人与人之间在物质利益上的差别，进而反映生产关系。

第三，所有制是生产关系的基础，在各个社会均存在的消费资料个人所有制充分地说明了消费是生产关系的一个重要方面。如果我们从消费资料个人所有制来看，问题就更明显了。在各个社会，消费资料都是归消费者个人所有的。这在资本主义社会，早已如此。在社会主义社会，消费资料也应该归个人所有。马克思早就指出："……在协作和对土地及靠劳动本身生产的生产资料的共同占有的基础上，重新建立个

人所有制。”[①] 我们认为马克思在这里讲的“重新建立个人所有制”，是指消费资料个人所有制。恩格斯说得更具体：“靠剥夺剥夺者而建立起来的状态，被称为以土地和靠劳动本身生产的生产资料的公有制为基础的个人所有制的恢复。对任何一个懂德语的人来说，这就是，公有制包括土地和其他生产资料，个人所有制包括产品即消费品。”[②] 在社会主义社会，消费资料归个人所有，这是天经地义的。所有制是生产关系的基础，消费资料个人所有制，正充分说明消费是生产关系一个重要方面。这就说明：经济科学，必须研究消费关系，必须重视消费关系的研究。十一届三中全会以来出现的对于消费的经济学研究正是对于消费在社会经济发展中的重要作用认识深入的结果。

三、消费在社会再生产中的地位和作用：消费与生产、分配、流通的一般关系

（一）消费直接体现为发展生产的根本目的，并反作用于生产

消费是社会生产总过程的一个重要环节，它同生产、分配、交换三个环节构成互相联系、相互制约的有机整体。马克思对于生产和消费的关系作了精辟的阐述：“生产为消费创造作为外在对象的材料，消费为生产创造作为内在对象、作为目的的需要。”[③]

1. 作为社会生产总过程的首要环节，生产起着决定性的作用，生产决定分配和交换，也决定消费

生产决定消费，主要表现在：（1）生产为消费创造对象，从而决定消费水平。（2）生产决定消费结构和消费方式，正如马克思所说：“饥饿总是饥饿，但是用刀叉吃熟肉来解除饥饿不同于用手、指甲、牙齿啃生肉来解除的饥饿。”[④] （3）生产通过生产出来的产品在消费者身上引起新的消费需要。因此，生产是消费的基础，没有生产，就没有消费。

---

① 《马克思恩格斯全集》第23卷，人民出版社1972年版，第832页。
② 《马克思恩格斯全集》第20卷，人民出版社1971年版，第143页。
③ 《马克思恩格斯全集》第46卷上册，人民出版社1979年版，第25页。
④ 《马克思恩格斯选集》第2卷，人民出版社1972年版，第95页。

2. 消费在生产和再生产过程中也具有重要的地位和作用，消费反作用于生产

消费反作用于生产主要表现在：（1）消费是人生存与发展的必要过程，是劳动力再生产的一个条件，因而它本身就是生产活动的一个内在因素。（2）消费使生产的产品价值得以实现。马克思指出："消费不仅使产品成为产品的最后行为，而且也是使生产者成为生产者的最后行为。"①（3）消费创造出新的需要，创造出生产的动力。消费结构升级拉动生产行业的结构调整与升级，使生产不断适应消费需求的变化而发展。正如马克思指出的："没有需要，就没有生产。而消费则把需要再生产出来"，"消费的需要又决定着生产"。②

消费总是社会再生产过程的一个内在环节，但是，这个环节的地位和作用在不同社会经济制度下是各不相同的。马克思在《资本论》中没有专门的章节来论述消费经济问题，但他透彻而清晰地阐明了消费在资本主义生产中的地位和作用，分析了资本主义条件下消费领域中的经济关系，说明了消费水平和消费结构的变化完全从属于资本的动机和目的。对于资本主义条件下消费的社会性质、其中所表现的经济关系以及工人阶级的消费状况有着清楚的说明："……由于资本积累而提高的劳动价格，实际上不过表明，雇佣工人为自己铸造的金锁链已经够长够重，容许把它略为放松一点。"③

就社会主义的生产和消费的关系而言，在社会主义社会，人民群众的生活消费在经济运动中的地位和作用与资本主义条件下有根本的不同。消费不再仅仅是发展生产的手段，相反，满足人民群众的消费需要本身成了生产的目的，社会主义生产的目的是为了满足全体人民日益增长的物质文化需要，即消费需要。1984 年《中共中央关于经济体制的决定》明确指出："社会主义的根本任务就是发展社会生产力，就是要使社会财富越来越多地涌现出来，不断满足人民日益增长的物质和文化需要。"随着社会主义经济的发展，人们的消费需要不断增长，不断得

① 《马克思恩格斯全集》第 46 卷上册，人民出版社 1979 年版，第 25 页。
② 《马克思恩格斯全集》第 46 卷上册，人民出版社 1979 年版，第 25 页。
③ 《马克思恩格斯全集》第 23 卷，人民出版社 1972 年版，第 677—678 页。

到满足，大大有利于促进人的素质的提高，促进人的身心健康和全面发展。马克思早就指出："消费生产出生产者的素质。"又说："在社会主义的前提下，人的需要的丰富性，从而某种新的生产方式和某种新的生产对象具有何等的意义：人的本质力量的新的证明和人的本质的新的充实。"① 消费并非消极被动地适应着生产对它的决定，而是对生产有着巨大的反作用，消费对于社会再生产的顺利实现和良性循环起着非常关键的作用。

（二）消费是发展流通的根本目的

1. 市场经济的发展使得流通与消费之间的联系比之以前更为重要

流通是以货币为媒介的交换。在自给自足的自然经济中，或者在经济生活中自给自足的那一部分内，消费直接由生产决定，消费也直接作用于生产，生产和消费是直接联系在一起的，没有流通这个环节，流通对于生产和消费不起作用。随着市场经济的发展，自给自足的经济部分越来越少，流通与消费之间的联系也应该受到更多的重视。流通包括生产资料流通和消费资料流通，这里主要论述消费资料流通和消费之间的联系。

2. 就流通对于消费的作用而言，在市场经济系统内，流通对于消费的作用是多方面的

（1）消费资料流通的速度、规模和结构决定居民购买力实现的状况，决定居民商品性消费的水平和结构。（2）流通网点的分布状况，商业服务的经营作风、服务质量对于消费方式，对于维护消费者权益，对于消费效果和消费质量都起着重要的作用。近年来，推进流通创新受到很大的关注，成为理论热点和实践突破点，正是说明了人们对于流通对消费的作用的认识的深化。（3）消费品的价格对消费水平和消费结构都有直接的作用。在消费者货币收入一定的情况下消费品的价格越高，消费者的实际消费水平就越低。其次，居民对于各种不同消费品需求的价格弹性是不相同的。（4）流通是以货币为媒介的，货币的发行和回笼情况如何，管理体制如何，运动过程怎样，也是影响消费的重要因素（在这方面，消费信贷能够起到一定的作用）。（5）消费品进出口

① 《马克思恩格斯选集》第2卷，人民出版社1972年版，第94、102页。

贸易对居民消费的作用也是极为明显的、多方面的。

3. 就消费对于流通的作用而言，消费对于流通也具有制约作用

（1）流通媒介了生产和消费，而消费则是流通的目的和动机。消费使流通得以最后完成，并给流通以推动力。

（2）消费的规模和速度是决定流通的规模和速度的一个重要因素，马克思说："把再生产消费所造成的限制撇开不说，商人资本的周转最终要受全部个人消费的速度和规模的限制，因为商品资本中加入消费基金的整个部分，取决于这种速度和规模。"① "按社会规模来说，信用制度只有在不仅加速生产。而且也加速消费的情况下，才会使周转发生变化。"② 这是马克思在研究资本主义经济运动时提出的命题，揭示了消费与流通的内在联系。这种联系在社会主义制度下也是一样的。如果消费规模小于流通规模，就会出现巨额商品在流通领域沉积起来的现象，可能出现严重的供大于求，造成积压和浪费，反之则供不应求。并且，即使是生产资料的流通，最终也"要受个人消费的限制"③。

（3）消费结构制约着流通商品的结构。即使按照商品价格计算的商品供应总量与居民消费品购买力总和相适应，流通也并不总是能满足消费需要，因为从结构上来看，有的消费品可能供过于求，而另一些则供不应求。在现实经济生活中，这种结构失衡的现象是时常发生的。这就表明，流通商品的结构是否合理并不依其自身状况为转移，只能由消费结构来检验，因此，商业服务部门要根据消费结构的变化调整流通商品的结构。

（4）流通是使消费得以反馈于生产的中介环节。在商品生产条件下，消费对于生产的作用要通过流通来媒介。换言之，消费对于生产的作用，首先表现在它对于流通的作用上，然后由流通传递给生产，从而最终引起整个再生产过程的某种改变。

（三）消费与分配的关系

分配包括生产资料的分配和消费资料的分配。消费与分配之间的联

① 《马克思恩格斯全集》第 25 卷，人民出版社 1972 年版，第 339—340 页。

② 《马克思恩格斯全集》第 24 卷，人民出版社 1972 年版，第 210 页。

③ 《马克思恩格斯全集》第 25 卷，人民出版社 1972 年版，第 341 页。

系，是同消费与生产、流通等的联系交织在一起的，但是两者的相互作用又具有独立的意义。这里不研究分配内部的关系，只是分析消费与分配，特别是消费与消费资料分配之间的关系。

1. 分配对于消费的作用

分配对于消费的作用主要体现在如下几个方面：

（1）分配是不同产业结构下消费水平不同的原因。生产条件在各生产部门之间的分配决定着一定的生产结构，决定着消费品生产在整个社会生产中所占的份额，从而决定着消费品生产的总量和结构，也决定在生产发展的一定水平上，消费水平有可能提高到什么程度。

（2）国民收入在消费和积累之间的分割决定着一定时期社会消费的总水平，并且也影响着长远的消费发展趋势。国民收入一定的情况下，人们在使消费率高一些或使积累率高一些的不同方案之间的最终选择将确定社会消费基金的总量，从而使社会平均消费水平得以确定下来。

（3）全部社会消费基金分割为个人消费基金和社会公共消费基金，决定着个人消费的水平和社会公共消费的水平，决定着两者的比例关系。这是消费结构中一个重要的规定性，在消费基金总额一定的情况下，个人消费基金多一些，社会公共消费基金就会少一些。

（4）个人消费基金采取何种方式在不同的劳动者之间进行分配，决定着不同的劳动者在消费水平、消费结构、消费方式等方面的差别以及这种差别的合理化程度。

2. 消费对于分配的作用

消费对于分配的作用主要表现在如下方面：

（1）消费使一定的分配方式得以实现并构成对这种分配的检验。一定的分配方式体现一定的生产方式，反映出社会成员各自在这种生产方式下所获得的物质利益上的差异。这正是通过消费水平等方面的差异而具体表现出来的。一定的分配方式所造成的居民的不同阶层、阶级和集团在消费方面的差别体现出这种分配方式的实质，对这种分配方式的经济上的合理性和历史的社会的合理性是一种检验。

（2）现实的消费状况，特别是现实的消费水平对各个层次的分配都有一定的制约作用。现实的消费水平、消费结构等是分配时做出决策的一个客观依据，社会实际上不能忽视居民实际生活状况去进行分配。在居民消费水平比较低，人均拥有的国民收入比较少时，应该努力保证广大消费者都能满足基本生活需要。在这种情况下，不同消费者之间在收入上的差别必然是比较小的。同样，这种情况也决定了消费基金在社会公共消费基金和个人消费基金的分割中，社会公共消费基金所占的份额不宜过大，否则个人消费的基本需要就难以得到满足。在人均拥有的国民收入水平比较低时，它还决定了国民收入在消费基金和积累基金的分割中，消费率不宜太低，当然，这种情况照样要求提高积累率，因为增加积累才能使未来消费水平有所提高。相反，在生产力发展水平较高的情况下，分配方面的灵活性就大一些。

（3）分配是生产和消费的中间环节。消费与分配之间的联系，还体现在分配是生产和消费的中间环节上，一方面，生产对于消费的作用，有些是通过分配来媒介的，同样，消费对于生产的作用，也有一些是通过分配来媒介的。

四、消费在社会再生产中的地位和作用：消费在劳动力生产与再生产中的作用

除了在上述的使用价值的生产与再生产过程的消费与生产、流通和分配中体现出来的消费的重要作用之外，消费在再生产中的地位和作用还表现在它在劳动力生产与再生产中的作用上。没有劳动力再生产，就不会有整个社会再生产，并且劳动力状况的改变，是整个社会再生产结构得以调整，速度得以加快的能动的因素。如果不正确评价劳动力再生产在社会经济增长中的作用，也就无法全面地评价消费在社会经济增长中的作用。

劳动力再生产在经济增长中的作用包括如下几个方面：第一，劳动力的数量是决定经济发展规模的重要因素之一；第二，劳动者的技术结构是决定产业结构的重要因素之一；第三，劳动者的创新精神和能力、主人翁的姿态和积极性是决定生产的内在活力的重要因素。

劳动力是社会生产的生产要素，劳动力资源是经济发展的基础性资源，进入知识经济时代的宏观社会经济发展背景下，人力资本投资收益率比历史上的任何一个经济发展阶段都要显著，而对于人力资本的投资

在很多时候就表现为劳动力的再生产中的消费问题。

消费影响劳动力的再生产，主要表现在如下方面：

1. 消费对劳动者的身体素质有直接的决定作用

劳动者的力量，如耐久力、工作时要求的灵敏、准确等，与劳动者眼、耳、鼻、身、手足的生理素质有很大的关系，而它们与劳动者的营养状况、生活环境、体育锻炼的关系非常明显。

2. 消费对劳动者的智力素质也有直接的决定作用

劳动者要有较高的文化水平，掌握较多的科学知识和生产技术，在生产和管理中具有较强的创新能力，不仅取决于劳动者的物质生活消费，而且取决于劳动者的文化生活消费。劳动者的教育、训练、娱乐、休息，各种启迪思想、开发智力的活动，在很大程度上都必须依靠个人生活消费和社会公共消费来提供条件。

3. 消费是制约社会整体劳动者的数量和构成的因素之一

社会整体劳动者是指由一定数量的劳动者按照他们的专业和技术联系而形成的劳动者集体，从劳动者的数量来讲，它和人口增长关系极其密切。人口增长和居民消费水平之间客观上存在着各种联系，并且，在现代社会，人们可以自觉地调整人口增长与消费水平的关系。劳动者的专业、技术构成、文化构成则在某种程度上取决于教育及其他公共消费。

4. 消费影响劳动者作用的发挥

因为消费生活状况会决定和影响劳动者的心理、情绪、积极性和主动性。劳动者的生活消费是其在一定经济关系中社会地位和物质利益的实现。随着消费水平不断提高，劳动者从中享受到的劳动成果越来越多，劳动积极性就会不断增长。而且在公共消费方面，社会对于那些失去劳动能力者的救济，其消费状况如何，也会影响劳动者的积极性。

5. 消费还直接造就未来的劳动者

婴幼儿、少年、青年在进入劳动就业以前的物质生活、文化教育、医疗保健等方面的消费状况，直接决定他们今后参加社会生产的劳动和管理的能力及技术与水平。因此，当前的消费不仅是现期劳动力的再生产，而且是未来劳动力的生产，是社会整体劳动力的扩大再生产。在这种意义上，甚至也可以把消费看成一种积累——劳动力的积累，或人力资本投资的一部分。

经济发展目标的实现，事实上包含着劳动力生产和再生产目标的实现在内。根据经济增长对社会整体劳动力的规模和结构的依赖程度，在确定了经济增长的目标和相应的积累规模之后，就能够推测出，为了实现这个目标，社会整体劳动力必须具备哪些条件。劳动力生产目标的具体内容至少包括如下几个方面：（1）一定时期内各年所需劳动者的数量；（2）一定时期内各年所需劳动者的构成，即各种能从事不同工作的劳动者的数量；（3）一定时期内各年所需劳动者的素质。如文化水平、身体素质、创新精神、生产技术、管理能力、熟练程度等。劳动力生产目标取决于各方面的情况，如自然界所提供的资源，科学技术发展的状况，人类社会发展本身的要求，经济发展和生产发展水平，人口增长情况等；同时必须依据经济、社会发展的战略目标，对上述各方面的相互影响作综合的考察。

为了实现一定的劳动力生产目标：（1）社会必须达到一定的公共消费水平和个人消费水平。（2）对国民收入分割为积累基金和消费基金的问题，不能仅从本年度或者计划期内的一两年来审视，必须从经济发展的较长周期来看问题。也就是说，要全面而准确考察与解决积累与消费的关系，必须在时间上把劳动力生产和再生产的周期考虑进去。（3）在正确解决积累与消费的比例关系时，必须考虑到投资对劳动力的要求和劳动力生产对消费的要求。为了未来一定时期积累能够有机地实现，必须从现在开始的一定时期的消费过程中，生产出具有相应数量和合理结构的劳动者。一般来说，这种考虑可能要求增加消费基金。消费基金在这种意义上的增加，客观上有一个合理的限度，而限度的确定是极其困难的事情。劳动力再生产的一般要求，通过消费水平一般的提高就可以达到，而为了生产出质量更高的整体劳动者必须追加的消费基金，则主要应该根据消费水平提高和劳动者素质之间的关系，以及劳动者素质与经济增长之间的关系来确定。

第二节　坚持扩大国内需求特别是消费需求的方针

生产是为了消费，消费是为了更好地促进生产。消费是发展生产和流通的根本目的，消费又扩大了消费的基础，以消费需求拉动国民经济的发展已经成为中国经济发展的基本动力。这就要求我们在建设中国特色的社会主义市场经济时必须坚持扩大国内需求特别是消费需求的方针。

一、消费是促进社会经济增长的重要动力

马克思早就指出："消费在观念上提出生产的对象，作为需要、作为动力和目的。……没有需要，就没有生产。而消费则把需要再生产出来。"又说："消费的需要决定着生产。"①

经济发展的历史表明，经济增长促进消费升级，消费升级推动经济增长，两者互为条件、互相促进。一方面，经济发展水平决定了消费水平和消费结构。依西方经济学理论，消费是收入的函数，而收入由经济发展水平决定，因此消费也是经济发展水平的函数。居民的消费水平和消费结构适应于经济发展的一定阶段，经济增长带动收入增加，是消费水平提高和消费结构升级的基础。另一方面，消费是经济增长的最终的、持久的动力。马克思在其《剩余价值理论》中做过这样的具体表述："……消费者范畴……比生产者范畴广得多，因而，消费者花费自己收入的方式以及收入的多少，会使经济生活过程，特别是资本的流通和再生产过程发生极大的变化。"②

① 《马克思恩格斯选集》第2卷，人民出版社1972年版，第94、102页。

② 《马克思恩格斯全集》第26卷第2册，人民出版社1972年版，第562页。

马歇尔指出："一切需要的最终调节者是消费者的需要。"① 凯恩斯也认为："消费乃是一切经济活动之唯一目的，唯一对象。"② 即，消费需求是最终需求，对于投资需求进而对于整个经济增长起着直接的和最终的制约作用。消费需求的变化方向及变动速度最终决定着经济增长的方向和速度。现实经济运行业已充分表明消费需求是经济增长中最重要的拉动力量，其在GDP增长中的贡献率远远超过了投资和出口。据统计，从20世纪80年代中后期至90年代中期，美国、日本和英国的消费需求因素对于GDP增长的贡献率分别为84.4%、62.2%、89.7%，在中国这一指标是在60%左右，仍有很大的发展空间。

此外，消费需求不足会制约经济增长。在市场经济发展到一定阶段，随着生产和消费的矛盾扩大，包括消费需求不足在内的有效需求不足成为经济增长的主要障碍。凯恩斯对此现象的表述是："因为只要有效需求可以不足则就业量就可以——而且常常——在没有达到充分就业水准以前，即行终止而不再增加。有效需求不足，常常阻碍生产——虽然劳力之边际产物，尚大于就业量之边际负效用。"③ 自凯恩斯之后的现代经济理论和经济实践大都倾向于将刺激消费需求作为摆脱经济衰退和促进经济增长的主要手段之一。

中国特色的社会主义市场经济是消费需求导向型经济，随着改革开放带来的经济发展在纵深层面上不断推进，我国经济高增长成功地由生产领域转向消费领域，从外贸拉动型向内需推动型转换。稳步攀升的新一轮消费增长逐渐成为引领我国经济持续增长最重要的因素，我们对于消费的地位的认识也不断深化，除了在党的政策和重要文件中以"满足人民不断增长的物质文化生活需要"作为社会主义生产的目的，还将其作为调控现实经济运行的重大经济决策的依据。在具体宏观经济调控的政策规划与设计中，调整投资和消费的关系，一直是近年来我们宏观调控的一个重点，目的就是要增加消费对经济增长的贡献。消费加速增长，对经

① 马歇尔《经济学原理》上册，商务印书馆1981年中译本，第111页。
② 凯恩斯：《就业、利息与货币通论》，商务印书馆1979年中译本，第90页。
③ 凯恩斯：《就业、利息与货币通论》，商务印书馆1979年中译本，第32页。

济增长具有乘数效应，因此，消费对经济增长的拉动作用将会十分明显。而消费需求对经济增长的贡献提高，逐渐成为拉动经济增长的重要引擎，是多年来宏观调控所期盼的结果。在党的十七大报告中，在拉动经济的三驾马车中，首次把消费放在投资和出口的前面，将它放在第一位。

二、消费是经济发展和社会进步的表现和检验

消费方面的进步是经济增长和社会进步的表现，是社会经济活动效果的检验。由于消费的增长取决于生产的发展和经济的增长，所以消费水平越高，表明经济增长和社会进步的程度越高。应该反对过高的消费率，应该反对脱离生产发展所提供的可能而追求过高的消费水平。消费水平提高是经济发展的结果，经济发展也要求以一定的消费水平为前提。因此，只要生产的发展和经济增长创造了一定的条件，就应该及时地提高人民消费水平。

消费状况如何还是对一定的经济建设成果的检验。例如它是对生产力发展水平的衡量和检验，是对产业结构是否合理的一种检验，是对一定的生产关系的检验。在社会主义制度下，甚至还是对一定的经济体制的检验。因为社会主义的经济目标是为了提高人民生活，消费状况如何直接反映出目标的实现程度。十七大再次强调了要增加消费对经济增长的贡献，一方面是为了保持国民经济平稳快速增长，另一方面也是我们强调解决改善民生的需要。

三、我国改革开放以来的消费需求状况分析

（一）消费需求不断提高是此阶段的主要特征，这也成为推动经济增长的主要因素

改革开放以来，我国经济运行特征发生变化，消费需求不断提高并成为推动经济增长的主要因素。人们的消费观念在不断更新，消费需求总量在不断增长，消费层次在不断提升，从“衣食住行”发展到“衣食住行健”等；从生存性消费迈向发展、享受性消费，消费对象的技术含量更高，对于个性化需要的满足更充分，其中多为高附加值产品。

（二）消费需求不足成为制约经济高速发展的主要障碍，消费需求仍然有较大的增长空间

我国成功实现了从高度集中的计划经济体制到充满活力的社会主义市场经济体制、从封闭半封闭到全方位开放的伟大历史转折。中国经济经过三十年的改革开放和发展，已从商品普遍短缺、供不应求为主要特征的卖方市场过渡到了绝大多数商品供求平衡或供过于求的买方市场，需求不足特别是消费需求不足已经成为制约经济快速增长的主要因素。一直以来，我国的消费率是比较低的，根据国际货币基金组织和世界银行统计，20世纪90年代以来，世界平均消费率水平为78%—79%。在所统计的36个国家中，只有8个国家的消费率水平低于70%。20世纪90年代以来，我国的最终消费率一直在60%左右波动，与日本、美国等发达国家相比差距很大。究其原因主要与居民预期心理不佳、消费品生产和消费的阶段性、经济发展速度下滑、居民收入增长的幅度不大有关。这一状况反映出内需不足的严重性，同时也说明我国的消费需求有巨大的增长空间。

（三）调控得法能够激发消费需求的进一步增长，使之继续驱动国民经济的持续快速发展

我国国民整体消费水平在不断攀高，但消费需求仍有巨大的增长空间，国民经济的持续快速健康发展还面临着内需不足的严重问题。在这一经济形势下，坚持扩大国内需求特别是消费需求的方针，结合中国经济发展阶段、居民生活水平和消费方式以及金融市场完善程度，制订适合中国国情的消费需求发展计划、方案和措施，具有十分重要的现实意义，这就要我们加强宏观调控，引导消费需求的发展。如增加居民收入，引导提升消费水平，优化消费结构，注重消费数量的同时更注重消费质量等都是近年来解决消费需求不足这一经济生活的主要矛盾的有效应对之策。

在完成“十五大”、“十六大”的各项任务目标的基础上，在“十七大”报告中有保证工资收入的稳定增长、让更多的人有财产性收入、改革个人所得税计征办法、保证居民的可支配收入、改革农村税费征收制度、保证提高农民收入、建立社会保障体系、发展基础医教文卫等的基础设施和科学制度设计等社会经济发展目标。

在现代金融业发展的基础上，在现阶段发展信用消费对于我国也有非常重要的现实经济意义：一是扩大消费需求，拉动经济增长；二是促进经济结构、产业结构调整优化；三是提高居民的消费水平，改善生活质量；四是提高银行信贷资产质量和效益；五是扩大货币政策对经济的调节作用。我国已基本具备发展信用消费的需求环境和物质基础，有较充足的资金供给，政府实行积极的宏观经济政策，为发展信用消费提供了宽松的政策环境，居民的消费观念逐步转变，科教水平不断提高，为信用消费的发展提供了先进的技术手段。

四、坚持扩大国内需求特别是消费需求的方针应予贯彻的原则

（一）扩大消费需求要注意消费需求发展中的市场和政府的作用的平衡发挥

市场经济是需求驱动型经济，市场这只看不见的手对资源配置通过价格信号予以调控，政府这只看得见的手以法律制度、经济参数和行政手段对经济进行宏观调控，前者为主，后者为辅。中国特色的社会主义市场经济对于消费力的调控也遵循这一原则。基于对个体或特定群体的个别的、独立的利益的关注——这一利益经常直接或间接地表现为利润，消费力的发展如只依赖于“市场理性”和素质参差不齐的消费主体的“自觉”而可能发作的“消极外在性”，就可能带来产品质量堪忧、消费者权益受损、法纪受到冲击、庸俗低级文化猖獗、环境污染、自然资源受到损害等社会、生态、资源危害后果。在尊重市场作用的同时，政府应该作出内含激励机制的引导性制度安排。

总而言之，在尊重市场调节消费的同时，也要注重政府职能的发挥。就政府在消费需求发展中的主要职能而言，应该是对消费进行引导、规范和管理，并制定配套政策促进消费市场发展。政府可以通过制定相关法律法规，对消费发展进行引导和规范，提供法律保障：推动全社会的消费激励制度的建立，维持良好的消费秩序；建立依托政府的消费信贷担保机构，为中低收入者获得消费贷款提供支持；制定配套的宏观经济政策，为消费激励制度的实施构造良好的经济环境。政府对消费发展所持的态度十分重要，在完善法律制度规定、构建良好经济环境之

外，政府通过加强宣传和教育，在引导居民消费观念的转变方面也能够发挥重要的作用。

（二）新出消费政策应与各项宏观经济政策协调配套

扩大国内需求，开拓国内市场是我国国民经济发展的基本立足点和长期战略方针，各项宏观经济政策均围绕这一中心目标来制定和实施，是个综合协调的完整体系。各项政策的着力点和方向应相互配套，而不能彼此冲突和抵消。因此，必须保证政策的系统性和连续性，协调一致，通盘考虑，形成拉动经济增长的合力。如提高居民的收入水平和缩小收入差距，需要从总体上调整国民收入中积累和消费的比例，要充分运用财政的分配和转移支付功能以及税收对个人可支配收入的调节作用：社会保障体制改革要与稳定居民预期收入相结合，并且视国家财力建立相应的补偿基金，或者以财政发行债券的方式筹集资金来源；要降低居民的储蓄倾向，刺激即期消费，可以采取降低储蓄存款利率水平、开征利息税等措施，同时要配套实行储蓄存款实名制，以重点减少高收入者的利息收入，避免对低收入者的可支配收入造成负面影响；要使货币供应量与经济增长速度基本相适应，保持物价水平的稳定，避免因大量商品价格的持续下跌造成消费者持币观望的消费心态；要培育多元化的消费信贷市场主体，需要中央银行改变金融监管方式，使央行的金融监管有利于消费信贷的发展，允许多种形式的金融机构参与信用消费市场，并在消费信贷产品开发、信用方式、贷款期限、利率浮动等方面给予金融机构更大的自主权，逐步放松目前对消费信贷利率进行严格管制的政策，允许商业银行根据贷款成本和风险在一定幅度内实行浮动利率，使商业银行保持合理的盈利水平，提高商业银行开展消费信贷的积极性；银行等金融机构应当适时调整信贷结构，从过去支持生产流通为主转向支持生产流通和支持消费并重，将消费信贷作为信贷业务发展的重点，设置专门的机构和人员并安排相应的资金规模，为开展信用消费提供资金支持和多种服务手段；在扩大内需上要实行投资与消费并重，积极引导民间投资，充分发挥投资的即期需求效应，以投资促进消费，以消费引导投资。同时要重点加大对城乡交通、通讯、电力等基础设施以及对第三产业、服务行业的投资，为消费需求的扩张创造良好的消费环境，满足居民的多元化消费需求；要创造和培育消费热点，需要对现有产业结构、产品结构进行与消费结构变化相适应的调整。解决供需错位的矛盾，扩大有效供给，以消费者多层次、个性化的需求为导向，生产和提供适销对路的产品和服务，通过改善供给以促进消费；在进出口政策上，要千方百计鼓励和支持扩大出口，限制国内供给已经饱和的产品的重复性进口，缩小供需缺口；要发展信用消费，扩大消费需求，就必须系统地清理和调整在长期供不应求条件下形成的抑制消费增长的各项政策规定，明确鼓励消费增长的政策指向。总之，在相对过剩经济下，任何消费政策与财政政策、货币政策、投资政策、产业政策、进出口政策等一系列宏观经济政策都是不可分割、相辅相成的，应协调一致，共同发挥对社会总需求的拉动作用，实现国民经济持续、稳定增长的目标。

（三）强调消费对于国民经济的动力作用的同时要坚持可持续性消费的原则

相对于传统消费模式，可持续发展的消费模式，即可持续性消费具有这样一些特征：（1）它是一种主张适度消费、反对奢华和浪费的“节约型”的消费。（2）它是一种以“可持续发展”为终极目标理念的消费。（3）它是一种共同富裕型的消费。（4）它是一种科学而文明的消费。（5）它是一种不断更新替代而保持在一定量度水平上的消费。（6）该模式下人类所享受的效用更多来自于自然环境的“存在价值”，而通过技术对自然进行改造产生的“经济价值”往往会反映为人类的低效用、零效用甚至负效用。（7）该模式会在可持续发展的制度和道德观念下逐步形成，传统的消费模式在新的制度和道德观下难以为继。可持续性消费观应包含节约消费、适度消费、合理消费、公正消费。①

促进国民经济又好又快发展要求坚持可持续消费的原则，因此也可促进社会文明和社会的全面进步，实现可持续发展。

党的十七大的大会主题强调“……把科学发展观贯彻落实到经济社会发展各个方面。着力推动科学发展、促进社会和谐，完善社会主义市场经济体制，在全面建设小康社会实践中坚定不移地把改革开放伟大事

① 参见钟茂初：《可持续消费：物质需求、人文需求、生态消费视角的阐释》，载《消费经济》2004 年第 5 期，第 48—51 页。

业继续推向前进。”“……今后要继续努力奋斗，确保到2020年实现全面建成小康社会的奋斗目标。”为了实现这一目标，我们要探索消费的发展也应该符合走“新型工业化道路”、“全面建设小康社会”的目标。但是，实现这一目标还有很多问题，如，我国经济增长的“资源环境代价过大；城乡、区域、经济社会发展仍然不平衡；农业稳定发展和农民持续增收难度加大；劳动就业、社会保障、收入分配、教育卫生、居民住房、安全生产、司法和社会治安等方面关系群众切身利益的问题仍然较多，部分低收入群众生活比较困难”；要“……增强发展协调性，努力实现经济又好又快发展”。“转变发展方式取得重大进展，……在优化结构、提高效益、降低消耗、保护环境的基础上，实现人均国内生产总值到2020年比2000年翻两番。社会主义市场经济体制更加完善。自主创新能力显著提高，科技进步对经济增长的贡献率大幅上升，进入创新型国家行列。居民消费率稳步提高，形成消费、投资、出口协调拉动的增长格局。城乡、区域协调互动发展机制和主体功能区布局基本形成。社会主义新农村建设取得重大进展。城镇人口比重明显增加。”“建设生态文明，基本形成节约能源资源和保护生态环境的产业结构、增长方式、消费模式。循环经济形成较大规模，可再生能源比重显著上升。主要污染物排放得到有效控制，生态环境质量明显改善。……生态文明观念在全社会牢固树立。”

由于消费实现着生产的目的，消费规定资源配置和经济结构调整的基本方向，消费是劳动力再生产的必要条件，社会消费基金的规模、构成及其变动对于国民经济的持续快速健康发展有着非常重要的作用，在居民消费率稳步提高的同时使其满足既定的国民经济又好又快发展目标的要求就需要我们贯彻可持续消费的原则。

如在生产消费中，适应于清洁生产的要求，对生产过程，要求节约原材料和能源，淘汰有毒原材料，降低所有废弃物的数量和毒性：对产品，要求减少从原材料提炼到产品最终处置的全生命周期的不利影响；对服务，要求将环境因素纳入设计和所提供的服务中。清洁生产是以废物与资源转化理论（物质平衡理论）、最优化理论、社会化大生产理论、可持续发展理论为基础的，其主要目的有两个：一是通过资源的综合利用、短缺资源的代用、二次能源的利用以及各种节能、降耗、节水措施，合理利用自然资源，减缓资源的消耗；二是减少废料与污染物的生成与排放，促进产品从摇篮到坟墓的全过程与环境相容或增加环境亲和力，降低所有生产、服务、消费活动对人类和环境的不利影响。清洁生产和一般的预防污染措施有本质的不同，它包括生产全过程控制和产品生命周期全过程控制。

又如在生活消费方面，坚持个人消费有利于人类个体与社会的健康和进步、有利于自然资源的保护和发展、有利于人与人及人与自然的协调共处，即适度消费，它是社会可持续发展的一个重要环节，影响到代内公平和代际公平；其实质是，在一定的社会经济条件下，满足生存与发展基本要求、同时又不对他人和后人造成危害的消费。适度消费是同过度消费相对的，它要求摒弃“消费和拥有更多物质财富就是幸福”、“为地位而消费”的价值观①，要求勤俭节约、杜绝浪费，要求使用文明消费方式（包括预防污染、回收利用等），要求尽可能早地、尽可能多地使用绿色产品（物质的和精神的）。实施适度消费的主要措施有：加强宣传教育、加强环保认证和管理、培育并扩大绿色产品市场、加大对过度消费的约束力度（比如对过量消费课以重税）、限制有可能对自然和人文环境造成损害的文化体育活动（比如旅游、登山等）、严惩浪费和其他恶意消费的行为（如消费受保护的野生动植物资源、污染环境、畸形的精神消费）。一些奢华的精神文化生产与消费②绝不是先进文化的代表，而是炫耀地位的、陈腐的幸福观在作祟；还有一些精神文化产品生产与消费过程本身就是与可持续发展思想背道而驰的，既浪费和破坏资源，又助长貌似前卫或时尚但实则有害的观念。

人们的消费得到合理的提高，消费结构得到升级和优化，享受资料、发展资料在消费中的比重不断提高，消费中的文化含量不断提高，就会大大促进消费质量的提高，进而促进人的素质的提高。如人们的生活与生产消费中的技术性产品比例随着社会发展带来的需要层次的不断升级而不断增大。这种不断技术升级的消费需求要求生产的不断创新，

① 参见秦丽杰、张郁、靳英华：《论绿色消费方式与生态环境保护》，载《生态经济》2001年第12期，第76—78页。

② 参见周毅：《先进文化与可持续发展》，载《北京林业大学学报（社会科学版）》2003年第2卷第2期，第6—11页。

对生产者（也是生活消费的主体）的素质的提高提出了更高要求，对于与粗放式增长模式相适应的劳动密集型生产所需要的低水平的劳动力的需求相应就会不断降低，对于与可持续发展的要求相适应的现代生产方式必需的具有特定的文化教育水平的知识型员工的需求会不断增长。在诱激对此类需求的增长的同时又要求消费主体的素质不断提升，并因此在社会经济系统中牵一发而动全身，促使其他消费形式与内容的代际更迭。

消费质量提高了，消费者的素质提高了，科学消费，文明消费，就能移风易俗，培育优良的社会机体，促进两个文明建设协调发展，从而提高社会文明程度，促进社会全面进步，由此而实现社会的可持续发展。

（撰稿人：张卫莉）

第三节　消费水平和消费结构

一、中国消费水平的现实问题

随着科学技术不断进步，社会分工不断发展，居民消费从总体上必然呈现出不断增长的趋势。列宁在《论所谓市场问题》中，揭示了资本主义社会消费需求的上升规律，“资本主义的发展必然引起全体居民和工人阶级需求水平的增长”，“欧洲的历史十分有力地说明了这一需求的上升的规律”。现代社会世界各国的消费增长无不体现了这一定律。我国居民消费的发展变化同样符合这一规律。但我国居民消费还存在消费水平的城乡差距、地区差距，消费率低等问题。

（一）居民消费水平差距

改革开放近三十年来，我国居民的收入不断增长，城乡居民的消费性支出也不断增加，城乡居民的消费水平得到了空前的提高。城镇人均消费性支出从1978年的405元增长到2006年的8697元，农村人均消费支出由1978年的138元增长到2006年的2829元。同时也必须看到城乡居民的消费差距有扩大的趋势，这不利于居民消费的健康发展，不利于我国经济的健康发展。我国居民城乡消费水平差异的比较如表10－1所示。

表10－1　中国城乡居民年人均消费水平比较

年份	城镇居民人均消费（元）	农村人均消费（元）	城乡人均消费之比
1978	405	138	2.93∶1
1980	496	178	2.78∶1
1988	1431	508	2.81∶1
1990	1686	571	2.95∶1
1994	3979	1138	3.49∶1
1995	4847	1434	3.39∶1
1998	6182	1895	3.26∶1
1999	6750	1918	3.51∶1
2001	5309	1741	3.05∶1
2002	6030	1834	3.28∶1
2003	6511	1943	3.35∶1
2004	7812	2185	3.57∶1
2005	7942	2327	3.41∶1
2006	8697	2829	3.07∶1

资料来源：《中国统计年鉴》，中国统计出版社。

居民消费水平的地区差距也在逐渐扩大。以北京、天津、上海三个直辖市的平均数作为东部水平的代表，以广西、贵州、云南、甘肃、青海五省区平均数作为西部的代表，统计我国东西部、城乡人均消费支出的差距，统计结果如表10－2所示。通过对居民消费支出数据的对比分析我们看到：从地区差距看，东部三市与西部五省区农村居民人均消费水平的差距从1995年的2.8倍扩大到2002年的3.73倍，又降到2006年的2.17倍；东部三市与西部五省区城镇居民人均消费水平的差距从1995年的1.4倍扩大到2002年的2.29倍，又降到2006年的1.31倍；从城乡差距看，东部三市城乡居民人均消费水平的差距从1995年的1.9

倍扩大到2006年的2.40倍，西部五省区城乡居民人均消费水平的差距从1995年的3.7倍扩大到2006年的4.48倍。

表10-2　1995—2006年中国东西部、城乡居民人均消费支出的差距

年份	东部三市平均人均消费支出（元）		西部五省区平均人均消费支出（元）		东西部农村居民消费支出之比（倍）	东西部城镇居民消费支出之比（倍）	东部三市城乡居民消费支出之比（倍）	西部五省城乡居民消费支出之比（倍）
	农村	城镇	农村	城镇				
1995	2241	4256	809	2982	2.8	1.4	1.9	3.7
1996	2765	5516	973	3625	2.84	1.52	1.99	3.73
1997	3587	7240	1223	4421	2.9	1.6	2.0	3.6
1998	3864	7959	1246	4473	3.1	1.8	2.1	3.6
1999	4042	7786	1318	4651	3.1	1.7	1.9	3.5
2000	4437	10160	1372	5052	3.2	2.0	2.3	3.7
2001	4380	11192	1341	5083	3.6	2.2	2.3	3.8
2002	5293	12408	1418	5414	3.73	2.29	2.34	3.82
2003	12136	30032	7274	22986	1.67	1.31	2.47	3.16
2004	13588	33633	7936	30473	1.71	1.10	2.48	3.84
2005	15321	36670	6954	32963	2.20	1.11	2.39	4.74
2006	16750	40135	7706	34524	2.17	1.31	2.40	4.48

资料来源：《中国统计年鉴》，中国统计出版社。

针对居民消费水平在城乡和地区间存在较大差距的情况，需采取有效措施缩小差距。应通过大力发展农村经济，以增收促消费，建立和完善社会保障体系，统筹城乡发展，缩小城乡消费差距；通过统筹区域发展，缩小区域消费差距。

（二）高投资，低消费率

我国多年来存在“高投资，低消费”的经济结构失衡问题。低消费率是影响消费水平提高的一个重要因素。

投资率提高就意味着消费率的下降。高投资的主要原因可归纳为：一是在改革过程中，经济机制中原来内含的投资膨胀机制并未根本消除，使得从中央政府到地方政府的国有企业投资增速；二是非国有企业，在法律和政策环境逐步改善，市场准入和要素运用等方面限制逐步放宽的情况下，它们的拓展空间越来越大，投资迅速增长；三是在21世纪初，经济发达国家将中低端产品的生产向发展中国家转移，我国由于拥有市场容量大、劳动力数量多、要素价格便宜和社会稳定等方面的优势，从而成为跨国公司的投资热点；四是当前我国正处于工业化的中期阶段，又面临知识经济的挑战，消费结构也进一步升级，这些都推动资金和技术密集型产业的发展，也促使投资率上升。

除此之外，还有以下因素促使消费率下降：

第一，居民收入水平低。从总体上说，特别是改革以来，居民收入有了很大提高。但直到2004年，农村居民家庭人均纯收入仅有2936元，城镇居民家庭人均可支配收入也只有9422元。收入水平低是同收入水平的增速低于经济增速和社会劳动生产率的增速直接相联系的。如果以1978年为100，则2004年人均国内生产总值指数为760，社会劳动生产率指数为591.5，农村居民家庭人均纯收入指数为588，城镇居民家庭人均可支配收入指数为554。

第二，消费倾向低。显然，居民消费率低，不仅取决于居民收入低，而且取决于居民消费占居民收入的比重（即消费倾向）。1980—2004年，我国居民人均可支配收入（或纯收入）由246.8元提高到5644.7元，居民平均消费水平由236元提高到4556元，居民消费倾向由0.965下降到0.807。其中消费倾向的下降，不仅同居民收入水平提高有关，而且同各类居民群众收入差别有联系。当然，在这方面起作用的不只是城镇居民之间收入差别的扩大，也不只是农村居民之间收入差别的扩大，还有城乡之间、地区之间和行业之间的收入差别的扩大。养老、失业和医疗保险制度和财税制度改革滞后，社会保障制度和公共财政制度还没有完全建立，再加上医疗和教育等方面的高收费甚至乱收费，不仅大大降低了居民的即期消费，而且恶化了消费预期。我国由于金融机构功能不健全、信用制度缺失和消费观念转变滞后等方面的原因，消费信贷并没有得到应有发展，这种情况也限制了即期消费的提高。

2007年我国消费对经济增长的贡献率首次超过投资。尽管消费对经济增长的贡献率7年来首次超过投资，但我国总消费率仍处于历史低位。2006 年我国总消费率约为 50%，而国际平均水平在 70% 左右；我国居民消费率约为 36%，而国际平均水平为 50% 左右。

二、消费结构的变动趋势

（一）消费结构升级的趋势

伴随着社会经济发展，居民消费从较低生活质量标准的消费结构向较高生活质量标准的消费结构演变，存在消费结构升级的变动趋势。消费结构的升级有两种表现形式：一是原有的消费项目的比例结构维持不变，但各个（或主要）消费项目向更高层次发展；二是有新的更高层次的消费项目加入，使消费的构成及其比例关系发生变化并不断高度化。可以认为，第一种升级是改良性的升级，第二种升级则是带有革命性的升级。事实上，这两种升级在现实中往往是交叉融合在一起的，而第二种升级更为重要。

社会生产力的发展和科学技术的进步是决定居民消费结构升级的根本动因。一方面，随着社会生产力和科学技术的发展，居民收入会逐步增加。消费需求的基础是居民收入，由于居民收入变动方向和居民消费变动方向的一致性，在居民收入不断提高的条件下，必然导致消费总量的增加和消费结构升级。另一方面，社会生产力和科学技术的发展，导致社会总供给及其结构不断升级，为消费增长和消费结构升级提供了可能性和条件。居民消费结构升级是社会经济发展的必然结果，人们的消费随着社会经济的发展总是由低层次向高层次不断发展，这种层次性变化主要体现为消费结构的升级。人类社会的发展历史，同时也是居民消费结构不断升级的过程。

消费结构提升需要有相应的供给结构的匹配。如果供给结构与消费结构不能有效的匹配，就会产生某些产品过剩与某些需要不能满足并存的矛盾，发展到一定阶段就会制约国民经济的协调发展。

消费结构升级可以从以下几个方面阐述：

1. 消费层次结构升级

居民消费层次结构升级的一般规律是基本性消费品比重逐步下降，享受消费品和发展消费品比重逐步上升。

受生理因素的限制，一般说来，人们对基本性消费品的需要是有限的，弹性很小，人们对享受性消费品和发展性消费品的需要是无限的，其弹性非常大。随着生产力的发展和消费者收入的不断提高，人们在基本性消费品花费的数量只有很少的增加，享受性消费品和发展性消费品的支出增幅较大，因此，消费结构中基本性消费品的比重必然逐步下降，享受性消费品和发展性消费品的比重逐步上升。

居民用于基本性消费品比重的不断下降以及用于享受性消费品和发展性消费品比重的不断上升不仅是居民消费结构不断趋于合理的反映，也是社会经济发展水平和居民生活质量提高的具体体现。

从消费结构中的项目变动看，变化规律是新消费项目逐步加入；传统消费项目比重下降，新兴消费项目比重上升；新兴消费项目替代传统消费项目，部分传统消费项目逐步退出居民消费领域。

2. 消费支出结构升级

随着经济的发展，收入的增加，食物消费在消费总量中的比重将逐步下降。随着收入的增加和消费总支出的增加，用于购买食物支出的绝对额也随之增加，但食物支出在全部消费总支出中所占比重是逐渐下降的。表明这种食物支出与消费支出之间比例关系的系数称恩格尔系数，是由 19 世纪德国统计学家恩斯特·恩格尔在研究家庭收入变化与食品支出的关系时得出的。恩格尔系数越小，它所反映的收入水平及与之相适应的消费水平就越高；反之，它所反映的收入水平和消费水平就越低。联合国粮农组织曾依据恩格尔系数将生活水平划分为如下标准：恩格尔系数在 59% 以上者为绝对贫困状态的消费；50%—59% 为勉强度日状态的消费；40%—50% 为小康水平的消费；20%—40% 为富裕状态的消费；20% 以下为最富裕状态的消费。

衣着消费先升后降，逐步趋向稳定。经济的发展、温饱问题的解决会促使衣着消费迅速提高，因此衣着消费首先表现为上升；同时，居民衣着消费在增加过程中会逐步追求品位化，支出总量尽管增加，但衣着支出比重总体趋于下滑；衣着支出在发展曲线上表示就是经历一次上升后再趋向平稳。

住房消费支出比重稳步上升。住房消费在资本主义国家属于个人消费范围，在很多发展中国家以福利形式体现。由于住房消费与社会制度本身不应具备相关性，很多发展中国家随着市场经济的进展将住房消费纳入了个人消费范围，并辅助以一定的信贷政策。因此，住房消费日益成为居民消费结构中的重要组成部分。

机动车消费支出开始增加。“行”主要是指代步工具的支出，西方发达国家主要以汽车为主，在发展中国家已经开始逐步由自行车、公共汽车代步向摩托车和汽车等类型的机动车代步转移。尽管今后一段时间，自行车和公共汽车仍是我国居民主要代步工具，但居民消费中机动车的消费以较快的速度增长已经成为一种必然的趋势。

用品消费支出“由升趋稳，结构多样”。发达国家用品消费变化主要体现了新产品和高品位产品两个特征，市场上新研发的产品以及改造后的高品位产品的相继出现，使发达国家居民在用品消费上的支出绝对数量攀升，用品品种丰富多样化；在广大发展中国家，经济发展越快，用品消费无论绝对增幅还是所占比重就越大，结构变化越多样；反之，用品增幅和比重越小，用品结构变化越少。

与上述变化规律相伴随的是，居民收入的增加使中高档衣、食、住、行、用消费品所占比重提高，低档同类消费品比例逐步降低。

3. 消费形态结构升级

随着经济的发展，收入的增加，在实物消费不断增加的同时，劳务消费呈强劲的发展态势，成为居民生活消费的重要组成部分。劳务消费在个人消费支出的比重，不仅反映着居民消费水平，同时也反映着国别经济的发展水平。从国别经济看，经济越发达国家，劳务消费比重越高；单一国家经济越发展，劳务消费比重也逐步上升。经济的发展必将使得劳务消费呈现三大特征：一是劳务消费在消费结构中的比重提高；二是劳务消费社会化和市场化程度提高；三是劳务消费内部结构中高层次部分比重不断增加。

4. 消费主体结构升级

消费变动是收入变动的函数。现代经济学已经揭示，居民收入与居民消费需求之间有着密切的联系，在消费资料及劳务的价格和影响居民需求量其他因素不变的条件下，居民收入的变化必然引起居民所消费的商品总量和结构的变化，又由于居民收入增加后对各种消费资料及劳务需求增加的多少不同，因此，各种消费资料及劳务的需求收入弹性大小就不同。居民的收入弹性是测度居民消费结构发展趋势和消费结构合理化程度的重要指标。根据居民收入的不同，按一定的数量标准可以将居民划分为高收入阶层、中等收入阶层和低等收入阶层三类。其消费结构演变规律是：

第一，高收入阶层的消费总量与中低收入阶层的消费总量差距逐步缩小。从居民消费总量看，高收入阶层消费总量与中低层收入消费总量存在较大差距的现象只有在生产力水平低下的情况下才能发生。随着社会经济发展，收入水平的提高，高收入阶层与中低收入阶层在消费总量上趋于接近。在收入水平差距缩小的前提下，消费总量的差距的缩小是不容置疑的。即使在不同收入阶层的收入水平扩大的情况下，由于高收入阶层投入最终生活消费部分的增长与收入增长不会同步上升，而低收入阶层则反而会把更多的份额投入消费，所以，消费总量的差距也会呈现缩小的趋势。

第二，高收入阶层的消费总量及其在全部消费总量中所占比重明显降低，中低收入阶层的消费总量及其在全部消费总量中所占比重逐步上升。居民消费结构主要取决于居民收入，高收入阶层在总收入总量上所占的比重较大，但是，由于消费总量还受居民数量规模的影响，高收入阶层在整个居民数量规模上只属于少数，其消费总量及其在全部消费总量中所占比重必然表现为下降的态势。同时，中低收入阶层的消费总量及其在全部消费总量中所占比重由于人口规模较大而逐步上升。

第三，高收入阶层与中低收入阶层在消费内容、消费目标、消费层次等方面表现出不同的特征。高收入阶层的消费支出总量中有三个特征：一是享受性消费品和发展性消费品比例较高；二是中高档的食、衣、住、行、用品消费的比例较高；三是劳务消费比例较高。与此相比，中低收入阶层消费支出总量中的基本性消费品消费比例较高；中低档的食、衣、住、行、用品较高；物质消费占较大比例，劳务消费比例较低。

（二）城乡居民恩格尔系数变动状况

恩格尔系数是研究消费结构的关键指标。近年来我国城乡居民恩格尔系数变动状况如表 10－3 所示。

表 10－3　中国城乡居民恩格尔系数

单位：%

年份	农村居民恩格尔系数	城镇居民恩格尔系数
1989	54.8	54.5
1990	58.8	54.2
1991	57.6	53.8
1992	57.6	53.0
1993	58.1	50.3
1994	58.9	50.0
1995	58.6	48.8
1996	56.3	48.8
1997	55.1	46.6
1998	53.4	44.7
1999	52.6	42.1
2000	49.1	39.4
2001	47.7	38.2
2002	46.2	37.7
2003	45.6	37.1
2004	47.2	37.7
2005	45.5	36.7
2006	43.0	35.8
2007	43.1	36.3

资料来源：《中国统计年鉴》，中国统计出版社。

从表 10－3 中可以看出我国城乡居民恩格尔系数呈逐年递减的趋势，这充分说明我国改革开放成效显著，人民的生活水平有显著的提高。按照联合国恩格尔系数划分贫富标准，我国城镇居民已达到了富裕生活水平，农村居民已达到小康生活水平。

（三）城乡居民消费结构的变动

粗略地划分，消费行为一般按照衣、食、住、行四个方面来进行划分，按照细致地划分，人们的消费行为可以从食品、衣着、家庭设备用品及服务、医疗保健、交通通讯、居住等几个方面来划分。这为分析消费结构提供了基础。近年来，城乡居民消费结构指标变动情况如

表10－4所示。

表10－4　中国城乡居民消费支出结构

单位:%

年份	衣着		家庭设备用品及服务		医疗保健		交通通讯		娱乐教育文化服务		居住	
	城镇	农村	城镇	农村	城镇	农村	城镇	农村	城镇	农村	城镇	农村
1993	14.24	7.19	8.76	5.80	2.70	3.53	3.82	2.26	9.19	7.59	6.63	13.88
1994	13.69	6.92	8.82	5.45	2.91	3.15	4.65	2.36	8.79	7.39	6.77	14.00
1995	13.55	6.85	8.39	5.23	3.11	3.24	4.83	2.58	8.84	7.81	7.07	13.91
1996	13.47	7.24	7.61	5.36	3.66	3.73	5.08	2.99	9.57	8.43	7.68	13.93
1997	12.44	6.77	7.57	5.28	4.29	3.86	5.56	3.33	10.71	9.16	8.56	14.42
1998	11.10	6.17	8.24	5.15	4.74	4.28	5.94	3.82	11.53	10.02	9.43	15.07
1999	10.45	5.83	8.57	5.22	5.32	4.44	6.72	4.36	12.28	10.67	9.84	14.75
2000	10.01	5.75	8.79	4.52	6.36	5.24	7.9	5.58	12.56	11.18	10.01	15.47
2001	10.05	5.67	8.27	4.42	6.47	5.55	8.61	6.32	13.00	11.06	10.32	16.03
2002	9.8	5.72	6.45	4.38	7.13	5.67	10.38	7.01	14.96	11.47	10.35	16.36
2003	9.79	5.67	6.30	4.20	7.31	5.96	11.08	8.36	14.35	12.31	10.74	15.87
2004	9.56	5.50	5.67	4.08	7.35	5.98	11.75	8.82	14.38	11.33	10.21	14.84
2005	10.08	6.93	5.62	5.20	7.56	7.87	12.55	11.48	13.82	13.84	10.18	16.04
2006	10.37	6.93	5.73	5.22	7.14	7.93	13.19	11.95	13.83	12.63	10.40	18.15

资料来源：《中国统计年鉴》，中国统计出版社。

表10－4提供了我国城镇居民消费支出结构变动的数据。医疗保健的消费比例从1993年的2.70%增长到2006年的7.14%，增长了两倍多，这主要是由于近几年我国政府在城镇逐渐推进医疗改革的结果，这项改革使得城镇居民在医疗保健方面的支出比以前明显增加。居住消费比例的升高和城镇的住房改革有密切的关系。过去城镇居民尤其是企事业单位的职工一般是租住单位的住房，他们所支付的租金相对较低，而住房改革需要他们花费较多的资金购买房产，也就必然会使这一项消费的比例不断攀升。交通通讯的消费比例从1993年的3.82%增长到2006年的13.19%，增长了3倍多。娱乐教育文化服务也有较大幅度的增长。

而衣着和家庭设备用品及服务的消费比例则呈下降的趋势，但这些是符合经济发展和消费从低级层次向高级层次发展的客观规律的。改革开放十几年来，经济稳步增长，人们生活水平迅速提高，在物质条件逐渐得到满足的同时，人们的精神需求也逐渐增长。恩格尔系数、衣着和家庭设备用品消费的比例的降低，说明人们基本消费得到较好的满足，娱乐教育文化服务消费比例的提高说明人们对享受消费的需求正逐渐升高，交通通讯消费在总消费比例中的迅猛增长说明了对发展消费的重视和渴望。居住和医疗保健的消费又是和我国客观实际情况相符合的。所有这些充分说明我国城镇居民的消费需求逐渐从基本消费向享受消费和发展消费过渡的趋势。

农村居民消费支出统计数据说明，除衣着和家庭设备用品及服务的消费占总消费的比例在逐年下降外，其他消费占总消费的比例也是在逐年上升的。与城镇居民消费变动相仿的趋势说明农民的消费结构正在趋向合理，也在不断地从低级消费形式向高级消费形式转变，同时也表明改革开放不仅在城市和农村都取得了良好的效果。

（撰稿人：王雯婧）

第四节　中国现阶段生态消费模式

改革开放三十年来，伴随着经济的飞速发展，我国经济发展模式逐渐呈现出“高投入、高消耗、高污染、高产出”的四高特征，生产消费和生活消费方式呈现出浪费严重、破坏性大以及结构失衡等特征。为了保护当代人和后代的生存发展的利益，我们必须改变消费方式，向有利于生态、资源和环境保护的方向转变。正是基于这样的原因，十七大报告中提出了构建“节约能源资源和保护生态环境的产业结构、增产方式、消费模式”，并使“生态文明的观念在全社会范围内牢固树立起来”。

一、生态消费模式的必要性

（一）生产消费模式向生态消费转变的必要性

从西方社会的发展历程来看，工业化初期的社会物质资料生产方式是以资源消耗为典型特征的消费模式，生活消费方式则是奢侈浪费型的消费模式。据联合国环境计划署的资料显示，工业污染是导致环境破坏的罪魁祸首。在发达国家，工业生产过程中只有20%—35%的原材料和能源转化为最终产品，其余则转化成了废渣、废气、废水，造成了环境的严重污染和生态的破坏。在发展中国家由于技术和管理上的原因，这种转化效率更低，因而对环境造成的破坏和污染更大。污染意味着一部分资源未能得到充分利用，这实际上也是资源的一种浪费。由于市场经济利润最大化规则的导引机制，企业不断进行产品的更新换代，越来越青睐于时尚商品的生产，厂商千方百计催生“用过即扔”的时尚消费观念。同时，对于污染的治理，工业界长期以来一直在进行消极的抵制。这种消费主义的生产方式已经危及人类的基本生存条件。因此，迫切需要一种新的生产方式和消费方式来取代原有的生产和生活消费方式。

对于我国来说，资源的有限性和几十年以来工业化建设带来的工业污染，都对我国原有的生产消费模式提出了更高的要求。

首先，在资源的有限性方面，我国是一个资源相对匮乏的国家。我国的人均水资源占有量为2250立方米/人年，不及世界平均水平的四分之一。而且我国的水资源的时空分布极不均匀，在我国六百多个城市中，有将近一半的城市缺水，其中严重缺水的城市有一百多座。我国每年因为缺水而造成的经济损失约两千多亿元。在能源方面，我国的人均能源占有量不到世界平均水平的一半。从我国目前的经济发展模式上来看，我国的工业化模式呈现出明显的两高两低的特点，即高投入、高消耗、低质量、低效率的粗放型经济增长模式，生态资源消费的经济效益和社会效益与发达国家相比差距较大。

其次，从工业污染的严重性来看，随着我国经济的飞速增长，环境污染，尤其是工业“三废”的污染问题也越来越严重。2000年至今，我国二氧化硫和二氧化碳的排放量远远超过环境能够承载的上限；全国七大水系的干流中，只有大约57.7%的断面达到或优于国家地面水环境质量的三类标准。其中，城市河段、沿海河口地区以及城市附近的海域污染严重。工业废渣每年的排放量在3000万吨以上，其中接近200万吨的危险废弃物是以直接排放的方式被丢弃。因此，从我国目前的情况看，迫切的需要实现工业生产消费的模式转变。

（二）生活消费的生态化转变的必要性

生活消费的生态模式转变的必要性体现在以下几个方面：

首先，经济转型所带来的消费行为和消费心理的变化对生态环境造成了严重的影响。世界观察研究所发表的《2004年世界状况报告》指出，当美国人和欧洲人“已经在过去的几十年里控制了非可持续性过度消费，发展中国家以环境、健康和幸福为代价，正在重蹈覆辙”。从我国的经济转型所处的阶段来看，我国目前的消费结构正逐渐向发展型、享受型升级，过去的奢侈品逐渐转化为居民的生活必需品。同时，富裕人群的膨胀也导致高档消费品的消费日益增多，其榜样作用也渐趋明显。根据心理学家的分析，当身边高消费群体增多时，出于从众、攀比和身份等心理需要，普通消费者的高消费倾向会经历从接受、购买到习惯养成这样三个阶段。在这种西方消费主义复辟的影响下，超过自身经济实力与实际需求、过分追求奢侈的超前消费在我国并不少见。而且大众消费倾向也逐渐表现出崇尚物质，讲究享受；追求品牌，通过品牌的傍同效应实现社会身份的认同；喜新厌旧，不断求新求变，追逐新产品和新系列，加快升级换代的速度；跟风消费，热衷攀比等趋势。当这种不健康的消费行为成为一种群体行为时，对于生态环境无疑会带来沉重的负担。因此，面对生态日益脆弱的现状，我国不能再复制西方社会“涸泽而渔”的发展模式，而只能转向依靠科学技术、消耗资源少，环境污染小、在现有资源占有水平下理想分配人类资源的生态型消费模式。

工业文明时代，人们追求奢侈豪华的消费方式，赶时髦、讲排场、比阔气、用过即扔。人们把奢华浪费完全看成是个人的私事。实际上，这是在浪费土地、森林、能源、矿藏等人类赖以生存的宝贵资源。因此，我们需要彻底改变这种消费方式，培养人们的环境道德觉悟和社会责任感，以节约资源为荣、以适度消费、健康消费为荣。通过合理的制度安排，抑制奢侈浪费和不负责任的消费行为，以及抑制一边是过度消费、一边是穷困潦倒的两极分化，从而提升广大人民的生活水平。随着社会主义市场经济体系的不断完善和贫困问题的基本解决，破坏生态的生产行为正日益受到国家出台的相关政策的制约。但是消费领域的过度浪费造成的资源耗费、环境污染等现象对生态的冲击越来越大。所以，我国现阶段在居民消费领域，急需建构一种与生态文明相适应的生态型消费模式。

二、生态消费模式的内涵和特征

（一）生态消费模式的内涵和实质

从人与自然共生的角度来看，生态消费的基本内涵是：在确立人与自然和谐、协调的思想意识基础上，提供服务以及相关产品，以满足人类的生活需要，提高人类生活质量，同时使自然资源的消耗和有毒材料的使用量最少，使服务或产品在其生命周期内产生的废物和污染物最少，从而不危及后代的生存和发展的需要。它具体表现在：消费品本身是生态型的，即通常所说的绿色环保型产品；消费品的来源是生态型的；消费过程是生态型的，即在对消费品的使用过程中，不会对其他社会成员的生存和发展以及周围环境造成伤害；消费结果是生态型的，即在完成对消费品的使用后，不会产生过量的、在短期难以处理的、对环境造成压力和破坏作用的消费残留物。

从满足欲望型需求的异化消费的视角来看，现代意义上的生态消费是指消费水平是以自然生态正常演化为限度，消费方式和内容符合生态系统的要求，有利于环境保护，有利于消费者健康的一种自觉调控、规模适度的消费模式。它所倡导的消费观念、消费结构和消费模式不仅有利于环境保护和资源的合理利用，而且体现了人们科学的道德观、价值观和人生观，显示出高层次的精神文化内涵。正如马克思在《资本论》第三卷中所阐述的有关生态消费的思想时所指出的“社会化的人，联合起来的生产者，将合理地调节他们和自然之间的物质变换，把它置于他们的共同控制之下，而不让它作为盲目的力量来统治自己；靠消耗最小的力量，在无愧于和最适合于他们的人类本性的条件下来进行这种物质变换”①。所以在理解生态消费模式的内涵时必须把握好以下几个方面

① 马克思：《资本论》第3卷，人民出版社1975年版，第926—927页。

的内容：

第一，现代生态消费模式提倡的是一种合理的、可持续的消费行为。生态消费模式应反映出人们消费行为的正确方向，通过逐步引导人们的消费观念，促成人们围绕可持续发展目标而进行消费行为的选择。

第二，现代生态消费模式倡导消费行为应遵循消费领域的内在规律，从而促进生态、经济和社会的良性循环。由于生态消费模式通过反映消费的发展方向和趋势，使人们的消费活动尽可能地遵循消费领域和生态系统的客观规律，正确的处理消费与资源、环境、经济、社会发展等方面的关系，从而促进经济、社会和生态系统的良性循环和协调发展。

第三，现代意义上的生态消费模式应该体现出消费领域的主要规范，应当反映国家的消费政策。

第四，现代意义上的生态消费应体现可持续发展的原则。生态消费模式所倡导的消费行为应该是一种既符合可持续发展目标，又符合人类全面发展的消费行为。

生态型生产消费方式的实质就是在生产过程中融入生态成本和环境成本。在传统生产模式中，厂商只考虑产品功能是否符合市场需求，成本是否低廉，而不考虑产品消费以后对生态环境可能产生的影响。在传统生产者的立场上，生态成本的投入会使生产成本增加、利润空间缩小。实际上，理顺生产与生态的关系，不仅能够减少不必要的生态损失，而且能够极大地降低成本。现在很多国家提倡产品的“生态设计”，号召“为拆卸而设计”、“为再循环而设计”，尽量使用无毒无害的原材料，尽量使用同一种材料，以减少和降低对环境造成的危害和回收成本，便于循环利用。国内生态学方面的学者普遍认为在生产设计的环节中加入生态因素，考虑生态成本，不仅不会降低生产效率，反而生物能源的利用、生态型生产模式的构建本身可以被看做是生产投资的一部分。所以，为生态支付的成本，不仅仅是支出，还可以为企业长期创造巨大收益。

生活消费的生态模式的实质就是实现生活的绿色消费，实现人的消费与自然环境的和谐发展。具体来说，就是要使人们的消费行为符合和谐社会特点和要求，使消费系统内部各个组成部分（消费要素、消费结构、消费组织、消费理念）以及消费与其他外部环境（如自然环境等）

都处于和谐运转状态，从而实现良性消费、合理消费、高质量消费，实现消费效率的提高和促进社会经济发展的目的。

（二）生态消费模式的特征

与传统消费模式相比，生态消费模式具有适度性、高成本性、可持续性、全面性、梯度性消费和精神消费第一性这样几个特征。

所谓适度性是指生态消费是一种在资源条件约束下的最优消费活动。适度消费的目标是建立起一种与环境相协调的、低资源和能源消耗、高消费质量的适度消费体系。在这种体系中，人们的消费不能超过资源环境的供给能力而无限制的掠夺，不能超越当前的生产力发展水平而无限的膨胀，不能超过自身的经济能力而无限的透支。凡是违反生态消费的适度性原则的个人或组织，必须受到制度的硬约束和社会道德的软约束。

所谓高成本性是指无论生产消费还是生活消费，要真正实现生态消费就必须支付较高的成本。对于生产者而言，无论是生产消费的生态模式改造还是生态型产品的生产和营销，与生产同类产品一样都需要花费巨额资金。而对于消费者而言，无论是生活消费向生态方式和生态行为转变，还是生态型产品的购买和消费，都首先取决于消费者的收入水平的高低。在预算约束的前提下，非生态产品对于消费者个人来说无疑是他们的首选。因此，构建一个能够刺激生产者和消费者将其原有的消费模式转向生态消费的激励机制，是极为重要的。

所谓可持续性是指生态消费具有满足不同代际间人的消费需求的功能。将人类发展的永久性需要作为当代人消费的前提，使消费需求具有延续性和持久性。这就为当代人提出了消费的伦理准绳与道德标准，即要求当代人的消费要尊重自然、尊重他人、尊重后代，保证人类社会的发展与生态环境的平衡，保证个人消费与他人消费的平衡，保证当代人消费与后代消费的平衡。

所谓全面性是指生态消费是一种包含人的多方面消费行为的消费模式。从横向的角度来看，人的消费包括物质消费、精神消费、内在消费、外在消费、自我消费、环境消费等；从纵向的角度分析，人的消费包括生存消费、生活消费、享乐消费、发展消费等；从时间的跨度来看，人的消费则包括现实消费和未来消费。所以，生态消费的全面性是一种要求人们要考虑多方面、多层次、着眼于人类永续性发展的大消费观。

所谓消费需求的梯度性是指消费者根据自己收入水平的高低和自身消费需求的不同，分层次的形成不同的消费阶层。即使是同一收入水平的消费者也根据自己的偏好，采取个性化的消费行为，这充分体现出生态消费模式所强调的、满足人类的基本需求的原则，而不是对物质消费欲望的膨胀，从而缓解人类消费对环境和生态的压力。

所谓精神消费第一性是指生态消费突出人的精神心理方面的需求，这与一味追求人的物质需求有了本质的区别。按照马斯洛的需求层次理论，当人们在低层次的需要获得满足之后，就会继续追求更高层次的精神需要。生态消费则表现为一种对高品质生活的追求，是一种更高尚的品质和伦理道德的体现。

（三）生态消费的基本原则

国际上认为生态消费的基本原则直接体现为“5R”，即“节约资源、减少污染”、“绿色生活、环保选购”、“重复使用、多次利用”、“分类回收、循环再生”、“保护自然、万物共存”这样五个方面。

1. 节约资源，减少污染（Reduce）

由于地球资源的有限性，必须把消费限制在环境可以承受的范围内。这就意味着必须节制消费、降低消耗、减少废料的排放，减少污染绝对量的增长。

2. 绿色消费，环保选购（Re-evaluate）

这个原则意味着消费理念从传统的、单一的、片面的观念过渡到注重消费结构和消费方式的变革与优化。强调人不仅仅是一种肉体的存在，而且必须充分重视人对精神文化的消费追求，克服消费过程中的单纯“物化”倾向。

3. 重复使用，多次利用（Reuse）

该原则强调减少一次性产品的消费，提倡对物品进行多次利用和重复使用。一次性产品虽然能够提高人们的日常生活效率，但是用过即扔的使用方式却给生态环境带来了沉重的负担。

4. 垃圾分类，循环回收（Recycle）

传统的垃圾处理方法是将所有生活和生产垃圾一起填埋。这种方法不仅占用大量土地，而且对于土地的肥力恢复和周边环境的污染是可想而知的。而将垃圾进行分类，针对不同类型的垃圾进行循环回收，不仅可以减少对土地和环境的污染，而且更能够变废为宝，节约经济资源。

5. 保护自然，万物共存（Rescue）

这个原则强调人与自然的平衡协调的地位，反对传统消费观念中片面的人类中心主义观和对自然的片面地功利主义态度。生态系统中人与各种动物、植物之间是一种共生的关系，任何一个物种的灭绝都会在生物链中带来某种程度上的恶性循环。

三、当前中国生态消费发展过程中存在的问题

据调查，我国消费者愿意购买生态消费产品的品种类别较多，依次为食品、日用品、保健品、家电、化妆品、建材、服装、礼品、照明用品，这预示着我国的生态消费已经开始从利己型绿色商品开始向公益型绿色商品扩展，而且生态消费的需求层次也已经从以食品等基本生活资料为主的初级阶段，逐渐伴随消费水平的升级而进入多元化的发展时期。但是，从我国生态消费的综合水平上来看，目前，要实现生产消费和生活消费的生态模式转变，在现实中还存在着生态消费的相关制度缺失、服务体系缺失和生态意识缺失这三大障碍。

1. 生态消费的相关制度缺失

生态消费的制度建设缺失主要体现在：

（1）相关法律、法规不健全，缺乏科学的奖惩措施。

（2）政府及有关部门对生态消费的宣传力度不够。

（3）目前国内还没有形成一个完善而规范的生态产品市场管理体系。

（4）生态型产品的市场定位错位。我国目前生态产品的市场目标定位和消费者群体的选择，都已经远离了大多数消费者的实际收入和消费水平，这部分原因是由于制度缺失造成，部分原因在于生态消费本身所固有的特点造成。

（5）国民经济核算体系尚未完成生态及环境指标的有效考核，从而造成生态政策形同虚设。

2. 生态消费的服务体系缺失

与生态消费相关的服务体系中所存在的问题具体体现在：

（1）生态技术服务体系不健全。这一方面体现在农业资源、能源、原材料的综合利用等重大关键技术上还没有取得明显的突破；另一方面

体现在，对于高技术的引进和吸收还没有建立起完整的管理与服务体系。

（2）生态产品的研发、生产、运输、销售以及消费环节中缺乏信息交流的服务平台，从而造成信息流通不畅，各类市场主体缺乏有效沟通和有机的联系，减慢了企业和消费者从传统消费模式向生态消费的转变速度。

（3）资金支持体系建设落后。我国目前对于生态技术的发明创造、产品研发、生产消费、废物回收和处理等环节的投资仍停留在单一投资服务体制的阶段，多元的投融资渠道还没有形成，这就部分导致生态技术和生态产品的供给不足，从而放慢了消费方式向生态型消费模式的转变脚步。

3. 生态意识缺失

生态意识缺失主要表现在：

（1）虽然我国居民生态意识、环境保护意识在最近几年有了明显的提高，但是居民的生态意识远远没有达到生态消费的要求，而且，大多数人认为环保是政府的事，与个人无关。也就是说，目前从总体上看，我国居民仍然缺乏生态消费的主体意识。

（2）在我国人口中占70%以上的农村居民的生态观念较城镇居民更为落后。主要原因除了政府缺乏对农村居民的生态教育之外，更重要的原因是较低的收入水平决定了农村居民的消费水平还停留在满足生存和部分满足发展的需要，而对于自己的消费行为是否是一种生态化的消费则无暇顾及。

四、构建生态型消费模式的途径

构建生态型生产消费模式涉及社会生活的各个方面，需要消费者转变传统的消费主义的消费理念，逐步形成绿色消费的生态消费模式；企业需要转变观念，创新生产工艺，建立绿色的生产消费模式；政府需要在法律、标准、政策等方面充分发挥消费政策、消费制度、消费引导的硬约束和软约束的作用。

对于企业来说，将传统的生产消费模式转向现代的生态消费模式，需要打通以下几个关键环节：

1. 构筑循环型产业结构和产品结构

企业应该大力发展生产技术，建立低耗、高效、少污染的生产体系；建立与生态型生产模式相适应的产品结构，例如，为减轻经济增长对资源供给的压力，必须提倡绿色包装或使用一些替代原料；实施能效标识管理，引导用户和消费者购买节能型产品，促进企业加快高效节能产品的研发；要把生态的理念贯穿于产品设计、制造、消费、使用和处理、再利用的全过程，从源头抓起，即讲究产品设计的科学性与合理性。产品设计过程中考虑原材料的可再生性，尽量避免利用不可再生资源；调整设计结构，将产品设计的重点放在对产品回收的最低污染和再利用等方面，使废弃产品成为下一个生产流程的原材料。

2. 突出生态型技术创新在企业生产消费中的作用

在生态技术创新和研发中，国家作为主体要鼓励民间采用清洁生产和绿色技术，鼓励企业开发环保替代技术，提高生态技术的应用能力，鼓励资源综合利用和产品的再循环。要重视发展环境科学和公害防治技术，大力推广高技术对传统工艺的发展和改造，减少工业废弃物的生成。在运用高科技培育生态产业的同时，开发质高价廉的生态产品，培育主导生态产品，促进生态产品的系列化和标准化。

3. 推行绿色会计与绿色审计制度

我国目前已经开展了绿色产品的审计，但是这种审计制度仅仅是初步的、局部的，并未形成制度。随着全球范围内对可持续发展达成共识，对环境保护的评价，已经由着眼于末端管理发展成为全面性的综合思考方式，即从产品原料的获取、产品的生产、使用、销售、废弃及回收的整个产品的生产消费流程对生态环境的影响程度来评价产品。但由于目前我国的其他配套制度还没有建立，因此，产品生命周期评价法在我国仍未采用。

对于消费者来说，实现消费方式的生态化转变可以考虑以下具体措施：

1. 树立生态消费观念，建立生态消费模式，从物质享受第一过渡到精神追求第一

树立科学的生态消费观念或生态消费意识，是每一个地球居民所应有的基本素质要求。当传统的高消费日益明显地暴露出其对生态环境，

进而对整个社会持续发展的危害性时，当代社会成员在观念认识上应自觉地摒弃高消费的愿望和行为，以一种既能确保自己的生活质量不断提高，又不会对生态环境构成危害的消费意识约束自己的消费行为，这样一种具有互利功能的消费意识便是生态消费意识。如果说转变传统经济增长方式，走生态化生产的道路，是推进可持续发展战略的生产基础的话，那么，树立生态消费意识、建立生态消费模式，在某种意义上说，就是实行可持续发展战略的一个重要的生活基础。在当代社会中，人类的“当代意识”应首先是全球意识、人类大家庭意识、公平意识和环境意识。其中，生态消费意识是当代人类环境意识中的一个非常重要的内容。人们的生态消费意识应强化到如此程度：凡是有害于生态环境的产品、食品不购买、不食用；凡是对“杀食”国家明令保护的珍禽益鸟的做法应设法制止。只有把保护环境的工作落实到我们每个人的日常生活中，实现人类的可持续发展才会有真正的希望。

2. 要建立一种确保生态消费的社会机制

在现实生活中，虽然居民的消费行为主要受其个人的收入情况、外在的价格因素、商品因素等的制约，而较少或很少受环境资源状况的影响，但整个国民乃至整个人类的消费行为就不能不受到生产因素、市场因素特别是环境资源因素的制约。为了把全体国民的消费水平和消费规模纳入适度的、生态化的可持续消费的轨道，使全体国民树立起生态消费的意识，摒弃高消费的陋习，就必须建立起一种相应的社会机制。

对于政府来说，在实现消费模式的生态型转变过程中，政府可以在以下几个环节中发挥重要作用：

倡导生态型的消费理念和消费文化。消费理念是关于消费的本质、目的、内涵和要求的总体的看法和根本观点。消费理念决定着消费的内容、消费的行为、消费的方式等重大问题。不同的消费理念将通过影响消费行为而带来不同的消费过程、形成不同的消费模式和消费结构。虽然我国消费者现阶段大部分仍然以传统消费理念指导自己的消费行为。但是，传统的消费主义理念会随着社会经济发展的内在要求以及消费者素质的提高而实现转型，最终会被新的消费理念所替代。而在倡导生态型消费理念的过程中，应该注意解决以下两个方面的问题：（1）深入持久地推动资源节约的消费模式，增强公众对绿色产品和绿色营销的认同度，积极倡导消费者的绿色消费行为；（2）通过教育和宣传提高消费者的素质，促进现有消费文化的转型。消费者素质的提高对于构建生态型生产消费模式和生活消费模式来说是一项长期任务，需要积极的运用舆论工具，宣传绿色消费知识，树立生态型消费观念和消费意识。

当代社会是知识经济的社会，知识经济社会是对工业经济社会的扬弃。在工业经济社会，人类普遍被一种唯物享乐主义的价值观所支配，追求的是尽可能多的物质财富和尽可能奢华的物质生活，奉行的是物质享受第一的行为准则。显然，这样一种价值观念和行动准则，只能把人类推向无序和崩溃的深渊。在知识经济社会里，知识、智力、信息将是经济社会发展所依赖的最为重要的资源，知识化的劳动者也将成为推动经济社会发展的主力军。这样一种基本的社会现实，将迫使人们在生活追求上，要由“物质占有第一”向“精神追求第一”过渡。如政府通过宣传教育等方式培养和强化人们的生态消费的观念意识；通过税收等手段抑制不利于健康的消费，提倡节俭，反对铺张浪费；通过制定相关的法规以保护各种珍稀动物，严厉打击“杀食”珍稀动物的不法行为；通过控制社会集团购买和其他相关政策，引导合理消费，等等。通过学习、娱乐、文化交往等方式以充实自己的人生、自己的生活，这将是21世纪人们的新生活风尚。

我们曾经向自然索取了许多，脆弱的生态环境已经难以承受人类对它的继续伤害和掠夺了，任何对有限资源的疯狂掠夺都如饮鸩止渴，我们必须培育、创造一种新的文明：绿色文明和绿色的生活方式！

第五节　中国现阶段公共产品的消费问题

一、公共产品和公共消费的内涵

（一）公共产品的内涵和特征

所谓公共产品是相对于私人产品而言的，它是指具有共同消费性质的产品和服务。其中“共同消费性质”是指公共产品消费的非竞争性和非排他性。非竞争性是指一部分人对公共产品的消费不会影响他人对该产品的消费，同时，一部分人从公共产品中受益也不会影响他人从同类公共产品中受益，也就是说，收益对象之间不存在利益冲突。非排他性是指公共产品在消费过程中所产生的利益不能为某个人或某些人所专有，而将另一部分人排除在消费过程之外。

通常，根据公共产品中“共同消费”的程度不同，可以分为纯公共产品和准公共产品。纯公共产品是具有完全非排他性和非竞争性，而且不能确定价格的公共产品；而准公共产品则介于纯公共产品和私人产品之间，是指凡一个人消费的产品总量对别人的福利有重要的外部影响，而且仅仅具有公共产品一个特性而不具有另一个特性的公共产品。根据公共经济学的理论，纯公共产品应该由政府或公共部门提供。纯公共产品的成本弥补方式是由个人或企业对他所享受的公共产品支付费用，以税收的形式实现。而对于准公共产品的成本弥补方式，按照公共经济学的理论，准公共产品的使用者应当支付两方面的费用：其一是对产品中的具有公共特征的部分缴税；其二，是对产品中具有私人特征的部分按照市场价格支付货币。

从公共产品的供给角度来看，由于公共产品具有上述特点，消费者在公共产品的消费过程中必然存在着免费搭车的问题。因此，以追求个人或部门利益最大化为目标的私人或企业不愿而且也不能有效地提供公共产品。正是由于公共产品的供给存在着市场失灵的问题，所以，纯公共产品的供给方必然是政府或公共部门。而对于准公共产品，由于它兼有纯公共产品和私人产品的部分特征，市场机制能够在准公共产品的供给方面发挥一部分作用。因此，准公共产品的供给主体目前趋向多元化。

除了按照公共产品的“共同消费”程度作为划分公共产品的标准之外，学术界还通过对公共产品收益范围的研究，提出了公共产品的层次性问题。这种深层次的考量与公共产品的空间有限性有关。例如，一座灯塔的收益范围是受空间限制的。因为灯塔能够指引航船避开危险水域，但是无法指引船只避开所有的危险水域。因此，按照公共产品的收益范围，也可以对公共产品进行分类。

（二）公共消费的内涵、特征及分类

根据以上对公共产品的内涵和特征的论述，公共消费是指“某一集合体的公共需要的实现，或者说，公共消费就是以集合体为主体，以公共产品为客体，通过公共性的消费方式实现的经济活动”①。

一般情况下，公共消费的政府供给呈现出下列几个特征：

（1）非排他性。非排他性是指政府提供的物品与服务能够惠及共同体内的每一个成员。每一个成员个人的消费不会影响、减少以及妨碍其他成员对于这种产品的消费。

（2）平等性。由政府提供的公共消费使共同体中的每一个成员都面对着无差异的商品种类和数量，而且，没有一个人对于其他人所享有的公共产品的偏好会超过对他自己享有的公共产品的偏好。就是说，“每一个公共产品消费者能够在享有相同物品的前提下获得消费相同物品的权利以及由此产生的福利”②，这是具有显著经济效果意义上的平等。

（3）福利性。由政府提供的公共产品的消费，能够使共同体内的所有成员不付费或付极少的费用（与公共产品的生产成本严重不对等的费用），在相同收入的情况下享有更多的物品，使自身福利在物品的增加中得到改善和增加。

目前，对于公共消费的划分有这样几个标准：

（1）按照非排他性和非竞争性划分，公共消费可以分为纯公共消费和准公共消费两种。纯公共消费的消费品由政府免费提供，而准公共消费的消费品由多元消费主体共同提供。

（2）按照地域为标准，可将公共消费分为全国性公共消费和地方性公共消费。例如国防安全消费和全国性生活基础设施消费属于全国性公共消费，而地方治安、地方性生活基础设施消费则属于地方性公共消费的范畴。

（3）按照消费内容来划分，公共消费可以分为物质性公共消费和

---

① 刘乐山、何炼成：《公共消费的城乡差异分析》，载《消费经济》2004年第5期。

② 何文君：《对公共消费政府供给在转型经济中的思考》，载《经济师》2002年第10期。

非物质性公共消费。如交通消费、生活基础设施消费等属于物质性公共消费，而教育消费、制度、政策以及精神文化与公共服务性的消费则属于非物质公共消费。

（4）按照消费主体来划分，公共消费可以分为以居民为消费主体的广义公共消费和以政府机构为主体的狭义公共消费。而本书中主要分析的是以居民为消费主体的广义公共消费。

对于当代中国来说，由于我国长期存在的二元经济模式，国家政策在城乡之间实行差别对待等现状。所以，下文将分别从城市公共产品消费、农村公共产品消费以及城乡之间公共产品消费差异这三个层面研究我国目前公共产品的消费问题。

二、城市公共产品的消费问题

（一）城市公共产品消费的现状及其存在的问题

我国城市公共产品的消费目前呈现出一种低效能状态，具体表现在：

第一，由于公共产品供给主体的错位，导致公共产品消费的低效率。一些本来应该由政府无偿供给的纯公共产品却通过市场机制实行有偿供给，违背了公共财政的公平原则；一些本应由市场供给的私人产品或通过市场机制配置的准公共产品，却被政府提供，这样不但挤占了宝贵的财政资金，而且不能充分发挥市场的资源配置的作用，降低了资金的使用效率，违背了公共财政的效率原则。

第二，由中央政府和地方政府之间公共产品的供给范围错位，导致一些公共产品在消费过程中的受益者与提供者相错位。一方面是一些全国范围受益的公共产品由地方政府提供。以西部地区的高等教育为例，地处西部地区的众多高等学府每年为全国尤其是经济发达地区输送数以万计的优秀人才，但是西部地区的大部分大学仍然依靠西部地区的地方财政维持，这对于西部地区来说，是投入与受益严重的不对等。另一方面是一些部分地区受益的公共产品却由中央政府提供，例如道路和桥梁建设等。这无异于弱化了中央政府在全国性公共产品供给上的投资力度。

第三，由于供给存在结构不合理、供给规模过程和短缺并存等问题导致城市公共产品消费的低效率。从城市公共产品供给的程序上来说，根据马斯洛对人类需要的经典分析，人类需要具有层次性，是一个由生理需要向安全需要、归属需要、尊重需要和自我实现需要演进的过程。所以，公共产品的消费也同样要满足人类需要的这六个层次，而且要按照各个城市的具体发展现状，有效安排公共产品的投资方向，实现财政资金的最优配置。但是，目前有一些地方政府一味追求公共产品在个人需要之上的更高层次需要的满足，而忽视了城市居民在第一层次上的需要的满足，造成了基础设施、基础教育、社会保障支出的严重不足，浪费了财政资源，造成了公共产品消费的低效率。

第四，由于公共产品的供给主要由政府或公共部门提供，由于缺乏竞争机制会导致公共产品在提供和消费过程中的低效率。

（二）解决的途径

第一，针对由于公共产品供给主体的不明晰而导致的城市公共产品消费的低效率，可以通过以下几个方法来培育稳定的投资来源，从而保证财政投资效率的实现：

（1）政府可发行基础设施建设债券，通过发行债券可以筹集到进行基础设施建设所必需的投资额，而且由于其具有追索偿还权，所以又会激励城市政府去加强对于基础设施建设的管理，提高资金的利用效率。

（2）对于大量“准公共产品”，可以实行企业化经营，盘活企业存量资产，实行资产化经营，保证企业的自我积累和自我发展。

（3）鼓励私人进行投资。这不仅是我国未来进行城市基础设施投资和建设的重要资金来源，而且也有利于提高社会的资金利用率。这种做法，简单地说就是由私人来进行城市基础设施的建设。

（4）建立公共投资基金。为满足城市公共产品投资需求和保证公共项目的实施，可以建立专门的公共投资基金，利用证券投资机制寻求资金来源。

第二，针对由于中央政府和地方政府在公共产品提供上的错位而导致公共产品在消费过程中的投资与受益之间的错位，可以通过明确中央政府与地方政府的财政分工，进一步健全公共产品的供给机制来实现。

第三，针对由于城市公共产品由于供给的规模和结构上的不合理而导致的消费效率的低水平，各个地方政府应根据各自的实际经济发展水平，制订合理的财政资金投资计划，对有限的财政资金进行合理的配置，从而实现公共产品消费的高效率。

第四，针对由于公共产品供给的垄断而造成的消费低效率，可以通过以下三个措施加以改进：

（1）分散公共部门和政府机构的权力。这种方法用于解决由于公共权力的过度集中而带来的经济效率的损失，增加竞争成分，形成政策的实行和监督相互制衡的权力格局。

（2）非公有经济成分参与公共产品的供给，从而降低公共产品在生产和消费过程中的成本。

（3）加强地方政府之间的竞争。这一点的实现依赖于资源在地区之间的自由流动的程度。而劳动力和一些关键性生产要素的自由流动的实现还需要一系列完整而系统的制度作为前提。

三、农村公共产品的消费问题

（一）农村公共产品消费的现状以及存在的问题

农村公共产品是按照公共产品的空间有限性划分，相对于城市公共产品而言的另一类公共产品。农村公共产品，简单来说，就是用来满足农村公共需要的公共产品。农村公共产品，同样具有公共产品的所有特质。农村公共产品按照“共同消费”程度的不同，可以分为农村纯公共产品和农村准公共产品。具体来说，农村纯公共产品包括农村基层政府行政服务、农村综合发展规划、农村信息系统、农村医务教育体系、农村基础科学研究、大江大河的治理工程、农村环境保护工程等。而农村准公共产品则包括农村公共卫生体系、农村社会保障体系、农村水利设施建设、农村电视、电信、自来水、乡村道路等一系列基础设施的建设等。

我国现行的农村公共产品的供给体制是在继承人民公社时期的制度框架的基础上形成的。而1983年废除人民公社制度之后，实行的家庭联产承包责任制，仅仅使得农村的基本经营单位和核算单位发生了变化。家庭联产承包责任制只是使农民从纯粹的集体经济的一部分，变为相对具有独立性的、拥有独立的生产经营权、劳动自主权和剩余索取权的生产经营者，而没有给农业基础设施、农村基础教育等农村公共产品提供有效的制度安排。这样造成了农村公共产品的供给和消费长期落后于农村公共分配关系的变革，严重制约了农村经济的整体发展，影响我国迈向小康社会目标的实现。

目前，由于我国农村公共产品供给体制上的缺陷而导致的农村公共产品消费的不足，主要体现在以下几个方面：

第一，由于我国目前农村公共产品总体供给不足而导致的农村公共产品消费水平低下和全国范围内城乡公共消费的结构性失衡

几十年的工业化优先发展道路在我国快速摆脱贫困和增强国家经济实力的过程中扮演着重要的角色。但是，工业化初期通过一系列政策措施将大量农业积累转化为工业积累的做法却为日后的“三农”问题埋下了伏笔。伴随着城市化和工业化的飞速发展，中央财政对农村公共产品的投入严重不足。据统计，财政资金支农支出的份额由 1978 年的 13. 42% 逐年下降到 2003 年的 7. 12% 。财政支出中支农支出占农业总产值的比重也由 1978 年的 10. 78% 下降到 2000 年的 4. 36% 。此外，由于大量的农村剩余劳动力的转移，乡镇财政和村委会对公共产品的供给主要依靠农业税收和制度外财政支持，力量薄弱。尤其是取消农业税之后，农村公共产品供给总量和规模都出现了萎缩，这就严重影响了农民对公共产品的消费水平，造成了农村公共产品消费水平的进一步恶化。

改革开放以来，政府针对传统的公共产品供给体制的弊端，尝试推出一系列改革措施，例如将属于私人消费的物品转为非公共品；将准公共产品的供给由原来的仅仅由政府提供转变为多元化供给甚至完全交由市场或企业集团提供；明确划分地方性公共产品与全国性公共产品之间的界限，强化了地方政府在地方性公共产品供给方面的责任。这些措施虽然从总体上看，改善了传统公共产品供给及消费体制中的弊端，但是城乡之间公共产品的消费差距并没有随着改革的推进而缩小，反而在一些领域还存在着差距逐渐扩大的趋势。这些差距主要表现在：

（1）在基础教育方面，由于农村义务教育实行地方政府负担原则，而地方政府的财政普遍比较困难，所以，农村基础教育经费普遍低于城市。据统计，城市学生的人均教育经费大约是农村学生的四到五倍。同时，在农村教育经费不足的情况下，农村基础教育在教学设施和师资力

量等方面与城镇基础教育相比存在着明显的差距。

（2）在公共卫生方面，城乡之间在卫生资源、公共卫生经费等方面存在着巨大的差异。据统计，占全国人口将近70%的农村居民拥有的公共卫生资源不足全国总量的30%；农村每千人口平均拥有不到一张病床，而城镇的平均数据是3.5张；农村每千人口平均拥有一名卫生技术人员，而城镇则在5名以上。在卫生经费投入方面，城镇人口享受到的公共卫生和医疗方面的经费是农村人口的四到五倍。

（3）在社会保障方面，随着改革的深入，国家逐步在城镇建立了以养老保险、医疗保险和失业保险为主要内容的社会保障体系。但是，在农村，医疗体制改革取消了原来的合作医疗保险制度，而养老保险还是以家庭保障为核心的养老保险。于是，城乡公共产品消费在社会保障方面的差距较传统体制下的社会保障的差距越拉越大。此外，对于农民工来说，由于他们的流动性较高，而现有的“三金”缴纳制度具有明显的区域限制，这就使得农民工在高流动就业的现状下无法充分享受到国家为农村务工人员提供的社会保障，这种现行制度与实际情况的不对接，也是造成城乡之间公共消费鸿沟的原因之一。

第二，农村公共产品供给在结构上的不合理导致的消费水平的低下

在政治目标短期化和经济利益最大化的激励下，一些地方政府在提供公共产品的同时忽略了农民对公共产品消费的实际需求，通过乱摊派、乱收费等方式向农民提供重复的、但能够增加政府社会福利和官员政绩的公共产品，而对一些农民实际需要的，对改善农民生活水平、增强农村经济可持续发展的公共产品如为提高农作物产量、增加农民收入的水利设施修建、农业技术开发和市场信息采集、农村基础教育、农村医疗卫生建设、农村生态保护等公共产品的提供明显缺乏积极性。由于政治体制的制约以及干部任期的限制，导致许多乡镇领导存在着短期行为的动机，在这样的短期行为激励下，更加能够突出领导政绩的公共产品的供给明显增多，这类公共产品有：防洪防涝设施建设、农村电网改造建设、交通道路建设等。这就使得由于农村公共产品的供给结构上的不合理导致了农村公共产品的消费结构也存在着明显的不合理，从而导致消费水平的低下。

第三，农村公共产品供给机制不合理导致的农村公共产品消费水平

低下

在供给的决策机制上，农村公共产品供给的决策并不是根据农村实际需求做出，而是由政府部门做出的，这样的决策机制必然导致公共产品的供给与农民的实际消费需求相脱节、相错位。

在供给主体上，农村公共产品供给责任划分不清、权责不明、供给主体错位或缺位的现象十分明显。由于没有对公共产品的受益范围进行明确的划分，使得全国性公共产品和区域性公共产品的界限模糊，由此造成的乡、村两级政府的负担过重。此外，由于中央政府将一些事权的责任下放得过低，而又没有给予足够的转移支付，这使得县、乡、村政府的事权与财权高度不对称，这就给下级地方政府增加了更沉重的负担。

农村公共产品的成本弥补中由农民承担的部分过多。由于农村公共产品的供给体制中存在着供给主体的错位和缺位，公共产品提供的责任和权利划分不明确，再加上村委会村民自治的性质决定了农民本应享受的公共产品具有了部分私人产品的性质，本应由中央财政和县以上地方政府提供的公共产品没有到位，而由农民自己承担，这又无疑增加了农民的负担。

（二）解决的途径

第一，针对我国农村公共产品的供给存在着明显的总量上的短缺，而造成的农村公共产品消费总量上的不足这一现状，应着重从以下三个方面进行农村公共产品供给层面的制度创新：

一是调整财政支出结构，确保公共产品尤其是农村公共产品供给的物质基础。在财政支出结构调整中要增大对农村公共产品的投入比例。

二是打破政府对农村公共产品供给的垄断地位，形成农村公共产品供给主体的多元化。在政府财力有限的条件下，建立起以财政为主体，社会各方力量共同参与的农村公共产品供给体制，不但能够调动私人投资公共产品的积极性。而且，通过市场机制的部分引入，能够提高政府提供公共产品的效率，满足农民对公共产品消费的需求。

三是按照统筹城乡发展的要求，在公共产品的供给上要始终协调好城市和农村均衡发展的关系，向城市和农村提供非歧视的公共产品及其政策。

第二，针对我国农村公共产品供给机制方面存在的缺陷所造成的农村公共产品消费过程中的水平低下的问题，应该从以下几个方面建立和完善农村公共产品的供给机制：

一是明确界定各级政府的职能范围，包括明确公共产品供给主体和公共产品供给责任两个方面的内容。前者的政策内涵是：凡是属于全国性的农村公共产品应由中央政府承担，凡是属于地方性的农村公共产品应由地方政府承担，对于一些跨地区的公共项目和工程可以由地方政府承担为主，中央政府适度参与协调。后者的政策内涵是：明确划分各级政府和农村公共产品供给的责任，相应扩大地方政府的财政自由度，特别是改革和完善政府间财政转移支付制度，以保证地方政府特别是贫困地区的公共产品的供给能力。

二是建立一个能够充分体现农民需求的公共产品供需链。目前的自上而下的农村公共产品供给决策制度不但不能够反映农民的实际需求，反而使公共产品的供给成为政府部门增进自身社会福利和增加政绩的管道。因此，需要对现行的这种自上而下的、单方供给链条进行变革，构建一个自下而上的、全新的、能够体现农民实际需求的表达机制。这就需要在建设农村公共财政体制的过程中，推动农村的民主化进程，建立农村公共产品的自下而上的表达机制，这样有助于供给者了解公共产品的需求信息，从而最大限度的发挥公共产品的效用。

总的来说，虽然我国目前的社会发展仍然是一个“低水平的、不全面的、发展很不平衡的小康”，但是在居民不断扩大的公共性消费需求和公共消费领域的推动下，以及政府和市场不断强化公共产品供给链条的拉力的作用下，可以预见，不久的将来，我国的公共产品的消费必将迎来一个新的春天。

第六节　关于信息、文化和精神产品的消费问题

从20世纪80年代初到21世纪的头几年，我国已经基本上解决了温饱问题，开始全面进入到全面建设小康社会的新的历史阶段。国内居

民生活消费由以生存消费为主导的传统日用性消费转移到以发展型、享受型消费为主导的现代型消费模式。这种转移对信息消费、文化消费、休闲消费产生了巨大的、爆发式的消费需求，在新经济模式的支撑下，新的消费时代正在来临。因此，研究新消费时代中信息、文化精神层面产品的消费方式对于构建有中国特色的社会主义市场经济体系，引导全社会加快进入小康社会的步伐都具有指导性和前瞻性。

一、信息产品的消费问题

（一）信息产品的内涵和特点

在认识论的层面上，信息产品被称为智力产品。从广义上来看，凡是凝聚一定数量的人类劳动的信息成果都可以被视为信息产品。而现代意义上的信息产品主要指的是被数字化的并且通过网络进行传播的产品。

所谓信息产品的消费是指在一定的信息消费环境下，信息消费者为满足信息需求，对信息产品及服务进行的以精神消费为主的消费活动。网络信息时代中信息产品所特有的生产、交换、分配的特殊性决定了信息产品消费的特殊性。总的来说，信息产品的消费具有如下几个显著特征。

1. 共享性

信息消费的共享性是指相较于物质商品在使用过程中是以自身形态的消耗和磨损为代价，信息产品在使用和消费的过程中表现为信息从一个载体转移到另一个载体。而且，无论怎样转移，信息都不会在这个过程磨损或消耗，这样的特点决定了信息产品可以反复交换和使用。换句话说，信息产品可以被许多消费者同时使用。信息产品消费的这一特点意味着它具有准公共品的性质。

2. 交互性

信息产品消费的交互性是指由于网络技术的发达，生产者和消费者之间的反馈效率提高，消费者的需求信息可以快速地被生产者掌握，生产者能够及时调整生产规模，减少库存。此外，交互性还体现在，消费的信息化使得消费者与生产者之间的界限变得模糊，消费者可以直接加入生产活动中，参与产品的设计和质量监督。

3. 增值性

信息产品的增值性体现在由于信息产品具有规模报酬递增的特点，从总体上来看，随着消费信息化程度的提高，信息将不断地增加。而且，在信息产品的消费中，消费者要将已有的信息投入其中作为消费的基础，把已经积累的信息与新的信息相结合，进行信息产品的重组和再生，创造新的财富。

4. 个性化

相对于传统意义上产品的消费，信息产品的消费随着数量和种类的增多，消费者可以根据自己的需求，从个人意愿出发，挑选、购买信息产品。

5. 便捷性

在网络社会，人们的生活节奏明显加快，消费模式也随之提速。消费过程的便捷性已经成为决定人们消费行为的关键要素之一，而信息产品所独有的特质则可以保证消费过程的便捷性和高效率的实现。

（二）目前中国信息产品消费过程出现的问题及其解决途径

1. 信息产品消费的增长迅速，但总体水平较低

由于信息产品是一种在最近十几年中伴随网络信息技术的发展应运而生的新兴产品，所以，目前对国内居民信息产品的消费数据还没有一个统一的官方口径。但是，一般认为，医疗保健、交通通讯、娱乐、教育和文化等信息含量较高的消费可以被视为广义的信息消费项目。按照这样的口径，从统计数据中相关项目的数据可以看出，我国居民家庭人均广义信息产品消费额在改革开放的三十年间增加了将近十四倍。不仅如此，以图书、杂志等为代表的传统信息产品和服务的消费量在三十年间增加了五倍，而以网络信息产品为代表的新兴信息产品的消费也在十几年间获得了飞速的发展。根据信息产业部统计，截至2009年底我国电话用户总数达到106107.2万户，其中移动电话用户总数达到74738.4万户，固定电话普及率和移动电话普及率分别达到23.6部/百人和56.3部/百人。根据中国互联网络信息中心（CNNIC）所公布的数据显示，截至2008年12月31日，中国的网民总人数为2.98亿人，与2007年同期相比增加了8800万人，增长率为41.9%，同1997年10月首次调查的62万网民人数相比，现在的网民人数已经是当初的480多倍。但与

发达国家相比，我国的信息产品的消费水平还比较低。此外，我国的信息产品的消费层次偏低，重物质、轻精神和重享受、轻发展的消费倾向较为明显，这些因素在未来都会成为制约我国信息产品消费和信息市场在发展的“质”上突破的障碍。

2. 信息产品的消费水平不平衡

首先，在信息产品消费的结构中，城乡之间的消费水平在最近十几年中的差异越来越大。20 世纪 90 年代以来，计算机、手机等信息产品的消费在城市生活中已经相当普遍，信息产品的消费已经成为城市居民日常消费的重要组成部分，但是在农村居民生活消费中却还比较罕见。造成这种差别的原因除了由于城乡收入之间的巨大差距之外，还有一个重要的原因就在于，农村地区缺乏相应的通信设施、电力设备和网络等基础设施的建设。

其次，信息产品在地区之间的消费水平也存在着巨大差距。根据 CNNIC 在 2007 年初公布的数据显示，在中国域名总数的地域分布图中可以看出，华北、华东、华南的注册域名数占我国注册域名总数的比例为 83.6%，东北、西南、西北的注册域名数只占我国注册域名总数的 14%（见图 10－1）。从 CN 下注册域名的地域分布图中可以看出，华北、华东、华南的 CN 下注册域名数占注册域名总数的比例为 82.4%，东北、西南、西北的 CN 下注册域名只占 11.6%（见图 10－2），所占比例仍然非常的小。

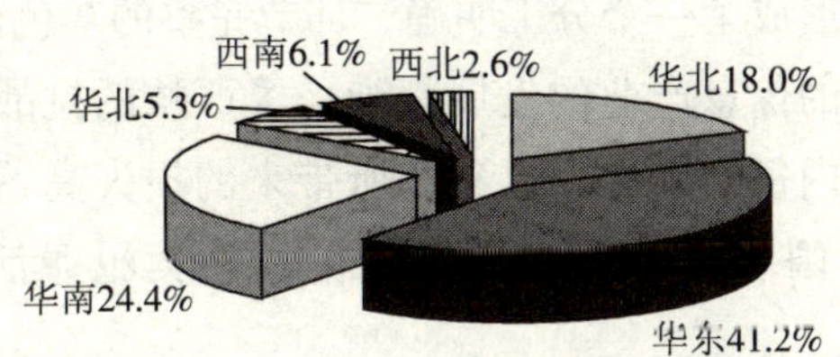

图 10－1　中国域名总数的地域分布图

资料来源：中国互联网络信息中心（CNNIC）。

3. 网络信息犯罪和信息产品消费的不文明现象增多

网络作为信息产品在当代社会的主要载体，网络信息产品的消费是

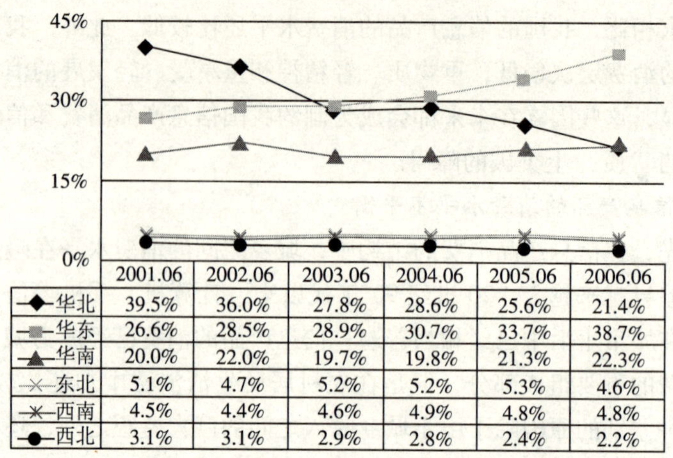

	2001.06	2002.06	2003.06	2004.06	2005.06	2006.06
华北	39.5%	36.0%	27.8%	28.6%	25.6%	21.4%
华东	26.6%	28.5%	28.9%	30.7%	33.7%	38.7%
华南	20.0%	22.0%	19.7%	19.8%	21.3%	22.3%
东北	5.1%	4.7%	5.2%	5.2%	5.3%	4.6%
西南	4.5%	4.4%	4.6%	4.9%	4.8%	4.8%
西北	3.1%	3.1%	2.9%	2.8%	2.4%	2.2%

图 10－2　中国 CNF 注册域名的地域分布图

资料来源：中国互联网络信息中心（CNNIC）。

在因特网技术所构成的虚拟空间中，以虚拟空间为媒介的人与人、组织与个人、组织与组织之间的买卖过程。它的最主要的特征是高度的随意性与匿名性。同时由于进行计算机攻击的行为更加趋利化，截至 2007 年 11 月，我国大陆地区被木马病毒秘密控制的主机就已经超过了 100 万台。而且自 2006 年起，盗号木马、黑客后门病毒已经成为大多数职业病毒作者的发财工具。在木马病毒的背后是一条巨大的产业链条，通过制造病毒、传播病毒、盗窃账户信息、在第三方平台销赃、洗钱，网络信息犯罪已经形成了一个分工明确、环节完整的灰色产业链，这给整个互联网和我国的信息产业的发展都带来了严峻的挑战。进入 21 世纪以来，全球范围内每年因计算机犯罪所带来的损失高达 2000 亿美元以上，近年来在我国利用计算机网络进行的各类犯罪活动也在以每年 30% 的速度递增。

（三）实现我国信息产品消费健康发展的途径

1. 抓住消费趋势，加快信息产业的发展步伐

推动信息产业发展的动力应该由原来的国家需求推动型逐步向居民消费需求推动型转变，重点发展消费性信息产品和面向大众消费的信息服务业。同时还应当在居民强大的信息产品消费需求的导向下，把消费

热点的培育与信息产业内部的结构优化结合起来，只有这样才能够加快我国信息产业的发展，才能够不断的提高信息产品和信息服务的质量。

2. 在经济相对不发达的地区推动信息基础设施建设，促进地区间信息产品和信息服务消费的均衡发展

根据国家信息产业部和中国互联网络信息中心公布的宏观数据显示，从地域分布上来看，我国互联网在上网计算机数量、域名数、网站数、网络国际出口带宽、IP 地址书等项目上与发达国家相比仍然存在巨大差距。造成这一巨大数字鸿沟的原因主要在于，广大农村地区的居民不懂电脑和网络知识，而且不具备上网所需的技能。因此，普及网络知识，使之成为信息时代农村发展的助推器，引导农民从网络上获取丰富有益的信息咨询，改善农民阅读和信息获得的途径和手段，是当前基层政府和信息管理部门需要着力完成的主要任务。

3. 加强信息市场的监管

从总体上来看，目前我国的信息市场还处于幼年阶段，信息市场的监管还存在许多漏洞，同时由于信息产品消费是一种新兴的消费形态，随之而来的新型犯罪根据原有法律法规难以进行有效的监管和惩罚。因此，需要推动针对网络信息犯罪的立法进程，从而通过强化信息质量控制和市场管理，清除虚假信息，防止信息污染和信息犯罪，保证信息安全，从而切实保护信息产品和信息服务消费者的权益。

二、精神文化产品的消费问题

（一）概念界定

所谓精神消费是指为满足人们的精神文化需要，提高消费者文化知识水平，陶冶思想性情，愉悦情绪等目的的以精神产品为消费对象的消费，精神（产品）消费是物质消费的对称，又称“文化消费”、“精神生活消费”。包括生活性精神消费和生产性精神消费。生活性精神消费是指人们为满足自己的精神需要，而消费精神产品的过程。生产性精神消费是指以生产精神产品为直接目的而对精神产品进行消费的活动。

所谓文化消费是对以一定物质或服务劳动为载体的精神获取行为。同精神产品的消费一样，只有当物质满足达到一定水平时，对文化产品

的消费需求才会递增。在目前一些发达国家，对文化产品的消费需求甚至超过了对物质产品的需求，成为推动经济的第一动力。

精神文化产品作为一种区别于有形物质商品的特殊商品，它的消费具有“一般商品消费与精神享受以及意识形态再生产的二重性”，正如马克思在《资本论》中所述的：“在这里，演员对观众来说，是艺术家，但对自己的企业主来说，是生产工人。”① 精神文化产品的消费与一般意义上商品的消费主要存在着以下几个方面的区别：

第一，对精神文化产品来说，消费过程的结束带给消费主体的主观感受各不相同：而对于一般意义上的商品来说，消费该商品带给消费者的使用价值是相同的。

第二，从需求的持久性来看，对精神文化产品的消费需求相较于一般物质商品的消费需求更为持久。

第三，精神文化产品的消费和一般意义上的物质产品的消费在不同的领域实现其自身的价值。一般物质商品的消费是一种纯粹经济学意义上的使用价值形态上的消耗；而精神文化产品的消费具有超越时空的穿透性，从而使其具有恒久的哲学和美学意义上的价值。

精神文化产品在我国目前主要通过以下三种形态表现出来：

第一，纯粹精神产品，例如文学、艺术、音乐、哲学、思想、戏剧等，都是通过人的创造性思维劳动产生出来的产品。

第二，精神文化产品的载体，例如学校、图书馆、图书、报刊、电视台、电台、网络等作为精神文化产品的传播载体，直接面对消费者被消费者消费。

第三，物质产品的文化以及精神附加。主要是指以有形的物质产品为主体，在其中融入文化和精神因素，在消费者消费该物质产品的同时，也消费了这个物质产品所蕴含的文化因素，从而使消费者获得物质上的享受和精神上的愉悦。

（二）我国精神文化产品消费领域的现状

伴随改革开放的逐渐深入，科技、文化、教育事业的发展，我国居民精神文化消费呈现出以下几个方面的特征：

---

① 《马克思恩格斯全集》第26卷第1分册，人民出版社1972年版，第442—443页。

第一，精神文化产品消费的边际增加值超过了物质产品消费的边际增加值。根据国家统计局的数据显示，全国居民平均家庭消费结构中用于文化、教育、科技、娱乐等方面的支出增速高于用于食品消费的支出增速。其中教育投入的增长速度最快，其次是家庭文化产品方面的投入。

第二，物质产品的文化价值附加程度逐渐上升。通过包装、款式、品牌、广告等营销策略，附加在物质产品中的文化价值逐渐被消费者重视，并且成为决定消费行为的主要因素之一。

第三，精神文化产品消费的市场化进程逐渐加快。随着我国市场化进程的深入，文化领域正在逐渐由计划经济时代的意识形态领域走向市场化，市场经济条件下的个人有价文化消费正在逐步取代计划经济条件下的免费文化消费或低价文化消费。文化的无偿服务正在成为过去。文化市场及其所带来的竞争机制，不但促进了精神文化产品的繁荣，而且促进了精神文化产品商业化进程。新闻、体育、文学、艺术、音乐、戏剧、影视、出版、信息产业、科技等领域正在向市场化转变，而且，繁荣的文化市场和文化创意产业不仅提升我国居民的文化品位，更为重要的是，文化创意产业正在成为一股带动地区经济发展的新兴力量。

第四，精神文化产品的传输媒介伴随着科技的进步和网络的普及以惊人的速度发展。

第五，文化创新的速度不断加快。科学技术的创新及其产业化、市场化机制的形成，已经成为推动国内知识经济发展的重要拉动力量。高科技含量的产业体系，不仅正在成为生产性消费的重要来源，也正在成为构成人们文化消费品的重要要素。

虽然从目前的情况来看，我国精神文化产品的消费已经进入了一个高速发展阶段，但是在精神文化产品消费的总体水平、结构、均衡性、市场监管等方面还存在着一些不足，具体体现在：

1. 我国精神文化产品消费水平发展迅速但总体水平比较低

统计数据显示，1978 年至 2005 年我国居民家庭平均人均食物性支出在总支出中的比例呈现逐年下降的趋势，而文教娱乐性支出在总支出中的比例则呈现出逐年上升的趋势（见表 10－5）。

表 10－5　城乡居民家庭恩格尔系数及文教娱乐性支出

年份	城镇居民家庭恩格尔系数（%）	农村居民家庭恩格尔系数（%）	城镇居民家庭文教娱乐支出百分比（%）	农村居民家庭文教娱乐支出百分比（%）
1985	53.31	57.8	8.8	7.8
1995	50.09	58.6	9.6	8.4
1996	48.76093	56.3	10.7	9.16
1997	46.59502	55.1	10.7	9.2
1998	44.66099	53.4	11.5	10
1999	42.06798	52.6	12.2	10.7
2000	39.44218	49.1	13	11.2
2001	38.19902	47.7	13.88	11.06
2002	37.67637	46.2	14.96	11.47
2003	37.1	45.6	14.35	12.13
2004	37.7	47.2	14.4	11.3
2005	36.7	45.5	13.8	11.6

资料来源：《中国统计年鉴》1986—2006 年，中国统计出版社。

从表 10－5 不难看出，自 20 世纪 80 年代开始，我国城镇居民和农村居民家庭恩格尔系数总体呈现出下降的趋势，而且城镇居民和农村居民在文教娱乐等精神文化产品的消费支出所占份额逐年上升。但是，与一些经济发达的国家相比，我国在精神文化产品上的消费水平还很低。例如，1996 年日本、英国、法国、荷兰、丹麦等国家的恩格尔系数都低于20%，而且，同年，这些国家居民在精神文化产品上的消费水平几乎与他们在花费在食物等日常必需品上的份额相当。而且，如果考虑到发达国家人均收入的绝对值的话，我国居民在精神文化产品上的消费水平与发达国家之间的差距还会更大。

2. 我国精神文化产品的消费发展不均衡

这主要表现在：

（1）从城乡之间的差异来看，城镇居民的精神文化产品的消费水平远高于农村居民，而且这个差距正在随着城乡之间的经济发展的不均衡的加剧而越来越大。具体表现在：

①随着农民生活的日渐改善，农民在扩大实物消费的同时，精神文

化产品的消费支出增速也呈现出较快的增长。据统计，2005 年，农民在精神文化产品和服务上的支出为295 元，同比增长19.3%，占消费总支出的11.56%。但是其中学杂费的支出占很大比重，用于真正的休闲娱乐，放松身心的产品和服务的支出较少；

②目前在农村，物质消费仍占主导地位，精神文化产品的消费处于起步阶段，农村文化投入不足、文化设备匮乏、农民看书难、看戏难、看电影难等问题仍然突出，农民的文化、休闲、娱乐极为单调；

③教育、医疗、住房这三大消费支出，像三座大山一样在农民的消费中占去了绝大部分，从而严重挤压农民其他的消费需求。目前，农村基础教育学费占农民负担的70%，是农民消费支出中负担最大的一项。其次，农民大多数属于自费医疗群体，而由于医疗成本的不断增加，医疗性支出成为农民消费支出中增幅最大的一项。住房更是农民生活中的头等大事，据测算，为盖一栋普通的新房，农民需要花费毕生的大部分积蓄，甚至会背上沉重的债务负担。

（2）在地区之间，我国精神文化产品的消费也呈现出极大的不均衡性，东南沿海地区的精神文化产品的消费水平与中西部地区之间的差距伴随着经济综合发展水平的差距而愈演愈烈。

（3）在城市中，不同收入水平的家庭在精神文化产品上的消费也同他们在收入上的绝对差距一样，呈现出阶梯式分布。

3. 精神文化产品的质量参差不齐，文化市场监管还有待进一步加强

当前的文化市场缺少大批高质量的精品产品。受经济利益的驱动，再加上缺乏有效的监督和管理，文化市场中存在不少格调低下、粗制滥造的产品。例如在音像图书产品中，还存在不少暴力、血腥、荒诞甚至色情等文化糟粕，尤其是青少年读物中，缺乏大批正面的、富有教育意义和科学性的读物。针对这些情况，还有待进一步加强对文化市场的监管。

（三）实现精神文化产品消费健康发展的途径

文化市场中出现的种种问题说明，加强精神文化产品的生产与监管，提高精神文化产品的质量，提升我国居民的整体素质，增强我国的软实力，是目前我国进行经济建设和全面建设小康社会所不能忽视的重要问题。因此，需要重点解决以下几个方面的问题：

1. 以经济建设为中心，实现社会生产力的全面提升

经济发展是社会全面发展的前提条件，一般来说，社会生产力水平越高，精神产品消费的总量也就越大，内容也就越丰富。也就是说，一国消费结构中精神产品消费所占的比重能够反映该国的经济发展水平、人民生活质量以及一国的消费层次和消费质量的高低。因此，只有充分发展本国经济，才能进一步提高居民的收入水平，相对增加居民在食物之外的其他产品的消费，提高居民对精神文化产品的需求，通过国家政策和主流意识形态的引导，使精神文化产品的消费成为我国居民消费质量提高的重要保证。

2. 改变我国精神文化产品消费的城乡和地区失衡现状的最根本途径在于提高农民或经济落后地区居民的收入水平

对于农村地区来说，需要着重从直接和间接的提高农民收入的措施入手：

（1）积极发展农村信贷市场，改善农民消费支出结构，减少生产性资金支出，增加生活消费支出。

（2）加快工业化、城镇化的步伐，促进农村消费主体和消费方式的转移。

（3）加快农村市场流通体系建设，为农民增加消费提供便利。

（4）整顿和规范农村市场秩序，为改善农村消费环境提供保障。

（5）建立适合农村特点的农村社会保障体系，化解农民的后顾之忧，增强农民的消费安全感。

3. 树立正确的价值观，把握先进文化的发展方向

十七大报告中指出，“在时代的高起点上推动文化内容形式、体制机制、传播手段创新，解放和发展文化生产力，是繁荣文化的必由之路”。而要发展精神文化消费，首先就需要用先进的文化来引导，要树立正确的价值观。通过价值导向，使人们建立正确的消费观、培养人民正确的消费行为和消费方式，从而提高消费中的文化含量和文化品位，体现先进文化的前进方向。

4. 倡导人们形成科学文明、多元化的精神文化消费方式

文化是人类独有的一种生活方式，文化的创新是文化得以传承和发展的动力，缺乏创新的文化是凝固的文化、停止的文化。因此，要提高

我国居民对精神文化产品和服务的消费质量就需要着眼于满足人民群众精神文化的需求进行创新。首先就需要尊重人民群众的主体地位和首创精神，准确把握社会文化生活的新特点和人们在精神文化方面的新变化，在内容和形式上实现文化产品的创新，为人们的精神文化产品的消费不断地注入新的活力，实现精神文化产品消费的多元化。

5. 针对在文化市场上出现的问题，加强对精神文化产品消费领域的行政与法制建设

为了保障我国精神文化产品和服务消费市场的健康、有序发展，防止文化污染对人们精神的荼毒，推进社会主义市场经济的健康发展，对于文化市场的监管部门来说，要坚持对非法出版物的打击。同时还要加强对文化市场的监管力度，加强精神文化产品生产企业的自我管理和自我约束，从而实现我国文化市场管理的制度化和规范化。同时，伴随精神文化消费领域新的情况的不断出现，需要不断的完善相关法律和法规的建设，强化执法力度，才能有效地引导文化市场健康有序地发展，为我国经济软实力的提高提供有力保障。

（撰稿人：李喆）